CONFLITO
A origem do direito

Fábio Ulhoa Coelho

© 2023, Editora WMF Martins Fontes Ltda., São Paulo, para a presente edição.

Todos os direitos reservados. Este livro não pode ser reproduzido, no todo ou em parte, armazenado em sistemas eletrônicos recuperáveis nem transmitido por nenhuma forma ou meio eletrônico, mecânico ou outros, sem a prévia autorização por escrito do editor.

1ª **edição** 2023

Acompanhamento editorial
Márcia Leme
Preparação de texto
Márcia Leme
Revisões
Ana Cristina Garcia
Rafael Bottallo Quadros
Edição de arte
Gisleine Scandiuzzi
Produção gráfica
Geraldo Alves
Paginação
Renato Carbone
Capa
Vitor Carvalho

Dados Internacionais de Catalogação na Publicação (CIP)
(Câmara Brasileira do Livro, SP, Brasil)

Coelho, Fábio Ulhoa
 Conflito : a origem do direito / Fábio Ulhoa Coelho. – São Paulo : Editora WMF Martins Fontes, 2023.

 Bibliografia.
 ISBN 978-85-469-0492-1

 1. Conflito de normas (Direito) – Brasil 2. Conflito social 3. Direito – Filosofia 4. Direito e antropologia I. Título.

23-170206 CDU-34

Índice para catálogo sistemático:
1. Direito 34

Cibele Maria Dias – Bibliotecária – CRB-8/9427

Todos os direitos desta edição reservados à
Editora WMF Martins Fontes Ltda.
Rua Prof. Laerte Ramos de Carvalho, 133 01325-030 São Paulo SP Brasil
Tel. (11) 3293-8150 e-mail: info@wmfmartinsfontes.com.br
http://www.wmfmartinsfontes.com.br

Sumário

Prefácio xi
   Conceito e origem do direito xiv
   O que este livro é xv
   O que este livro não é xvii
   Do que eu gosto neste livro xviii
   Roteiro de leitura xxi
   Agradecimentos xxi
   Lucca xxiii

1. **Conjectura** 1
   Um plano para a conjectura 2
   Organização por regras e organização sem regras 3
   A lei do mais forte 8
   A excepcionalidade humana 10
   A hipótese do Gênesis 13
   O encontro da natureza com a cultura 14
   Desafios à ordem natural: regressão, progressão e acaso 17
   A dura vida dos evolucionistas 21
   Desafios à ordem social 23
   A ordenação da causalidade e a ordenação da imputação 24

Metáforas e cultura 28
A lei do mais forte e as ordenações 29
Europa e decolonização 30
Ideologia e vieses ideológicos 32

2. **Descontinuidade** 37
Perspectivismo ameríndio 38
O fluir biológico-histórico 40
Bárbaros e selvagens 42
Canibalismo 44
Contrato social 46
Os povos excepcionais 51
Direito não é fruto de uma decisão coletiva 53
O descontínuo no direito natural 54
Direito quântico 57
Evolução e neoliberalismo 62
Contrato social no Pleistoceno? 66
Paradoxo do contrato social 71

3. **Evolução** 73
A síntese moderna da teoria da evolução 74
A unidade da evolução 76
Balanceamento entre genótipo e ambiente 81
Sociobiologia 84
O gene egoísta 86
Reducionismo por extensão ou analogia 91
Algoritmo darwiniano 93
Continuidade sem biologismos 97
Empoderamento dos mais fracos 99
Evolução adoentada 103

4. **Continuidade** 107
   A dura vida das impalas 108
   Alianças nos grandes primatas 110
   A teoria da mente 112
   Alianças do mais forte com o mais fraco 114
   Alianças nas guerras 115
   Alianças na sustentação do poder 120
   Alianças e democracia 124
   Aliança e cooperação 125
   O gene e o ambiente 127
   Ontogênese e filogênese 130
   O desenvolvimento da ossatura 133
   A síntese estendida da teoria da evolução 134
   Ambiente sociocultural 135

5. **Eugenia** 139
   A finalidade da evolução 139
   Finalidades e acaso 142
   Darwin e a finalidade da evolução 145
   Darwinismo social 147
   Da eugenia galtoniana ao Holocausto 150
   Darwin, um antiescravagista racista 153
   Abolicionista racista 155
   Seleção sexual 158
   Seleção natural adversa 160
   Darwin e o darwinismo social 163
   O grande filósofo de Darwin 165
   Falseamento da seleção natural darwinista 167

6. **Jogos** 169
   Sacrifícios e cooperação 169

Um jogo que ninguém joga   172
Conceito de jogos   173
A teoria dos jogos   176
O dilema do prisioneiro   178
Equilíbrio de Nash e Ótimo de Pareto   181
Os torneios de estratégias   183
Arbitrariedade relativa das quantificações   186
O terceiro torneio de Axelrod   187
Petição de princípio   189
Quando se joga com cartas coloridas   192
O dilema do restaurante   193
O nome do jogo   194
Valoração qualitativa e valoração quantitativa   195
A presunção de racionalidade da teoria dos jogos   197
Modelos e fábulas   199

7. **Etologias**   203
Questões epistemológicas inevitáveis   203
Estruturas e comportamentos   206
As bases epistemológicas da etologia   207
Regressão ao infinito e progressão ao infinito   211
Duas obsessões   215
A evolução explica tudo?   217
Poliginia ou não poliginia, eis a questão   220
Etologia é um saber das humanidades   222

8. **Ordens**   227
Ordem e ordenação   228
Terceiro excluído   230
Positivismo jurídico   233
Os apegados e os desapegados   238

Teoria do Direito-ordenação 241
Tradição e positivação 244
Positivação e empoderamento dos mais fracos 248
Positivação e prevenção dos conflitos 252
Padrões: repetições, medidas e normas 253
A circularidade da normatização da sociedade 258
Valores não são normas 260

9. **Normas** 265
Um mundo de normas 267
Fala, gramática universal e a gramaticalização 270
Regras implícitas autogeradas? 273
Normas não jurídicas 274
Direito consuetudinário? 275
O momento fundador do direito consuetudinário 278
Direito consuetudinário de povos com escrita 282
O normativismo e a conjectura 285
A ressignificação 288
O direito é o pássaro que morreu ontem com a pedra lançada hoje 291

10. **Antropologias** 293
Antropologia linear 295
Estudos de campo 298
Antropologia multicultural 300
Antropologia de compromisso 303
Etnocentrismo e eurocentrismo 306
Yanomami, de povo feroz a povo em luta 306
Normativismo na antropologia 309
Obediência ou aprendizado? 312
Ordenação da necessidade e agência 315

A Revolução Caraíba   319
Normas em uma sociedade contra o Estado?   319
Costumes e normas   321
Antropologias e a síntese estendida da teoria da evolução   323

11. Conflito   325
Katãi quer voltar para casa   326
Invisibilização dos conflitos endógenos   328
Um novo paradoxo do neolítico?   334
Antropologia do direito   336
Antropologia jurídica   340
Régua   341
Ações afirmativas de direitos humanos e intervenção colonialista   342
Duas réguas, uma medida?   344
O conflito no centro das atenções   345
Razoáveis e irrazoáveis   346
Tratamento e solução do conflito   349
Os conflitos com "novos" mais fracos   350
Consenso ou conflito?   354

Bibliografia   361

Ao Lucca

Prefácio

A oposição é reunidora, e das desuniões surge a mais forte harmonia: através do conflito é que tudo vem a ser.

Heráclito

A evolução vê as espécies favorecendo o mais forte nos conflitos entre os seus indivíduos. É a estratégia mais disseminada entre as espécies para tentar sobreviver na competição com as demais. Quanto mais indivíduos fortes a espécie obtiver, melhor se sairá nas disputas pelos recursos escassos de sobrevivência.

Este livro explora a conjectura de o direito ser uma alternativa de estratégia evolucionista da espécie humana. Os humanos investem no favorecimento do mais forte, tal como as demais espécies. Mas mesmo nessa estratégia geral a nossa espécie investiu de forma criativa. Com o polegar opositor e a posição ereta, inventamos armas acionáveis a distância. Inventadas para caçar, essas armas eram também usadas nos conflitos entre os humanos. Desse modo, o indivíduo mais forte não é necessariamente o mais musculoso, mas o mais hábil com a lança. Além disso, o nosso cérebro desenvolvido otimizou as ações astuciosas que permitem ao mais fraco desarmado escapar da agressão do mais forte. Investir, em suma, em uma variedade de padrões de tratamento dos conflitos entre os indivíduos da espécie é uma especificidade nossa. Não evoluímos somente com o restrito padrão do favorecimento do mais forte.

Por conta dessa diversidade, desde muito cedo em sua evolução os humanos adotaram também a estratégia inversa à disseminada na natureza. Em alguns poucos conflitos entre os seus indivíduos, passamos a adotar a estratégia de favorecer o mais fraco na disputa por um recurso de sobrevivência. Lentamente, ao padrão da "lei do mais forte" os humanos vão opondo o do "empoderamento do mais fraco".

Essa estratégia alternativa tem sido empregada, na verdade, apenas nos conflitos entre humanos pertencentes ao mesmo coletivo. Nas guerras entre povos, aldeias ou países, ainda vale a lei do mais forte, do que possui armas de maior potencial destrutivo. É somente nos conflitos intracoletivos (endógenos) que o empoderamento do mais fraco se imiscui.

O direito é essa estratégia evolutiva específica em que o coletivo se organiza para assegurar ao menos musculoso e desarmado um recurso de sobrevivência em disputa com o mais forte. Antes do direito, o indivíduo desprovido de meios para o enfrentamento físico só podia vencer o conflito pela astúcia, enganando de algum modo o fortão. O mais fraco empoderado pelo direito nem precisa ser o mais astucioso para se desvencilhar da violência do mais forte.

O direito se origina, assim, quando os humanos começam a tratar os conflitos endógenos por padrões alternativos ao da lei do mais forte. O empoderamento dos mais fracos não é um processo linear, mas com avanços e recuos. Muito menos é um processo já universal, sendo, ao contrário, ainda bem incipiente. Tampouco é um processo assegurado por uma lei natural, de modo que precisamos continuar zelando por ele. Mas é um processo facilmente visível quando atentamos, por exemplo, à melhoria da condição da mulher. No século XVIII AEC, o rei babilônico Hamurabi jurou defender a viúva e os órfãos de quem quisesse tomar-lhes os bens à força. Esses indivíduos em flagrante desvantagem sob a lei do mais forte estão hoje plenamente protegidos em diversos países. Não precisam se defender lutando ou enganando, porque são favorecidos pelo direito. Há, no entanto, ainda muitos locais em que os parentes do falecido se apropriam dos bens da viúva sem filhos adultos (Coelho, 2021:327-328). Isso mostra como o empoderamento não é linear, não se universalizou e, sobretudo, não é o resultado espontâneo de nenhuma lei natural.

Ninguém, friso, consegue falar em evolução sem projetar os seus valores. Afinal, evoluir é um movimento do pior para o melhor ou do inferior ao superior. Essas categorias expressam necessariamente avaliações de pelo menos dois estados, um menos evoluído e outro mais evoluído. Não é possível conjecturar sobre a evolução sem expressar valores. Para alguns brasileiros, por exemplo, o Brasil evolui quando se torna mais europeu; enquanto para outros, grupo em que me incluo, ele evolui quando fica mais ameríndio e negro.

Ninguém, repito, consegue falar de evolução sem valorar pessoas, grupos ou situações. Nem mesmo os cientistas e demais pesquisadores acadêmicos. O biólogo, o sociólogo ou o psicólogo evolucionista expressará inevitavelmente os seus valores quando afirmar que x é mais evoluído que y. Não existe a neutralidade científica, senão enquanto discurso em que se esconde uma ideologia. O cientista ou pesquisador pode acreditar que domina uma metodologia de imunização de valores, capaz de lhe assegurar a plena objetividade de seu conhecimento. Estará iludido. Se for um sujeito honesto, estará honestamente iludido.

Eu conjecturo, assim, que a espécie humana tem adotado uma estratégia evolutiva peculiar na forma como lida com alguns conflitos entre os seus indivíduos mais fortes e mais fracos e que essa estratégia é o direito. Até agora, todos os que associaram a evolução da espécie humana com as relações sociais entre humanos tomaram o favorecimento do indivíduo mais forte como invariável. O meu propósito é tomar como índice da evolução o empoderamento do mais fraco.

Também eu não serei neutro. Não é possível. Creio, no entanto, que mesmo expressando valores é viável argumentar de modo consistente. Longe de comprometer desde logo qualquer validade ao que se escreve, a explicitação dos valores assegura a transparência ao ambiente argumentativo a que o leitor foi convidado a entrar. Ser transparente é um compromisso que todo escritor deveria assumir com seus leitores.

Conceito e origem do direito

Hoje em dia, o direito é definido como o sistema ordenador da sociedade por meio de normas gerais e abstratas definidas por um departamento do Estado (Poder Legislativo) e aplicadas, em casos concretos, por outro (Poder Judiciário). Ele é, em outros termos, visto como um aparato constituído por legisladores que aprovam leis e por juízes que as aplicam – um aparato destinado a pôr ordem na sociedade, para que haja justiça e racionalidade nas relações que as pessoas mantêm umas com as outras.

Mas, embora seja sem dúvida o mais aceito e reproduzido, esse conceito de direito como ordenação racional da sociedade não é satisfatório por duas razões.

Em primeiro lugar, não é um conceito verdadeiro: os humanos simplesmente não conseguem moldar as relações sociais de acordo com o padrão ideal, racional e justo presumivelmente traduzido nas leis; pelo menos, não conseguiram até agora, e todas as tentativas fracassaram, a despeito da sofisticação de várias delas.

Em segundo, o conceito de direito como ordenação racional da sociedade só corresponde ao seu feitio surgido com a positivação – um longo processo concluído no terço final do século XVIII. Quer dizer, até cerca de 250 anos atrás, não eram inteiramente críveis as ideias de que os humanos organizavam e, sempre que preciso, reorganizavam a sociedade, constantemente ajustando-a ao que lhes parecesse ser a forma mais justa e racional; e que o instrumento para a ordenação e reordenação da sociedade seriam as leis jurídicas e os seus constantes aperfeiçoamentos pelos legisladores. O direito, antes da positivação no início da Idade Contemporânea na Europa, não era consensualmente visto como o instrumento de configuração artificial da sociedade.

Um conceito de direito que abarque fatos históricos anteriores à positivação deve deixar de lado a ideia de sistema ordenador da sociedade e tomar o *conflito* como o elemento central. Somente assim o direito será conceituado de maneira útil à sua compreensão em todos os tempos, mesmo antes da invenção da escrita. O direito é um sistema social, mas a função desse sistema não é formatar a sociedade – sua função é tratar conflitos pontuais. Pesquisar a sua origem é olhar para o momento em que surge, na evolução dos humanos, aquele modo peculiar de lidar com os conflitos, empoderando os mais fracos.

Entender o direito como a estratégia evolucionista é desviar o foco do institucional grandiloquente para o pontual efêmero, isto é, das guerras, dos estados, das instituições das políticas, das leis e dos regimes para o conflito endógeno e o seu tratamento. O interesse não é mais como organizar a sociedade, mas sim como impedir que uma sucessão de conflitos indevidamente tratados possa criar o risco de desorganizá-la. A conjectura deixa o "macrocontextual" e se abriga no "microcontextual".

O que este livro é

Este livro é obviamente mais um sobre as dificuldades de articulação entre natureza e cultura, um tema que frequenta as reflexões de várias áreas do conhecimento. Mais um livro sobre o dilema *nature-nurture*. Mas espero, sinceramente, que não seja apenas um livro a mais. Se não resolve o dilema, acrescenta ingredientes novos à discussão. A contribuição pode ser sintetizada nos seguintes pontos:

1) O empoderamento dos mais fracos como falseamento do mantra de que a evolução é um processo de seleção natural que favorece os mais fortes (ou os "mais aptos", que é apenas uma forma mais branda de se referir aos mais fortes). Evolucionistas, psicólogos comportamentais, sociobiólogos, antropólogos e juristas precisam prestar atenção nisso.

2) A exploração de uma nova perspectiva para a hipótese da continuidade das séries biológica e histórica da trajetória dos humanos. O livro rejeita a tese da descontinuidade no fluir biológico-histórico da humanidade, expressa na crença da excepcionalidade humana e na teoria do contrato social. Mas está muito atento aos riscos da polarização. A hipótese da continuidade tem

servido à reafirmação da ideologia colonialista, eurocêntrica, sexista, racista, que, de tempos em tempos, se traveste de pretensa cientificidade. O livro pretende, em suma, mostrar que a hipótese da continuidade não nos conduz necessariamente à eugenia e ao supremacismo branco, masculino e heteronormativo. Muito ao contrário, os humanos evoluem de verdade quanto mais se afastam dessas ideologias.

3) Uma nova abordagem do direito, entendido como o sistema social de tratamento dos conflitos de interesses endógenos e não mais como o portentoso meio institucional vocacionado a formatar a sociedade como uma ordem racional (por meio de leis abstratas e decisões judiciais concretas). A abordagem microcontextualizada do direito, pela qual opta o livro, repercute para além da teoria jurídica ao desafiar o próprio conceito sociológico e antropológico da sociedade fundado em uma perspectiva normativista.

4) O revigoramento do diálogo da teoria jurídica com outras áreas de conhecimento. Qualquer pesquisa sobre as origens do direito não pode ser incongruente com o estado da arte da antropologia e da etologia, isto é, com os resultados dos estudos dos processos pelos quais as culturas se preservam e se transformam e do comportamento dos animais não humanos. O diálogo entre a teoria do direito e a antropologia existe de certo modo desde o início dos estudos antropológicos, mas qualquer nova abordagem do direito introduz perturbações conceituais que demandam reflexões interdisciplinares, incluindo as relativas ao estatuto epistemológico da antropologia jurídica (antropologia feita por juristas) e da antropologia do direito (reflexão jurídica feita por antropólogos).

Já o diálogo da teoria jurídica com a etologia é muito incipiente, porque esteve bloqueado pela hipótese da descontinuidade (não interessa ao humano transcendente o que ele era antes da transcendência) ou pelo reducionismo biologista da hipótese da continuidade (só interessa ao humano sua biologia). A nova abordagem possibilitada pela conjectura, por se inserir na hipótese da continuidade sem biologismo, é um convite ao diálogo mais profícuo entre direito e etologia.

PREFÁCIO

O que este livro não é

Este livro transita por um terreno minado. Ao menor descuido, as suas possíveis contribuições, que sintetizei acima, podem esbarrar nas minas plantadas pela hipótese da descontinuidade ou pelo biologismo reducionista; e ser explodido e desacreditado. A extrema polarização e a simplificação dos catecismos ideológicos que poluem o ambiente do debate político e acadêmico exacerbam o perigo. É preciso deixar nítido o que este livro não é, em um genuíno esforço de preservar os seus argumentos da balbúrdia da sofística contemporânea. Segue a lista de minhas principais preocupações.

1) Não há nenhum determinismo na conjectura de uma estratégia evolucionista do empoderamento do mais fraco. Ao contrário, absolutamente nada garante que a trajetória dos humanos continuará no mesmo percurso que vem adotando desde a sua diversificação evolutiva do último ancestral comum aos grandes primatas. A estratégia existe, mas não é definitivamente o caso de deixarmos a natureza fluir sem agirmos em seu curso. As ações afirmativas de inclusão de minorias, promovidas pelo Estado ou pela sociedade, foram, são e continuarão sendo imprescindíveis. Na verdade, elas *são* a estratégia evolucionista em sua feição do início deste século XXI.

2) Não há nenhum reducionismo da complexa realidade humana à sua estrutura biológica, seja no nível dos genes, das moléculas, do organismo ou qualquer outro. Rejeita-se a redução biologista, tanto na versão do darwinismo social (em que os europeus são legitimados pela seleção natural como superiores às demais "raças") como nas tentativas contemporâneas de "refinamento" por meio da noção de genes como receptáculos de toda a programação biológica e cultural dos humanos (e as suas toscas justificações para o territorialismo, o sexismo, o racismo etc.).

3) Não há nenhum voluntarismo, isto é, afasta-se qualquer crença na capacidade dos humanos de se organizarem e se reorganizarem por escolhas coletivas, muito menos por processos de legitimação derivada de discussões honestas, livres e racionais. O que há – e

sempre houve – são indivíduos com os seus interesses e os modos diferentes de os coletivos lidarem com as situações conflituosas. Esses modos não surgem por escolhas individuais ou coletivas. Eles acontecem como fatos da evolução. Em uma cultura (europeia) e a partir de determinado momento (quando se conclui o longo processo de positivação), esses modos foram ressignificados e as inexistentes escolhas racionais passam a ser presumidas.

4) Não é uma reflexão sobre a evolução do direito em si mesmo, como uma instituição, uma estrutura, um sistema ou o que seja, tomando-o por uma entidade autônoma, independentemente das manifestações culturais humanas. Discordo dos pensadores que atribuem a Darwin a descoberta do que seria o algoritmo impulsionador das evoluções tanto de seres vivos quanto de sociedades, culturas e outras instituições humanas, invariavelmente norteadas pela seleção natural do mais forte. A evolução que conjecturo é a dos humanos.

Do que eu gosto neste livro

Pode parecer estranho o autor apontar as partes do livro que mais o agradam. Pelo menos, não é usual. Os escritores têm as suas preferências. Aqueles momentos da escrita em que sentem ter passado a mensagem com nitidez e feito uma contribuição de algum valor para o debate. Aqueles trechos que, ao relerem anos após a publicação, o gratificam.

Deste livro, o que eu mais gosto é:

1) *Ordem e ordenação*. Eu não acho que exista algo assim como uma ordem. Aquilo que chamamos de ordem social não é mais que todas as pessoas vivenciando os seus valores, isto é, fazendo o que acham certo e evitando fazer o que acham errado, ou pelo menos tentando isso. Mas não quero tratar desse assunto neste livro. Por isso, coloco a questão entre parêntesis, falando em "ordem social constituída pela vivência dos valores", uma simplificação do que eu proponho, mas não quero aprofundar aqui; uma conve-

niência compatível com o argumento de que aquilo a que se chama de ordem social não é uma produção do direito.

O primeiro ponto da minha lista de preferências é a noção de "ordenações do entorno". Se é controversa a existência ou não de ordens e o que as constitui, é bem menos discutível a existência de ordenações. Todos nós colocamos sentido no que está ao nosso redor, isto é, *ordenamos* o entorno. A cautela é estar sempre atento para não confundir a nossa atribuição de sentido ao entorno com a realidade. O entorno existe independentemente de como o ordenamos. Muitas vezes, a ordenação que fazemos é útil e significativa, mas nem sempre. Os humanos temos limitações cognitivas – não convém nos iludirmos.

2) *Ordenações e cosmovisões*. Na cosmovisão branca, o entorno foi dividido em duas ordenações, a da causalidade e a da imputação. Na primeira, acomodaram-se os fatos físicos ou naturais; na segunda, os sociais ou culturais. Muitos povos originários, a seu turno, não dividiram o entorno e o ordenam em uma cosmovisão distinta. Chamei essa ordenação de "necessidade e agência".

Quando se intrigou com o tabu do incesto vedando o casamento entre primos apenas em uma situação (paralelismo) e não em outra (cruzamento), Lévi-Strauss raciocinou com os instrumentos das ordenações brancas, separando causalidade e imputação. A conclusão dele não faz sentido nenhum para o indígena que ordena o entorno pela necessidade e agência.

3) *Direito consuetudinário*. As humanidades estão contaminadas com o normativismo, isto é, a premissa de que as sociedades se organizam por meio de regras. Se o povo "regrado" não conhece a escrita, já se salta para a explicação de que eles possuem "direito consuetudinário". Gosto dos meus argumentos contrários a essa hipótese, que são quatro: a circularidade falaciosa, a implausibilidade da perda da capacidade humana de modelagem racional do coletivo, a impossibilidade de sua acomodação na ordenação da necessidade e agência e, por fim, a incompatibilidade com a recusa à autoridade característica dos "povos contra o Estado".

4) *Continuidade sem biologismo*. A conjectura explorada neste livro é a de que o direito é uma estratégia evolucionista da espécie humana. Ela pressupõe uma continuidade que borra a distinção entre natureza e cultura. Por isso, a conjectura não se acomoda bem nem na ordenação da causalidade nem na da imputação. Não digo que seja uma nova ordenação, longe disso. Digo apenas que a conjectura não se ajeita no modo tradicional em que essas ordenações têm sido exploradas pelo conhecimento acadêmico. Em termos mais específicos, a hipótese da continuidade tem levado, até agora, a conclusões racistas, sexistas, heteronormativas e eurocêntricas. Gosto muito, neste livro, da exploração de mesma hipótese, a da continuidade, redirecionada para conclusões decoloniais.

5) *Microcontextos*. Gosto também da abordagem microcontextual demandada pela conjectura. O direito, a civilização, a sociedade são tradicionalmente estudados pela perspectiva institucional, em que os personagens são as normas, os ordenamentos, as burocracias, os Estados, as guerras, a cultura... Penso que assim perde-se o foco de algo essencial: os conflitos. Se nos encontrarmos, na hora do almoço, onde se concentram os escritórios em uma grande metrópole, proponho que, em vez de olharmos os prédios espelhados de arquitetura arrojada, os monumentos envidraçados ao nosso tempo, atentemos às pessoas disputando nacos da calçada para conseguirem dar conta de suas agendas.

6) *Historicidade do direito*. Só vislumbro três possibilidades: ou o direito, por alguma razão a descobrir, não tem história e sempre foi e será igual ao que é atualmente, fundado na tripartição dos poderes; ou teve uma história e ela terminou quando a tripartição dos poderes o aperfeiçoou definitivamente; ou ele é hoje diferente do que foi no passado e necessariamente diferente do que será no futuro, precisamente por ter uma história. Fico com a terceira alternativa. As duas outras parecem-me por demais inverossímeis, de modo que vejo a disseminação delas na teoria jurídica, implícita ou explicitamente, como o argumento conservador a serviço da justificação (legitimação) do direito contemporâneo.

PREFÁCIO

Roteiro de leitura

Há dois roteiros de leitura para este livro: o regular, que percorre os capítulos na ordem sequencial; e o mais célere, que pula os capítulos 5, 6 e 7.

Os quatro primeiros capítulos apresentam e explicam a conjectura do direito como estratégia evolucionista dos humanos. Estão ambientados na contraposição entre duas maneiras de entender o fluxo da nossa trajetória. De um lado, a da descontinuidade, em que se distinguem as séries biológicas e históricas; de outro, a da continuidade, em que a trajetória dos humanos é um único fluxo biológico-histórico. Entender o direito como uma estratégia de evolução só é congruente com a hipótese da continuidade.

Nos quatro últimos, a conjectura é o pano de fundo do enfrentamento das questões fundamentais do direito, que são as relacionadas ao seu conceito e à sua origem. Também se faz a crítica da concepção disseminada por diversos saberes das humanidades de que a sociedade se organiza por normas jurídicas.

Os três capítulos do meio são dedicados ao aprofundamento de alguns temas tangenciados pela conjectura. Poderiam ser grandes notas de rodapé e, por isso, a leitura deles não é essencial para a compreensão do argumento básico do livro. Nesse interlúdio, falo da associação do darwinismo com a eugenia, da falácia da teoria dos jogos e do estatuto epistemológico da etologia.

Agradecimentos

As especializações dos saberes humanos formam etnias. Como as demais, as etnias acadêmicas possuem mitos e ritos: mitos de criação, com a celebração dos grandiosos feitos dos geniais fundadores e as dificuldades que heroicamente enfrentaram diante da resistência (anacrônica, ridícula, mesquinha...) dos pares; e ritos, como o de iniciação mediante a aprovação *double-blind peer review* da publicação em conceituada revista científica de um artigo, juntamente com uma dezena de coautores. Os teóricos do direito, por exemplo, pertencemos a uma etnia que crê em uma abundância de mitos autorreferenciais, autoindulgentes, autolátricos e arrogantes.

Um dos mitos das etnias acadêmicas é o da interdisciplinaridade, que narra os extraordinários e surpreendentes ganhos de pesquisadores de especializações diferentes que se veem (talvez a contragosto) na circunstância de trabalharem juntos. É um dos mitos fundadores, que procura mitigar as equivocações inerentes ao contato entre as etnias.

Na escrita deste livro, vivenciei a interdisciplinaridade em seu aspecto mais vivaz: a generosidade. Fui generosamente presenteado por colegas da antropologia, da filosofia, da biologia, da linguística, das artes e da veterinária, aos quais expresso os meus agradecimentos.

Agradeço, inicialmente, à antropóloga Adriana Maria Huber Azevedo pelo envio de sua tese sobre os Suruwahas. Também a Paulo Abrantes e Fábio Portela Almeida, estudiosos da coevolução gene-cultura, com quem tive uma frutífera troca de ideias. Igualmente estimulante foi o contato com o linguista Caetano W. Galindo. Registro também o agradecimento à antropóloga veterinária Mariana Bombo Perozzi Gameiro pela indicação da bibliografia da nova e promissora especialização a que se dedica.

Sou especialmente grato à artista plástica Daiara Tukano pela conversa sobre o mito de criação Desana. Minha intenção era apresentar uma das suas versões registradas em português (Pãrõkumu-Kẽhíri, 1980:16-50 e 81-98; Reichel-Dolmatoff, 1968) como exemplo de cosmovisão da "humanidade como um erro". Depois de conversar com ela, deletei o trecho em que eu conjecturava sobre o mito de *Yebá Buró*, a avó do mundo. Daiara me explicou que todos os mitos ameríndios contêm lacunas, variações e contradições que estão longe de ser pequenos descuidos. Os hiatos, as versões e as oposições são os locais em que são escondidos "segredos e sagrados". Ocultá-los é um legítimo direito dos povos originários dos quais há séculos vem-se tirando tudo. Por isso, a verdade do mito está sempre fora do alcance dos brancos. Nunca saberemos

PREFÁCIO

tudo e não seremos informados de tudo. Afora isso, ela me disse que a minha interpretação não fazia sentido.

Agradeço, enfim, à Mônica, com amor – Mô é a primeira leitora do livro como o escrevo e a perspicaz conselheira do livro como ele é publicado.

Lucca

Lucca, para quem o livro é dedicado, é um cão.

Mô e eu somos os seus tutores desde o mês em que ele nasceu, junho de 2011. Lucca é um *cavalier King Charles spaniel blenheim*. Os *ckcs* são uma raça de cães em que todos descendem de apenas seis indivíduos, e isso não é trivial (Bradshaw, 2011:333--334 e 336-337). O certificado de *pedigree* informa que ele foi chamado, ao nascer, de L. Castel Nathan. Seu pai se chama Castlekeep Paloma Corderoy e a mãe, L. Castel Famously Shameless. O pequeno Nathan nos cativou de imediato. Nós o chamamos de Lucca porque temos excelentes recordações de nossa estada nessa cidade da Toscana.

Lucca é muito querido.

Ao contrário, porém, de todos os tutores com que converso, não posso dizer que Lucca me dá amor incondicional. Faz festa para mim, e gostosa, mas somente quando quer. Várias vezes, me trata com indiferença. E preciso dizer que eu prefiro assim. Gosto de ver Lucca agindo como um indivíduo com seus próprios interesses ao se afastar de forma abrupta quando simplesmente não quer os meus afagos. Ele não é uma das réplicas do protótipo de raça definido idealmente por características genéricas. Ele é um ser com personalidade, individualidade.

É bastante conhecida a experiência do russo Alexander Belyaev, que, ao longo de várias gerações, conseguiu domesticar raposas. Seu método foi cruzar apenas as raposas que tinham menos medo dos humanos, as mais mansas, por assim dizer. Durante muito tempo acreditou-se na existência de raposas com o gene da "agressão" e raposas com o gene da "mansidão" e que Belyaev havia obtido, por seleção artificial, o sucesso reprodutivo destas últimas. Hoje, não se acredita mais nisso. A mansidão das raposas do experimento russo foi transmitida de geração para geração por outros sistemas de herança, como o epigenético celular e o comportamental. Por este último sistema, raposas experientes ensinaram as inexperientes como lidar de modo mais eficiente com os humanos ao redor. Se uma delas estivesse escrevendo aqui, poderia dizer que as suas ancestrais aprenderam, ao longo de algumas gerações, como amansar os humanos. Quer dizer, se os cães de determinadas raças são tão agressivos a ponto de representarem perigo às pessoas ao redor, isso não é uma determinação genética; ao contrário, depende muito das expectativas dos seus tutores em relação ao trabalho de guarda para o qual foram treinados. Isto é, a agressividade é do cão indivíduo, e não da raça canina.

O grande ganho dos humanos ancestrais que domesticaram os lobos, que posteriormente evoluíram para os cães, foi poder dormir. Os humanos precisam de sono por cerca de um terço do dia para que o cérebro possa processar a infinidade de informações captadas nos outros dois terços. Dormir é como o cérebro funciona. Antes de ter os cães ao seu lado, os humanos não conseguiam dormir quanto precisavam. Domesticados, os cães de sono mais leve cuidavam da segurança do coletivo humano-canino. Ao perceberem a aproximação das feras, latiam para acordar os humanos, para que eles, com o polegar opositor e a posição ereta, acionassem as lanças fatais. Se é essa a história da parceria, devemos muito aos cães. Devemos tudo, porque, sem eles, provavelmente nosso cérebro não teria se desenvolvido como se desenvolveu.

Lucca merece a minha gratidão e esta dedicatória.

1. Conjectura

Em março de 2022 eu completei quarenta anos como professor de direito. Ser professor apareceu nos meus planos nos primeiros anos da graduação. Tentar traduzir conceitos complexos, argumentos densos e raciocínios intrincados em lições assimiláveis sempre foi muito estimulante para mim. A didática, e não a erudição, é a mais frutífera das habilidades de quem se apresenta ao desafio do magistério.

Nunca me agradaram aquelas lições grandiloquentes sobre o direito, com as quais muitos dos meus colegas costumam impressionar o jovem auditório de seus alunos. Elas já me soavam descompassadas quando eu as ouvia como estudante, mas faltavam-me informações e vivências para dar a forma de questão às minhas estranhezas. O direito poderoso, onipresente, asséptico, científico e ordenador da sociedade racional, encarnado nas aulas de alguns dos meus professores, não me comovia.

Dar aulas é, antes de tudo, ter a oportunidade única para revisitar constantemente os mesmos temas. É verdade que o professor, em sala, aprende mais que os estudantes que o ouvem. O magistério é um lugar privilegiado para a reflexão. Inúmeros *insights* e revigorantes inquietações simplesmente nos surpreendem quando estamos de pé, junto à lousa, falando aos alunos de um tópico do programa. O que prometia ser a maquinal repetição de uma ideia, em uma exposição a mais, repentinamente irrompe como uma formulação inovadora, uma maneira de ensinar enriquecida de didática.

Eu não sei precisar quando aconteceu. Desconfio que foi por uma longa maturação, alimentada pelas surpresas das próprias aulas, que deixei aos poucos de ensinar o direito como se ele fosse um sistema de ordenação racional da sociedade. Precisei de mais algum tempo ainda para perceber que o estava apresentando aos meus alunos por um ângulo que se poderia chamar de microcontextual. Eu notei que estava colocando o conflito, e não a ordem, no centro das considerações. Foi assim que me ocorreu uma conjectura.

Um plano para a conjectura

Pesquisaremos a origem do direito com o foco direcionado não para as leis, os ordenamentos, os legisladores e os juízes, mas para o modo como os coletivos se organizam para lidar com os conflitos entre os seus membros. A razão disso é que leis, ordenamentos, legisladores e juízes existem há muito pouco tempo (uns trezentos anos, talvez) e parecem ser universais apenas porque os seus inventores, os europeus, colonizaram quase o mundo todo. Se queremos entender o direito, e não apenas a sua forma contemporânea, precisamos de outros objetos nos quais concentrar a atenção. São eles o conflito e o seu modo de tratamento.

Repensaremos o conceito direito olhando para o modo como os conflitos são tratados ao longo do fluir biológico-histórico em que nos encontramos. Conflitos entre os membros de um coletivo humano sempre existiram. Os coletivos lidaram com uma parte desses conflitos, mas não os trataram sempre do mesmo modo. O direito é o sistema social de tratamento dos conflitos internos aos coletivos. Ele tem uma história, isto é, transforma-se. Não vamos, por isso, tentar forçar a vista para identificar no direito do passado os mesmos ingredientes de sua forma contemporânea em estado embrionário. Tampouco vamos advogar que a tripartição dos poderes configurada há uns duzentos e poucos anos é não somente a forma contemporânea, mas a definitiva do direito.

O plano é iniciarmos pela ideia-mestra do meu argumento, a conjectura de que o direito é uma estratégia evolutiva. Para pesquisar a origem de alguma coisa é preciso partir de sua identificação. A origem de um objeto varia de acordo com a forma pela qual ele é identificado (Cap. 1). Em seguida, procurarei mostrar a fragilidade da origem do direito em um contrato social fundador da sociedade, que é a teoria mais difundida de descontinuação da biologia com o início da história. As formulações de descontinuidade discreta ou embaraçada, como o direito natural, o evolucionismo neoliberal cultural e a coevolução gene-cultura, também serão examinadas (Cap. 2). Afastada a descontinuidade, será preciso desbastar a área da hipótese da continuidade, escrutinando o reducionismo biologista do darwinismo social e da sociobiologia (Caps. 3, 5 e 6). Exploro, então, a conjectura do direito como estratégia evolucionista ambientada na hipótese da continuidade (Caps. 4, 8 e 9). Após incursões na teoria do conhecimento, para tratar das etologias (Cap. 7) e das antropologias (Cap. 10), finalizo propondo a centralidade do conflito para a compreensão da origem do direito (Cap. 11). Esse é o plano.

Partamos, então.

Organização por regras e organização sem regras

Juristas, sociólogos e antropólogos em geral definem "sociedade" em torno da noção de *organização por regras*.

Quando nós, viventes do século XXI, nos indagamos sobre o que esses pesquisadores têm em mente ao cogitarem de "regras", a primeira ideia tende a ser a de um comando definido por uma ou mais pessoas (professor na sala de aula, legisladores no parlamento das democracias etc.). Mas os pesquisadores não podem estar pensando em regras no sentido de comandos. Se fosse esse o caso, eles teriam de admitir um momento fundador, em todas as sociedades, no qual as pessoas teriam decidido quais regras iriam adotar;

mais que isso, essas pessoas deveriam previamente ter decidido como tomariam tal decisão (votação entre todos, deliberação somente dos sábios anciões, vontade do mais forte etc.); e, antes disso, elas não poderiam estar vivendo juntas, porque afinal ainda não existiria sociedade entre elas...

Fica nítido, diante dessas dificuldades, que juristas, sociólogos e antropólogos, quando falam de regras como pressuposto de sociedades, não estão falando de um comando instituído. Estão pensando em alguma coisa diferente de enunciados com definições de como as pessoas devem (obrigação ou proibição) ou podem (permissão) se comportar umas com as outras.

Os linguistas também fazem as suas pesquisas pensando em regras. Eles identificam uma língua em função de um repertório léxico sujeito a certas regras de sintaxe e gramática. Mas aqui também não é possível que eles estejam pensando em regras entendidas como comandos instituídos. Qualquer língua, nesse caso, teria se iniciado após um conjunto de pessoas, até então silenciosas, ter concordado com determinadas regras. E para chegarem ao acordo sobre as regras instituidoras da língua, antes de esta existir, elas precisariam se comunicar por um meio tão extraordinário que não conseguimos sequer imaginar qual poderia ter sido. Também é evidente que os linguistas não podem pensar as regras estruturantes de uma língua como comandos instituídos, isto é, enunciados definidos pelos gramáticos sobre quais são as palavras e como elas devem ser combinadas no contexto de uma língua para que seus falantes consigam se entender.

De que falariam, então, juristas, sociólogos, antropólogos? Que significa o termo "regras" na afirmação de que "as sociedades são organizadas por regras"? Diante de questões como essas, a impressão surgida a nós, viventes do século XXI, é uma vaga referência aos costumes. As pessoas simplesmente viviam *desde sempre* em coletivos e se comunicavam umas com as outras, emitindo sons cujo significado era compartilhado por quem falava e quem ouvia. Cada uma, por nascer em um coletivo, assimilava a língua da mãe e dos demais cuidadores; aprendia não somente a língua, mas também os valores, os modos de agir, os rituais e as crenças dos adultos do coletivo em que nasceu.

Até aqui, tudo parece fazer sentido: os costumes aprendidos organizam as sociedades e enriquecem as línguas. O problema surge quando os viventes do século XXI passam a entender os costumes como regras organizadoras da sociedade sem leis escritas; ou entendendo os usos das falas como regras implícitas estruturantes da língua. Empregamos a mesma noção para duas coisas bem diferentes: o que simplesmente vinha acontecendo e o comando instituído. Quando juristas, sociólogos, antropólogos e linguistas se referem a regras nos tempos primordiais da sociedade, estão pensando em costumes surgidos, por assim dizer, espontaneamente, sem deliberação de ninguém. Algo bem diferente das regras que atualmente organizariam as nossas relações sociais, que são ordens dadas por uma autoridade (pais, professores, chefes, legisladores, gramáticos etc.). Se hoje nos comportamos obedecendo ou desobedecendo às regras, no passado longínquo havia apenas o modo como a maioria das pessoas agia e se comunicava.

Os costumes que davam às sociedades uma organização não eram ações de obediência a regras. Não existiam as leis, no sentido de um comando geral e abstrato obedecido pela maioria das pessoas. Para acreditarmos que as sociedades atualmente estão organizadas porque a maioria obedece às leis, mas no início não era assim, precisamos necessariamente considerar *uma transição*. Se acreditamos que hoje conseguimos organizar a sociedade por meio de leis racionais (não matar, não ferir, pagar os impostos, respeitar o semáforo etc.), mas não era assim no começo, então alguma coisa de muito significativo aconteceu no meio.

Imagine o leitor como poderia ter sido essa transição, colocando-se como vivente dos tempos em que agia espontaneamente e, a partir de algum momento (um dia, alguns anos?), sem mudar nada em seu comportamento, passou a entender que estava obedecendo a regras. Olhando ao redor antes disso, constataria várias ações espontâneas, como pessoas conjugando verbos, tomando divertidos banhos diários de rio com os amigos, dividindo a carne da caça entre todos do coletivo e resolvendo desavenças com uma pedra atirada com força na cabeça do desafeto. Algumas dessas espontaneidades foram convertidas em obediências e desobediências a regras, e outras não. Mas não teria sido possível essa separação das ações espontâneas em duas categorias distintas sem que uma ou algumas pessoas do coletivo tivessem definido o que permaneceria costume e o que passaria a ser obediência a comandos.

Em outros termos, na definição de sociedade como uma organização sujeita a regras, não há como escapar de um momento fundador, responsável pela transição do estado pré-organizado para o organizado. Esse momento teria de existir no ato de escolha, entre todos as condutas frequentes, daquelas que, a partir de então, se tornariam a expressão de atos de obediência.

Desde a Idade Moderna, muitos chamam essa transição de contrato social. As ações organizadoras das sociedades teriam deixado de acontecer por si mesmas e passaram a ser obediências a padrões de comportamentos definidos por algum tipo de consenso racional. Antes do contrato social, agíamos imitando nossos cuidadores da primeira infância ou, vez por outra, com maior ou menor criatividade, nos desviávamos desse padrão; depois do contrato social, passamos a ser obedientes ou desobedientes de regras estabelecidas por alguém.

Não houve, porém, nenhum momento fundador das sociedades. Não houve um contrato social a partir do qual elas passaram a ser racionalmente organizadas. Tampouco qualquer outra forma de deliberação coletiva. Os humanos não são capazes de organizar racionalmente as sociedades em que vivem, nem hoje nem nunca. Não são as regras (leis, broncas dos pais, mandos dos chefes, semáforos etc.) que põem ordem na sociedade. Tanto antes como agora, o que percebemos como organização é a expressão de valores vivenciados pelas pessoas em suas relações umas com as outras, especialmente quando se precisa lidar com conflitos.

A hipótese apresentada neste livro não pressupõe que, em algum momento de sua trajetória, os humanos se depararam com um degrau e, ao subir nele, mudaram profundamente o seu "estado".

Teriam saído da natureza e ingressado na cultura. Teriam trocado a insegurança da vida selvagem pelas garantias da sociedade política. Teriam abandonado as incertezas dos acasos e adquirido a capacidade de ordenar tudo à sua volta, racionalizando as relações interpessoais. De um lado, os costumes não são regras; de outro lado, as regras, por mais racionais que sejam, não põem ordem na sociedade (tampouco na língua e nas demais expressões culturais).

Parece evidente que a sociedade em geral funciona; bem ou mal, às vezes sim, às vezes não e, sobretudo, por crivos radicalmente diferentes (renda, educação, cor, orientação sexual etc.), ela está aí e costuma assegurar certas expectativas básicas que as pessoas nutrem no dia a dia (poder dormir sossegado em casa, não ser alvejado ao pôr os pés na rua, não ser atropelado ao atravessar a avenida na faixa de pedestres, receber o salário no fim do mês etc.). Como, então, entender esse fato incontestável de que não se vive em um completo caos? (Isto é, não se vive no caos salvo quando alcançado por desgraças de uma lista nada desprezível de exceções como pobreza extrema, guerras, disputas armadas de área de influência por organizações criminosas, desabastecimentos, desastres naturais etc.). Se não são as leis que promovem o funcionamento (imperfeito sempre, por vezes muito precário) da sociedade, o que, no final, a organiza?

A reflexão em torno dessas indagações aponta para o *conflito* e os modos pelos quais as sociedades se organizam para lidar com ele. Como não houve um degrau, fundamentalmente estamos no mesmo "estado de natureza" desde que nos diferenciamos, na linha de evolução das espécies, dos demais primatas superiores. A nossa especificidade é lidar com os conflitos por um modo diferente. Demos uns passos nessa linha. Passos significativos, mas já prenunciados em comportamentos provavelmente adotados inicialmente pelo nosso ancestral comum com os chimpanzés. Mudamos o tratamento dos conflitos: em vez de resolver tudo favorecendo o mais forte, os humanos passam a progressivamente empoderar o mais fraco. A nossa especificidade é o fortão não mais ganhar todas as disputas.

A conjectura explorada neste livro tenta explicar esse giro aparentemente inusitado no que tem sido visto como a essência da evolução biológica, o favorecimento do mais forte, mas sem cogitar de um degrau pelo qual os humanos transcenderam de sua natureza animal para o estado racional. A conjectura substitui, no conceito de "sociedade", a noção geralmente aceita de *organização por regras* pela *organização sem regras*. Não é o direito que molda a sociedade, mas os valores vivenciados pelos humanos que a compõem.

A lei do mais forte

Onde há vida, há escassez.

Quando certa espécie se percebe em um ambiente com tal fartura que permite a multiplicação de seus indivíduos, ela os multiplica até o escasseamento dos recursos. É o destino malthusiano que amaldiçoa a vida. Os humanos parecem ter conseguido driblá-lo até agora, mas as imensas dificuldades que atualmente enfrentam para tentar reverter o colapso ambiental antropogênico sugerem que o *Homo sapiens* não escapa da mesma sina fatídica dos demais seres vivos do planeta. É ingênuo descartar a hipótese de que, um dia, fatalmente teremos consumido todos os recursos de sobrevivência ao nosso redor e desapareceremos como espécie. Colapso ambiental antropogênico é, em certo sentido, uma expressão enganadora, porque não é o "ambiente do planeta Terra" que está colapsando, mas apenas a perspectiva de sobrevivência da espécie humana e de algumas outras.

Onde há escassez, há conflito.

Não havendo recursos de sobrevivência para todos, os que existem são disputados. Não há vida sem conflito. Os seres vivos disputam, a seu modo, os recursos escassos de sobrevivência. É fascinante, por exemplo, como plantas e fungos micorrízicos realizam trocas simbióticas de um modo que pode ser muito bem descrito como negociações: as plantas fornecem mais carbono às cepas de fungos que lhes enviam mais fósforo (Sheldrake, 2020:153-154).

Onde há vida, há escassez e onde há escassez, há conflito – essas premissas demandam uma precisão. Ainda não está corroborada a conjectura de que a espécie, quando encontra um ambiente abundante e favorável à multiplicação de seus indivíduos, multiplica-os até se ver cercada de escassez. Quando os dados demográficos mostram a redução do número de filhos por casal nas economias mais desenvolvidas, entrevê-se um possível falseamento. Mas ele perde força ao se considerar o colapso ambiental antropogênico, a inequívoca prova de que a escassez espreita a espécie que esgotou os recursos do planeta, ao tratá-lo como um ambiente de abundância. As premissas que associam direta ou indiretamente a vida aos conflitos, de um modo ou de outro, são pertinentes à delimitação da conjectura.

A disputa pelos recursos escassos de sobrevivência surge por todos os lados. O conflito pode envolver indivíduos de espécies diferentes quando, por exemplo, os leões caçam uma zebra; ou envolver coespecíficos pertencentes a coletivos diferentes, como nos enfrentamentos territoriais entre dois bandos vizinhos de chimpanzés. A atenção aqui será chamada para o conflito entre coespecíficos de um mesmo coletivo. São essas disputas intestinas, os conflitos endógenos, que servem de palco para a conjectura.

Nota-se um padrão nos conflitos entre os seres vivos: a prevalência do mais forte.

Entre os animais não humanos, a força é física. O indivíduo com determinadas características fisiológicas tem os meios corporais para prevalecer sobre o que não as tem (ou não as possui na mesma intensidade, volume, dimensão etc.). Já entre os humanos, por outro lado, o mais forte nem sempre é o fisicamente avantajado. Há várias outras condições assimétricas, como as econômicas (o patrão é mais forte que o empregado, o endinheirado mais que o despossuído), culturais (o letrado é mais forte que o iletrado), de etnias, de gênero, de orientação sexual etc.

De um modo provisoriamente útil à apresentação da conjectura, pode-se dizer que, no estado pré-jurídico, os conflitos eram resolvidos de acordo com o padrão da prevalência do mais forte (metaforicamente, a "lei do mais forte"). O surgimento do direito é a estratégia evolucionista perceptível quando parte dos conflitos, os endógenos, passa a ser tratada *também* por outros padrões. Cessa a invariância da lei do mais forte e surgem padrões alternativos. O direito acontece quando o coletivo se organiza visando proporcionar aos mais fracos algumas oportunidades de prevalecer sobre os mais fortes. Não se trata de uma organização racional, resultante de um acordo de vontade entre iguais, mas de um acontecimento na evolução. Como se verá, não há descontinuidade (Cap. 2).

Há um visível esquematismo na "lei do mais forte". Ele é impreciso. Quando a presa disputa a própria vida com o predador e consegue escapar, foi porque ela tinha uma habilidade física a lhe dar decisiva vantagem no conflito (a maior velocidade, por exemplo); veloz, a presa foi mais forte que o predador. Mas se não consegue fugir e é alcançada pelas garras e dentes do predador, foi a vez de este se mostrar o mais forte. Biólogos diriam que a presa, no primeiro caso, e o predador, no segundo, demonstraram um potencial de retenção de recursos (*resource-holding potential* – RHP) superior. O RHP é um conceito mais preciso que "força" na descrição do padrão dos conflitos. Continuarei usando o esquematismo da lei do mais forte não por considerá-lo de algum modo criticável, mas apenas para evitar argumentos potencialmente herméticos.

É conveniente avançar no argumento por etapas, aproximando-nos aos poucos do objeto complexo da nossa reflexão. Aos poucos conseguiremos nos livrar do esquematismo da lei do mais forte.

A excepcionalidade humana

As características peculiares de uma espécie são *especificidades*. Os humanos têm as deles, assim como os morcegos e as samambaias. Mas não há nenhuma espécie excepcional.

Quando os castores represam água nos rios para obterem a profundidade necessária à construção de suas formidáveis casas com entradas submersas, não se fala em excepcionalidade. Explica-se o que os animais fazem de diferente como um fato biológico, vagamente intuitivo. Há, contudo, quem veja as especificidades dos humanos como excepcionais. A excepcionalidade humana seria transcendente, isto é, uma marca não explicada como fato da biologia, mas como a própria suplantação dela.

É extensa a lista de candidatos a predicados excepcionais da nossa espécie: agir político, racionalidade, cooperação, empatia, proibição do incesto, revolução cognitiva, cultura, linguagem simbólica, capacidade de simbiologizar, uso de ferramentas, construção de ferramentas, ensino-aprendizado, entendimento de analogias, contar e somar, memória episódica, noção de futuro, capacidade de planejar, contenção, autoconsciência, percepção da autoconsciência alheia, curiosidade, brincar, ter orgasmo, ter e expressar sentimentos (senciência), praticar a agricultura e a pecuária, entre outros. Nenhuma dessas "aptidões", porém, é exclusiva dos humanos (cf. Goodall, 1998:68; Lorenz, 1981:359; Ackerman, 2016:21, 78-79, 122, 134 e 295; Damásio, 2018:137; Waal, 2005:117 e 222; 2013:70-71; e 2016:114-115, 153-154, 181, 217-218, 265-266, 296-297, 299-300, 312, 335-340 e 348-349; Sapolsky, 2018:19; Foitzik-Fritsche, 2019:115-117 e 142-144; Sverdrup-Thygeson, 2018:37).

Uma vistosa especificidade da espécie humana é o domínio da linguagem sintática. Não entendemos apenas significados de sinais sonoros ou visuais (linguagem simbólica), como também sabemos organizá-los de acordo com regras de sintaxe, isto é, empregando alguns signos como sujeito, outros como verbos, predicados etc. No atual estágio das pesquisas, somos os únicos animais com um órgão que permite a construção de frases coerentes e expressivas a partir de um pequeno repertório de palavras e estruturas gramaticais. A existência desse órgão, denominado "gramática universal", é convincentemente demonstrada pela biolinguística de Noam Chomsky (2006:121-170).

A inexistência da excepcionalidade humana é uma constatação recente e sofre ainda resistências. A nossa especificidade, insisto, não é a linguagem simbólica, em que se associa certo significado a um sinal ou signo. Quando a ave emite determinado som, que é entendido pelo seu bando como o alerta da aproximação de perigo, esses animais usaram a linguagem simbólica. Cães e primatas também possuem essa especificidade. Para preservar a excepcionalidade humana, alguns pesquisadores chegam a distinguir o sinal do símbolo, introduzindo um obscuro ingrediente sensorial (White-Dilligham, 1972). Mas o que nos distingue no uso da linguagem é a capacidade de transmitir uma quantidade infinita de mensagens pela combinação de um repertório finito e modesto de palavras e estruturas, isto é, por meio da sintaxe. A gramática universal é o órgão dos humanos que os capacita a operar com a linguagem sintática.

É preciso certa cautela, porém. Afinal, há um registro (no jargão da etologia, um "caso anedótico") sobre a chimpanzé Vickey, sugerindo que ela domina a linguagem sintática: durante uma sessão de limpeza, Vickey reagiu com estranheza ao lapso linguístico de sua tutora, a etologista Cathy Hayes, mas, mesmo sem entender a razão, obedeceu-lhe e beijou o próprio pé (Lorenz, 1981:436). Como se trata de um registro apenas, obtido fora do contexto de um experimento científico, não podemos fazer inferências ou generalizações a partir dele. Por enquanto, sabemos que os humanos são os únicos seres dotados de linguagem sintática, mas, como dito, é preciso alguma cautela.

A incessante busca (até os anos 1950) da marca da excepcionalidade humana e a resistência à admissão de que temos apenas especificidades, como os castores e as formigas, compreende-se pelo enraizamento milenar, no pensamento europeu, do mito de que os humanos seriam a única espécie a transcender o "estado de natureza". Um dos ingredientes mais recorrentes desse mito é a invenção, pelos humanos, da agricultura e da domesticação de animais. A agricultura e a pecuária eram atividades vistas como empreitadas únicas, que nenhum outro ser parecia ter realizado até que foram descobertas formigas que cultivam fungos e criam pulgões interessadas no fluido açucarado que eles produzem (Foitizik-Fritsche, 2019:115-117 e 142-144; Sverdrup-Thygeson, 2018:79-82). Diante desses outros animais agricultores e pecuaristas, rearranjou-se o argumento da excepcionalidade e o feito classificado como o verdadeiramente excepcional dos humanos, inaugurador da cultura, passou a ser a *autodomesticação* (cf. Wagner, 1975:49-50).

De acordo com o mito revisado da excepcionalidade humana, a autodomesticação teria sido realizada com o mesmo instrumento com que os humanos desenvolveram a agricultura e domesticaram os animais – o extraordinário instrumento com que nenhum outro ser vivo havia sido "aquinhoado": a razão. Os humanos conseguiram frear os instintos e impulsos espontâneos de sua natureza primeira, tornando-se seres comportados; isto é, teriam deixado de se guiar pela cega satisfação imediata das necessidades materiais e começado a agir em consonância com padrões gerais de comportamento racionalmente estabelecidos. Não eram mais autômatos como se considerava que os outros animais eram, mas agentes de sua história.

Autodomesticados, os humanos controlaram os impulsos e passaram a nutrir valores. Saíram conscientemente do reino da causalidade e ingressaram no da organização da sociedade por regras. Imaginou-se que, além da gramática universal investigada pela biolinguística que nos dá acesso à linguagem sintática, teríamos uma similar gramática moral inata, que nos proporcionaria a capacidade de discernir racionalmente o certo do errado (cf. Almeida, 2020:109-124). A autodomesticação teria impulsionado os humanos a um degrau acima dos demais seres ao seu redor. De acordo com o mito da excepcionalidade humana, ao se autodomesticarem, os humanos deixaram o nível raso da natureza e ingressaram no patamar elevado da cultura.

A hipótese do Gênesis

Na cosmovisão europeia, a excepcionalidade humana se enraíza no mito de criação judaico-cristão. No sexto dia, Deus tomou a decisão ímpar de criar o homem à sua "imagem e semelhança" e lhe concedeu o domínio sobre "peixes, aves, animais selváticos, répteis" e "toda a terra" (Gênesis, 1:26-30). Feitos à imagem e semelhança do Criador e recebendo o poder sobre todos os demais seres, os humanos não poderiam ser nada menos que *excepcionais*.

A excepcionalidade humana não está mais, já há séculos, necessariamente associada à narrativa bíblica, mas ainda ecoam vivamente na visão de mundo, arte, ciência, direito etc. os seus dois ingredientes específicos: a exclusividade da razão e a prerrogativa de subjugar todos os demais seres, animados ou inanimados. Chamarei de "hipótese do Gênesis" essa autopercepção de excepcionalidade que justifica o poder reivindicado pelos homens sobre mulheres, animais, plantas, rochas, terras, rios e mares.

O encontro da natureza com a cultura

A conjectura do direito como estratégia evolucionária não tem como se esquivar da discussão sobre o encontro entre natureza e cultura.

Não há como enfrentar, aqui, a ampla discussão sobre o conceito de cultura. Alguma noção do que tenho em mente ao falar de cultura e seu encontro com a natureza, contudo, precisa ser apresentada. E, para podermos avançar, penso que serão suficientes duas observações.

A primeira é a de que cultura pode ser uma contraposição ao universal ou ao inato. Como oposição ao universal, uma cultura particular é contrastada com a suposta cultura dos humanos em geral. Discute-se por exemplo quanto as especificidades dos povos envolvidos em uma guerra podem ser consideradas fatores determinantes do desenrolar do confronto. Indagar sobre como a cultura dos espartanos pode ter sido decisiva para a vitória na Guerra do Peloponeso é fazer essa contraposição ao universal encontrado nos modos que os povos em geral adotam nas guerras (cf. Sahlins, 2004).

Como oposição ao inato, por sua vez, a cultura é o que resta nas características e nos comportamentos dos humanos depois de suprimirmos tudo o que se consegue atribuir exclusivamente à sua configuração biológica. É a oposição normalmente referida pelo jogo de palavras em inglês *nature-nurture*. Nessa oposição, a cultura é o artificial que se acrescenta ao congênito (cf. Wagner, 1975:87).

As duas oposições referenciais ao conceito de cultura podem ser articuladas pelas franjas. Foi o que fez, por exemplo, Lévi-Strauss. Para ele, o universal é geralmente biológico, em oposição ao singular da cultura. Em outros termos, se algo é comum a todas as culturas humanas, *na maior parte das vezes* isso se deve a um condicionante biológico, inato. Ele procurava a explicação para a universalidade da proibição do incesto, que via como a excepcionalidade humana que nos havia catapultado da natureza para a cultura (1968:62-63 e 69-70).

Vamos discutir o desafio dos biólogos em balancear o genótipo e o ambiente no desenvolvimento dos organismos e na evolução das espécies. Teremos também a oportunidade de questionar a realidade de algo que se possa chamar de "configuração exclusivamente biológica". Mas, até lá, será o conceito de cultura ligada a essa oposição ao inato que nos acompanhará nas reflexões sobre continuidade e descontinuidade, contrato social, herança de informações e outras. Trata-se de uma oposição com a qual estão bem familiarizados os leitores prováveis deste livro. Por isso, é conveniente partirmos dela. Mas, aos poucos, também vamos nos livrar da oposição cultura-inato, mostrando que ela não faz sentido (Cap. 4).

A segunda observação é a adoção aqui do conceito de Radcliffe-Brown: *cultura é o que se aprende e se ensina* (1952:4-5; White-Dillingham, 1972:23). É uma das vias de transmissão de características de uma geração a outra, ou, mais precisamente, um dos sistemas de herança. O ensino-aprendizado de que se trata aqui não se limita obviamente aos processos de educação formal, mas abrange qualquer outra modalidade de transmissão de informações, conhecimentos, crenças, mitos; e, por meio desses, de valores sobre o certo e o errado a serem vivenciados.

O conceito de cultura da Teoria da Dupla Herança (TDH) é muito próximo, senão essencialmente igual, à formulação concisa e elegante de Radcliffe-Brown. Para a TDH, a cultura é a "informação capaz de afetar o comportamento dos indivíduos, que eles adquirem de outros membros da sua espécie por meio da aprendizagem, imitação e outras formas de transmissão social" (Richerson-Boyd, 2005:103/4639; Abrantes, 2014a). Lembrar a formulação da TDH torna duas implicações do conceito mais nítidas: a cultura não é sistema de herança exclusivo dos humanos e a transmissão pode ser vertical (ascendente ao descendente), horizontal (entre indivíduos da mesma geração) e diagonal (entre um indivíduo da geração sênior para o da geração júnior, sem vínculo de descendência biológica).

O encontro entre cultura e natureza é experimentado como fundamentalmente estressante pelos europeus, diferentemente de outros povos que o veem como amistoso. A cosmovisão europeia estressa o encontro da natureza e cultura porque põe ordem no entorno segmentando-o em duas dimensões: a da causalidade, em que acomoda os fatos naturais e no qual as leis são enunciadas do necessário, e a da imputação, abrigando os fatos sociais sujeitos a leis que não são necessárias porque podem ser desobedecidas. São muitos os povos originários que não segmentam o entorno em dois planos potencialmente conflituosos e o trata como uma única dimensão. Para eles, há plena harmonia no entrelaçar da natureza e da cultura (Caps. 8 e 9).

Na cosmovisão europeia, o homem da hipótese do Gênesis senhor de todos os seres, o humano que transcendeu a condição animal pela autodomesticação e a excepcionalidade humana são, entre outras, imagens de um cenário inamistoso, de um contato marcado pela submissão, pela contenção e pelo distanciamento. Apenas recentemente, o europeu vem reunindo elementos que podem levar à distensão, como a hipótese de animais que aprendem e a definição do papel da cultura na evolução fisiológica do neocórtex dos humanos durante a Era Glacial (Geertz, 1973:49-50).

Tenso ou amistoso, o encontro da natureza com a cultura é entendido pelo pensamento europeu como a aproximação de duas ordens: a da causalidade (natural) e a da imputação (social). Na versão tensa, os humanos se veem como seres não mais sujeitos às amarras da causalidade e tornados senhores de si mesmos – há liberdade de se comportar, ou não, de determinada maneira e não determinação causal. Na versão amistosa dos europeus para o encontro da natureza com a cultura, por sua vez, os nossos comportamentos no coletivo são efeitos de causas que já conhecemos ou ainda não, mas que conseguiremos um dia controlar com rigor.

Mas existem mesmo essas ordens? Ou elas são apenas arranjos mentais que nos ajudam a tomar decisões? Não seriam meras ordenações?

Desafios à ordem natural: regressão, progressão e acaso

Para sobreviverem, os seres vivos transformam o entorno. A árvore alonga as raízes, o castor constrói o dique, o fungo se expande em conexões. A vida se alimenta da vida. No planeta Terra, o humano é sem dúvida o ser vivo que sobrevive às custas das transformações mais extensas e intensas. Elas estão colocando em risco a própria sobrevivência da espécie e de várias outras. É o paradoxo da vida se alimentando de vida, em seu extremo.

Parte dos humanos imagina que a natureza é uma ordem. Ela é o que é em razão de constâncias inflexíveis que a determinam – as leis naturais. Nada nela seria fortuito. Não se trataria de um jogo de dados. Essa gente acredita que para realizarmos transformações mais eficientes à nossa sobrevivência, precisamos antes conhecer muito bem essa ordem. Estou falando, percebe-se, dos pesquisadores das ciências naturais – físicos, químicos, astrônomos, biólogos etc.

Se a ordem natural existe realmente ou é apenas uma pressuposição dos cientistas é uma questão em aberto. Mas, de qualquer forma, o conhecimento amealhado pelas ciências naturais tem viabilizado transformações fantásticas, como as vacinas e os aviões, a despeito de os pesquisadores se depararem cotidianamente com ocorrências sem explicação nos esquemas teóricos que construíram.

Graças às ciências naturais, pode-se ter acesso a inumeráveis aparatos que facilitam a sobrevivência – geladeiras, aquecedores, computadores, veículos de transporte, medicamentos etc. É indiscutível, ressalto, que apenas uma minoria bem diminuta de humanos é beneficiada largamente por esses aparatos enquanto a contundente maioria se beneficia de alguns poucos deles. Mas os mesmos cientistas cujas descobertas proporcionam maiores facilidades de sobrevivência não conseguiram ainda explicar completamente a natureza. Não há, por exemplo, uma teoria única que permita a mensuração dos movimentos dos *quanta* (microcosmo), das galáxias (macrocosmo) e do que está no meio (mesocosmo). E decididamente não é garantido que um dia ela existirá.

Quer dizer, mesmo sem responderem à questão sobre a existência ou não de uma ordem natural, os cientistas têm dado boas respostas a várias outras indagações. São respostas que permitem transformar a natureza de modo eficiente para a nossa sobrevivência. Se existe uma ordem natural, certamente não a conhecemos por completo; mas, ainda que ela exista, o conhecimento parcial dela tem sido suficiente para orientar a criação de meios de facilitação da nossa sobrevivência.

Há três dificuldades para a compreensão da natureza: a regressão ao infinito, a progressão ao infinito e o acaso.

A regressão ao infinito é uma dificuldade porque a premissa de ser tudo um efeito de determinada causa leva a uma de duas conclusões igualmente absurdas: ou há uma causa primordial, que não é efeito de nenhuma outra (e, portanto, nem tudo é efeito de uma causa); ou regredimos ao infinito sem nunca encontrar a origem de tudo. Para os físicos, o Universo que conhecemos teve início no *Big Bang*, o momento em que um "ovo" extremamente denso e quente começou a se expandir e resfriar. Não tem sentido perguntar o que havia antes do *Big Bang*, porque não havia nada. Se não havia nada, nem mesmo o tempo existia. Quer dizer, não havia o "antes" para que qualquer coisa pudesse existir (Gleiser, 2010). O *Big Bang* seria o efeito sem causa.

A progressão ao infinito é a dificuldade na direção oposta. Sempre é possível indagar a finalidade da finalidade: se o coração serve para bombear sangue pelo organismo, para que serve o sistema circulatório? Se a função desse sistema é oxigenar as células, qual é a função das células oxigenadas? Se é propiciar que os demais órgãos e sistemas cumpram as suas funções, para que essas precisam ser cumpridas? Não há um fim em si mesmo que cesse a cadeia.

Conhecer o processo de dilatação e resfriamento do ovo primordial nada nos informa acerca das razões últimas pelas quais isso acontece. Mas sabemos, pela segunda lei da termodinâmica, que o Universo um dia deixará de existir. A vida em si já foi descrita como um processo antientrópico (cf. Dennett, 1995:78/697), mas os organismos vivos singulares estão sob a segunda lei da termodinâmica. Ela é a lei de cada um de nós: todos os dias precisamos nos alimentar para repor energia; mas a rotina diária da reposição energética não impede que, um dia, não tenhamos mais energia para viver. Será esta, então, a finalidade de tudo o que existe: simplesmente deixar de existir, desaparecer? Responder a essa questão absurda afirmando que é isso mesmo, que não há nenhum sentido transcendental a nossa espera, não deve ser descartado. Os absurdos desordenam as nossas ordenações, mas não impressionam em nada a realidade.

Vamos progressivamente ao infinito ao nos indagarmos qual seria a função dos organismos vivos, a sua finalidade. E podemos reformular a indagação, sem essencialmente alterá-la, perguntando: para onde estamos indo? Aonde vamos chegar? Há um propósito nisso tudo, uma finalidade que explique por que a natureza, neste Universo conhecido, é desse modo descrita pela segunda lei da termodinâmica, e não de outro? Perder energia ao produzir energia parece ser o *efeito sem causa* e simultaneamente o *fim em si mesmo*.

Essas preocupações não tiram o sono de ninguém nos laboratórios e nos campos de estudos. Os físicos detêm a regressão ao infinito do mesmo modo que os biólogos interrompem a progressão: *parando de perguntar*. Físicos deixam de indagar qual é a causa de um efeito quando o tomam como ponto de partida de seu objeto. É um efeito sem causa não porque não a tenha, mas simplesmente porque o cientista delimitou o seu campo de interesse. É um mero recorte. Explicam que o eclipse lunar é causado pela sombra da Terra sobre o seu satélite sem perguntarem o que causa os movimentos dos corpos celestes. Os biólogos param de buscar a finalidade última do mesmo modo. Interrompem a série infinita tomando uma conclusão como um fim em si mesmo. Não porque o seja, mas novamente porque o cientista não tem nenhum interesse para além dele. Quando dizem que a função do coração é bombear o sangue pelo sistema circulatório, não se perguntam sobre a serventia da circulação sanguínea.

O absurdo é colocado assim entre parênteses com recortes interrompendo, em uma ponta, a regressão sem fim com uma causa desinteressante e, na outra, a progressão infinda com uma função ou finalidade desinteressante.

O acaso, enfim, é *a* dificuldade de qualquer ordem natural. Se há invariâncias, formuladas pelos cientistas como leis da natureza, então qualquer fato só acontece em razão delas. Se alguma coisa é incongruente com as constâncias conhecidas, os cientistas respondem que é preciso pesquisar mais. Preservam a ordem natural admitindo certa ignorância a respeito dela. Se atribuírem o infrequente ao acaso, os cientistas estão pondo em dúvida a existência de uma ordem de constâncias inflexíveis, uma grande ameaça ao emprego deles.

Alguns biólogos evolucionistas concedem que as mutações genéticas, responsáveis pelas variações fenotípicas, parte das quais tornará os indivíduos mais adaptados ao meio ambiente, são produtos do acaso. Mas apressam-se em dizer que a seleção natural, ao proporcionar a sobrevivência e a reprodução do indivíduo mais adaptado, é a constância inflexível que serve de antídoto ao acaso (cf. Ingold, 1986:197). No final das contas, fazem o acaso desaparecer ao admitir que uma lei natural invariável o controla e todos continuam as suas pesquisas sossegados.

Quem acredita em Deus tem obviamente a resposta para as três dificuldades. A regressão infinita e a progressão infinita são interrompidas pela vontade divina: Deus criou o Universo dando-lhe o início e o fez com um propósito, dando-lhe a finalidade – "é assim (nas duas pontas) porque Deus quis"; e não há acasos, senão os imperscrutáveis desígnios divinos – "Deus escreve certo por linhas tortas". Por isso, encontrar para essas dificuldades uma resposta congruente com a teoria da evolução é uma questão altamente sensível para a biologia. Não se trata apenas de ampliar o conhecimento científico, mas de encontrar o melhor posicionamento estratégico no confronto com os seus obstinados detratores, os criacionistas. Para os evolucionistas, existe uma ordem na natureza, mas ela não é o resultado das intenções de uma entidade supranatural. Eles são desafiados a dizer, então, o que determinaria essa ordem.

A dura vida dos evolucionistas

Para fazerem bem o seu trabalho, físicos e químicos não precisam regressar ao *Big Bang*, assim como os biólogos não precisam ir ao sentido último de tudo. Inventamos vacinas e transplantamos corações a despeito do absurdo das cadeias infinitas de causalidades e finalidades. Mas, se a maioria dos cientistas pode ignorar as questões finalísticas, há uma área de pesquisas que não desfruta desse luxo epistemológico: o evolucionismo.

Os evolucionistas se veem encurralados pela progressão ao infinito: o motivo de os gatos terem garras retráteis é poder caçar os camundongos mais facilmente; a razão de poder caçar mais facilmente os camundongos é reter energias de modo mais favorável; o objetivo de reter energias de modo mais favorável é viver mais tempo e com mais qualidade; o esforço por viver mais tempo e com mais facilidade se justifica como meio de obter mais chance para gerar descendentes com garras retráteis; o sentido de gerar descendentes com garras retráteis é contribuir para a preservação da espécie; a espécie deve se preservar para fins de x; a finalidade de x é y etc. Progredimos de finalidade em finalidade até o infinito tão logo procuremos a primeira delas.

Mesmo com o antídoto do favorecimento do mais forte pela seleção natural visto como a invariância que neutraliza as incertezas das mutações genéticas, os evolucionistas continuam às voltas com as dificuldades postas à ordem natural da evolução pela progressão ao infinito.

A regressão ao infinito os inquieta na discussão sobre o início da vida. Mas como a vida está aí, de algum modo ela se iniciou. E a evolução está suficientemente evidenciada por várias provas arqueológicas, fisiológicas, genéticas e genômicas. Eles se angustiam, na verdade, porque, na investigação dos impulsos do processo evolucionário, precisam escolher entre a progressão ao infinito e o acaso. Se há uma finalidade, qual é a finalidade da finalidade? E a finalidade da finalidade da finalidade? E assim por diante, ao infinito. Se não há uma finalidade última da evolução, interrompendo a cadeia infinita de progressões, o que a impulsiona é o aleatório, o incontrolável, o incognoscível.

Os evolucionistas giram em círculos substituindo palavras. Trocam teleologia por teleonomia (Lorenz, 1981:51), sentido intencional por sentido acidental (Wilson, 2014:11), finalidade por função ou *télos* como meta e *télos* como fim (Mayr, 2004:63-65). Evidentemente, trocar os nomes não desfaz a progressão ao infinito ou os acasos.

A substituição, às vezes, não mira propriamente o conceito, mas a sua estatura epistemológica. Procura-se tornar não teleológico o enunciado da biologia, isto é, converter enunciados do tipo "*x tem a função y*" em "*y não acontece sem x*" ou "*x é condição necessária de y*" (cf. Chediak, 2018). Não se consegue, contudo, por esse meio, distinguir as funções de efeitos não funcionais. O coração bombeia o sangue, mas, ao fazê-lo, produz ruído. Bombear o sangue é a função do órgão, mas fazer ruído é apenas um efeito não funcional. Aprimoraram a tentativa afirmando que a função deve ser considerada sempre no contexto de um sistema: bombear sangue é função no sistema circulatório e fazer ruído, no sistema psíquico (socorreu-se, aqui, de algumas pesquisas inconclusivas sobre os efeitos psíquicos do batimento cardíaco). Mas basta lembrar outros efeitos não funcionais para frustrar o repique. Ao bater, o coração ocupa e desocupa espaços na caixa torácica, em seus contínuos movimentos de sístole e diástole. Estamos finalmente diante de um efeito não funcional ou haveria um sistema pulsional para contextualizar mais uma função do músculo cardíaco? Veja, a finalidade retornou discretamente: só faz sentido a contextualização no sistema circulatório e, admitamos, no psíquico porque circulação e psiquê têm funções reconhecidas, o que não é o caso das pulsões no ocupar mais espaço nas sístoles e menos nas diástoles.

As substituições em busca de um conceito salvador e a reestruturação dos enunciados não tiraram os evolucionistas do lugar desconfortável de ter de optar entre progredir ao infinito ou renunciar às constâncias inflexíveis e consequentemente ao estatuto científico de seu conhecimento.

Desafios à ordem social

Os fantásticos sucessos que os humanos obtiveram nas transformações do entorno que a cosmovisão europeia chamou de "natureza" intrigaram aquela gente inquieta: conseguiríamos também transformar com igual sucesso os comportamentos dos humanos no interesse dos coletivos em que vivem? Acreditar que conseguiria e explorar os meios para esse intento foi o grande projeto da Idade Moderna. Nele se engajaram pensadores de matizes muito diferentes, como Karl Marx, Augusto Comte, Stuart Mill e Émile Durkheim. Os estudiosos das humanidades se empenharam, a partir do Iluminismo, na construção de ciências sociais com o mesmo rigor e poder preditivo das ciências naturais. Há algumas décadas, o experimento mais consistente desse grandioso projeto mostrou-se tão limitado e imperfeito (refiro-me às economias centralmente planificadas de inspiração marxista) que, diante de tamanho falseamento de uma conjectura, o mais correto a fazer é descartar de vez a possibilidade de um conhecimento científico da sociedade.

Na verdade, se existe uma ordem social, o conhecimento científico de seu funcionamento não tem sido uma condição prévia ao tratamento dos conflitos de modo cada vez mais justo. Não vivemos em um mundo justo – longe disso! Mas se olharmos a nossa trajetória, podemos constatar que vivemos em um mundo *cada vez mais justo*, ou, melhor ainda, *cada vez menos injusto* (Sen, 2009:20-22). Quem comparar a condição da mulher atual com a da de cem anos atrás, não encontrará nenhuma diferença muito significativa em algumas partes do planeta; mas encontrará transformações substanciais em outras partes, naquelas em que as mulheres paulatinamente adquiriram o direito de voto, o direito de se candidatarem, passaram a ter acesso às universidades, mantiveram a administração do próprio patrimônio após o casamento, passaram a ter proteção contra violência física dos companheiros, podem abortar em condições seguras, são amparadas contra assédios etc. O mundo ainda não é justo, mas está cada vez menos injusto para as mulheres que vivem nos lugares em que essas transformações aconteceram.

Quer dizer, entender completamente a natureza não tem sido um requisito prévio para as transformações do entorno natural, que se mostram eficientes à nossa sobrevivência. Inventamos vacinas mesmo sem nenhuma teoria de unificação do microcosmo, mesocosmo e macrocosmo. Do mesmo modo, entender completamente a sociedade não tem sido um requisito prévio às transformações do entorno social que tornem o mundo cada vez mais justo.

A ordenação da causalidade e a ordenação da imputação

Não é o caso, aqui, de discutir se existe ou não ordem na natureza, encadeando invariavelmente determinadas causas a certos efeitos; também não cabe antecipar a discussão sobre a existência ou não de ordem na sociedade instituída via imputação de sanções a comportamentos desviantes. Um pouco por isso, mas fundamentalmente porque necessito de um conceito mais geral para fazer aproximações e distanciamentos entre duas cosmovisões diferentes (a europeia e a de vários povos originários), deixo de lado a expressão "ordem" e a substituo por uma designação que me permita capturar a motivação humana de intervir no entorno de modo eficiente, qual seja, "ordenação". Abstraio a discussão sobre a existência de uma ordem natural e deixo temporariamente em suspenso a relativa à ordem social redirecionando o foco para a facilmente reconhecível ambição humana de pôr alguma ordem ao seu redor.

Inicio pela cosmovisão europeia. Fundada em uma profusão de dualidades (corpo-alma, sujeito-objeto, céu-inferno, razão-emoção, natureza-cultura, orgânico-inorgânico etc.), ela segmenta o entorno em duas ordenações: causalidade ou imputação.

Na ordenação da causalidade, o que se chama de lei é a enunciação do necessário, isto é, a conexão entre dois eventos em que a verificação de um deles (a causa) induz a verificação do outro (o efeito). O que a lei da ordenação da causalidade diz que acontece, acontece sempre. Se alguma vez não acontecer, é preciso aperfeiçoar a formulação da lei, detalhá-la com mais acuidade. Uma lei adequadamente formulada, na ordenação da causalidade, não falha nunca.

Já na ordenação da imputação, o que se chama de lei é a enunciação do comportamento desejado. Também há a conexão de dois eventos, mas o consequente é apenas uma das possibilidades diante do antecedente; é apenas a alternativa considerada a mais útil, valiosa, justa, pertinente, salutar etc. entre as possíveis. O enunciado na lei da ordenação da imputação não acontece necessariamente porque o que ele diz depende de um ato de obediência, quando a desobediência nunca está descartada. O que a lei da ordenação da imputação diz que deve acontecer somente acontecerá se ela for obedecida.

Em outros termos, a lei da ordenação da causalidade conecta causa ao efeito pelo verbo *ser*, enquanto a lei da ordenação da imputação une antecedente ao consequente pelo conector *dever ser*. As leis da gravitação, da termodinâmica, da conservação da massa e outros enunciados da física, química, astronomia e demais ciências naturais são da ordenação da causalidade – *dada a causa, será o efeito* (se A é, B é); a lei do encarceramento dos assassinos, da perda de bens dos devedores inadimplentes e demais leis jurídicas, por sua vez, são da ordenação da imputação – *verificada a conduta descrita no antecedente, deve ser o imputado no consequente* (se A é, B deve ser).

Nos exemplos que frequentam os manuais jurídicos: a lei física *descreve* que, "se a água *é* aquecida a 100 °C, ela *é* transformada em vapor", ao passo que a jurídica *determina* que, "se alguém *é* um assassino, ele *deve ser* punido". Não haverá nenhuma hipótese de a água ferver a determinada temperatura e não evaporar, mas há inúmeros assassinos que não sofreram pena. (Estou simplificando a lei física, porque a temperatura de evaporação depende de diversos fatores, incluindo a altitude em relação ao nível do mar.)

Até meados do século XX, considerava-se o pensamento causal um produto da evolução cultural humana. Para Herbert Spencer, por exemplo, os povos originários não tinham nenhuma ideia da causalidade e toda a agência era imputada a "pessoas vivas ou aos fantasmas das pessoas mortas" (1895:9402/37710). Acreditava-se que os povos originários eram incapazes de raciocinar em termos de causa e efeito por se guiarem pelas emoções e não pela razão e, por isso, acomodariam na ordenação da imputação eventos como ataques de feras, doenças, trovoadas, tremores do solo etc. Esses eventos ordenados no plano da causalidade pela cosmovisão europeia seriam interpretados pelos povos originários como uma espécie de vingança, a retribuição a uma má conduta.

Na segunda metade do século XX, a tese do pensamento causal como resultado de evolução mental dos humanos caiu em descrédito. Claude Lévi-Strauss, por exemplo, propôs distinguir o pensamento *selvagem* do *domesticado*, por critério estranho a qualquer crivo evolutivo. Na sociedade contemporânea, enquanto o pensamento selvagem se expressa na arte, o domesticado, que visa a obter determinado resultado prático, manifesta-se na ciência (1962a:252).

Desse modo, aquilo que para uma cultura pertence à ordenação da causalidade, para outra pode ser da ordenação da imputação e vice-versa. Ou pode ser, até mesmo, de outra ordenação, irredutível à causalidade ou à imputação. Quando o caçador yanomami não come a carne da caça que abateu, ele não está obedecendo a nenhuma lei da ordenação da imputação com o objetivo de evitar uma punição do coletivo, mas sim tomando a precaução necessária para não ser atingido por um efeito necessário de sua ação (como faz, por exemplo, ao se aproximar do fogo para aquecer). Se comer a carne do animal que ele matou, os animais vão perceber que não é uma pessoa generosa e não serão generosos com ele nas próximas caçadas. Os efeitos deletérios da ação em suas habilidades de caçador são certos, necessários. Está lidando com algo que acontecerá incontornavelmente e não com a possibilidade de uma punição pelo descumprimento de determinada regra de organização do coletivo.

O fato de o europeu achar um despropósito a conexão entre comer a carne do animal caçado e a perda de habilidades de caçador estabelecida pelos Yanomami não transforma em imputação o que eles atribuem a uma ordenação bem diferente. Seria errado dizer do caçador yanomami, como fez Hans Kelsen em relação aos povos originários em geral (1943), que ele veria o mundo sempre em termos de imputações por não ter o pensamento racional suficientemente desenvolvido para estabelecer relações causais. O caçador não estabelece nenhuma relação de eventualidade mais ou menos provável entre os dois fatos (comer a carne do animal que abateu e sofrer prejuízos em suas habilidades de caçador), mas de necessidade. Se Kelsen tivesse concluído que os povos originários pensam como se fosse da ordenação da causalidade o que os europeus têm a certeza de pertencer à ordenação da imputação, ele estaria um pouco mais próximo da verdade (cf. Boas, 1938:169). Mas, ainda assim, a sua conclusão não seria inteiramente verdadeira. A ordenação dos Yanomami não é de causalidade ou de imputação, mas corresponde a uma cosmovisão própria, a ordenação da "necessidade e agência" (Cap. 10).

É o pensamento europeu que, na verdade, tem a tendência de acomodar os comportamentos dos humanos exclusivamente na ordenação da imputação. Está impregnado de normativismo, isto é, da concepção de que os comportamentos mais comuns, usuais, repetidos em determinado coletivo demonstrariam a existência de normas jurídicas ou protojurídicas sendo obedecidas pela maioria;

isto é, de leis que teriam sido definidas por escolhas racionais feitas em algum momento do passado remoto daquele coletivo, em razão da qual se começou a punir, a partir do dia seguinte à sua definição, todos os que não se comportavam de determinado modo.

Metáforas e cultura

A ordenação da causalidade busca referências convencionais na ordenação da imputação e esta, naquela. São as metáforas.

Quando os físicos falam do "comportamento" de fótons de luz, estão se socorrendo de uma referência que já faz sentido para nós com o objetivo de trazer à tona (eliciar) um sentido de que ainda não compartilhamos. Aquilo que os cientistas estão metaforicamente chamando de *comportamento* não se consegue ver senão em laboratórios, ainda assim indiretamente. E a experiência impressiona mesmo os que já haviam entendido completamente o assunto em aulas e leituras (Rovelli, 2020:54). Nós, leigos da física, que não estudamos a teoria, tampouco tivemos a oportunidade de a confirmarmos no laboratório, só conseguimos começar a compreender o assunto partindo da metáfora do comportamento, porque nela já há um sentido disseminado, uma referência presumivelmente convencionada.

Do mesmo modo, os primeiros antropólogos apelaram à referência convencional do "organismo vivo" para explicar a ideia deles sobre a evolução das sociedades. O sentido do crescimento orgânico (que transforma o feto em um bebê, o bebê em criança etc.) é compartilhado por todos os destinatários da concepção sociológica e serve, por isso, de referência a que podemos nos apegar para compreender um processo que não conseguimos ver: a transformação das sociedades selvagens em bárbaras e destas em civilizadas, se ficarmos nas categorias de Lewis Henry Morgan (1877).

Aliás, é curioso como biólogos, ao tentarem definir "vida", valem-se da metáfora direcionada a algo que não poderia ser mais artificial. O modelo de referência nessa definição é a programação de autômatos, de computadores (cf., por todos, Mayr, 2004:65-75).

Para explicarem o que seria a vida, comparam-na a uma máquina inventada pelos humanos.

As metáforas são autorreferentes. Afinal, não vemos diretamente os comportamentos bizarros dos fótons de luz, nem o crescimento orgânico das sociedades, assim como vemos o vizinho se comportar ou o jovem se tornar adulto. Retemos uma metáfora que, a rigor, não nos remete a nada ao nosso redor e, por isso, ela se torna uma referência de si mesma. A acumulação de analogias, de autorreferentes sobre autorreferentes, constrói as culturas (Wagner, 1986). Assim, as metáforas mutuamente trocadas entre a ordenação da causalidade e a ordenação da imputação constroem a cultura eurocêntrica. No final, é de uma única ordenação que se trata: a da causalidade *ou* imputação.

A lei do mais forte e as ordenações

A lei do mais forte ora é a principal causa da evolução, ora o seu mais vistoso efeito. É causa na afirmação de que a transmissão das características mais bem adaptadas ao meio ambiente deve-se ao maior sucesso reprodutivo dos indivíduos mais fortes; é consequência na ideia de que a evolução implica o desaparecimento das espécies mais fracas. A inserção bidirecional da lei dos mais fortes na ordenação da causalidade parecia fazer sentido até ser contraposta a um falseamento: a espécie humana vem evoluindo com o empoderamento do mais fraco. Ela evolui um tanto na contramão da lei do mais forte ao longo de uma sucessão de acontecimentos no fluir biológico-histórico em geral alocados na ordenação da causalidade (formação de determinadas alianças nos conflitos endógenos tornada possível pela assimilação da teoria da mente) que são posteriormente ressignificados como eventos da ordenação da imputação (a organização da sociedade).

A conjectura embaralha a diferenciação entre as ordenações da causalidade e da imputação, recusa a separação intransponível entre natureza e cultura e descrê da excepcionalidade humana tão caras ao pensamento europeu. Em outros termos, ela comparece ao encontro da natureza e da cultura, mas não o percebe como duas ordenações antagônicas se encontrando. A conjectura só faz sentido em uma cosmovisão de ordenação única do entorno, sem o seu fracionamento em natureza e sociedade como dimensões diferentes.

No próximo capítulo, vamos continuar nossas reflexões em torno do encontro estressante da natureza com a cultura, discutindo a hipótese da descontinuidade. Antes disso, porém, quero explicitar o significado de algumas expressões que empregarei na sustentação de meus argumentos: decolonização, Europa e ideologia.

Europa e decolonização

Vivemos os interessantes tempos da decolonização.

No plano cultural, o efeito mais marcante da invasão das Américas, genocídio dos ameríndios, escravização dos africanos e subjugação dos asiáticos empreendido pelos europeus – conjunto de fatos históricos nomeados "colonização" – foi a criação de um único centro legitimado para a definição do universal, do pertinente à humanidade, da essência de todos os humanos. Esse centro é a Europa.

A colonização pressupõe o domínio prolongado do território invadido. A descolonização é, assim, o fim da invasão territorial. Ela se iniciou historicamente com a Independência dos Estados Unidos, em 1776. Ainda há uns poucos entraves territoriais coloniais, como o departamento ultramarino da França na América do Sul, a Guiana. Vez por outra, aliás, os diplomatas lembram retoricamente que a maior fronteira da França fora da Europa é com o Brasil. Levando-se, porém, em conta a importância econômica da dominação, a descolonização já aconteceu, sendo o encontro de Breton Woods de 1944 e a crise do Canal de Suez de 1956 os seus principais marcos históricos (Cap. 4).

A colonialidade, por sua vez, é o domínio que permanece no território depois que o invasor se retira com as suas forças armadas. Um domínio projetado sobre a cultura, o direito, a economia, a política etc. O invasor não está mais presente com as suas forças policiais e militares, mas continua legitimado como o grande orientador, em razão de sua presumível superioridade. Decolonialidade ou decolonização é a ruptura dessa legitimação, a partir da recusa do colonizado em continuar alimentando a colonialidade. Se a descolonização já aconteceu, a decolonização ainda está por acontecer.

Para Aníbal Quijano, a europeização das culturas se impôs como uma aspiração, isto é, como a introjeção pelo colonizado da vontade de participar do poder colonial (2019:105). Qualquer legitimação depende não apenas da reivindicação feita por quem se pretende o legitimado, mas sobretudo do reconhecimento da pertinência dessa reivindicação pelos demais. Na modernidade, os europeus se viam muito superiores aos bárbaros e selvagens espalhados pelo planeta e os únicos responsáveis pelas maiores comodidades e riquezas desfrutados pela espécie. Com essa excepcional concepção de si mesmos, só podiam considerar sua filosofia, sua arte, sua música, sua educação, seus valores e demais manifestações culturais como universais, sinônimos do humano mais genuíno. De seu lado, os povos vitimados pela colonização alimentaram a arrogante autoestima europeia, quando sucumbiram ou perderam as forças para continuar se defendendo.

Os filhos da elite dos países colonizados empreendem, nos anos de formação, a esperada viagem de legitimação à Europa; o artista só é reconhecido no próprio país depois de ter a sua arte devidamente aplaudida pelos europeus; os acadêmicos da periferia colonial só seriam levados a sério pelos pares nacionais se as notas de rodapé de seus textos estivessem congestionadas de citação de pensadores europeus, e assim por diante. Buscam, por esses caminhos, realizar a aspiração fundamental da colonialidade, que é a participação nas franjas do poder colonial. Como resume Boaventura de Sousa Santos, a colonialidade é uma cocriação de colonizadores e colonizados (2022:161).

Essa Europa legitimadora do universal, atente, não coincide inteiramente com a demarcação geográfica do continente europeu.

Há, de um lado, centros europeus de legitimação fora dessa Europa, como em algumas cidades dos Estados Unidos (Nova York, por exemplo). E, de outro, povos geograficamente europeus que também eram tributados nesse jogo de legitimação do universal. O polonês Chopin, o russo Tchaikovsky e o húngaro Bela Bartók, por exemplo, surfaram em diferentes ondas dos "nacionalismos" que, de tempos em tempos, encantavam o público francês consumidor de música erudita. Buscavam na França o sucesso que os elevaria de compositores paroquiais a universais.

A decolonização em curso é o esforço de desconstituição desses laços entre legitimado e legitimador. O seu objetivo não é alterar o centro dotado de legitimação para definir o universal, mas acabar com o próprio conceito de um *guia* de toda a humanidade. Quando eu mencionar "Europa" ou "europeu", estarei na maioria das vezes fazendo referência a esse centro de legitimação um tanto abstrato, não inteiramente coincidente com o espaço geográfico e com o povo que estão identificados por tais verbetes dos dicionários. Vez ou outra, no entanto, irei empregá-las no sentido dicionarizado e confio que o contexto seja suficiente para permitir ao leitor distinguir as duas situações.

Ideologia e vieses ideológicos

"Ideologia" é outra palavra que precisa ser explicada.

Em seu sentido originário, marxiano, ideologia é a falsa representação das relações de dominação na sociedade capitalista. Conceito associado ao de superestrutura, a ideologia por exemplo reveste com a representação jurídica do contrato a dominação na relação de produção capitalista, em que o burguês extrai a mais-valia da força de trabalho do operário. Há outras falsificações mentais no domínio burguês, além dos institutos jurídicos, mas em todas a exploração capitalista projeta-se na mente dos envolvidos, tanto do explorador como dos explorados, como expressão da visão burguesa do mundo (acordo livre de vontades, igualdade de oportunidades, meritocracia etc.). No conceito marxiano de ideologia, portanto, não existe nada que se pudesse chamar de "ideologia marxista" – nem mesmo o programa da revolução proletária seria ideológico. Na origem do conceito, só há uma ideologia, a dominante, que reproduz no plano superestrutural das ideias a dominação presente na infraestrutura econômica capitalista. Na concepção marxiana, não haveria mais nada a que se pudesse chamar de ideologia, após o desaparecimento do capitalismo. Norberto Bobbio chama de "forte" o conceito de ideologia proposto por Marx (Bobbio-Matteucci-Pasquino, 1983:585-587).

Em seu sentido corriqueiro, empregado pelas pessoas em geral, ideologia corresponde às deturpações nas crenças, opiniões e ações de alguém promovidas por suas inclinações políticas. Corresponde mais ou menos ao conceito que Norberto Bobbio chama de "fraco" e relaciona ao economista e sociólogo Vilfredo Pareto. O conceito paretiano e o coloquial pressupõem, na mesma medida, a existência de dois âmbitos da mente humana: o cognitivo e o valorativo; pressupõem, em outros termos, que conhecimento e ideologia são antagônicos. No conceito corriqueiro, a realidade pode ser compreendida de modo objetivo e fiel, desde que a ideologia não atrapalhe. Em outros termos, os juízos de realidade ("algo é") não deveriam ser perturbados pelos juízos de valor ("algo deve ser"). É nesse sentido que se fala, por exemplo, em "ideologia do gênero neutro" para criticar as iniciativas visando à eliminação da supremacia masculina na morfologia – para essa crítica, as inclinações políticas dos defensores de tais iniciativas deturpam o verdadeiro conhecimento da língua.

Além desses conceitos, "ideologia" também é empregada como referência a corpos estruturados de ideias políticas. Vertentes do pensamento político como o liberalismo, o socialismo e o conservadorismo são classificadas como ideologias. Diferentemente do marxiano, o conceito político admite a pluralidade de ideologias; e diferentemente do paretiano e corriqueiro, nele os juízos de valor não perturbam os juízos de realidade. Os âmbitos cognitivo e valorativo convivem bem, porque cada vertente defende o seu modelo de organização política e econômica a partir dos valores que

cultiva. Não deixa de ser um modo de nivelar o que liberais, socialistas e conservadores lutam para hierarquizar, cada qual a seu favor.
Neste livro, ideologia não tem nenhum desses significados. Adoto o conceito de "valorização dos valores", em uma concepção próxima à funcionalista de Tercio Sampaio Ferraz Jr. (1973:157--158). Cada pessoa vivencia determinados valores, manifestando com as suas ações o que considera certo e errado. (Na identificação dos valores, não devemos dar nenhuma importância ao que se fala, mas atentar apenas aos comportamentos.) Os valores que vivenciamos frequentemente entram em rota de colisão, obrigando--nos a optar por um em detrimento do outro em certos desafios do nosso cotidiano. Alguém pode conduzir-se na vida como favorável tanto à liberdade como à igualdade até o momento em que precisa se posicionar diante de uma questão em que tais valores são inconciliáveis. Nesse momento, vivenciará um em detrimento do outro, revelando a hierarquização em que os contextualiza. Em outros termos, nós valoramos nossos valores, pondo uns à frente de outros. Ideologia é essa hierarquização.

Percebe-se como o conceito funcional de ideologia se distancia dos demais. Não há nele nenhum falseamento da realidade por juízos de valores, nem pela via da redução marxiana, nem pela generalização paretiana. Afasta-se do conceito corriqueiro ao acolher, ao invés de rechaçar, a sobreposição de cognição e valoração. Todos, incluindo os cientistas e os estudiosos das humanidades, vivenciam os seus valores e os hierarquizam ao procurarem entender e explicar o entorno. É ilusório pretender a separação entre conhecimentos objetivos e valorações subjetivas. A teoria da evolução, por exemplo, pode ser apresentada como uma expressão natural da competição capitalista, cujo resultado invariável é a vitória do mais forte; ou, como propõe a conjectura, pode ser vista como um processo muito mais rico, que pode também resultar no empoderamento do mais fraco. Não devemos ter receio do entrelaçamento do cognitivo com o valorativo. O que precisamos fazer, ao contrário, é aprender a conviver com o conhecimento associado aos valores.

Uma consequência inevitável desse modo de conceituar ideologia e aceitar a cognição e a valoração como indissociáveis diz respeito aos "vieses ideológicos". A cada linha de qualquer texto acadêmico, veiculam-se necessariamente conhecimentos (pertinentes ou não) e valores (explicitados ou não). Em outros termos, não há nenhuma ideia ou conceito sem enviesamento ideológico, sem a expressão de valores. A atitude cabível diante disso consiste, assim, na cautela de sempre contextualizarmos os argumentos. Os pesquisadores ficariam mais alertas com os seus vieses, e os relatórios de pesquisas, mais transparentes.

A conjectura que esboço neste livro, por exemplo, é ideologicamente enviesada pelo decolonialismo, isto é, o movimento em curso de desqualificação da centralidade da Europa como o único polo legitimado para arbitrar o verdadeiro, o artístico, o civilizado etc. Os que cultivam os valores próprios à decolonização esperam firmemente que, um dia, não exista mais nenhum centro de arbitragem, ao qual os demais centros produtores de ciência, arte, estudos de humanidades, política etc. devam se reportar para obterem o selo de "universal". Nesse momento, quando atingir o seu objetivo, a ideologia decolonial não terá mais sentido e o enviesamento ideológico que acompanhará o desenvolvimento das ciências e das humanidades será outro. Muito do que se sabe hoje será revisto.

Afinal – como diz o refinamento de Marshall Sahlins da conhecida frase de John Maynard Keynes –, a longo prazo, estaremos todos mortos *e errados* (Sahlins, 2018:5).

2. Descontinuidade

Na noite de 22 de abril de 2022, na Sala São Paulo, a refinada casa de concertos da Orquestra Sinfônica do Estado de São Paulo, aconteceu o "Concerto Amazônia", que celebrava os 30 anos da homologação da Terra Indígena Yanomami (TIY). Na parte artística do evento, "Floresta Amazônica", a monumental obra de Heitor Villa-Lobos, grande gênio da música brasileira. O programa atribuiu os créditos: regência à maestrina Simone Menezes, voz à soprano Camila Tintiger e execução à Osesp jovem. O programa também creditava "arte multimídia" a Sebastião Salgado.

Salgado é um dos grandes nomes da fotografia. Capturou em preto e branco toda a dramaticidade de trabalhos estafantes, êxodos, fome e outras sínteses da condição humana. Em seu *Amazônia* (2021), as imagens dos indígenas brasileiros e da floresta deles sintetizam a força e o frescor expressivos de uma integração humanos-ambiente, que, embora milenar e imprescindível, está fragilizada e ameaçada. No palco da Sala São Paulo, haviam instalado um desmedido telão atrás da orquestra. Durante a apresentação, fotografias do *Amazônia* soavam como acordes de Villa-Lobos, e estes se fixavam como as gentes e os espaços de Salgado. As emoções por que fui tomado naquela noite impregnaram-se em memórias vívidas. Eu era um dos convidados da companhia de seguros patrocinadora do evento.

Antes da parte artística da celebração, Salgado subiu ao palco com Davi Kopenawa, importante liderança yanomami. O fotógrafo falou um pouco de seu trabalho com a etnia, iniciado nos anos 1980, e logo se concentrou na importância da TIY para o Brasil e na urgência de sua preservação. Em seguida, falou Kopenawa. Para muitos dos ouvidos brancos da audiência — e alguns murmúrios enfadonhos confirmaram essa impressão —, o discurso do Yanomami soou repetitivo e moroso. De fato, Kopenawa várias vezes disse que a morte da floresta era a morte de pessoas. A insistência e a circularidade do discurso não mostravam, porém, nenhuma dificuldade de Kopenawa em expressar as ideias; antes, revelavam que os brancos da audiência não entendiam *de verdade* o que estava sendo dito. O xamã, ao percorrer os olhos no auditório branco, certamente não lia fastio e impaciência, mas ignorância e descomprometimento. É preciso falar e refalar, até que entendam.

Alguns encontros são desencontros, fluxos de equivocações. Muitas vezes, quando brancos e indígenas se encontram, se desencontram. Para que possam enriquecer com o momento, precisam antes lidar com o estranhamento. Naquela noite na Sala São Paulo, ocorreu-me que deve ser muito mais fácil para um indígena entender o pensamento europeizado dos brancos que o contrário. Os ameríndios seguramente estranham a hipótese do Gênesis e devam achá-la a bizarrice arrogante de quem se considera criado com a prerrogativa de pôr a seu serviço todos os seres ao redor. Mas eles não têm dificuldade para compreender a ideia branca de autocontemplação como excepcionalidade da obra divina. Os brancos, de seu lado, também estranham o início do encontro desencontrado; e têm, além do estranhamento, uma dificuldade considerável para compreender *de verdade* a complexa cosmovisão ameríndia, o seu riquíssimo perspectivismo.

Perspectivismo ameríndio

A excepcionalidade humana não é uma cosmovisão universal. Em muitas culturas, a ideia de sermos, os humanos, especiais e inigualáveis aos demais seres vivos soa como um desatino absurdo, uma risível tolice. Na dos ameríndios, por exemplo, o áureo isolamento dos humanos não faz sentido nenhum.

Eduardo Viveiros de Castro cunhou o conceito de "perspectivismo ameríndio" para nomear a concepção cultivada por numerosos povos originários da América, em que os seres animados e inanimados são potenciais "centros de intencionalidade", isto é, podem apreender os demais existentes a partir das características que identificam em si próprios (2018:42-49). A anaconda é tão humana quanto nós. Ela e nós somos seres com alma, temos a mesma cultura. Na perspectiva da anaconda, ela é humana e nós somos as suas presas. Para conhecermos uma anaconda, é necessário adotar essa perspectiva, a dela, a de nossa predadora.

Na cosmologia dos brancos, só os humanos têm agência. Na dos ameríndios, outros seres animados e inanimados também têm e, além disso, é a mesma agência dos humanos. Não se trata de um relativismo multicultural, em que o mesmo objeto na natureza é compreendido de formas diferentes de acordo com a cultura do observador. Esse relativismo está já bem assimilado pelo conhecimento europeu. O perspectivismo ameríndio é um multinaturalismo, em que muitas naturezas são compreendidas por meio de uma única cultura, compartilhada por seres animados e inanimados.

Também não se pode reduzir o perspectivismo ameríndio à mera percepção da interdependência dos seres vivos, em que as plantas e os animais formam em um único organismo vivente. A cosmovisão europeia ainda resiste a borrar a separação entre a matéria inorgânica e a orgânica, ridicularizando concepções holísticas como a teoria de Gaia (Lovelock, 2000). Mas a noção da natureza como um organismo de interação de seres vivos também já está assimilada, pelo menos desde os estudos do naturalista Alexander von Humboldt aos pés da cordilheira andina (Wulf, 2015). O perspectivismo ameríndio não é uma vertente das concepções interacionais de cunho holístico. A cosmologia ameríndia não encontra nenhuma correspondência com qualquer outro pensamento estruturado (ou "dominado", como diria Lévi-Strauss).

O perspectivismo ameríndio é uma ordenação do entorno irredutível a qualquer integração holística pensada na Europa. Por isso também, não é facilmente assimilável por pessoas que se entendem como seres excepcionais, criados à imagem de Deus, senhores absolutos de tudo que se move e não se move ao seu alcance.

O fluir biológico-histórico

A conjectura do direito como estratégia evolucionista só tem sentido descartando a excepcionalidade humana e tomando por pressuposto a continuidade de um fluir biológico-histórico. Nada aconteceu de excepcional que nos elevou de um estado em que éramos seres biológicos, uns animais como os outros, para o patamar exclusivo em que nos tornamos seres históricos, os únicos dotados de intencionalidade e criadores de cultura. Temos nossas especificidades, mas estamos desde sempre imersos no mesmo processo indissociavelmente biológico e histórico.

Separar biologia da história, como fazem alguns autores, é frustrar desde o início tanto qualquer impacto do direito na evolução quanto qualquer relevância da evolução para o direito. O rompimento do fluir biológico-histórico inviabiliza a investigação da conjectura. Se os eventos na trajetória humana até certo momento eram exclusivamente biológicos e, depois do irrompimento de um deles de caráter excepcional, passaram a ser predominantemente históricos, insere-se nela uma notável descontinuidade, cinde-se o fluir com um degrau. Os humanos sobem de um nível a outro, vivenciando a transcendência para um estado mais elevado.

Yuval Noah Harari, por exemplo, considera que a Revolução Cognitiva, impulsionada pelo surgimento da linguagem ficcional, assinalaria o começo das culturas e de suas incessantes alterações a que se dá o nome de "história". Nesse momento, em que "as narrativas históricas substituem as narrativas biológicas como nosso principal meio de explicar o desenvolvimento do *Homo sapiens*", há o rompimento – a história se torna *independente* da biologia. Apesar de, na sequência, Harari ressalvar que não nos tornamos isentos das leis biológicas, o degrau da Revolução Cognitiva continua lá, demarcando o extraordinário impulso transcendental. Após galgarmos o degrau, a biologia passou a estabelecer apenas os "parâmetros básicos" dos nossos comportamentos e capacidades, no interior dos quais a história se inventa com plena independência (2012:46-48).

O rompimento do fluir biológico-histórico dos humanos não significa que deixamos de nos submeter às leis da biologia (seria realmente uma tolice argumentar nesse sentido). Antes, leva a duas pressuposições: de um lado, na série biológica, não se admite nenhuma forma de sociedade, mesmo rudimentar; de outro, na série histórica, os humanos civilizam-se por serem animais excepcionais, que teriam conseguido relaxar as amarras da condição biológica, livrando-se delas pela autodomesticação. Em decorrência, o degrau da descontinuidade apaga qualquer vínculo que ainda pudesse atar a evolução ao direito, e estes àquela. A conjectura precisa, por isso, borrar o degrau.

A trajetória que estamos percorrendo é uma na continuidade e é outra na descontinuidade. Descontínua, a trajetória é inicialmente biológica e, depois de um degrau, histórica. Há uma notável contraposição entre o animal biológico e o ser civilizado erguido acima do reino da natureza. A fórmula da descontinuidade é "biologia x história". Contínua, por sua vez, é a trajetória expressa no fluir simultaneamente biológico e histórico. Não há degrau, mas uma única sucessão unindo diferentes eventos protagonizados pela humanidade. Não aconteceu de já ter se concluído a nossa evolução biológica, tampouco de um dia termos sido seres fora da história. Somos mais animais do que gostaríamos de admitir e a condição contínua da trajetória dos humanos não é desprezível para a psicologia, sociologia, direito e demais humanidades. A fórmula da continuidade do fluir é "biologia + história".

Antes de invadir as Américas, os europeus não precisavam descontinuar o fluxo que os ligava ao início dos tempos. Acreditavam ser todos da descendência do casal original. A invasão os colocou em contato com uma gente estranha e, então, eles repensaram essa linhagem.

Bárbaros e selvagens

Ao avistar as praias das ilhas Guanahani, em outubro de 1492, é improvável que Cristóvão Colombo não tenha estranhado. Se aquela terra era mesmo um pedaço das Índias, como acreditava, por que razão os homens e as mulheres tainos que o observavam curiosos da areia não estavam vestindo roupas?

Encontrar gente pelada deve ter sido decisivo para os europeus pensarem na civilização como um degrau. Antes, quando olhavam os persas, recebiam notícias dos chineses e se defendiam dos mongóis, os europeus já se sentiam superiores, mas estavam todos vestidos. Compartilhavam com os estrangeiros pelo menos o pudor de cobrir as vergonhas. A superioridade era de grau e não de qualidade. A distância com os ameríndios despidos deve ter parecido imensa em comparação com a que os separava dos "bárbaros", os povos estrangeiros que conheciam até então. Por conta do detalhe das roupas, os ameríndios nus pareciam estar em um estágio de incivilidade ainda mais inferior que o dos bárbaros vestidos. Para marcar o distanciamento na sua escala civilizatória, os europeus nomearam os ameríndios de "selvagens".

A invasão das Américas provocou compreensivelmente um enorme impacto nos europeus. Ela foi propagandeada como a "descoberta" do novo mundo, mas "invasão" é a forma correta de chamar qualquer empreitada militar em que um povo estrangeiro ocupa à força o território habitado há tempos por muitas pessoas, matando-as, escravizando-as ou simplesmente roubando delas os recursos naturais, os bens e as riquezas. Quando os hunos conquistaram porções significativas do Império Romano, no século V, e os mongóis saquearam a Europa Central, no século XIII, ninguém chamou tais episódios históricos de "descoberta".

Na Europa do início da Era Moderna (meados do século XV), a noção de progresso ainda não pautava as concepções sobre a vida e a organização social e política. A figura de uma escada civilizatória, em que todos os povos necessariamente partiam de um mesmo nível inferior e evoluíram de degrau a degrau, e na qual alguns povos da Europa se encontravam isolados nos patamares superiores, só vai se esboçar uns cem anos após a invasão das Américas; e levará ainda outros cem anos para predominar no espírito europeu. Na época da invasão, a gente europeia e os seus intelectuais adotavam como verdadeira a narrativa do mito de criação judaico-cristão. Acreditavam que todos descendiam do casal originário e que as coisas se mantinham mais ou menos iguais desde a sua expulsão do paraíso. A sociedade, assim, estava organizada desde o início e em todos os lugares basicamente daquela mesma maneira que conheciam, isto é, com reis ungidos por Deus, sacerdotes sábios dispensados do trabalho braçal, privilégios estamentais, mulheres submissas aos homens etc.

De início, os ameríndios foram acomodados na cosmologia europeia como um ramo degenerado da descendência de Adão e Eva (Cunha, 1990). Não se duvidava da sua natureza humana, questão que só apareceu no Século XIX, quando os "cientistas" procuravam demarcar os humanos dos antropoides (Cunha, 2012:58-59). A ideia de regressão apareceu antes da de progressão para explicar aquela gente "sem fé, sem rei, sem lei" e sem roupa. Os povos do "novo" mundo eram inferiores não por ainda não terem iniciado a subida dos degraus da escada civilizatória, mas porque desceram por eles (Graeber-Wengrow, 2021:49). Depois de o crivo da confirmação empírica domar o pensamento europeu, a teoria da degradação de parcelas da humanidade para explicar a condição de vida dos povos originários caiu em descrédito, por carecer de "sustentação nos fatos da experiência humana" (Morgan, 1877:9/921). Na degenerescência e no atraso em evoluir, o selvagem é inferiorizado de duas maneiras diferentes, mas igualmente etnocêntricas.

Aventou-se também a hipótese de povos não corrompidos, em situação mais favorável que a dos europeus. Michel de Montaigne é um dos que explorou essa terceira explicação para aquela gente estranha do "novo" mundo. Nos anos 1560, após conversar com três ameríndios levados da França Antártica (Rio de Janeiro) à corte de Carlos IX, Montaigne se convenceu de que não eram selvagens. Mesmo reclamando da incompetência do tradutor, explicou, com razoável fidelidade, a antropofagia como um ritual de assimilação das forças e coragem de um inimigo admirado. Poderíamos vê-lo, hoje, como um visionário, não fosse a reclamação com que concluiu a reflexão: "que diabo, essa gente não usa calças!" (1580:110).

A noção de progresso civilizatório orientado para o modelo de vida europeu como ápice consolidou-se apenas quando a filosofia política do século XVII cunhou a categoria "estado de natureza", identificando uma necessária etapa inicial da trajetória de todos os povos, prévia à organização política. Na explicação evolutiva, selvagens e bárbaros foram acomodados em estágios diferentes, aqueles antes destes, de um progredir comum a toda a humanidade. Em uma imagem já bastante desgastada pelo uso intensivo, mas cheia de significado, os ameríndios se encontrariam ainda na infância e, para crescerem bem, precisariam ser devidamente educados e orientados pelos europeus já adultos (com palmatórias, quando recomendado pela pedagogia capenga daqueles tempos, e os textos sagrados do cristianismo sempre à mão).

A conjectura do direito como estratégia evolucionista não afasta de todo a noção de progressão. Evoluir, afinal, denota necessariamente ir-se de um lugar inferior a outro, superior. Mas, para a conjectura, não há a descontinuidade na progressão divisada pela cosmovisão europeia que separa o estado da natureza da civilização, mas um fluir contínuo. A imagem dos degraus cede o espaço para a de uma rampa suave.

Canibalismo

Robinson Crusoé, de Daniel Defoe, é grande épico do colonialismo. Todos conhecem a história do náufrago que conseguiu sobreviver sozinho em uma ilha inabitada do Caribe por décadas. Vez por outra, alguns nativos visitavam a ilha para realizar macabros rituais de sacrifício e canibalismo. Crusoé os observava de longe, hesitando entre intervir e manter-se invisível. Um dia, o herói europeu não se conteve e salvou um nativo da morte sacrificial. Era um caribenho com o sorriso "doce e plácido" dos europeus (1719:232). Crusoé deu-lhe o nome "Sexta-feira" e o escravizou.

A escravização foi o primeiro ato de civilização de Sexta-feira, por lhe dar o único lugar na sociedade europeia que ele poderia ocupar, o de escravizado. O segundo ato de Crusoé para civilizar Sexta-feira foi impedir que o ameríndio comesse o cadáver dos seus algozes. Sinais contundentes e uma ameaça enfática do europeu bastaram para Sexta-feira compreender a inadmissibilidade ética e religiosa do canibalismo, em qualquer circunstância. O caribenho entendeu que não se justificava comer a carne nem mesmo dos que haviam tentado matá-lo.

O terceiro ato de civilização de Sexta-feira é um tanto obscuro. Defoe narra um episódio, ocorrido poucos dias após o seu resgate por Crusoé, em que Sexta-feira traja uma *jaqueta* (1719:238). Mas não é dito se o ameríndio teria coberto a nudez como mais uma camada do processo de civilização ou se pertenceria a uma rara etnia caribenha que usava roupas.

O relato de que havia ameríndios comedores de carne humana foi feito pela primeira vez por Américo Vespúcio (Cunha, 1990). A notícia confirmou a suspeita inicial dos europeus de que haviam encontrado povos estacionados no mais baixo degrau da escada civilizatória. A sensibilidade europeia se horripilou com a inominável prática. Os selvagens não só expunham as intimidades sem nenhum recato, como tinham o repulsivo hábito de comer carne humana. Se a nudez ainda evocava a pureza original e desprovida de malícia, um fino sinal da infância dos povos originários, o canibalismo os europeus resistiam a edulcorar.

O tosco Crusoé não saberia distinguir canibalismo de antropofagia. Comer carne humana, para ele, era inadmissível pelas leis divinas e urgia salvar do inferno a alma de Sexta-Feira. As duas práticas, contudo, são bastante diferentes. Canibal é o que se alimenta de carne humana para satisfazer as necessidades materiais de nutrição; já o antropófago está participando de um ritual de vingança.

Bem antes de Defoe escrever a epopeia colonialista-puritana, a distinção entre o canibalismo de sentido meramente fisiológico e a antropologia revestida da nobreza guerreira já era conhecida pelos europeus. "Nisso não se enganaram os cronistas", ensina Manuela Carneiro da Cunha, ao falar da exaltação dos Tupi como antropófagos e não canibais. "A antropofagia", prossegue, "é a instituição por excelência dos Tupi: é ao matar um inimigo, de preferência com um golpe de tacape que lhe quebre a cabeça, no terreiro da aldeia, que o guerreiro recebe novos nomes, ganha prestígio político, acede ao casamento e até a uma imortalidade imediata". Exceto o matador, "todos, homens, mulheres, velhos e crianças, além de aliados de outras aldeias, devem comer a carne do morto" (1990:189).

Contrato social

O giro *preconceitual* (do preconceito da regressão para o da ascensão não iniciada) demandou uma explicação sobre o que teria erguido os europeus do "estado de natureza" para o "estado civil". A melhor resposta que encontraram pode ser resumida em uma única frase: *aconteceu porque quiseram*.

A filosofia política do século XVII explicou a transição da seguinte maneira esquemática: um dia, aconteceu de os europeus terem percebido a irracionalidade do modo em que viviam e, então, eles se reuniram e encontraram juntos o melhor jeito de se organizarem. Foi, em suma, a vontade convergente da maioria racional disposta a melhorar o modo de vida que teria criado a organização política e elevado os europeus para além do estado de natureza. É a tese do contrato social.

Os autores modernos se dividem sobre a marca da irracionalidade do estado de natureza e qual teria sido exatamente o contrato social celebrado. São muito bem conhecidas, por exemplo, as divergências entre as teorias do inglês Thomas Hobbes e do genebrino Jean-Jacques Rousseau.

Para Hobbes, a irracionalidade do estado de natureza com a qual não mais se conseguia conviver era a completa insegurança, a cotidiana guerra de todos contra todos. E o contrato social teria sido celebrado entre os súditos com o objetivo de conceder ao rei poderes absolutos para que ele possa pôr fim à beligerância.

Na antropologia hobbesiana, os homens amariam a liberdade e o domínio sobre os outros. E, embora cada um se julgue mais forte e mais inteligente que os demais, seriam geralmente iguais em força e intelecto. Não hesitariam, por isso, em lutar quando queriam ter algo que era também desejado por outros. A guerra de todos contra todos, característica do estado de natureza, prejudica o adequado desenvolvimento das atividades produtivas. Cada um precisa consumir energias e tempo em sua segurança, na defesa de colheitas, familiares e posses. Em vista da natureza humana, a guerra de todos contra todos só pode ser contida pela força.

Para terem segurança, os homens estão dispostos a abrir mão das coisas que amam, a liberdade e a vontade de dominar. No contrato social, cada um concorda em ceder e transferir o direito de autogoverno a um único homem (ou a uma assembleia) sob a condição de que os demais também o façam. "[À] multidão unida em uma só pessoa se chama Estado", o poderoso *Leviatã* que promove a "paz em seu próprio país" e a defesa "contra os inimigos estrangeiros" (1651:109-110). Exemplificando o estado de natureza antecedente ao contrato social, Hobbes aponta para "os povos selvagens de muitos lugares da América", que vivem "sem qualquer espécie de governo", exceto o das pequenas famílias (1651:80).

Rousseau, por sua vez, não considera que a irracionalidade do estado de natureza fosse a impossibilidade da paz. Em sua antropologia, os homens são felizes e livres na natureza; e são felizes e livres por não dependerem uns dos outros. Apenas enquanto são crianças, dependem dos pais, mas tão logo possam cuidar de si mesmos, abandonam a família em que nasceram para ganhar a liberdade. Ele não admite a hipótese da "guerra de todos contra todos" porque isso seria uma forma de dependência, incompatível com a plena liberdade que os homens desfrutam no estado de natureza (1757:34).

CONFLITO

O estado civil nasce, segundo Rousseau, do que poderíamos chamar de um infeliz passo em falso: alguém cercou um terreno, disse "é meu" e ninguém se opôs (1755:265). A invenção da propriedade teria ameaçado a felicidade e a liberdade, além de originado as primeiras desigualdades. Para o genebrino, a irracionalidade da falta de reação diante da apropriação do terreno tumultuou o estado de natureza. Os humanos, antes, conseguiam se conservar com as próprias forças e estavam felizes com essa liberdade e independência. Com o aparecimento da propriedade, contudo, não mais podiam se manter apenas com as próprias forças e foram forçados a se associarem para sobreviverem. Perderam a independência e a felicidade, mas não desejavam perder a liberdade. Para Rousseau, o desafio era criar uma associação em que a liberdade não fosse sacrificada e a solução teria sido o contrato social (1757:38).

Hobbes e Rousseau são autores referenciais na teoria do contrato social que discordam em quase tudo. Hobbes vivia em uma Inglaterra em que a monarquia absolutista estava sob permanente ataque e a defendeu com empenho em sua filosofia política. Rousseau vivia na democrática Genebra e se orgulhava disso (1757:27-28). Se, em Hobbes, o contrato social é a renúncia à liberdade em favor do Leviatã, em Rousseau é o instrumento de defesa da liberdade, para que ela só possa ser constrangida pela vontade geral. Os dois só concordavam com uma premissa: a de que os humanos não têm propensão natural a viver em sociedade. Concordam com essa premissa, mas voltam a discordar na razão da antinaturalidade da sociedade: em Hobbes, somos avessos à vida em sociedade porque a nossa natureza competitiva nos impulsiona para a guerra permanente; em Rousseau, porque a nossa natureza livre nos faz procurar por independência e solidão. Na verdade, eles concordam também com a premissa de que, apesar da repulsa natural à vida em sociedade, os humanos conseguiram se entender na definição das bases racionais para a formação dela. Essa premissa imprescindível a qualquer teoria do contrato social recobre, em seu paradoxo, a essência da hipótese da descontinuidade: apenas porque os humanos seriam capazes de agir contra a própria natureza é que puderam contratar a sociedade.

Nenhum dos dois afirma expressamente que o contrato social teria sido um fato histórico, realmente acontecido. Seria, isto sim, uma mera pressuposição ideal, um modelo abstrato de explicação do surgimento da sociedade política. Talvez uma "alegoria" para o inglês e um "experimento mental" para o genebrino (Graeber-Wengrow, 2021:26-27). Mas, entre os dois, pelo menos Rousseau parece acreditar em algum tipo de entendimento real entre os humanos agregados em grupos maiores que as famílias; um entendimento que somente não se consegue localizar no tempo histórico pela falta de uma solenidade mínima, indispensável à documentação. Assim me parece porque, para ele, não é natural qualquer tipo de autoridade, ou seja, de constrangimento da liberdade; e, portanto, a autoridade só poderia advir de uma "convenção", que parece remeter a um acordo de vontades real (1757:32).

Real ou pressuposto, o contrato social explicaria a organização política, a civilização, as estruturas do Estado, as leis e os juízes etc. como produtos da vontade racional dos humanos. Somos civilizados e nos organizamos sob o império da lei porque não só *temos a capacidade* de criar uma ordem racional na sociedade como, sobretudo, porque *queremos* fazer isso – os europeus se presentearam com esse vistoso espelho, ao conceberem na Idade Moderna a teoria do contrato social.

É bastante verossímil a interpretação de David Graeber e David Wengrow da teoria do contrato social como uma defesa da aristocracia europeia contra a crítica ameríndia, "o ataque moral e intelectual sistemático à sociedade europeia, amplamente enunciado a partir do século XVII, por observadores americanos nativos". As implacáveis objeções que os intelectuais americanos faziam a aspectos como religião, política, saúde e vida sexual dos europeus criaram uma "competição de civilizações", em que a aristocracia se via em perigo. A crítica ameríndia foi veiculada, por exemplo, pela publicação, no início do século XVIII em Amsterdam, de livros com as ideias de Kondiaronk, liderança da etnia Wendat. Esses livros foram escritos por Louis-Armand de Lom d'Arce, um nobre francês empobrecido que servira como militar no Canadá, onde teve a oportunidade de dialogar com Kondiaronk. Sucesso imediato de vendas, foram traduzidos para o alemão, inglês, holandês e italiano. Aliás, a crítica ameríndia e o Iluminismo convergem no conteúdo, quando se opõem ao mundo aristocrático: as duas concepções teóricas têm iguais posicionamentos sobre liberdade, limitação dos poderes do rei, supressão da interferência política dos religiosos etc. E, como o Iluminismo surge e se dissemina após a divulgação da crítica ameríndia na Europa, não se pode descartar a hipótese de ela ter influenciado decisivamente as concepções iluministas (2021:65-76).

Para a conjectura do direito como estratégia evolucionista, interessa destacar a descontinuidade ínsita à teoria do contrato social. Esse ato de vontade racional, histórico ou presumido (tanto faz), encerraria a série biológica do *Homo sapiens* e inauguraria a sua série histórica. A descontinuação do processo natural e início da cultura não deixa nenhum espaço para a conjectura, porque enquanto houve evolução, era um mero fato biológico e não existia cultura; e, a partir do momento em que esta surge, pelo contrato social, rompemos completamente as amarras biológicas que nos unia ao restante do reino animal e deixamos de evoluir do mesmo modo que os outros animais. A quebra, o degrau, a descontinuidade separam em universos antagônicos e não interpenetráveis os elementos da ligação essencial da evolução com o direito, acenada pela conjectura.

A teoria do contrato social pressupõe que os humanos seriam dotados da capacidade extraordinária de projetar cenários futuros, escolher um deles a partir de critérios racionais, construir a vontade coletiva de o implementar e, sobretudo, torná-lo realidade. Pressupõe que temos o pleno controle de nossas vidas, a ponto de descontinuar o fluir biológico em que vínhamos evoluindo e inaugurar uma nova, especial e única fluência histórica. A descontinuidade é a outra face da excepcionalidade humana. Elas se irmanam na afirmação de que só os humanos conseguiram se autodomesticar, superando a animalidade, contendo racionalmente a sua tendência natural de repulsa à vida em sociedade, transcendendo o estado natural e civilizando-se por sua própria vontade.

Na Idade Moderna, não havia nenhuma explicação mais verossímil para o distanciamento que os europeus pretendiam manter dos selvagens. O admirável e lamentável é o prestígio que a teoria do contrato social e sua indissociável premissa voluntarista já não tenha sido completamente descartada pela ciência e pelas humanidades.

Os povos excepcionais

Na esteira da excepcionalidade humana, há povos envolvidos em áureas de expressões excepcionais da humanidade. Os gregos são vistos como os primeiros a conceberem generalizações valendo-se de elementos não captáveis pelos sentidos (Chaui, 1995:20--21), como as proporções matemáticas (Pitágoras), o equilíbrio e a reciprocidade (Anaximandro) ou a rarefação e condensação do ar (Anaxímenes). Desse modo, transformaram em geometria a astronomia matemática dos mesopotâmios (cf. Vernant, 1965:86-87) e sobretudo inventaram a filosofia.

Os estadunidenses veem a si mesmos como um povo excepcional, os primeiros a fundarem um estado democrático com economia liberal. Da excepcionalidade norte-americana decorreria o reivindicado direito de policiarem os demais países e promoverem a expansão das democracias e do liberalismo econômico. Promoção, no contexto dessa excepcionalidade, abrange um leque bastante amplo de ações, incluindo invasões de territórios, espionagem, financiamento de golpes de Estado, arbitragem forçada de conflitos locais etc. Não há político estadunidense que não relembre a excepcionalidade em campanhas e discursos (cf. Lepore, 2018).

No Brasil, os paulistas cultivam também o próprio mito da excepcionalidade. De acordo com a narrativa, por estarem isolados pela portentosa Serra do Mar dos moradores do litoral, os mamelucos paulistas forjaram-se como destemidos bandeirantes desbravadores dos sertões, enquanto os demais brasileiros se acomodaram à vida tranquila das regiões litorâneas, onde tudo é idealizado como bem mais fácil. Os paulistas não estavam somente isolados, mas verdadeiramente protegidos do contágio com o restante do país. Pelo mito da excepcionalidade dos paulistas, de visível teor racista, a muralha natural os teria posto a salvo não somente da indolência dos patrícios costeiros, mas sobretudo da mestiçagem com os negros (cf. Prado, 1928). A suposta maior dedicação ao trabalho é reverenciada pelo mito como a única explicação para o desenvolvimento econômico e cultural do Estado de São Paulo. Todas as vantagens econômicas, trabalhistas e tributárias de pertencer a uma federação das dimensões da brasileira são invisibilizadas. O bem trabalhado culto à Semana de Arte Moderna de 1922 (Fischer, 2022) fez de São Paulo o centro *interno* de legitimação do universal, interposto entre brasileiros e europeus. Convém peregrinar à capital paulista antes de empreender a viagem de legitimação à Europa.

Gregos, estadunidenses e paulistas se acharem excepcionais não é, na verdade, nada de estranho. Muitos povos originários se identificam pela mesma palavra que usam para designar "humanidade", "humanos perfeitos" etc., e reservam aos estrangeiros designações depreciativas (Lévi-Strauss, 1950:60). O francês se acha *o* requintado, o alemão se vê como *o* racional, o inglês posa de *o* fleugmático etc. Os cariocas, enfim, têm também o seu mito, que os afasta das demais cidades litorâneas por viverem em uma "metrópole, apesar do mar" (cf. Castro, 2019).

Muito mais importante que a Semana de Arte de 1922 foi o Manifesto Antropófago de 1928. A Semana, ao mesmo tempo em que reforçava a legitimação da Europa como definidora do universal, posicionava São Paulo como uma espécie de centro legitimador de acesso. O Manifesto de Oswald de Andrade evoca a antropofagia dos brasileiros originários, renomeia o lugar com o seu nome de verdade, Piratininga, e reconta o tempo da deglutição do Bispo Sardinha; sobretudo, sintetiza o choque das cosmovisões europeia e ameríndia: "só não há determinismo onde há o mistério. Mas que temos nós com isso?" (Andrade, 1928:55).

Na verdade, um povo considerar-se excepcional nada tem de excepcional. A questão toda reside na legitimação da autoimagem *pelos outros povos* que nutre. A Europa é o centro de chancela do universal nas artes, na ciência, na filosofia etc. não somente porque reivindicou a posição, mas principalmente porque foi reconhecida como tal. Decolonização é sempre um processo desencadeado pelo colonizado, no momento em que ele se recusa a continuar reverenciando o colonizador. Não é um processo de isolamento, que não tem sentido, mas de supressão dos centros de legitimação. Ele depende de mudanças ideológicas no legitimado e especialmente no legitimador.

Direito não é fruto de uma decisão coletiva

No mito da excepcionalidade humana, o direito não é uma estratégia evolucionista, mas o resultado da vontade e da determinação dos homens sábios que lideraram a celebração de um contrato social entre pessoas autodomesticadas, livres e racionais. Esta é a concepção voluntarista do direito, que contamina as "ciências" sociais, política e jurídica. De acordo com essa crença, foi por uma decisão coletiva que nos civilizamos e ordenamos juridicamente as nossas relações em sociedade.

A excepcionalidade europeia traduziu-se em um grandioso projeto científico: conhecer e dominar o comportamento humano para, a partir daí, conseguir reorganizar a sociedade e torná-la inteiramente racional e perfeita. Foi o "grande projeto da modernidade", de que falarei algumas vezes. Um projeto que, começado europeu, ganhou a ambição de vários outros povos – tornou-se um projeto da humanidade.

A meta de reorganização científica da sociedade, porém, colapsou dramaticamente com a queda do Muro de Berlim. Na verdade, quem olha a história não tem dificuldade em concluir que os humanos invariavelmente fracassaram ao empreender tentativas que, como a soviética, visavam reinventar a sociedade como uma organização racional e eficientemente controlável: a República de Platão, a Utopia de Thomas More, a física social de Comte etc. Esses fracassos atestam a inconsistência da excepcionalidade humana, da teoria do contrato social e da concepção voluntarista da sociedade e do direito. Se, em pleno século XX, os homens não conseguem submeter as relações econômicas e sociais a planos racionalmente concebidos, como teriam conseguido isso no passado longínquo? A menos que se dê crédito à hipótese de que teríamos desaprendido, por todas as partes, a receita da organização racional da sociedade, o que nos resta é a hipótese da continuidade.

E, aqui, cabe um pequeno alerta. Nem sempre a hipótese de descontinuidade é tão explícita como na teoria do contrato social. Ela, às vezes, se imiscui discretamente e pode passar despercebida. A sua ocultação em uma aparência de continuidade encontra-se em pelo menos quatro formulações: a teoria do direito natural, o evolucionismo neoliberal cultural, a teoria da coevolução gene--cultura e o darwinismo social. Examinaremos neste capítulo as três primeiras, deixando a última formulação para examinar mais à frente (Cap. 5).

O descontínuo no direito natural

No início do século XIX, houve na cultura europeia uma mudança radical no critério de legitimação dos padrões de orientação dos conflitos endógenos. Até então, esses conflitos vinham sendo tratados a partir de padrões de orientação legitimados pela tradição. Cada conflito deveria ser tratado do mesmo modo que os similares vinham sendo solucionados *desde sempre*. No direito romano se encontrariam todos os elementos para identificar qual dos sujeitos envolvidos em determinada disputa tinha razão em sua reivindicação.

Claro que a existência de padrões absolutamente invariáveis, estabelecidos em tempos remotos e constantemente replicados, ao longo dos séculos, sem nenhuma alteração, era apenas um vago critério de legitimação. É evidente que diversas alterações tinham acontecido. O extremo rigor formal exigido dos querelantes diante do édito pretoriano durante o período arcaico (século II AEC) é atenuado pelo direito formular do período clássico (do século II AEC ao século IV); o árbitro designado a cada caso pelo pretor é substituído por agentes do poder central no período tardio (séculos IV a VI) etc. Mas tais alterações e outras eram invisibilizadas pela ideologia conservadora, na legitimação de um pretenso direito imemorial, imutável e eterno. Se, desde a fundação de Roma, acreditava-se, certa solução vinha dando certo, o melhor a fazer é continuar a adotá-la na arbitragem dos conflitos endógenos correspondentes.

A positivação consistiu na substituição da tradição, como critério de legitimação do direito, pela decisão da autoridade investida de competência. Essa autoridade, que podia ser um único homem (o monarca nas monarquias absolutistas ou o ditador nas ditaduras) ou uma assembleia (o parlamento nas monarquias constitucionais e nas democracias liberais), tinha a competência para decidir qual deveria ser o padrão de orientação do tratamento dos conflitos de interesses. O melhor a fazer, na legitimação pela positivação, não é sempre repetir o que se considerava a solução dos ancestrais lidando com a mesma situação conflituosa. Ao contrário, é fazer no plano concreto o que o soberano havia decidido e, em termos abstratos, o que deveria ser feito. Em outros termos, cabia a um corpo crescentemente especializado da burocracia estatal, os juízes, aplicar no julgamento dos processos judiciais a lei positivada (aprovada, editada, promulgada etc.) pelo soberano singular ou coletivo.

Desde os tempos modernos, a sociedade europeia vinha passando por transformações em um ritmo inédito até então. Os ancestrais não tinham mais resposta para tudo. O soberano devia decidir a melhor forma de os juízes solucionarem os conflitos, positivando leis que são por definição temporárias, isto é, que devem vigorar enquanto a solução nelas prevista for a melhor. Se, de acordo com o entendimento racional do soberano, uma lei não orienta mais da melhor forma o tratamento dos conflitos de interesses, ela deve ser alterada o quanto antes. Retorna-se ao padrão anterior ou se estabelece um padrão inteiramente novo, dependendo apenas da decisão da autoridade legitimada.

A positivação é uma decorrência amadurecida da teoria do contrato social. O soberano recebeu a autoridade para decidir o direito da própria ordem jurídica vigente no local do conflito endógeno. O exercício da competência para decidir como a sociedade deveria ser organizada cabia a ele porque a própria organização social (a ordem jurídica em vigor) o investira nessa função. Na luta por legitimação travada entre as monarquias absolutistas e as constitucionais, aquelas (conscientes da fragilidade da origem divina do poder) buscaram apoio no contrato social Hobbes *style*, enquanto estas (e, depois, as democracias) se apoiavam no contrato social *à la* Rousseau.

Um ingrediente ideológico inerente à positivação é a inexistência de qualquer constrangimento à competência do soberano que fosse *externo* à ordem jurídica. Cada direito de cada país definia as suas próprias premissas e balizas por meio de um presumido contrato social. Na positivação, as normas jurídicas valem de acordo apenas com os critérios estatuídos por outras normas jurídicas (a lei não tem validade se contraria a Constituição; o decreto contrário à lei não é válido etc.). Por isso, todas as concepções sobre o direito anteriores à positivação, a despeito de suas diferenças, foram agrupadas em um largo espectro de doutrinas como expressões do "direito natural" (ou jusnaturalismo). Isso porque, para tais concepções, a natureza dos humanos dita necessidades e valores que nem mesmo o mais poderoso dos soberanos poderia ignorar ou contrariar. Rejeitam, assim, um dos principais fundamentos da positivação, a afirmação de que as leis, para obrigarem as pessoas a se comportar de determinada maneira, só precisam atender às premissas e balizas da própria ordem jurídica.

A positivação, percebe-se, é congruente com a hipótese de descontinuidade. Ela se enraíza no contrato social, aquele fato extraordinário que fez os humanos transcenderem a condição animal e, fundando a sociedade política, passarem a se comportar não mais como abrutalhados seres instintivos e, sim, como racionais cumpridores dos deveres prescritos nas leis positivadas pelo soberano.

A afiliação da positivação à hipótese da descontinuidade poderia sugerir que o seu contrário, o jusnaturalismo, se filiaria à da continuidade. A sugestão, contudo, é enganosa. A teoria do direito natural esconde a descontinuidade em aparente continuidade. Nela, afirma-se que a ordem jurídica seria uma ordem natural, mas direito e natureza continuam a ser duas dimensões diferentes dos humanos. Dimensões que não se fundem em um único fluir biológico-histórico.

Direito quântico

Goffredo Telles Junior é lembrado como um patrono da democracia que, sob as arcadas do prédio da Faculdade de Direito do Largo de São Franciso, desafiou a ditadura militar lendo com contundência a Carta aos Brasileiros, um manifesto referencial do processo de redemocratização que ensaiava os primeiros passos naquele agosto de 1977. A fama de destemido democrata granjeada desde então projetou uma longa sombra em seu passado integralista. Sim, Telles vestia a camisa verde com o sigma (Σ) no braço e gritava "Anauê!" para o retrato de Plínio Salgado. Engajou-se com fervor no movimento de extrema direita, ultranacionalista, conservador e católico, versão brasileira do nazifascismo. Era, aliás, uma das suas lideranças. Após o fim da ditadura getulista, elegeu-se deputado federal pelo partido dos integralistas (PRP) e representou, na Constituinte de 1946, os ideários do integralismo.

Em *Direito quantico* (DQ), seu ensaio sobre o fundamento da *"ordem juridica"* ("quantico" e "juridica" grafados assim mesmo, sem o acento circunflexo), Telles expôs uma teoria que pode bem ser caracterizada como atualização do direito natural para o século XX (1971). O direito quântico seria o "reclamado" pelas estruturas elementares subatômicas nas células dos humanos de um povo ou agrupamento social, em atendimento às suas "inclinações genéticas". É o direito que "liga ou religa o homem à própria natureza" (1971:426). Em outros termos, se o direito de um país sanciona a mulher adúltera, isso é decorrência última da configuração dos *quanta* das células das pessoas que moram naquele país.

Procurando se equilibrar entre o evolucionismo de inspiração bergsoniana e a relatividade geral de Einstein, Telles acredita, como todo jusnaturalista, que a ordem jurídica é uma ordem natural. E afirma, como todo jusnaturalista racional, que, graças a isso, é possível aos juristas conhecer a ordem jurídica do mesmo modo científico que os físicos, químicos etc. conhecem a ordem natural. Como sintetiza em nota preliminar,

> o advento do sêr humano se prende à evolução da materia cosmica. E seu comportamento é o requinte a que chegou o movimento que anima, desde sempre, todas as cousas do Universo. O Mundo Etico, dentro do qual o Direito se situa, não é um mundo de natureza especial, mas um estagio da natureza unica (1971:13).

Não se impressione com a falta de acento nas proparoxítonas e nas paroxítonas terminadas em ditongo crescente. Telles quis dar um exemplo da plena inteligibilidade do português escrito quando despido dessas e de outras marcações gráficas supérfluas. Na minha opinião, teve sucesso nesse objetivo, mas menos do que teria se não houvesse inventado, por outro lado, alguns acentos diferenciais totalmente desnecessários (como em "sêr" e "póde"). Para facilitar a vida de todos (escritor, revisor e leitor), a partir de agora descarto as idiossincrasias gráficas do DQ.

Telles revelou amplo e atualizado conhecimento das ciências naturais ao dedicar toda a primeira metade do DQ à descrição bastante pormenorizada da evolução da matéria (inorgânica e orgânica). Esmiuça a trajetória iniciada, há bilhões de anos, com o aparecimento das galáxias a partir da condensação de uma gigantesca nuvem de hidrogênio; e culminada com o surgimento dos humanos, um ser dotado do cérebro mais potente na evolução da matéria, cujo sistema nervoso é o de maior complexidade. A matéria viva surge do estofo da matéria bruta; e dela emergem a consciência e o instinto. A consciência evolui gradualmente por formas "sempre mais organizadas de matéria viva, até se fazer inteligência". O produto último do empenho da "energia universal" agindo no "âmago das coisas", é o humano, o ser culminante da evolução da matéria (1971:225). Ele evidentemente acredita na excepcionalidade humana. É um convicto advogado da hipótese do Gênesis, dos humanos criados para se assenhorearem de todas as coisas que lhes foram dadas (não somente a terra, minerais, vegetais, animais, como sobretudo imagens, ideias e juízos) e reordená-las para a plena satisfação de seus desejos (1971:313).

De seu erudito detalhamento da trajetória da matéria, tecido com admirável clareza e reproduzindo o estado da arte do conhecimento científico dos anos 1980 (na 5ª edição da obra), Telles conclui que *tudo* convive em uma *sociedade cósmica*, isto é, pertence a uma *unidade*, que ele chamou de *Substância Universal*. Para a teoria do direito quântico (TDQ), partículas subatômicas, os *quanta*, e humanos compartilham a Substância Universal enquanto seres "capazes de praticar atos de escolha". Cada um, de seu ponto extremo na evolução da matéria, nunca se comporta de forma inteiramente previsível. Não se consegue conhecer, por antecipação, como se comportarão nem as micropartículas, nem os humanos. Pode-se, no máximo, calcular a maior ou menor probabilidade de um ou de outro comportamento acontecer; e descobrir, pelo cálculo da maior frequência (isto é, pela moda estatística), o que corresponde à "normalidade" dos comportamentos de *quanta* e de humanos.

A principal diferença entre o comportamento de um *quantum* e de um humano, para Telles, deve-se às diferentes causas que o determinam. O comportamento da micropartícula depende da *imensa velocidade* dos movimentos que é capaz de percorrer, enquanto o dos humanos depende da *imensa complexidade* do funcionamento de seu cérebro. Para a TDQ, assim como a imensidão da velocidade dos movimentos da micropartícula a transforma em onda, fazendo-a adquirir "propriedades que não são dos corpos", a imensidão da complexidade do cérebro e do sistema nervoso dos humanos o transforma em ser dotado de inteligência, uma propriedade que também não é encontrada na matéria. Mas Telles arremata afirmando que corpo, ondas, matéria e inteligência são apenas designações diferentes para a única realidade existente, a tal Substância Universal, que não conseguimos conhecer por inteiro (1971:228-229). Deve-se reconhecer a beleza da imagem de comparação dos *quanta* se desmaterializando em ondas e dos humanos em ideias. O DQ é literatura de bom quilate.

Até aqui, como em qualquer outra teoria do direito natural, a TDQ parece explorar a hipótese da continuidade. Natureza e direito são apresentados como dimensões fusionadas da experiência humana. Que se trata, porém, de verdadeira descontinuidade percebe-se no passo seguinte do argumento. Também como em qualquer outra teoria do direito natural, a TDQ não consegue explicar como uma ordem composta de leis provenientes de deliberação (direito) seria uma espécie do gênero da ordem composta de leis causais (natureza). A saída é o salto transcendental para além da natureza, o famigerado degrau.

Telles diz que o "mundo ético" é o estágio final da evolução da matéria e não uma dimensão apartável da natureza. Mas nesse estágio não vigoram normas descritivas, como são as leis da gravidade, da termodinâmica etc., mas verdadeiros mandamentos de caráter imperativo (obrigando a conduta certa, proibindo a errada etc.). As leis éticas são elaboradas pelos humanos para *pôr ordem* nos comportamentos. Telles acentua que as leis físicas, por sua vez, são igualmente elaboradas pelos humanos, mas com um objetivo bem diverso, o de *descrever a ordem* da natureza. Obviamente, os corpos não se atraem em razão direta das respectivas massas e indireta do quadrado da distância entre os seus pontos centrais de gravidade porque os humanos mandam.

Passar sub-repticiamente do causal ao imputado é a maneira pela qual a teoria do direito natural disfarça o descontínuo na alegação da continuidade. Telles não diz nada de errado, tampouco de original, na distinção entre as leis físicas descritivas e as morais imperativas. Ele só não explica como essas extraordinárias diferenças entre a "regência" da evolução da matéria até o penúltimo

DESCONTINUIDADE

estágio e a do último não romperiam a unidade da Substância Universal. A descontinuidade é o que encontramos, na evolução da matéria descrita pela TDQ, no ponto em que Telles deveria demonstrar como se daria a continuidade.

A TDQ descreve cada passo da matéria bruta em sua evolução à viva e cada passo dos seres vivos até o requinte da especialização das células sensórias e da extraordinária constituição de órgãos sensórios (cérebro e medula). Descreve como a estrutura neuronal foi se tornando cada vez mais extensa e complexa. Dá uma explicação de como esse aparato orgânico propiciou sensações, imagens, memória e conhecimento. No passo seguinte, revela a especialização da consciência e da inteligência em relação aos instintos. Os animais evoluídos se comportam, após todas essas transformações na matéria de que são feitos, *como se* fossem livres, embora não o sejam verdadeiramente. Até mesmo os humanos não têm liberdade de escolha, malgrado se comportem *como se* a tivessem. Cada comportamento de um humano é a mera "adesão" da sensibilização elétrica a uma de múltiplas conexões neuronais, ditada pela configuração genética e pelas informações do mundo exterior processadas a partir de imagens, memórias, aprendizado etc. "A extraordinária complexidade do ato de escolha produz um sentimento de liberdade", sentencia Telles; "mas o incontestável é que todo ato livre é sempre um ato *determinado* por alguma causa" (1971:22).

Mas, como se conectam, de um lado, este primata superior presunçoso que, apesar de dotado do mais complexo órgão sensório que a evolução da matéria produziu, se comporta ilusoriamente *como se* fosse livre e, de outro, o sujeito ético produtor de proibições, obrigações e permissões? A hipótese da continuidade depende dessa conexão, mas Telles, que se esmerou na descrição da evolução da matéria até o penúltimo estágio, nada nos diz a respeito da transição para o último.

Encerrada a erudita apresentação da trajetória da evolução da matéria, Telles salta para a explicação de como são produzidas as normas éticas e o que qualifica algumas delas como jurídicas. As "concepções dominantes", afirma, constituem a ordenação moral necessária à diferenciação da normalidade e da anormalidade nos comportamentos; a ordem jurídica é o conjunto de mandamentos que impõe determinados comportamentos e autoriza os prejudicados a reagirem contra a desobediência. Ela é legítima apenas se refletir os padrões de normalidade da ordem moral (1971:255 e 345). Um dos exemplos de Telles certamente ecoa a militância integralista do catedrático: se a escravidão for um costume, afirma, é *normal* ser escravizado (permanecer "em estado de servidão"); uma lei jurídica sancionando a submissão de alguém ao trabalho escravo só é legítima se predominar, na ordenação moral ("normativa"), os princípios do trabalho livre e da dignidade humana (1971:259). Na TDQ, salta-se para o mundo ético para que a lei do mais forte seja legitimada pelas concepções dominantes.

Evolução e neoliberalismo

O direito natural não é a única formulação em que a descontinuidade acabou disfarçada como continuidade. Em uma das vertentes do evolucionismo neoliberal encontramos outro exemplo de discreto *descontinuum*.

A vertente mais robusta do evolucionismo neoliberal, a sociobiologia, adota integralmente a tese da continuidade. Nela, os comportamentos humanos são explicados como se fossem todos pré-programados na carga genética dos indivíduos (Cap. 3). A descontinuidade se insinua somente naquele evolucionismo neoliberal que admitiu a cultura como uma forma autônoma de transmissão de características hereditárias. É uma vertente bem mais acanhada que a sociobiologia e foi explorada por economistas.

Nos anos 1970, Friedrich Hayek, a grande referência do neoliberalismo (Coelho, 2022:106-116), escreveu uma alentada obra dedicada ao direito, na perspectiva evolucionária, *Direito, legislação e liberdade*. Hayek diferenciou direito (*law*) de legislação (*legislation*). Direito é, para ele, a ordem da sociedade, enquanto legislação é o conjunto de normas racionalmente deliberadas com o objetivo de a organizar. Em sua visão, sempre houve direito, por ser inimaginável uma sociedade sem obediência a padrões de conduta comuns aos seus membros. A legislação, porém, é uma invenção dos humanos muito tempo depois de sua agregação social. Como bom neoliberal, ele parte do pressuposto de que viver em sociedade é puro ato de escolha de cada indivíduo, sopesando custos e benefícios, e que sempre estaria aberta a todos a possibilidade de decidir viver fora da sociedade.

De acordo com a sua abordagem evolucionista do direito, as regras (*rules*) evoluíram de simples "regularidades das ações dos indivíduos" para uma "ordem de atividades do grupo", à medida que se mostravam mais eficientes. A eficiência é, assim, a chave para se entender a transição da propensão natural a agir de determinada maneira para o dever de agir assim. Hayek não exemplifica, mas parece razoável imaginar que, para ele, quando os humanos percebem que todos cooperarem na caça de um animal de grande porte é mais eficiente que cada um caçar o seu animalzinho, a cooperação que era apenas uma regra (propensão para agir de determinada maneira) teria se tornado repertório de uma ordem (um comando coercitivo). Vou chamar aqui esse repertório de *norma*, para facilitar a apresentação do raciocínio do economista. Em Hayek, as regras são *praticadas*, enquanto as normas são *obedecidas* ou *desobedecidas*. E, isso é importante, nenhuma regra ou norma é necessariamente articulada em palavras. O economista ressalta que a articulação das regras em palavras não foi uma condição prévia à evolução delas para normas. Ainda hoje, nem todas as regras que praticamos são articuláveis em palavras. Hayek exemplifica com o "*fair play*", que, para ele, ninguém conseguiria formalizar com sucesso (1973:7276).

A primeira evolução identificada por Hayek é esta: regras evoluem para normas. Não se trata, ressalto, de uma metáfora. A evolução é uma transformação de tendências de ações espontâneas em comportamentos obedientes. Ele não detalha como teria ocorrido essa evolução, mas afirma que um dos efeitos dela teria sido a excepcionalidade humana das regras aprendidas. Animais situados em escala baixa da evolução obedecem a regras inatas. Os humanos, porém, se guiariam tanto por regras inatas como pelas aprendidas. Seria indiferente, contudo, para Hayek, discernir o tipo de regra que estaria sendo obedecida em um episódio particular porque o foco recai sobre a ordem das ações, que surge da interação entre normas inatas e aprendidas.

Em seu evolucionismo cultural, Hayek cogita de uma nova unidade para a evolução, a *ordem*. É a segunda evolução que ele identifica. As diferentes ordens competiriam entre si e seriam selecionadas de acordo com a maior eficiência. As ordens em competição seriam de duas espécies: as que cresceram espontaneamente (*kosmos*) e as que foram construídas (*taxis*). A ordem espontânea gera organismos, como, por exemplo, a sociedade, enquanto a ordem construída gera organizações, como o governo (1973:37). O leitor já consegue, então, antecipar a conclusão do neoliberal: quanto menos o governo interferir na liberdade das pessoas, isto é, quanto menos *taxis* e mais *kosmos* houver em uma ordem, maiores serão as chances de ela ser a selecionada na mortal competição entre as ordens. Em outras palavras, a economia de livre mercado seria mais evoluída que as planificações econômicas centralizadas.

O evolucionismo hayekiano é contraditório e lacunoso. De um lado, a ordem espontânea não é tão espontânea assim porque, se fosse, a eficiência não teria dependido da evolução das regras (tendência natural de agir) para as normas (comandos coercitivos). Quer dizer, se passa a ser necessário punir quem não coopera com a ação coletiva mais eficiente é porque essa cooperação não seria obtida de forma espontânea. De outro lado, ao orientar pela eficiência a evolução das regras em normas e a das competitivas ordens, Hayek olha apenas para a produção (a caça do animal de grande carcaça, no exemplo que ele poderia ter adotado), mas não para a distribuição (a repartição das carnes). Ordens, espontâneas ou construídas, com enorme desigualdade na distribuição são mais ineficientes que as ordens menos desigualitárias, mas não é dessa eficiência que o neoliberal está falando.

As contradições são inevitáveis no desenvolvimento do modelo evolucionista neoliberal. O governo é indispensável para impor a obediência às normas construídas, mas só se consegue mantê-lo nessa função mediante normas construídas. São as decisões judiciais produzidas no âmbito da *taxi* que garantem o espaço possível para a espontaneidade da *kosmos*, desde que os juízes se comprometam, como devem, com a preservação dos princípios da ordem existente. O governo pode prestar serviços (saúde, educação) para grupos determinados, mas só pode monopolizar a aplicação forçada das leis, e, uma vez mais, a definição dos limites de sua atuação em defesa da ordem espontânea caberá à organização artificial (Hayek, 1973:48, 92, 120 e 140).

Em suma, Hayek não dá conta da dificuldade de se equilibrar no paradoxo de, por um lado, sustentar a superioridade evolutiva da economia neoliberal como o resultado da seleção natural das ordens pela maior eficiência e, por outro, explicar como a ordem artificial das organizações governamentais poderia ser mantida à distância espontaneamente. Em outros termos, seu modelo colapsa porque, no final das contas, o crescimento espontâneo de organismos sociais depende da artificialidade construída das organizações. É aqui que se oculta a descontinuidade do evolucionismo neoliberal de cunho cultural. A continuidade em que ambientava os organismos espontâneos da *kosmos* é descontinuada pelas organizações da *taxi* de que passam a depender.

Hayek havia partido de algumas premissas corretas: o homem contemporâneo crê que todas as ações das pessoas são obediência à legislação; essa ideia é de tal modo arraigada que ele toma a legislação como algo tão antigo quanto o direito; a percepção de que as normas poderiam ser alteradas teria se esboçado na Grécia, mas submergira para reaparecer somente na baixa Idade Média; a ideia de que todo o direito é, pode ser e deve ser o produto da vontade humana é falsa, uma falácia construtivista "incongruente com tudo que sabemos sobre a evolução do direito" (1973:72-73). Mas, embora saindo de algumas premissas corretas, chegou a conclusões insustentáveis porque pulou delas para algo inexistente, que é a ordem artificial, construída. Acabou incorrendo na mesma falácia construtivista que condenara, ao tratar a espontânea *kosmos* como dependente da artificial *taxi*.

A conjectura parte, entre outras, dessas mesmas premissas de Hayek, mas não se afasta da tese da continuidade por não considerar o direito uma ordem e, portanto, não precisar explicar como o espontâneo teria sido contido pelo artificial sem rompimento do fluir biológico-histórico. Ao ver o direito como um sistema social de tratamento de conflitos endógenos pontuais, a conjectura preserva o *continuum*.

Você percebeu que Hayek não está falando da evolução dos seres humanos, mas de regras evoluindo para normas e de ordens evoluindo por seleção natural na competição de eficiências entre elas. Ele antecipa, em certa medida, a noção de "algoritmo darwiniano". Por meio dela, emprega-se a teoria darwiniana na tentativa de explicar a qualquer fato formatável como "população darwiniana" e não somente os seres vivos (Almeida, 2020:137-149). Esse é mais um ponto de divergência entre o evolucionismo neoliberal cultural de Hayek e a conjectura – lá, salta-se desavisadamente dos humanos para as ordens; e cá, olhamos o tempo todo somente para os humanos evoluindo pelos diferentes modos de tratamento dos conflitos endógenos.

Contrato social no Pleistoceno?

A tese do algoritmo darwiniano é cara à teoria da coevolução gene-cultura, também conhecida como teoria da dupla herança (TDH), uma concepção evolucionista em que também se ocultou discretamente a hipótese da descontinuidade.

Para a TDH, a evolução genética acontece em paralelo com a da cultura. Genes moldam comportamentos e, analogamente, a cultura pode reconfigurar a estrutura genética da espécie. Exemplifica a segunda interação com o consumo diário de laticínios no café da manhã favorecendo, na seleção natural, os indivíduos capazes de produzir a enzima de digestão da lactose. Outro exemplo é dado pela menor probabilidade de as mulheres de comportamentos inapropriados encontrarem ou manterem maridos (Richerson-Boyd, 2005:2622 e 2679/4639), presumivelmente um grave redutor da taxa de sucesso reprodutivo. O segundo exemplo é bem mais frágil que o primeiro e ocorrem-me acerca dele somente duas possibilidades: ou os teóricos da TDH encontraram evidências de correlação negativa, na população das mulheres pesquisadas, entre hábitos como cuspir no chão ou falar alto na igreja e a quantidade de filhos (bem como a inexistência dessa correlação entre os homens) e, por alguma razão, as ocultaram de nós; ou é sexismo.

A TDH vê uma cooperação mutualística entre genes e cultura, cada um dando o melhor de si e se beneficiando da ação do outro em suas limitações: a cultura permite adaptações mais rápidas, os genes moldam cérebros e corpos. Além disso, reconhece que as evoluções genética e cultural, embora paralelas, possuem dinâmicas próprias. Desse modo, a cultura evolui de modo independente e diferente, porém análogo à evolução genética. Assim como os genes passam materialmente do organismo do indivíduo da geração sênior ao organismo do indivíduo da geração júnior, cada informação cultural também se transferiria de uma geração a outra com "alto grau de fidelidade". Aparentemente, é a hipótese da continuidade que estrutura a coevolução gene-cultura. A descontinuidade surge, porém, quando a TDH emprega o conceito de contrato social para explicar a evolução da cooperação entre os humanos.

Para Kim Sterelny (2021), os humanos temos a capacidade de adquirir habilidades para as quais não dispomos de uma configuração genética prévia. Somos seres com enorme plasticidade. Algumas das habilidades assim adquiridas pelos nossos ancestrais remodelaram os nichos em que evoluíram e reconfiguraram a base genética da espécie. Mudanças fenotípicas derivaram de inovações dos comportamentos a reboque da plasticidade e eventualmente reconfiguraram o genótipo. Além disso, os humanos compõem a única espécie *acumuladora* de cultura, isto é, na qual a geração júnior aprende com a sênior tecnologias e técnicas que ela não conseguiria desenvolver sozinha.

A TDH possui um conceito para delimitar a cultura acumulativa, o de zona das soluções latentes (*zone of latente solutions* – ZLT). Enquanto os animais com cultura aprendem as soluções dessa zona, os humanos aprendem por cultura acumulada as que a extrapolam. O júnior aprende onde estão os cursos de água imitando o sênior, mas ele conseguiria encontrá-los sozinho se fosse preciso. Como confeccionar uma lança eficiente, por outro lado, não é algo que o júnior conseguiria descobrir por sua própria iniciativa, sem que o sênior ensinasse. A localização dos cursos de água é uma informação da ZLT, ao passo que a boa técnica de confecção de lança, não.

Acumular cultura depende da habilidade de transmitir informações de geração a geração com alto grau de fidelidade. Mas essa fidelidade não deve ser entendida como limitada à transmissão rigorosamente fiel de informações. Afinal, a cultura se acumula também quando eventuais ruídos são neutralizados por correções, via tentativas e erros, feitas pelo humano da geração júnior. Enquanto o adulto faz a lança, o seu pequeno filho assimila a técnica observando. Se, crescido, ao imitar o pai, não conseguir produzir a lança com a mesma qualidade nas primeiras vezes, ele poderá acabar aprendendo a técnica por suas próprias tentativas e erros. Nesse caso, o aprendizado continua a ser social, embora pareça diretamente dependente do esforço individual.

Para Sterelny, a cooperação entre os humanos evoluiu em conjugação com a evolução cultural. Quando o mais experiente ensina o menos experiente, essa é uma forma de cooperar. A cooperação, porém, implica sempre o compartilhamento de custos entre os cooperadores. Os benefícios compartilhados devem superar os custos para que novas cooperações ocorram. No entanto, existe o risco de aproveitadores não pagarem as suas quotas nos custos (*free-riding*) ou avançarem sobre a quota alheia dos benefícios (*bullying and greed*). Com a transição para a sociedade sedentária e desigualitária, no início do Holoceno, teria surgido uma elite de aproveitadores gananciosos, que ficavam com parcela dos benefícios da cooperação proporcionalmente maior que a quota dela nos custos.

Os evolucionistas da coevolução gene-cultura, Sterelny incluído, concordam com a visão de que fomos, um dia, caçadores-coletores vivendo em bandos nômades igualitários e, noutro dia, nos tornamos sedentários, políticos e desigualitários. Não houve nenhum momento abrupto nessa transformação, que seria o resultado de um longo e paulatino processo de estabilização da cooperação. Um processo de hereditariedade cultural.

A estabilidade da cooperação nos pequenos coletivos igualitários de caçadores-coletores seria mais fácil de manter do que nos cada vez maiores coletivos desigualitários das sociedades sedentárias. A cooperação diretamente recíproca (*ego* ajuda *alter* e, depois, *alter* ajuda *ego*) teria se tornado indiretamente recíproca (*ego* faz uma contribuição para o bem-estar de todos e, depois, é beneficiado não necessariamente por aquela pessoa ou pessoas a que ajudou). Para a TDH, as economias baseadas em cooperação indiretamente recíproca se mostraram mais eficientes que as baseadas na reciprocidade direta, mas estão expostas a uma gama maior de conflitos.

Segundo Sterelny, apenas reações coletivas conseguiam deter os aproveitadores nas sociedades fundadas em colaboração indiretamente recíproca. Uma dessas reações teriam sido as normas expressas, isto é, a imposição de sanções pela desobediência a um comando abstrato aceito pelo coletivo. As normas expressas, para ele, não existiam nas sociedades baseadas em cooperação diretamente recíproca porque não precisavam delas para manter a colaboração.

Na reciprocidade indireta, as mútuas expectativas das pessoas em relação à contribuição de cada um nos custos e na participação nos benefícios nem sempre coincidem. Sterelny acredita que as normas explícitas reduzem as incertezas e os riscos de conflitos. Elas seriam particularmente necessárias quando cabia a terceiros (isto é, não aos próprios confrontantes) coibir as transgressões à cooperação. As pessoas introjetariam as normas para serem consideradas confiáveis e, pontua Sterelny, ficavam orgulhosas de as obedecer tanto quanto um artesão se orgulhava dos utensílios confeccionados com o maior apuro.

CONFLITO

A expressão "contrato social" é empregada por Sterelny como vaga referência aos modos como os coletivos de caçadores-coletores nômades e os sedentários lidavam com a cooperação. Contrato é ato de vontade. Quem fala em contrato social, portanto, está admitindo que cada humano pode optar por viver em sociedade, contratando-a com os demais componentes do coletivo, ou completamente isolado. Cada qual, assim, direcionaria a sua escolha por ponderações de custos e benefícios entre as duas alternativas. Não haveria a inverossímil solenidade de proclamação da vontade coletiva fundadora da sociedade pela aprovação de suas regras, mas, a cada manhã, ao acordar, os humanos ratificariam o contrato social, ao decidir permanecer em seu coletivo em vez de viver sozinho. A hipótese das ratificações matinais, no entanto, é tão inverossímil como a da solenidade fundadora.

Retornemos a Sterelny. Em suas palavras, o contrato social da sociedade desigualitária do Holoceno era "muito pior" que o da sociedade igualitária do Pleistoceno, mas, ainda assim, a melhor alternativa era a adesão ao novo modo de lidar com a cooperação, cada vez mais fundada em reciprocidade indireta (2021:154/182).

Perceba que, ao falar em contrato social como o modo de os humanos lidarem com a cooperação, a TDH introduz uma descontinuidade em sua explicação da evolução. Formigas e leões também precisam lidar com a cooperação, mas ninguém afirma que, ao fazê-lo, estariam obedecendo a normas contratadas por eles. Já na TDH, e não somente nela, se os humanos cooperam, isso só poderia se explicar porque seriam obrigados a fazê-lo para evitarem indesejadas sanções dos seus enfurecidos coespecíficos. Chamar o modo de lidar com a cooperação de contrato social é atribuir a vivência em coletividade a uma decisão dos humanos, que *escolheram* se agregar. Enquanto formigas e leões cooperam porque é assim que sobrevivem, os humanos cooperariam porque querem – está aí a descontinuidade.

Podemos, enfim, dizer que, para concepções como as de Sterelny, a ordenação da imputação seria ancestral, remontando ao Pleistoceno, entre 500 mil e 250 mil anos Antes da Nossa Era, isto é, ainda antes do aparecimento dos humanos anatomicamente modernos (*Anatomically Modern Humans* – AMHs); não apenas ancestral, a ordenação da imputação seria ademais universal (Sterelny, 2021:92/182; Boehm, 2012:163/418). Mas essas condições de ancestralidade e universalidade, como veremos, não são sustentáveis: a ordenação da imputação é ingrediente típico da cosmovisão europeia paulatinamente configurada a partir da Idade Média (Cap. 10).

Paradoxo do contrato social

Como visto, Hobbes e Rousseau, embora por razões diferentes, concordavam que viver em sociedade seria algo antinatural para os humanos. Celebrar o contrato social exigiu deles uma decisão racional inteiramente contrária às suas inclinações naturais. É paradoxal, assim, que seres propensos ao isolamento teriam conseguido chegar a um acordo sobre como viver juntos.

Na sociologia contemporânea (Durkheim, Max Weber etc.), o paradoxo do contrato social desaparece porque o seu pressuposto é o da inclinação dos humanos a viverem em sociedade. Ele reaparece, contudo, na TDH e em sua indagação sobre a origem da cooperação entre os humanos. Para a teoria da coevolução gene-cultura, a cooperação na nossa espécie se explica, inicialmente, pela seleção de parentesco: cada humano coopera com os indivíduos com os quais compartilha os genes. Explica-se, ademais, pela reciprocidade direta: dou algo a quem já me deu ou a quem espero que venha a me dar algo equivalente. E, enfim, pela reciprocidade indireta: colaboro com o grupo na expectativa de participar da divisão equitativa do resultado da colaboração mútua.

Pois bem. Para que a cooperação seja um enigma a desvendar, é necessário presumir que só poderíamos ter sido, na origem, animais naturalmente agressivos e não gregários. Teríamos herdado essas características de nossos ascendentes na escala evolutiva. Para que a grande ênfase da TDH na explicação da cooperação entre os humanos faça algum sentido é indispensável partir desse pressuposto. Em outros termos, apenas por não considerarem os humanos seres naturalmente cooperativos é que os teóricos dessa vertente evolucionista podem tratar a cooperação como uma intrigante questão central da nossa evolução a ser desvendada.

Trata-se de um pressuposto bastante questionável, porque os grandes primatas são animais gregários e está bastante documentado que cooperam na caça e alguns deles dividem certas tarefas na criação dos filhotes do bando. O mais coerente seria nos tomarmos por herdeiros dessas características, mas, nesse caso, as investigações da TDH sobre a cooperação nos coletivos humanos não se justificam. Em suma, o paradoxo do contrato social ressurge porque, tal como os teóricos da Idade Moderna, os adeptos da coevolução gene-cultura consideram os humanos seres naturalmente resistentes à vida em sociedade e, a despeito disso, conseguiriam negociar um acordo razoavelmente sofisticado sobre como a constituir.

3. Evolução

A elucidação e testagem da conjectura do direito como estratégia evolucionista da espécie humana devem se iniciar pela teoria da evolução de inspiração darwiniana. Em *A origem das espécies*, Darwin propôs uma teoria para explicar a descendência com modificação. Seu objeto era a transmissão de variações que se estabilizam em razão da seleção natural do mais forte como a lei biológica do processo do qual nos originamos. A tese darwiniana ficou conhecida como "teoria da evolução", mas é duvidoso se Darwin estava satisfeito com essa designação um tanto simplificadora de seu pensamento.

Darwin formulou inicialmente a lei da seleção natural como o favorecimento do *mais forte*. Depois, passou a falar no *mais apto* em uma tentativa de suavizar o impacto de suas ideias revolucionárias. Nunca falou, aliás, em favorecimento do *mais adaptado* – colocaram isso na boca dele. Ademais, a biologia atualmente define a seleção natural não como a sobrevivência dos mais fortes, mas como a *eliminação dos mais fracos*. É um detalhe técnico importante na discussão sobre a quantidade de variações disponíveis após a seleção natural (Mayr, 2004:152, 171-173). Outra alteração da biologia contemporânea substitui por "seleção para sucesso reprodutivo" a designação do conceito darwiniano de "seleção sexual" (Mayr, 2004:155). Vou prestigiar as concepções originais da teoria por uma mera conveniência didática e não por discordar dessas reformulações.

Outra conveniência diz respeito aos conceitos de ascendência e descendência. Eles identificam gerações opostas, de acordo com o sentido que o evolucionista tem em mente: no sentido cronológico, a geração sênior é ascendente da júnior, e esta, descendente daquela, porque a sucede no tempo; no sentido evolutivo, é a geração júnior a ascendente e a sênior a descendente, porque a primeira ascendeu a patamares mais elevados da escala da evolução. Usarei sempre o conceito em seu sentido cronológico, até mesmo porque o sentido evolutivo carrega, em sua carga valorativa, a exaltação de um progresso altamente duvidoso.

Há duas grandes sínteses da teoria da evolução: a moderna, dos anos 1940, e a estendida, aparecida na década de 1980 e ainda em elaboração. Na primeira, os genes são vistos como o repositório de toda a programação dos indivíduos e da própria evolução. Os teóricos proponentes da versão estendida da teoria da evolução põem em questão a perspectiva genecêntrica da síntese moderna.

A teoria da evolução não foi objeto de nenhuma refutação por experiências científicas e, além disso, a cada descoberta arqueológica, observação da etologia ou aumento do conhecimento da genética e da genômica, ela é consistentemente corroborada. Naturalmente, porém, há desafios postos à teoria da evolução, acerca dos quais se nutre um vigoroso debate, tanto nas ciências naturais como nas humanidades. Esses desafios obviamente são também os postos à conjectura do direito como estratégia evolucionista. Conhecê-los é, portanto, necessário à sua elucidação e testagem.

São três os desafios da teoria da evolução que nos interessam: a unidade do processo evolutivo, o balanceamento entre genótipo e ambiente e a finalidade da evolução. Dos dois primeiros trato neste capítulo; e do último, no próximo.

A síntese moderna da teoria da evolução

Nos anos 1940, quando a genética já tinha se firmado como uma disciplina da biologia, a maioria dos evolucionistas concordava que o gene era o veículo da transmissão hereditária das variações pesquisadas por Darwin. O consenso em torno da articulação da teoria darwiniana com a genética mendeliana foi batizado de "síntese moderna da teoria da evolução" por Julian Huxley (Pigliucci--Müller, 2010: 5-9).

De acordo com a síntese moderna, também conhecida por "neodarwinismo", a implacável seleção natural inicia-se no genótipo. O cenário da competição pela sobrevivência do mais forte são "trechos" dos cromossomos, em que a ocupação dos diversos *loci* é determinada pela luta entre genes. A imagem é nitidamente territorial, e, assim, pode-se dizer que a competição acontece entre um gene "habitante" e um "intruso". O habitante luta para continuar ocupando o *locus* gênico e, desse modo, se reproduzir nas gerações vindouras, enquanto o intruso, nomeado "alelo", luta para desalojá-lo e tentar dar início à própria linhagem. A mutação ocorre quando o intruso vence a competição e se torna o novo ocupante do *locus*. Não há nenhuma regularidade nas mutações: a vitória do alelo sobre o gene é sempre um acaso.

A substituição do gene pelo alelo pode conferir ao indivíduo uma nova característica, isto é, um fenótipo diferente do que ele possuiria se a mutação não tivesse acontecido. A mudança fenotípica, por sua vez, poderá ser mais vantajosa, menos vantajosa ou indiferente. "Vantagem" é uma referência às aptidões para o enfrentamento de outra competição, entre os coespecíficos (indivíduos da mesma espécie). Se a mutação tiver sido mais vantajosa, o indivíduo mutante terá mais descendentes; se tiver sido menos vantajosa, irá gerar uma descendência menor; e se tiver sido uma mutação indiferente, a descendência daquele indivíduo terá o mesmo tamanho. Quando a mutação é vantajosa, a descendência do mutante será a mais numerosa na espécie; e, dependendo das aptidões incluídas no fenótipo dessa descendência, por serem as mais vantajosas, os coespecíficos de ascendência não mutante se extinguem. Eis o sucesso reprodutivo.

A mutação é bem rara, sujeita à probabilidade de 10^{-8}, de acordo com Konrad Lorenz (1981:48). Mas quando ela gera um fenótipo vantajoso para o indivíduo e se multiplica na descendência a quantidade de coespecíficos com a mesma aptidão, isso favorece a vitória da espécie nos férreos embates da seleção natural. É o terceiro nível de competição, em que as espécies se digladiam pelos recursos escassos de sobrevivência, vencendo também a mais forte e extinguindo-se as mais fracas.

A síntese neodarwiniana é genecêntrica, no sentido de pressupor que toda a programação biológica dos indivíduos e, consequentemente, da própria evolução das espécies se encontra nos genes. E, até o momento, as abordagens exploratórias da hipótese da continuidade, do ininterrupto do fluir biológico-histórico dos humanos, têm se inspirado nesse reducionismo biologista que deduz da configuração genética dos indivíduos todas as suas características orgânicas e comportamentais. Duas dessas abordagens são as mais importantes. De um lado, a empreendida pelo Darwin maduro, na tentativa de compreender a evolução dos seres humanos (darwinismo social); de outro, a de um ramo do saber de incerta consistência resultante da fusão da sociologia e biologia proposta por alguns evolucionistas (sociobiologia). Examinaremos a sociobiologia neste capítulo e o darwinismo social mais adiante (Cap. 5).

Pode-se, aliás, chamar o darwinismo social de genecêntrico, mesmo sendo a genética desconhecida da ciência canônica dos tempos em que Darwin refletiu acerca da evolução da espécie humana. Ele nada sabia sobre os genes, mas tinha a convicção de que alguma estrutura biológica era a sede das variações e o meio de transmissão de características aos descendentes. A essa estrutura ainda a descobrir, Darwin atribuiu as mesmas funções evolutivas centrais que os evolucionistas da síntese moderna iriam futuramente conferir aos genes. Em outros termos, o genecentrismo inspirador da sociobiologia, assim, também se reconhece no darwinismo social.

A unidade da evolução

O primeiro desafio diz respeito à unidade da evolução – alvo ou objeto. Os cientistas se perguntam em que nível acontecem as variações, adaptações e seleções naturais impulsionadoras do processo evolutivo: nos genes, nos indivíduos ou em nível superior, como populações, grupos ou espécies? Ou ele acontece em unidades transversais de maior expansão? Apenas os seres vivos evoluem ou as manifestações culturais humanas podem também ser uma unidade da evolução?

Atualmente, está em revisão a ideia da síntese moderna de que a configuração genética seria responsável pela programação completa dos indivíduos (Cap. 4). Nessa revisão, a síntese estendida investiga uma unidade transversal e expandida para a evolução, que o filósofo da biologia James Griesemer chamou de "reprodutores". Moléculas, células, organismos multicelulares, instituições sociais e a própria sociedade seriam os verdadeiros alvos da evolução, como reprodutores de "características hereditárias variáveis" (*heritably varying traits* – HVTs) (Jablonka-Lamb, 2020:59-61/90).

A questão da unidade da evolução ficou, como se percebe, altamente complexa, mas ela simplesmente não existia na formulação originária da teoria da evolução. No tempo de Darwin, não se conhecia ainda a transmissão de caracteres por herança genética. O trabalho em que George Mendel descreveu a sua experiência seminal com as ervilheiras, lançando as bases da genética, foi publicado em 1866, isto é, sete anos após a primeira edição de *A origem das espécies*. Apesar disso, é quase certo que Darwin não chegou a conhecer os experimentos de Mendel, que ficou praticamente ignorado pelo meio científico por décadas. Apenas a partir dos anos 1910 os biólogos passaram a dar importância à genética na compreensão da evolução, graças aos experimentos de Thomas Hunt Morgan com as drosófilas.

A unidade da evolução se tornou uma questão quando o evolucionista norte-americano George Williams questionou a noção de seleção de grupo (Santini, 2018:257-258). Até então, predominava de modo geral a associação de Darwin entre o aprimoramento moral dos indivíduos e o favorecimento na seleção natural. O pássaro que, em vez de fugir, avisa aos demais sobre a aproximação de um perigo, tem um comportamento que não o beneficia diretamente, mas o seu comportamento favorece o grupo. Williams achava isso um enigma e insistia que, em um grupo formado por indivíduos altruístas e egoístas, estes fatalmente se beneficiariam das atitudes pró-grupo daqueles, mas não retribuiriam quando chegasse a vez dele de colaborar (*free riders*). O pássaro egoísta, que foge antes de avisar os companheiros, deixaria maior descendência e, ao longo de um tempo evolucionariamente relevante, não haveria mais nenhum coespecífico altruísta.

A seleção de grupo era mesmo uma hipótese problemática. Ela era comumente exemplificada com o gnu idoso tomando a iniciativa de mergulhar no rio cheio de jacarés, para ser devorado enquanto o bando atravessava incólume até a outra margem. Estudos posteriores demonstraram não haver nenhuma espontaneidade no gesto supostamente heroico do ancião (Sapolsky, 2018:357-359). No empurra-empurra, o velho gnu não tinha forças para se defender dos mais jovens e, como esperado da seleção natural, sobreviviam os indivíduos mais fortes.

A questão da unidade da evolução ganhou maior ressonância com a *teoria da aptidão inclusiva*, cuja origem se encontra em pesquisas de modelos matemáticos aplicáveis à evolução. O seu impulsionador foi o geneticista britânico William Hamilton, que propôs em 1964 uma fórmula geral para quantificar a seleção orientada pelo parentesco (*kinselected*). Para Hamilton, quando alguém morre ao conseguir salvar outra pessoa, ela se beneficia do autossacrifício se compartilha genes com o indivíduo salvo e este produz descendência e assegura a transmissão deles às gerações seguintes. A fórmula matemática proposta (a Inequação de Hamilton) quantifica a percentagem de identidade entre os genes da pessoa salva e do altruísta morto. Entre irmãos, 50%; entre primos irmãos, 25%, e assim por diante.

O pressuposto da teoria da aptidão inclusiva é a preferência manifestada pelos indivíduos por sua prole e pelos parentes colaterais (isto é, os que possuem um ancestral comum, mas não são nem ascendentes, nem descendentes um do outro, como os primos, por exemplo). Essa preferência pareceu inicialmente explicar a coesão e cooperação dentro dos grupos. A referência à "inclusão de aptidão" evoca a participação de cada indivíduo na seleção de parentesco dos demais membros do mesmo grupo, possibilitando a ponderação de custos e ganhos na transmissão da configuração genética compartilhada. Nessa ponderação, para revesti-la da aura da certeza científica, faz-se o cálculo matemático do desconto da taxa de parentesco, isto é, dos percentuais da Inequação de Hamilton.

A aptidão inclusiva fundada na seleção orientada por parentesco atribuía o impulso da evolução ao compartilhamento da herança genética. A teoria já reinou absoluta no meio acadêmico e, ainda hoje, desfruta de prestígio entre muitos pesquisadores da evolução (biólogos e psicólogos evolucionistas, ecólogos, etologistas, sociobiólogos etc.). Direta ou indiretamente, o conceito de "sucesso reprodutivo" (a maior quantidade de descendentes em que ocorre a autorreplicação dos genes) passou a nortear, como um tedioso mantra, as pesquisas e as conclusões não somente da biologia, como de outras áreas do saber. Quando, por exemplo, arqueólogos buscaram uma razão para o extraordinário "salto no desenvolvimento da arte e da cultura" dos povos cujos artefatos haviam encontrado em uma caverna no sudoeste da França (os aurignacianos), especularam que "os artistas habilidosos tinham mais chances com o sexo oposto, o que inspirou a competição artística e a inovação" (Krause-Trappe, 2019:58).

Cedo, a aptidão inclusiva foi criticada como mais uma forma de "determinismo biológico", na companhia dos eugenistas da craniometria, da antropologia criminal lombrosiana e dos medidores de quociente de inteligência (Gould, 1981). Eram críticas genéricas, porém. O descrédito da teoria começou quando, principalmente a partir dos anos 2000, a seleção de parentesco foi falseada por diversos experimentos. Várias pesquisas mostraram muito mais "altruísmo" que "egoísmo" no comportamento dos animais e a ampla cooperação entre os humanos não aparentados (Waal, 2013:41-42).

Uma das vertentes das críticas à seleção orientada pelo parentesco é a *teoria da seleção multinível*, capitaneada desde 2010 pelo biólogo Edward Wilson, um antigo defensor da aptidão inclusiva.

A evolução multinível não é a revivescência da seleção do grupo, que tenta explicar o sacrifício do indivíduo em prol de benefícios proporcionados aos coespecíficos (Wilson-Wilson, 2007:344). A teoria multinível inclui a seleção do grupo, mas não explica toda a evolução a partir dela. Afirma que a sociobiologia de raiz verdadeiramente darwinista deve reconhecer que o altruísmo (ou, de um modo geral, a moralidade), se não traz qualquer vantagem para o indivíduo ou para a sua descendência, fortalece o grupo. Além de nem todo gesto de altruísmo representar um severo autossacrifício, os grupos são tanto mais fortes quanto mais os seus membros forem altruístas, beneficiando o coletivo com ações que não lhes trazem nenhum proveito individual (Wilson-Wilson, 2007).

Wilson afirma que a unidade da seleção natural foi o gene apenas durante a fase que denominou de evolução biológica, isto é, antes do surgimento da *eussocialidade*. Eussociais são as espécies nas quais a criação da descendência é feita por cooperação entre os adultos, independentemente do compartilhamento da carga genética. Uma parte dos membros de um grupo eussocial chega até mesmo a renunciar à geração de descendentes, para garantir o sucesso reprodutivo dos demais. Com o surgimento desses comportamentos sociais avançados, desmembraram-se em dois os níveis em que se opera a evolução: o indivíduo e o grupo (Wilson-Wilson, 2007:339-340). As espécies eussociais são poucas (vinte, se incluirmos os humanos), mas vêm obtendo um notável sucesso: formigas e cupins são as duas únicas espécies eussociais entre os insetos, mas a quantidade de seus membros corresponde à metade dos invertebrados (Wilson, 2014: 1358).

Pode-se, enfim, esquematizar as duas vertentes da sociobiologia, em termos genéricos, dizendo que a teoria da aptidão inclusiva considera o gene como a única unidade da evolução, enquanto a teoria da evolução multinível identifica tanto o indivíduo quanto a espécie como unidades. Na primeira, o egoísmo sempre impulsiona o gene em sua incansável luta pelos *loci* nos cromossomos dos descendentes; na segunda, enquanto o egoísmo leva à competição entre os indivíduos, é o altruísmo que prepondera no plano da evolução da espécie.

As duas vertentes da sociobiologia possuem o mesmo teste de refutabilidade de conjecturas: o sucesso reprodutivo. Mas o sucesso reprodutivo não explica tudo. Voltemos àquela inquietação dos arqueólogos sobre os motivos para o elevado refinamento artístico e cultural do povo aurignaciano. Mesmo que aceitemos as premissas altamente discutíveis de que, nesse povo, (i) só os homens tinham habilidades artísticas, (ii) as mulheres prefeririam, para procriar, os homens especialmente habilidosos na arte aos que tinham outras habilidades (de caçador, por exemplo) e (iii) as habilidades artísticas são transmitidas pelo sistema genético de herança, ainda assim não saberíamos as razões pelas quais essa específica modalidade de seleção sexual aconteceu nas cavernas de Aurignac, durante as noites gélidas do Paleolítico, e em mais nenhuma outra da Europa. O sucesso reprodutivo não merece o prestígio de que desfruta.

Balanceamento entre genótipo e ambiente

O segundo desafio da teoria da evolução que interessa à discussão sobre a origem do direito pode ser referido pela ideia de balanceamento entre genótipo e ambiente. Não é uma noção rigorosa. Ela é, ao contrário, um tanto imprecisa, embora seja conveniente como uma generalização que nos permite transitar pelas duas sínteses da teoria da evolução (moderna e a estendida).

Que pressões do ambiente podem afetar a configuração genética de uma espécie a ponto de alterá-la é algo bastante conhecido e assentado, em razão do ancestral conhecimento dos humanos sobre como domesticar plantas e animais. Darwin, aliás, construiu o seu principal argumento de sustentação da seleção natural a partir da domesticação. Ele dizia que se o humano conseguia obter a predominância de uma característica específica em plantas e animais domesticados, ao longo de sucessivas gerações, é porque existe algo na natureza possibilitando que isso aconteça. Embora esse "algo" fosse totalmente desconhecido da ciência canônica do tempo de Darwin, ele já tinha elementos para argumentar que, sendo a seleção artificial um fato inquestionável, não haveria como se negar a existência da seleção natural. Afinal, o humano só consegue obter por meios artificiais o que a natureza poderia ter produzido sem a sua intervenção (1859:101, 120, 126, 458 e 460).

Fatos como a domesticação mostram, em suma, que o genótipo das espécies é também moldado por pressões ambientais. A domesticação do trigo, por exemplo, iniciada no Neolítico, provocou uma mutação genética na planta que suprimiu a capacidade dela de dispersar as sementes sem a ação humana de debulhar a espiga (Graeber-Wengrow, 2021:252-253). A influência do ambiente na configuração genotípica não se limita, ressalte-se, às ações humanas.

Diante da evidência de que genótipo e ambiente interagem na definição das características dos seres vivos, os evolucionistas debatem até que ponto atua a determinação genotípica e a partir de qual o ambiente pode influenciar as características fenotípicas dos organismos. Debatem também se essa fronteira existiria mesmo ou se gene e ambiente são interagentes (*interactants*) do processo.

O desafio se projeta na compreensão dos comportamentos como resultados da transmissão de vantagens adaptativas às gerações subsequentes. Quando a transmissão decorre de mutação genética, que desencadeou a manifestação de características fenotípicas comportamentais que acabam se mostrando mais vantajosas para a economia de energia dos indivíduos e a preservação da espécie, o processo corresponde ao que boa parte dos evolucionistas considera os efeitos da seleção natural, cientificamente descritos. Mas há vantagens adaptativas transmitidas às gerações seguintes por meio da *aprendizagem*, sem qualquer indício de predeterminação genotípica além do aparelhamento biológico do indivíduo para processar o aprendizado. Está já suficientemente documentado que animais não humanos também são capazes do ensino-aprendizagem: macacos aprenderam uns com os outros a lavar batata-doce na ilha de Koshima (Wall, 2016:79-82); águias pescadoras aprendem a localizar cardumes com as coespecíficas mais bem--sucedidas no forrageamento (Alcock, 2009:232) etc.

E quanto mais se aprofunda a questão, mais parece não haver sentido na distinção entre o fenótipo determinado pelos genes e o moldado pelo contexto ambiental. Cálculos das taxas de herdabilidade (proporção da variação genética na variação das características fenotípicas) mostram que qualquer conclusão sobre a expressão de um gene apenas está validada em determinado ambiente. Em outros ambientes, a expressão do mesmo gene poderia ser diferente. Em alguns casos, ademais, os biólogos conseguem até mesmo afirmar que *certamente* será diferente.

Por exemplo, os humanos com doença fenilcetonúrica expressam uma mutação genética que os impede de eliminar a toxidade da fenilalanina e podem sofrer, por isso, problemas neurológicos que afetam o desenvolvimento do cérebro. Evitam esse efeito, contudo, simplesmente não ingerindo alimentos com fenilalanina. Quer dizer, para a questão "quais são os efeitos da mutação gênica associada à doença fenilcetonúrica no desenvolvimento cerebral?", a resposta é "depende da alimentação"; e para a questão "qual deve ser a alimentação para evitar os efeitos da doença fenilcetonúrica no desenvolvimento cerebral?", a resposta é "depende se o indivíduo é ou não fenilcetonúrico, isto é, se tem ou não a mutação em sua configuração genética" (Sapolsky, 2018:243).

O desafio, assim, inicialmente buscava o *limite* entre gene e ambiente, na divisão de responsabilidades pelo fenótipo de um indivíduo. O objetivo era classificar as características fenotípicas em duas listas: as determinadas pela herança genética e as moldadas pelo ambiente. A síntese estendida da teoria da evolução abandonou a busca do critério classificatório rígido, e a reflexão acerca do balanceamento entre gene e ambiente no processo de constituição dos fenótipos gira em torno da interação desses fatores (Cap. 4). Mas a extensão ainda não é uma unanimidade entre os evolucionistas. As concepções genecêntricas não desapareceram no enfrentamento do segundo desafio. Vários evolucionistas focados nos comportamentos dos humanos estão convencidos de que nos genes encontramos a programação completa deles. Incorrem em um biologismo, ao pretenderem encontrar a explicação para todas as ações direta ou indiretamente nos genes que carregamos, sem reservar ao ambiente nenhuma influência relevante. A sociobiologia tem sido a mais ruidosa perturbação de reducionismo biologista.

Sociobiologia

A sociobiologia da adaptação inclusiva (ou orientada pela seleção de parentesco) considera que a competição, ao meio da seleção natural, acontece entre o gene e seus alelos. Alelos são outros genes que poderiam ocupar o mesmo *locus* no cromossomo. A competição entre genes e alelos é pela chance de autorreplicação. Os indivíduos morrem e as espécies se extinguem, mas os genes continuam se autorreproduzindo. Os indivíduos seriam, para a sociobiologia, apenas "máquinas" construídas pelos genes com o objetivo de garantirem condições mais vantajosas de autorreplicação em sua luta contra os alelos; e as espécies, por sua vez, seriam abstrações dispensáveis. A atenção toda deve ser voltada ao reservatório (*pool*) de genes e alelos, que permanece enquanto sucedem as gerações de indivíduos das várias espécies.

Os comportamentos dos animais, incluindo os humanos, seriam inteiramente explicáveis pela potencialização da autorreplicabilidade dos genes. A sociobiologia argumenta que o infanticídio praticado por alguns primatas (gorilas, orangotangos e chimpanzés) se apresenta como um enigma quando se toma a espécie como a unidade da evolução. Mas é plenamente compreensível sob a perspectiva da evolução centrada no gene. O orangotango que mata indistintamente os filhotes do bando, logo após destronar o macho alfa, está eliminando a descendência com genes alheios e criando as condições para as fêmeas voltarem rapidamente ao cio e poderem acolher os dele.

Na sociobiologia, todos os comportamentos foram reduzidos a ações visando à otimização da autorreplicação dos próprios genes. Ela considera que os humanos se comportam diferentemente de acordo com o grau de parentesco com os circunstantes. No exemplo repetido à exaustão, como se fosse algo cotidiano, um humano é capaz de sacrificar a própria vida para salvar a do filho porque, no final, estaria agindo para aumentar as chances de replicação dos genes que habitam a metade de cada cromossomo do descendente. Para a sociobiologia derivada da teoria da aptidão inclusiva, a seleção orientada pelo parentesco explica comportamentos como o altruísmo e o egoísmo, de acordo com a lógica do compartilhamento genético entre as pessoas envolvidas.

E o que ela não consegue explicar por esse modo classifica como um enigma darwiniano. Por exemplo, quando se comparam a monogamia (copular com uma única fêmea) e a poliginia (copular com muitas fêmeas), as chances de replicação de genes dos machos nas gerações seguintes são visivelmente reduzidas na primeira forma de acasalamento. John Alcock, por isso, classifica a monogamia no escaninho salvador dos enigmas darwinianos. Ele considera um verdadeiro "quebra-cabeça", para a teoria da evolução genecêntrica, a existência de machos monogâmicos (2009:418). A seu turno, os mirmecólogos Susanne Foitzik e Olaf Fritsche consideram um "problema" para a biologia evolucionista o ocasional acolhimento, pelas formigas operárias de uma colônia, de uma jovem rainha já fecundada de outra colônia. As operárias irão alimentar zelosamente a rainha e nutrir com todos os cuidados necessários as larvas e as pupas nascidas dos ovos que ela puser mesmo sem compartilharem genes (2019:37).

Como se vê, a sociobiologia é extremamente seletiva em suas conclusões. Quais comportamentos se explicam e quais não se explicam pela seleção de parentesco depende de critérios arbitrários do sociobiólogo. Os exemplos que podem ser usados para reforçar a tese são estudados como vantagem adaptativa orientada pelo parentesco, enquanto se acomodam os demais na válvula de escape dos "enigmas darwinianos". Diante da constatação de que muitos machos são monogâmicos ou de que algumas formigas operárias cuidam de coespecíficas com as quais não compartilham a herança genética, em vez de repensarem a seleção por parentesco, os sociobiólogos optam por trancar esses fatos na caixa destinada aos mistérios.

Para os sociobiólogos de qualquer vertente, todo o desenvolvimento do indivíduo e a expressão de seus fenótipos de ordem comportamental já se encontram inteiramente programados na configuração genética dele. A vertente mais importante (na verdade, a mais espalhafatosa) da sociobiologia é a da aptidão inclusiva. Mas, feitas as devidas calibrações na unidade da evolução, as críticas à sociobiologia por seleção orientada pelo parentesco podem ser estendidas à vertente que advoga o multinível.

O gene egoísta

Richard Dawkins é o mais célebre divulgador da sociobiologia orientada pela teoria evolucionista da aptidão inclusiva. É dele a imagem dos "genes egoístas", uma metáfora poderosa. Por meio dela, Dawkins procura neutralizar a existência de quaisquer fatores ambientais na explicação fundamental dos nossos comportamentos. Para compreender uma ação humana à luz da metáfora dos genes egoístas, é suficiente atentar para a configuração genética dos envolvidos e perceber que o decisivo teria sido a busca da autorreplicação dos genes, na competição com os respectivos alelos pelos *loci* nos cromossomos. Os indivíduos seriam apenas máquinas criadas pelos genes egoístas para facilitar a replicação.

Deve ser levada em conta a natureza metafórica da imagem dos genes egoístas, aliás expressamente referida por Dawkins. Assim, quando ele diz que os genes constroem os indivíduos como máquinas de autorreplicação, a intencionalidade sugerida nessa ideia não existe de fato. É apenas um modo mais fácil de descrever como as coisas aconteceriam na evolução. Mas, atente, a intencionalidade, para Dawkins, tampouco existe no plano das decisões tomadas pelos indivíduos, que estão apenas cumprindo as suas programações genéticas. Ao tentar salvar a vida de alguém em perigo, correndo o risco de morrer, o salvador teria feito antes um cálculo de parentesco – de modo inconsciente, igual aos cálculos de distâncias, atritos e massas feitos pela pessoa que brinca de jogar uma bola para cima para pegá-la na queda.

Na metáfora dos genes egoístas, afasta-se desde logo a ideia de que na carga genética de qualquer pessoa haveria um gene (ou conjunto de genes) específico para cada comportamento possível. Os genes programariam os corpos dos indivíduos para capacitá-los a tomarem as decisões corretas em vista do objetivo da otimização das condições de replicação deles. Aconteceria algo semelhante a um pai ensinando xadrez ao filho. O pai enxadrista não transmite recomendações sobre o que o menino deve fazer diante do movimento de peças do adversário, considerando cada um dos lances admissíveis em todas as partidas concebíveis. Isso seria impossível, mesmo que as recomendações se limitassem aos movimentos de peças congruentes sob o ponto de vista das táticas enxadristas. Ao ensinar xadrez ao filho, o pai detalha como cada peça pode ser movimentada, apresenta as aberturas clássicas, estimula a solução de problemas do tipo "xeque-mate em três lances" etc. Ele, em suma, prepara o filho para tomar as melhores decisões sozinho quando estiver jogando. Do mesmo modo, os genes prepariam os indivíduos para agirem do modo mais adequado à otimização das chances de autorreplicabilidade deles, sem precisar detalhar o que deve ser feito em cada situação (1976:67).

Dawkins tropeça ao explorar a premissa de que os genes capacitam os indivíduos a tomarem decisões sem predefini-las de modo detalhado. Para explicar o tropeço, inicio relembrando que, na cibernética, distinguem-se duas formas de programação. De um lado, a *programação finalística*, em que o programador se limita a definir o objetivo a ser atingido por todas as decisões do autômato, ficando a cargo deste encontrar, no repertório de que dispõe, o meio mais adequado para a sua realização (se acontecer x, escolha entre as alternativas existentes a que melhor viabilize y). De outro lado, a *programação condicional*, em que o programador define a ação do autômato em cada situação programada (se acontecer x, faça y) (Ferraz Jr., 1978:109).

Com o paralelo do ensino do xadrez, Dawkins claramente classifica como finalística a programação que seria feita pelos genes (1976:77). Mas, ao longo da exposição, ele se vale de vários exemplos em que a programação é condicional. Fala, assim, em um gene que programa babuínos determinando "corpo, se acontecer de você ser um adulto macho, defenda o bando contra os leopardos" (*body, if you happen to be an adult male, defend the troop against leopards*) (1976:130); também menciona um gene que ordena aos mergulhões "se você encontrar um ovo perdido próximo ao seu ninho, leve-o ao ninho e sente-se nele" (*if you see a stray egg near your nest, hault it in and sit on it*) (1976:133); considera, no contexto de um esquema simplificador, a possibilidade de controle genético parcial da quantidade de ovos por ninhada, por meio da competição entre o gene "ponha dois" (*gene for laying two eggs*) com os alelos "ponha três", "ponha quatro", e assim por diante (1976:150); e, enfim, discorrendo sobre a poliginia, refere-se ao gene "corpo, se você é macho, abandone a parceira um pouco antes do que faria em obediência ao meu alelo rival, para procurar outra fêmea" (*body, if you are male leave your mate a little bit earlier than my rival allele would have you do, and look for another female*) (1976:191). Em todos esses casos, a programação é condicional e não finalística, ao contrário do que Dawkins sugerira de início, ao apelar à metáfora do pai ensinando o xadrez.

A sociobiologia leva à neutralização de qualquer papel do ambiente na compreensão do comportamento animal. Como uma das chaves para essa neutralização, Dawkins cunhou o conceito de "fenótipo estendido". Argumenta, por meio dele, que a programação dos genes não gera efeitos apenas no comportamento dos indivíduos em cujos cromossomos eles se abrigam. Cada indivíduo, ao agir em obediência à sua programação genética, gera alterações no fenótipo de outro indivíduo. Para Dawkins, as alterações no fenótipo de *A* causadas diretamente pelo comportamento de *B* não são hipóteses de influência do ambiente, mas efeitos indiretos da programação feita pelos genes deste último indivíduo (1976:302--344). Exemplifica com os cucos-canoros europeus. Aves parasitas,

EVOLUÇÃO

os cucos põem o seu ovo em um ninho de pássaros de outras espécies, que não percebem a intrusão e o chocam como se fossem deles. O cuco nasce antes que os filhotes da espécie hospedeira e muitas vezes consegue jogar fora do ninho os ovos dela. O bebê cuco é, então, alimentado e criado pelo casal de pássaros hospedeiros. De acordo com a tese do fenótipo estendido, os genes egoístas do cuco europeu programaram o comportamento dos pássaros hospedeiros. Pela via do fenótipo estendido, as influências ambientais no genótipo ou fenótipo de um indivíduo passam a ser abordadas como resultados da programação feita por um gene egoísta abrigado nos cromossomos de outro ou outros indivíduos.

A rigor, a figura de linguagem do egoísmo dos genes é bastante limitada e não dá conta da riqueza dos fatos da evolução. Como entender, por exemplo, o celibato? Se o indivíduo é uma máquina programada para viabilizar, nas melhores condições possíveis, a autorreplicabilidade de genes, a escolha consciente de não fazer descendência pressupõe uma autonomia incompatível com essa premissa. Até mesmo Dawkins não consegue encaixar as coisas na metáfora dos genes egoístas quando considera os celibatários. Diante dessa e de outras questões em que a explicação pela metáfora dos genes egoístas não convence, ele suscita uma hipótese diferente, na qual se preserva a autorreplicabilidade como móvel e objetivo do comportamento humano, mas, em vez de genes, o agente de tudo são os *memes* autorreplicáveis (voltarei a eles daqui a pouco).

Em alguns momentos, por mais que se esforce, a explicação de um comportamento à luz da metáfora dos genes egoístas se mostra irremediavelmente frágil, por não se encontrar um replicador que substitua os genes. Como explicar a macaca que adota o macaquinho órfão, sem ter nenhum vínculo de parentesco com ele? Ou o roubo, para fins de adoção, do filhote de uma mãe macaca saudável, sem que a ladra-adotante compartilhe genes com a cria roubada? Diante dos casos em que a metáfora do gene egoísta não se acomoda, ele responde que, de vez em quando, a natureza comete "erros" (*mistakes*) (1976:131-132). A atitude cientificamente recomendável aqui seria, porém, a de considerar errada a metáfora quando um fato a falseia, e não a natureza.

A metáfora dos genes egoístas, ressalte-se, tem duas implicações políticas: de um lado, a naturalização do preconceito racial e, de outro, a afirmação da disfuncionalidade do Estado de Bem-estar Social (EBS).

Em relação ao preconceito racial, a importância crucial dada pela sociobiologia ao parentesco no contexto da evolução (*kin-selected tendency*) serve também para engendrar a tese de uma tendência geral de maior antipatia com as pessoas de aparência diferente, a despeito da irracionalidade dessa conduta admitida pelo próprio Dawkins (1976:129). Quanto à disfuncionalidade do EBS, argumenta-se que não seria replicável o gene que programasse a geração de crias em quantidade maior à que permite o cuidado delas pelos pais por seus próprios esforços. Na natureza, o indivíduo que abrigasse um gene desse tipo morreria de fome antes de gerar descendência, o que demonstraria, para a sociobiologia, o caráter antinatural do EBS. Para Dawkins, "não há estado do bem-estar social na natureza" (1976:152).

A explicação dada pela sociobiologia orientada pela teoria da aptidão inclusiva apresenta os preconceitos de raça e os argumentos contrários ao EBS como reflexos da natureza da espécie humana, ou seja, como imperativos de um processo de evolução biológica no qual os racistas e neoliberais seriam meros autômatos agindo em obediência a uma programação genética da qual não conseguem naturalmente se livrar. É verdade que Dawkins se mostra extremamente econômico no tratamento desses temas de sensível implicação política, demorando-se o mínimo neles. Mas não são mesmo necessárias maiores digressões a respeito, bastando essas poucas sugestões lançadas por Dawkins sobre racismo e EBS para a revelação dos ingredientes da ideologia neoliberal – competição, meritocracia, supremacia branca, masculina e heterossexual etc. – que anima os sociobiólogos (McKinnon, 2021; Lewontin-Rose-Kamin, 1984:237-238).

Concluindo, embora na síntese moderna todo o processo evolutivo já fosse visto como originado nas mutações aleatórias pelas quais passam os genes, foram os evolucionistas da teoria da aptidão inclusiva (e, com base neles, os sociobiólogos) que potencializam o genecentrismo neodarwinista. Para eles, a evolução não somente é deflagrada nos genes, como também se concentra inteiramente na competição pelos *loci* gênicos. Vários dados, porém, falseiam a tese de que toda a programação do indivíduo e da evolução estaria nos genes. Há, por exemplo, gêmeos monozigóticos *criados juntos* que apresentam diferenças fenotípicas por vezes consideráveis: têm a configuração genotípica composta de genes praticamente 100% idênticos, mas são indivíduos com diferentes níveis de estresse, dos quais só um desenvolve diabetes, tem pressão alta, doença cardíaca etc. Como entusiastas da síntese moderna da teoria da evolução, os sociobiólogos insistem, diante desses fatos, que tais diferenças já estariam programadas, desde o início, pela competição entre genes e alelos – nos próprios organismos dos gêmeos ou nos de terceiros que projetaram neles os seus fenótipos estendidos. Se a ciência não entende hoje como operou essa programação, os sociobiólogos creem que um dia ela entenderá.

Reducionismo por extensão ou analogia

Na discussão sobre a contribuição do genótipo e do ambiente para a configuração de estruturas orgânicas e dos comportamentos, o reducionismo biologista segue por duas vias distintas: extensão ou analogia.

No reducionismo por extensão, as expressões dos humanos no âmbito da cultura são ressignificadas como outras formas de manifestação da nossa configuração genotípica, tornando uma grande ilusão qualquer vislumbre de independência da dimensão cultural. O racismo, por exemplo, é explicado como mais uma confirmação da seleção por parentesco – discriminaríamos aqueles cuja aparência fenotípica indica, desde logo, a muito provável inexistência de compartilhamento de genes; o Estado de Bem-estar Social é considerado o imprudente desvio na rota evolucionista – pais que não tivessem como alimentar os próprios filhos não deixariam descendência; a supremacia europeia é afirmada como resultado da seleção natural do povo mais forte – estágio derradeiro da evolução guiada pela superioridade intelectual e moral; e assim por diante.

Nas acomodações da metáfora do gene egoísta, Dawkins explora uma curiosa via do reducionismo por extensão, em que a replicação de genes é contida por outra replicação igualmente egoísta, a dos *memes*. *Memes* são ideias transmitidas de uma geração a outra. Elas surgem em indivíduos que foram aparelhados (mais uma vez, pelos seus genes e para otimizar a autorreplicabilidade deles) com um órgão que coordena a capacidade de imitação: o cérebro. Tal como os genes competem com os alelos, os *memes* competem com as ideias opostas ou diferentes sobre o mesmo assunto. Aqueles disputam um *locus* no cromossomo e estas a permanência nos cérebros da maior quantidade de indivíduos, ao longo da maior quantidade de gerações que conseguirem (Dawkins, 1976:259).

Por essa peculiar extensão do reducionismo biologista, o celibato deixa de ser uma dificuldade para a metáfora do gene egoísta. Afinal, se alguém deliberadamente decide não ter filhos, como isso poderia acontecer se somos todos corpos criados pelos nossos genes para viabilizar a replicação deles? Dawkins responde que o celibato é um *meme*, um replicador na forma de ideia processada pelos cérebros humanos. Por ser uma ideia que replica há séculos entre os sacerdotes e freiras católicos, o celibato é um *meme* que vem obtendo notável sucesso reprodutivo.

Para Dawkins, há momentos em que a competição pela replicação na geração subsequente se dá não entre o gene e seus alelos, mas entre um gene e um *meme*. Sempre que uma pessoa decide ser celibatária, o gene perdeu para o meme. Se, dessa vez, a replicação do gene foi interrompida, aconteceu a do *meme* (Dawkins, 1976:257). O reducionismo biologista por extensão realiza essa acomodação da metáfora dos genes egoístas, postulando que o mesmo impulso de replicação manifestado no plano genético se estenderia ao âmbito das ideias.

No reducionismo biologista por analogia, leis similares regeriam a transmissão aos descendentes tanto de traços genéticos como de informações. Descrever como análogos os movimentos da coevolução, no entanto, é um modo de disfarçar a redução biologista da cultura. Na analogia, chega-se a resultados essencialmente iguais ao da extensão, porque ela projeta na cultura as leis da evolução biológica, sem nenhuma projeção no sentido inverso. A analogia no reducionismo biologicista é tão genecêntrica quanto a extensão. Quem diz que a cultura evolui *como* a genética continua priorizando os genes sobre o ambiente. Apenas lança a cultura ao mesmo reservatório onde já se encontravam os genes se replicando nos indivíduos das várias espécies ao longo das gerações.

A forma mais sofisticada de biologismo por analogia é a teoria do algoritmo darwiniano.

Algoritmo darwiniano

Inicialmente, Darwin não falava em evolução. Essa palavra "evolução", aliás, ele nem a utiliza em A origem das espécies (OE). Teria sido por causa de Spencer que a teoria darwiniana se tornou explicitamente evolucionista (Almeida, 2020:29). Em outros termos, o Darwin da OE tinha uma teoria sobre a estabilização de características resultantes de transmissão hereditária; uma teoria sobre a descendência com variações. A sua contribuição era a demonstração de que a seleção natural dos mais fortes explicava o surgimento e o desaparecimento das espécies. Que esse processo de estabilização fosse uma evolução é algo que ele só vai considerar em obras posteriores, mesmo assim sempre com alguma reticência. Em *A descendência do homem e a seleção sexual* (DH) e em *A expressão das emoções no homem e nos animais*, Darwin usa mais certas referências indiretas, como inferior/superior, bárbaro/civilizado que a direta menção à evolução.

CONFLITO

O Darwin da OE tinha uma teoria sobre o que acontecia com os seres vivos. Apenas isso. Antevia o aprimoramento evolutivo dos seres humanos a ponto de o cumprimento de deveres morais por eles se tornar instintivo. Mas, friso, não via a moralidade em um processo de evolução próprio, apartada dos humanos. Em DH, porém, ele sugere em uma pequeníssima passagem que as línguas também se expandiriam ou se extinguiriam em razão da seleção natural da mais forte (Darwin, 1871:46). Era uma ideia perigosa, a de extrapolação de sua teoria para além dos seres vivos.

Nos anos 1990, essa ideia perigosa, que Darwin lançou marginalmente em DH, passou a ser admitida como inteiramente plausível. A teoria darwiniana começou a orientar a compreensão de outros objetos além dos seres vivos. Não somente plantas e animais evoluiriam, mas também instituições políticas, ordens jurídicas, manifestações culturais etc. E evoluiriam da mesma maneira que a descrita por Darwin para a evolução dos seres vivos: variação, herança, adaptação e seleção natural do mais forte.

A perigosa ideia de que as sociedade humana e suas instituições (políticas, jurídicas, culturais, morais etc.) evoluem como os seres vivos decorre da redução da evolução darwiniana a um *algoritmo*. Darwin nunca usou essa expressão, mas, porque afastou qualquer intencionalidade no processo de transmissão de variações por herança e pensou na seleção do mais forte como uma lei natural dos seres vivos, ele formulou um conceito que a posteridade se sente confortável em chamar de algoritmo. O filósofo estadunidense Daniel Dennett alcunhou de perigosa a ideia de Darwin de que a seleção natural é um algoritmo (1995), mas perigosa mesmo é a transposição dessa ideia para além da biologia, com a finalidade de explicar as sociedades humanas.

De acordo com o algoritmo, sempre que estiverem presentes certas premissas em um objeto, vivo ou não, ele será uma "população darwiniana". Qual a implicação disso? O algoritmo permitiria a previsão científica de como o objeto evoluirá, de acordo com a seleção do mais forte. Só para se ter uma ideia, as premissas da população darwiniana são, entre outras, graus elevados de fidelidade na transmissão hereditária, de interação competitiva com respeito à reprodução e de adaptação e características internas (Almeida, 2020:137-160). Você pode perceber que muita coisa atende a essas condições e, de qualquer modo, as premissas são arbitrárias o suficiente para se classificar o que quiser como uma população darwiniana, visando acionar o algoritmo e alcançar as suas previsíveis predições.

O algoritmo darwiniano é uma ideia perigosa porque não atenta à grande diferença entre a seleção natural de seres vivos e o sugerido processo equivalente para as instituições humanas. Por definição, as espécies não estão em uma competição destinada a selecionar apenas uma delas, porque dependem umas das outras para sobreviver. Se a seleção natural dos seres vivos levasse à predominância de uma única espécie, *a* mais forte, ela desapareceria logo em seguida porque os seus indivíduos não teriam do que se alimentar. A preservação de uma extensa variedade de espécies é um ingrediente necessário para a evolução dos seres vivos. Essa condição, contudo, não existe para a imaginada evolução das instituições humanas. No limite, uma única cultura, a selecionada como a mais forte, eliminaria todas as outras.

Quando os espanhóis dizimaram os incas, isso não aconteceu porque a cultura espanhola era mais forte que a incaica. Foi a força militar e econômica que "selecionou" a cultura dos espanhóis e não qualquer uma de suas características. Aliás, é um disparate enorme medir a força de culturas... o que significaria a seleção natural de duas astronomias diferentes "em competição", de acordo com a força delas? Não faz sentido. O perigo da ideia da evolução das instituições humanas é a ocultação de ideologias de dominação (colonialidade, neoliberalismo, supremacismo branco etc.) sob a cobertura de uma pretensa lei natural cientificamente descoberta.

Em Petra, vivia um povo cuja cultura era caracterizada pela igualdade de gênero. Eram os nabateus. Há indícios arqueológicos de que a mulher nabateia tinha funções políticas tão importantes quanto as dos homens, com moedas cunhadas com a representação dos perfis lado a lado do rei e da rainha, havendo algumas em que apenas a rainha está representada. Os rituais religiosos eram celebrados tanto por homens como por mulheres, revelam as imagens em esculturas. Além disso, as mulheres nabateias eram proprietárias de bens e não sofriam discriminação na hora da sucessão, como se lê nas inscrições funerárias (Alzoubi-Masri-Ajlouny, 2013).

O invasor romano chegou em meados do século I AEC. De início, concedeu autonomia aos nabateus, que deviam apenas pagar os tributos a Roma. Aos poucos, porém, foi limitando a autonomia até a suprimir em meados do século I EC. Nesse processo de dominação, o direito romano foi paulatinamente imposto e eliminou o tratamento igualitário da cultura nabateia. Se interpretarmos o desaparecimento desse traço cultural sob a premissa do algoritmo darwiniano, a conclusão apontaria para a superioridade da cultura jurídica romana discriminatória e a inferioridade da isonomia nabateia de gêneros, um despropósito.

Obviamente, porém, a eliminação do tratamento igualitário de homens e mulheres entre os nabateus não decorreu do fato de a cultura romana ser, ela mesma, mais forte. Foi uma vez mais a dominação pelas armas que ocasionou a paulatina extinção da igualdade de gênero em Petra. Mas, pela lógica do algoritmo darwiniano, a igualdade nabateia teria sido eliminada pela superioridade do machismo romano; e a eliminação teria se dado em razão de uma lei natural. A única conclusão que podemos tirar da interpretação do caso dos nabateus como um algoritmo darwiniano é a de que esse instrumento teórico serviu à ocultação da ideologia sexista sob as vestes de uma pretensa ciência evolucionista.

Não poderia ser mais tosca e desinformada a sugestão de Darwin de seleção natural da língua mais forte. Ele não explica qual seria o índice da superioridade de uma língua: sintaxe menos complexa, mais complexa? Léxico menos extenso, mais extenso? Ter ou não declinação do dativo?

Quando o latim se espalhou pela Europa e moldou as línguas da família românica, isso não aconteceu por causa de seu repertório léxico ou por suas declinações. Aconteceu apenas porque era língua do invasor armado. Para Darwin, bastaria ser falada pelo povo do exército mais bem equipado para ser a língua mais forte? Se for assim, não é exatamente a língua que evolui por seleção natural ao competir com as outras, e isso falseia a conjectura darwiniana de extrapolação da evolução para as instituições humanas. Ademais, português e romeno são línguas latinas, mas os falantes de uma e de outra não se entendem. Esse exemplo mostra que a língua do invasor, tal como é falada nos tempos da invasão, mescla-se à do povo invadido em diferentes graus, reforçando a impropriedade da ideia de seleção natural do mais forte na compreensão da história das línguas.

Um fato, enfim, é decisivo para desacreditar a seleção natural da língua mais forte. Decorre da variabilidade diastrática das línguas, isto é, da característica de elas variarem de acordo com o estrato social do falante. Como ensina Caetano Galindo, a língua do invasor romano, que está na raiz das línguas românicas, não era o latim da minúscula elite letrada, mas o dos soldados e colonos das camadas mais humildes, o "latim dos excluídos" (2022:78/87). Foram esses romanos mais fracos, darwinianamente falando, que permaneceram na terra invadida para manter a dominação de Roma, formaram família com os locais e propagaram o latim vulgar, de que se originaram o português, o francês, o italiano e as demais línguas românicas. Estabelecer paralelos entre a evolução darwiniana dos seres vivos e as transformações culturais pode fazer sentido na compreensão destas (Galindo, 2022:115-116). É um recurso argumentativo válido. Mas é errôneo classificar as línguas como populações darwinianas para antever como evoluiriam de acordo com o algoritmo da sobrevivência da mais forte.

Continuidade sem biologismos

A hipótese de continuidade da evolução natural da espécie humana tem sido explorada até agora por abordagens que levam a um grotesco reducionismo biologista – para o qual há, houve e sempre haverá diferenças entre os humanos, ricos e pobres, exploradores e explorados, incluídos e excluídos, raças superiores e inferiores etc., porque os nossos comportamentos estariam irremediavelmente balizados pelas forças imparáveis da biologia. Tais abordagens simplificadoras sustentam, em síntese: se a evolução é a sobrevivência dos mais fortes e os humanos ainda evoluem, então qualquer esforço visando à redução das desigualdades seria antinatural e fadado ao fracasso. A conclusão subsequente acena necessariamente para medidas eugenistas, visando acelerar o processo natural.

Explicar os comportamentos humanos a partir do reducionismo biologista da sociobiologia leva a afirmações pretensamente científicas de reforço dos principais ingredientes da ideologia neoliberal. Mas se todo reducionismo biologista é neoliberal, nem todo evolucionismo neoliberal é uma redução biologista. Enquanto os biólogos assaltavam o objeto das humanidades explicando os comportamentos dos humanos em termos da evolução, vimos que o economista neoliberal Hayek se apropriava do repertório evolucionista para sustentar a economia de livre mercado como produto de uma evolução cultural, ou seja, não transmissível via configuração genética, mas por ensino-aprendizagem (Cap. 2).

Mas... é possível abordar questões culturais partindo de premissas biológicas sem enveredar pelo neoliberalismo? A biolinguística de Chomsky mostrou que sim. Ela parte da nossa condição biológica nos proporcionando uma elevada capacidade de cognição, mas ao mesmo tempo fixando limites. Assim como a nossa postura ereta nos permite caminhar, mas nos limita se quisermos rastejar, também a nossa condição biológica, ao mesmo tempo que nos capacita a conhecer o entorno, nos limita o conhecimento. Dessa premissa biológica, no entanto, a biolinguística não extrai nenhuma conclusão hierarquizando indivíduos, povos, culturas etc. Ao contrário, Chomsky está engajado na pauta anarquista de questionamento do capitalismo e do Estado opressor (2016).

Na verdade, a hipótese da continuidade não é prisioneira das grotescas simplificações da sociobiologia. A teoria da evolução deve, sim, alargar o seu objeto para além das características orgânicas dos seres vivos e estudar também as características comportamentais, incluindo as dos animais humanos. Mas, ao fazê-lo, precisa atentar para um fato que falseia o reducionismo biologista, que é o modo específico pelo qual os humanos têm lidado com os conflitos endógenos. O fluir biológico-histórico mostra que o tratamento desses conflitos caracteriza-se pelo empoderamento dos mais fracos.

Descartada a hipótese de descontinuidade, o empoderamento dos mais fracos nos indica que a espécie humana tem evoluído por uma estratégia singular. Ao passar a tratar os conflitos endógenos por padrões diferentes da prevalência do mais forte, a espécie obteve uma clara vantagem adaptativa. Pode-se, em suma, borrar a imagem do degrau sem o risco de tropeçar na barbárie da desigualdade extrema e cair na eugenia.

Empoderamento dos mais fracos

O evolucionismo neodarwiniano tem dois mantras. O primeiro é a sobrevivência dos mais fortes (ou a eliminação dos mais fracos), tanto no plano dos indivíduos como no das espécies. Cada espécie favorece os seus indivíduos mais fortes nas competições internas (entre coespecíficos) para poder enfrentar as externas (interespecíficas) em melhores condições. O segundo mantra é a predominância da descendência dos mais fortes, o sucesso reprodutivo. Os indivíduos mais fortes deixam descendência maior que os mais fracos, fortalecendo com isso a sua espécie. As espécies mais fortes contam, por isso, com quantidade maior de indivíduos fortes que as mais fracas – estas aos poucos desaparecem.

Vou me referir aos dois mantras pela noção de "favorecimento dos mais fortes".

Quando se consideram as espécies em geral, sem incluir os humanos, já existem dúvidas sobre o grau de fidelidade com que esses mantras descrevem o processo de evolução. Mas ainda são admissíveis, grosso modo, como simplificações pertinentes da síntese *moderna* da teoria da evolução. Ao considerar, contudo, apenas os humanos, há duas certezas: *primeira*, os mantras reproduzem com esmero a ideologia do capitalismo neoliberal, com as desigualdades justificadas por um pretenso espírito empreendedor e uma imaginada isonomia no acesso às oportunidades; *segunda*, os mantras não são confirmados pelos fatos, porque o *Homo sapiens* se firmou, para o bem e para o mal, como a espécie mais bem adaptada e evoluída; e os indivíduos mais fortes da espécie nem sempre são os favorecidos nos conflitos endógenos.

O empoderamento dos mais fracos nos conflitos endógenos é um fato inquestionável. Na Antiguidade remota, já vigorava um padrão de tratamento desses conflitos, com o notável sentido de freio à força bruta como meio de prevalecimento sobre contendores do mesmo grupo social. É a lei de talião, o "olho por olho, dente por dente", inscrito em documentos daquela Era, como a Estela de Hamurabi e o Antigo Testamento. Quando os conflitos passam a ser tratados com o coletivo se organizando para assegurar ao mais fraco a oportunidade de infringir no mais forte o mesmo dano físico que sofreu, os agressores precisam começar a sopesar custos e benefícios da agressão. Com a lei escrita, a força bruta no tratamento de conflitos é neutralizada e os confrontantes disputam não mais o bem de sobrevivência diretamente, mas a correta interpretação do padrão escrito no qual está definido, em termos abstratos, quem o merece. A partir da positivação, os padrões de tratamento dos conflitos deixam de ser o respeito a uma tradição imemorial e passam a ser o fruto de uma decisão do soberano, criando a oportunidade para os mais fracos pressionarem por leis e princípios jurídicos mais favoráveis aos seus interesses. Enfim, quando surge a figura do juiz independente, componente de um poder autônomo do Estado, nem mesmo o soberano verá mais o invariável prevalecimento de seu interesse nos embates com os súditos (Coelho, 2021:57-186).

Os riscos à vida e à integridade física, sexual e moral das mulheres vêm decrescendo de forma consistente ao longo da trajetória dos humanos. Em muitos lugares, o aumento da segurança ainda é lamentavelmente incipiente, em outros já avança um pouco mais e, em alguns, as mulheres contam com eficientes redes de proteção contra as agressões de homens. É crescente também o efetivo amparo da viúva com filhos menores contra a apropriação de seu patrimônio pelos parentes do marido falecido, uma hipótese de agressão, aliás, que já foi definitivamente expurgada em vários lugares.

Compare-se a vida dos homossexuais de hoje e do passado. Embora existam ainda culturas em que a homossexualidade é punida como crime, sujeito a pesadas penas, incluindo a de morte, são inumeráveis as cidades, em muitas partes do mundo, em que ninguém sofre qualquer discriminação em razão da orientação sexual.

As minorias raciais, étnicas e religiosas também se encontram atualmente em condição melhorada. Os trabalhadores empregados nas empresas capitalistas estão igualmente mais bem protegidos que há duzentos anos. Os consumidores, a partir dos anos 1960, nas economias mais desenvolvidas, são outro exemplo de recorte social com os interesses resguardados no caso de conflitos com as empresas fornecedoras de bens ou serviços. As crianças e os idosos também desfrutam atualmente de proteção bem mais substancial que a existente até algumas décadas atrás.

Óbvio, há desigualdades severas em todos os coletivos humanos, que se fazem presentes em uma quantidade repugnante de tratamento dos conflitos de interesses. Mas é indiscutível que, embora a passos demasiadamente lentos e em graus bem distintos de intensidade, os conflitos endógenos entre humanos não mais são resolvidos, de forma invariável, pela lei do mais forte. Não se vê isso nas demais espécies.

E, como temos evoluído – não apesar do empoderamento dos mais fracos, mas muito provavelmente em virtude dele –, os mantras do evolucionismo do favorecimento dos mais fortes mostram-se falsos, ao repercorrer a trajetória da espécie humana.

A conjectura apresentada neste livro não atribui a melhoria na segurança, em direitos e condições de vida de mulheres, homossexuais, trabalhadores, minorias a um irromper cultural e moral excepcional, a uma transcendência única do estado de natureza, a um degrau que nos teria livrado da biologia. Insisto que *não aconteceu* de, um dia, termos sentado, discutido e deliberado em consenso que conviria (por critérios de justiça, eficiência econômica ou qualquer outro) tratar os conflitos endógenos orientando-os para a neutralização da lei do mais forte. A lenta, mas consistente, melhoria nas condições de vida e na inclusão, como também na segurança, educação e felicidade dos "mais fracos" (sob o ponto de vista físico, econômico, cultural, de gênero, de orientação sexual etc.) não decorreu de nenhuma conscientização, sensibilização ou apuro moral. Esses índices (conscientização etc.) apontam o resultado e não a causa da melhoria, que é, na verdade, a expressão da natural evolução dos humanos como espécie. Não há transcendência, nem descontinuidade, mas imanência e plena imersão no contínuo fluir da nossa sorte, que torna indistinguíveis história e biologia, cultura e natureza.

O empoderamento dos mais fracos no tratamento dos conflitos de humanos pertencentes ao mesmo coletivo evoluiu das alianças *com* os mais fracos e das alianças *entre* os mais fracos. As alianças dos mais fortes com mais fracos foram consistentemente observadas entre os chimpanzés machos, enquanto as alianças entre os mais fracos são largamente documentadas entre as bonobos fêmeas. Há indícios de que o direito, entendido como a existência de padrões de orientação no tratamento de conflitos de interesses endógenos alternativos aos da lei do mais forte, têm a origem distal no comportamento de fazer tais alianças, adotado pelo nosso ancestral comum com os grandes primatas.

O empoderamento dos mais fracos é um processo evolutivo iniciado há muito tempo. Apenas a partir da segunda metade do século XX, porém, constata-se a sua decisiva aceleração. Se os adeptos do primeiro biologismo (darwinismo social) podiam se desculpar por não disporem de dados suficientes para afastar os mantras evolucionistas do favorecimento e da predominância do mais forte, os contemporâneos cultores do segundo biologismo não têm a mesma desculpa. Sociobiólogos e psicólogos evolucionistas não podem ignorar o falseamento da hipótese proclamada naqueles mantras, diante do fato inegável de que continuamos evoluindo *pari passu* ao empoderamento dos mais fracos e não à sua eliminação.

Evolução adoentada

Na hipótese de Christopher Boehm, no Pleistoceno, os humanos teriam começado a impor punições aos "desviantes" (*wrongdoers*). Os egoístas (*free riders*) não tinham mais chance para continuar a se beneficiar da estrutura cooperativa do grupo sem oferecer a sua quota de cooperação em troca, porque os enraivecidos cooperadores que se sentiam lesados começaram a reagir. Os fracos, unindo forças para controlar o forte, tornaram-se eles mesmos os mais fortes. Aconteceu, desse modo, uma "seleção social" em favorecimento dos indivíduos mais cooperativos, que se fortaleceram por cooperarem e promoveram a coesão do coletivo. Teria sido assim que os humanos, precisando conter os seus impulsos de roubar, trapacear e dominar, passaram a aprender a internalizar e obedecer às normas morais (Boehm, 2012).

Os humanos caçadores-coletores do Pleistoceno teriam, assim, adotado "normas igualitárias". Boehm refere-se aos critérios de distribuição das carnes das caças de carcaças grandes, acesso a parceiros sexuais e ao que classificou como "controle" do poder político. Os homens com propensão a dominar o coletivo nos moldes dos machos *alfa* de outras espécies teriam sido contidos pelo coletivo; isto é, os homens, armados com as suas lanças, não permitiam que nenhum deles conseguisse se tornar o macho dominante. As normas igualitárias teriam reduzido as diferenças morfológicas entre os humanos, em reforço ao controle social que minava as aspirações de dominância (Boehm, 2006; cf. Abrantes, 2014a:17).

Não vem ao caso discutir se essa equilibrada, substancial e constante igualação ocorreu, ou não, no Pleistoceno. O relevante, para o meu argumento, é que Boehm qualificava as normas igualitárias de *síndrome*, isto é, um conjunto de sintomas e sinais indicativos de patologias de causas incertas. Quando deixou de favorecer os indivíduos mais fortes, a evolução da espécie humana teria *adoecido*. Não é difícil concluir disso que, para mais esse reducionismo biologista, as ações afirmativas de combate às desigualdades contemporâneas seriam, em termos evolucionistas, algo patológico, doentio, anormal.

A evolução, que se adoentara com as normas igualitárias, curou-se quando as caças de grandes carcaças desapareceram no final do Pleistoceno e os humanos, mortos de fome, tiveram de deixar de lado as normas morais que haviam aprendido e se viram forçados a abandonar a distribuição fraterna da comida. A forme era tanta que comeram os próprios filhos, mas, sob a ótica evolucionista, consola-nos Boehm, isso era mais racional que os filhos comerem os pais (2012:276/418).

A explicação da cooperação forçada pelo grupo no Pleistoceno, mesmo quando não qualificada de síndrome igualitária, desfruta de prestígio entre vários evolucionistas. Mas eles precisam, em algum momento a partir de então, desaparecer com os coletivos sem machos dominantes. Em geral, consideram que o clima mais ameno do Holoceno possibilitou que os humanos inventassem a agricultura. Os povos que viram vantagem nessa atividade deixaram de ser errantes caçadores-coletores e se tornaram sedentários. Agruparam-se em coletivos maiores e, então, inventaram o Estado, o poder político, a autoridade e deram adeus à igualdade pleistocênica. Essa descrição simplificadora não é confirmada por achados arqueológicos (Graeber-Wengrow, 2021) e registros etnográficos (Clastres, 1974), mas, ainda assim, ela é repetida (Galor, 2022). Alguns pesquisadores parecem genuinamente nostálgicos ao falar dos bons tempos de forrageamento (Harari, 2012:87/93).

Na visão macrocontextualizada, associa-se o favorecimento do mais forte direta e exclusivamente à figura de um chefe, alguém que manda e é obedecido. Na abordagem microcontextualizada que proponho, aponto para os conflitos endógenos, que existiam mesmo nas sociedades classificadas como igualitárias. Neles, o favorecimento do mais forte próprio do estado pré-jurídico é lentamente substituído pelo empoderamento do mais fraco. O interregno igualitário do Pleistoceno, em que a seleção natural do mais forte teria estado temporariamente enferma pelo patógeno da seleção social, é irrelevante para a conjectura. Se a igualdade pleistocênica existiu ou não, com esta ou aquela característica, isso não interferiu com as transformações no modo como os coletivos humanos lidavam com os seus conflitos endógenos. Essas transformações seguiram o próprio curso, indiferentes aos eventos do macrocontexto.

4. Continuidade

Hesíodo canta as duas gerações de Deuses gregos que se afirmam por parricídio simbólico. Na mais antiga, Crono castrou o pai, Urano (Céu), que não permitia aos seus filhos com Gaia (Terra), irmãos do parricida, verem a luz. Vitorioso, Crono não libertou os irmãos das entranhas da mãe e, temendo ser também destronado, engoliu um a um no nascimento os filhos que tem com Reia. A conselho dos seus pais, Urano e Gaia, Reia substitui por uma pedra o filho que estava esperando, Zeus. Crono engole a pedra, pensando estar engolindo o recém-nascido. Zeus cresce e astuciosamente consegue fazer o pai vomitar os irmãos. Em seguida, liberta alguns tios das entranhas de Gaia (Trovão, Relâmpago e Arges). Dá início, então, à guerra para destronar Crono. O primeiro parricida conta, para se defender da insurreição, com a ajuda dos irmãos caçulas, os Titãs, que haviam nascido do esperma de Urano esparramado no momento da castração. Após uma prolongada guerra (a Titanomaquia), os Deuses da geração mais nova, fortalecidos com néctar e ambrosia, derrotam Crono e os Titãs e os exilam no Tártaro nevoento (*Teogonia*, 154-210, 453-506 e 617-721).

Crono é, na verdade, apenas um chefe isolado, cujo raio de ação não ultrapassava os limites da própria casa (Torrano, 1991:64-65). Zeus, ao contrário, é o poderoso Deus dos mortais e imortais.

CONFLITO

Crono não fizera alianças com os irmãos, provavelmente iludido de que prescindiria deles, por ter derrotado sozinho o pai. Manteve-os, além disso, entranhados em Gaia, na mesma condição a que haviam sido submetidos por Urano. Na sua vez de destronar o pai, porém, Zeus fez alianças com todos os irmãos e com alguns tios, dando-lhes a liberdade. Os Titãs só são chamados por Crono porque ele precisava de um exército; certamente o lembrariam dessa mesquinharia se tivessem saído vitoriosos da Titanomaquia.

Zeus tem poder, porque tem aliados; Crono, não. A mitologia grega é a narrativa das alianças que, a partir da segunda geração, os Deuses faziam, desfaziam e refaziam.

A dura vida das impalas

A impala é um animal gregário por fissão-fusão. Esse conceito da etologia identifica as espécies que vivem alternadamente em núcleos com grande quantidade de indivíduos (fusão) ou divididos em grupos menores ou mesmo isoladamente (fissão). O conceito é empregado também na antropologia, na identificação de coletivos com dinâmica semelhante.

Em geral, os animais e os humanos que adotam essa maneira de organização social alternam fusão e fissão de acordo, respectivamente, com as estações de maior ou menor fartura. Quando há nas redondezas comida em abundância para muitos indivíduos, agregam-se em grandes grupos; eles são desfeitos nas estações de escassez, quando se organizam em pequenos núcleos para procurarem o que comer ou se isolam uns dos outros. É um modo engenhoso de administrar os conflitos endógenos, que tendem a se intensificar se não há alimento suficiente para todos.

No caso das impalas, porém, a fissão-fusão está relacionada à reprodução. Quando é época do cio, esses antílopes convivem sem tensões em imensas manadas, que podem chegar a várias centenas de indivíduos pastando nas áreas de savana próximas aos cursos de água, no centro-leste e sul da África. Na temporada do acasalamento, que acontece para a maioria das impalas uma única vez ao ano, em meados do outono, os machos adultos adquirem uma postura territorial extremamente agressiva. Cada um demarca o próprio território e nele reúne as fêmeas do seu harém. Os machos jovens são excluídos à força da manada (menos os que manifestam claro desinteresse pelas fêmeas) e formam pequenos bandos que vagueiam nas proximidades. São tempos difíceis para todos: o jovem macho simplesmente não reproduz enquanto não vencer um macho adulto em uma luta, tirando-lhe território e fêmeas. O macho vencido, seja o incumbente ou o desafiante, abandona o território perdido para unir-se a um dos bandos errantes de jovens solteiros.

Mas não é qualquer macho jovem que pode desafiar um adulto para tentar se apoderar do território e acessar as fêmeas dele. Só está habilitado ao enfrentamento o mancebo que antes se tornou dominante entre os solteiros de seu pequeno bando, após dar muitas cabeçadas e vencer várias lutas. Como se vê, esse perfil de poliginia de defesa da fêmea e território reduz as chances de procriação dos machos jovens mais fracos. Também os machos adultos em decadência geram menos descendentes em razão do arranjo.

A estratégia evolucionista da impala (adotada também pelos demais antílopes) é lembrada aqui por conta de uma inquietação: por que esses animais não formam alianças? Se, ao invés de disputarem a dominância entre os solteiros, três jovens machos unissem forças para derrotar juntos um adulto, eles poderiam depois repartir o território e as fêmeas do vencido e, assim, conseguirem gerar descendência. A tática nem precisaria se expressar pela covardia de uma emboscada de três contra um: os embates continuariam individuais, vencendo-se o macho incumbente por exaustão, em decorrência da sucessão das contendas para as quais seria desafiado pelos jovens aliados em revezamento. Essa tática, no entanto, está definitivamente excluída para as impalas. São animais que não evoluíram para a formação de alianças no enfrentamento dos conflitos endógenos.

Alianças nos grandes primatas

Já os grandes primatas fazem alianças nos conflitos endógenos. O primatólogo e divulgador científico Frans de Waal relata uma demorada e violenta disputa pela posição alfa entre os chimpanzés do Zoológico de Arnhem, Países Baixos. Tudo começou quando o macho dominante, Yeroen, era já um pouco idoso e, depois de uma campanha arrastada por três meses, foi desbancado por Luit. Em razão da idade, Yeroen não tinha mais forças para retornar sozinho à posição dominante. Por isso, ele maquinou um estratagema: ajudar outro chimpanzé a tirar Luit da liderança e ficar com uma parte dos privilégios de líder. Ele, então, se aproximou de Nikkie, um chimpanzé jovem e forte, mas sem a esperteza necessária para se tornar o macho alfa daquele cativeiro. Em um ano, Nikkie e Yeroen derrotaram juntos Luit.

Luit era um chimpanzé parrudo. Quando era o incontestável ocupante da posição alfa, ele tomava a comida dos outros, tinha prioridade na escolha das fêmeas e perseguia os machos nos rituais diários de reafirmação de dominância. Nenhum macho do bando podia com ele em um confronto individual. Mas Luit não conseguiu vencer a aliança de Nikkie e Yeroen e foi destronado. O fortão meio apalermado Nikkie tornou-se o alfa, mas exercia a liderança sempre em coalizão com o ardiloso e dissimulado Yeroen. A divisão das prioridades sexuais era assimétrica, mas certamente fazia parte do trato entre os dois chimpanzés aliados: Nikkie (como era de se esperar) não deixava nenhum outro macho se aproximar das fêmeas mais atraentes, mas não se opunha ao acesso de Yeroen a elas.

Durante quatro anos, a aliança foi estável. Quando Nikkie sentiu-se confiante, decidiu que era hora de concentrar todos os privilégios da dominância e passou a afastar também Yeroen das suas fêmeas. Estava indicando a intenção de desfazer o ajuste. Luit aproveitou-se da divergência entre os dois e rapidamente retomou a posição alfa. Nikkie e Yeroen inicialmente se retraíram, mas, após alguns meses, voltaram a se unir e mataram Luit. O último enfrentamento da disputa pela dominância foi tão violento que, apesar de lutar com determinação, Luit não sobreviveu aos graves ferimentos da brutal refrega. Aconteceu durante a noite e as feridas em cada chimpanzé demonstravam que Yeroen segurava Luit enquanto Nikkie o socava covardemente.

Após matar Luit, Nikkie deve ter avaliado que poderia prescindir do aliado e novamente decidiu desfrutar sozinho dos privilégios de macho alfa. Passou a tratar Yeroen como mais um chimpanzé do andar de baixo da hierarquia. A sua decisão, porém, mostrou-se equivocada também dessa vez. O astuto Yeroen aproximou-se de Dandy, um fortão mais jovem que Nikkie, e começou a preparar um novo assalto à posição de dominância. O velho primata repetiu a tática de promover um jovem à liderança em troca de ocupar as franjas do poder. A disputa demorou vários anos e terminou com a morte de Nikkie. Aparentemente, ele teve um ataque de pânico ao meio de uma provocação da dupla de insurgentes e, ao tentar fugir, acabou se afogando no fosso ao redor da ilha no espaço reservado aos chimpanzés em Arnhem (Waal, 2005: 58-61 e 105).

Alianças entre grandes primatas para o enfrentamento de conflitos endógenos estão bem documentadas pela primatologia. Entre os bonobos, por exemplo, as fêmeas dominam o bando. Uma fêmea isolada é naturalmente mais fraca que qualquer macho; mas as bonobos fêmeas fazem parte de uma poderosa aliança, que garante a permanente preponderância delas nos conflitos internos ao grupo. São as fêmeas, por exemplo, as primeiras a se alimentarem, mesmo quando foram os machos que encontraram a comida. O macho com ascendência sobre os demais é filho de uma fêmea poderosa e está sempre sob a proteção da mãe. Para Waal, a dominância assenta-se na aliança entre as bonobos fêmeas – uma aliança construída em torno de muitas sessões de carinhosa catação mútua de piolhos (*grooming*) e intensa atividade sexual, que definem e reproduzem hierarquias entre elas (2005: 8387).

Nos dois casos, dos chimpanzés e bonobos, veem-se exemplos de alianças envolvendo os mais fracos com o objetivo de enfrentar os mais fortes nos conflitos endógenos. De um lado, dois chimpanzés machos que não conseguiriam conquistar sozinhos a posição alfa se aliam para destronar o líder; de outro, bonobos fêmeas isoladamente fracas se tornam dominantes no bando quando aliadas.

O notável nas alianças entre os grandes primatas é essa especial relativização da lei do mais forte. A força bruta ainda é o impulsionador da dominância nas sociedades dos primatas, mas há nuances no tratamento dos conflitos endógenos.

Os chimpanzés mais fortes tomam a comida encontrada pelos mais fracos, se esses não forem suficientemente astuciosos, como mostrou um experimento no Zoológico de Burgers: um caixote cheio de toranjas foi mostrado ao bando, enquanto ainda estavam presos no alojamento em que passavam a noite; depois, o caixote com as frutas foi levado e voltou vazio; pela reação dos primatas, todos sabiam que as toranjas tinham sido deixadas pelos tratadores em algum lugar da grande jaula; eles foram soltos do alojamento noturno, mas aparentemente ninguém descobriu onde as toranjas estavam (elas haviam sido enterradas com parte dos cabos à mostra); na verdade, um jovem chimpanzé de baixa hierarquia, também chamado Dandy, sabia: ele não demonstrara nenhuma reação ao passar pelo local em que as frutas se encontravam, mas retornou discretamente à tarde e as desenterrou e comeu, enquanto os demais tiravam o cochilo; se Dandy tivesse pegado as toranjas de manhã, certamente as perderia para os machos dominantes (Waal, 2016: 82-83 e 95). As bonobos, por sua vez, brigam feio quando não conseguem resolver os seus conflitos com *grooming* e sexo. E, nessas brigas, as mais fortes levam a melhor (Waal, 2005:30).

Quer dizer, a lei do mais forte ainda é o padrão predominante para o tratamento dos conflitos endógenos entre os grandes primatas. Mas a capacidade de formação de alianças envolvendo os mais fracos introduziu um ruído nesse padrão.

A teoria da mente

A ideia de formar alianças não surge apenas por conta da sociabilidade dos animais. Animais sociais cooperam de diversas maneiras: cuidam coletivamente das crias, caçam juntos e se organizam para se protegerem dos predadores. Essa cooperação, contudo, por si só não é suficiente para eles perceberem as potenciais vantagens das alianças. Além da agregação social, é necessário mais uma condição para os animais evoluírem para a formação de alianças. Falo da capacidade de imputar estados mentais, chamada na psicologia de "teoria da mente".

Quando alguém é capaz de atribuir determinado estado mental (um propósito, uma vontade, uma crença etc.) a si mesmo e a outro indivíduo, coespecífico ou não, psicólogos dizem que ele tem uma teoria da mente (cf. Abrantes-Almeida, 2018:364-365). Esse indivíduo não só reconhece ter uma capacidade mental como admite que outros indivíduos também a têm; quer dizer, ele cria a teoria de que compartilha com alguns outros indivíduos um "órgão", uma "mente". Como costuma acontecer, no início considerava-se a teoria da mente uma excepcionalidade humana. Desde o final dos anos 1970, no entanto, pesquisas têm sugerido de modo consistente que os grandes primatas têm também a teoria da mente, embora não no mesmo grau que nós (Premack-Woodruff, 1978). Por enquanto, está bem alicerçado que chimpanzés conseguem identificar objetivos, intenções, percepções e conhecimentos de outros indivíduos – chimpanzés, humanos e aves.

A formação de alianças depende de certo grau de teoria da mente. É preciso que o indivíduo consiga entender as perspectivas e intenções dos outros, para sopesar quanto convergem ou divergem das dele. As impalas, como visto, não demonstram possuir essa habilidade. São animais cooperativos quando, por exemplo, fazem seus belos e longos saltos em direções "combinadas" para confundir os predadores. Mas como não evoluíram para conseguir ter qualquer teoria da mente, as impalas simplesmente não conhecem as alianças. Um jovem só consegue dar cabeçada nos outros celibatários do seu pequeno bando apartado dos territórios dominados por adultos, para ver quem é o mais forte e poder desafiá-los. Não lhe passa minimamente pela cabeça a alternativa de se unir a alguns de seus pares mancebos para tomar com mais eficiência os territórios e as fêmeas dominados pelos adultos. Nenhuma impala sabe que as outras podem ter objetivos; muito menos, portanto, como avaliar se seriam semelhantes ou não aos dela. A condição mínima para a construção de alianças não existe nessa espécie. Tampouco na imensa maioria das demais.

Conjectura-se que o ancestral comum dos humanos e grandes primatas (*last commom ancestor* – LCA) tenha passado pela mutação genética que possibilitou o surgimento da teoria da mente há seis ou nove milhões de anos. Mais ou menos na mesma época, a nossa espécie derivou do LCA para percorrer a própria trajetória evolutiva e acabou por desenvolver essa capacidade de modo único. A especificidade dos humanos consistiu na construção de alianças de enfrentamento a conflitos endógenos cada vez mais refinadas. Essa capacidade vem sendo desde então transmitida e aperfeiçoada de geração a geração por ensino-aprendizado.

Quando falo de refinamento das alianças, tenho em mente não apenas as construídas entre os mais fracos para enfrentarem o mais forte. Essas alianças, como a feita entre Yeroen e Nikkie contra Luit, ainda obedecem ao padrão do estado pré-jurídico, isto é, à lei do mais forte. Os aliados se fortalecem para sobrepujar, pela força, a força do dominante. O refinamento decisivo para o paulatino surgimento do direito ocorreu nas alianças constituídas entre fortes e fracos.

Alianças do mais forte com o mais fraco

Os primatólogos já documentaram que, nas complexas sociedades dos grandes primatas, o macho alfa nunca se sustenta nessa posição apenas por ser o mais forte e agressivo do bando. Para manter a liderança, ele sempre precisa fazer alianças. Essas alianças não são somente com os membros dos degraus mais elevados da hierarquia. Nenhum macho se mantém dominante limitando o seu arco de aliança aos fortões do bando. As alianças com os potenciais insurgentes existem e são úteis para o equilíbrio da dominação, mas não são suficientes. O macho dominante precisa sempre expandir os laços e fazer também constantes alianças com os indivíduos fracos, aqueles que nunca disputarão a posição alfa. Está bem documentado que uma das funções da liderança nos grandes primatas pode ser descrita como a de "proteção dos oprimidos". O bom líder não toma partido nas brigas que acontece no bando, no sentido de lutar em um dos lados. Se fizer isso, perderá a confiança dos demais chimpanzés e colocará em risco a sua liderança. A tarefa do líder é dissuadir os briguentos, e, com isso, inevitavelmente protege os mais fracos do bando.

A aliança entre o mais forte e o mais fraco é um dos alicerces da posição alfa. Por conta dela, o padrão de tratamento dos conflitos endógenos, nos bandos liderados por machos competentes, muito lentamente deixa de traduzir a invariável predominância do mais forte. Não acontece, friso, a supressão da lei do mais forte como o padrão de longe o mais frequente. Com as alianças entre o mais forte e o mais fraco, porém, surge um padrão alternativo de tratamento dos conflitos endógenos, em que os fortes não são sempre favorecidos.

Ao contrário de Nikkie, que sempre tomava partido dos amigos nas brigas, Luit era particularmente competente no desempenho da função de apaziguamento do bando que se espera do macho dominante (Waal, 2005: 101-102; 2016:237). A aliança do macho alfa com os mais fracos, no arrefecimento de conflitos endógenos, não tem sido observada somente em cativeiro, mas também entre os chimpanzés selvagens (Waal, 2005:101; 2013:45). O empoderamento dos mais fracos no tratamento dos conflitos de interesses entre os humanos provavelmente evoluiu de alianças desse tipo. Em nossa trajetória evolutiva, deve ter acontecido algo semelhante ao que hoje observamos nos chimpanzés.

Mas as alianças, desde o início e ainda hoje, são essencialmente frágeis. É curioso como o poder, embora associado à força, se sustenta na verdade em arranjos sutis e precários.

Alianças nas guerras

Nas alianças, sempre há tensão. Aliados se unem em torno de um objetivo comum imediato apenas porque dedicar-se a ele é mais urgente, e não por desaparecerem os interesses conflitantes. A aliança é sempre o adiamento do confronto decisivo.

Os países que se aliam em uma guerra, por exemplo, não deixam inteiramente de lado os conflitos com os seus aliados ocasionais. Ao contrário, usam a mesma guerra que pretendem vencer juntos para ganhar pontos uns contra os outros em suas desavenças.

Meu primeiro exemplo são os aliados vencedores da Segunda Guerra Mundial. Até 1944, Roosevelt havia adiado algumas vezes a prometida abertura da frente ocidental de combate aos alemães, apesar dos renovados e veementes apelos de Churchill e Stálin. O primeiro-ministro britânico não compreendia a demora dos Estados Unidos em fazer o movimento que todos, incluindo os norte-americanos, concordavam ser crucial para a vitória aliada (Churchill, 1959:652-660).

Em relação aos soviéticos, os adiamentos eventualmente poderiam ser mais bem compreendidos no contexto dos embates entre as democracias liberais e o comunismo bolchevique, cujo acirramento depois da derrota alemã já era esperado; e aconteceu: foi a Guerra Fria. O enfraquecimento da União Soviética e até mesmo o seu completo aniquilamento frente aos nazistas e provável desaparecimento correspondiam a cenários claramente compatíveis com os interesses norte-americanos. Mas... e quanto à Inglaterra? Como entender a deliberada postergação dos Estados Unidos em socorrer decisivamente os britânicos? A razão é similar: o prolongamento da guerra contra os alemães também enfraqueceria os ingleses. E o desgaste do poderio militar britânico também interessava aos norte-americanos. Uma Inglaterra fraca não conseguiria se opor de modo eficaz ao desmantelamento, no pós-guerra, dos entraves comerciais do anacrônico sistema colonial que os Estados Unidos precisavam promover.

Explico. No mês seguinte à abertura da frente ocidental, marcada pelo desembarque na Normandia, aconteceu na cidade norte-americana de Bretton Woods uma conferência dos aliados destinada ao redesenho da ordem econômica mundial no pós-guerra. (Talvez ela seja descrita com maior precisão como o encontro em que

CONTINUIDADE

os Estados Unidos comunicaram aos aliados como seria a nova ordem.) Além da ancoragem cambial no dólar norte-americano e a criação de instituições financeiras internacionais (FMI e Banco Mundial), também fazia parte do pacote a definitiva e completa eliminação das amarras do colonialismo impostas à livre competição econômica.

Os Estados Unidos pressionavam pelo fim dos pactos coloniais porque precisavam impedir a repetição de uma das causas da Depressão dos anos 1930: a crise de superprodução.

Durante as duas Guerras Mundiais, as amarras comerciais do sistema colonial se fragilizaram porque as potências europeias, concentradas no esforço de guerra, diminuíam drasticamente os negócios com as suas colônias. Isso criou a oportunidade para os industriais norte-americanos de venderem seus produtos nos mercados das colônias momentaneamente aberto à competição. Terminada a Primeira Guerra e reorganizada a economia europeia, retornaram os entraves coloniais. Os norte-americanos não conseguiram mercado para os produtos nos quais tinham investido e os problemas se acumularam até a eclosão da crise em 1929. Com o fim da Segunda Guerra se aproximando, os Estados Unidos estavam determinados a não permitir que a anacrônica ordem mundial do colonialismo continuasse ameaçando a sua economia.

A Inglaterra saiu bem contrariada de Bretton Woods e não estava muito disposta a renunciar facilmente ao seu império colonial. A real disposição dos Estados Unidos de pôr fim às amaras comerciais do anacrônico sistema colonial foi testada em 1956, durante a crise da nacionalização do Canal de Suez. Os ingleses, os franceses e os israelenses já tinham mobilizado as suas forças armadas para reabrirem à bala de canhão o canal nacionalizado pelo governo do Egito. Não titubearam, porém, de recuar imediatamente depois de saber que os Estados Unidos, se houvesse guerra, lutariam ao lado dos egípcios. Os britânicos perceberam, por esse modo bastante eloquente, que os acordos de Breton Woods eram para valer. O desfecho da crise do Suez encorajou os movimentos de independência em todas as colônias britânicas e o império se dissolveu com surpreendente rapidez (Ferguson, 2003:364-366).

O segundo exemplo colho na Guerra do Paraguai (1864-1870), em que Brasil, Argentina e Uruguai uniram-se na Tríplice Aliança. O enfrentamento se destinava a estabelecer, pela força das armas, as regras de convivência dos quatro países dependentes da navegação na estratégica bacia Platina. Argentina e Uruguai ocupam as margens do estuário do rio da Prata. O enclausurado Paraguai depende da bacia para ter acesso ao mar e o Brasil, naquele tempo, só tinha essa via fluvial para ligar a província do Mato Grosso ao restante do país, atravessando o território paraguaio.

Em razão da importância estratégica da bacia, o território do atual Uruguai era objeto da cobiça brasileira. No fim da era colonial e nos anos seguintes à sua independência de Portugal, o Brasil tentou anexá-lo como província Cisplatina, contrariando os interesses de espanhóis e argentinos. A partir da independência do Uruguai, em 1828, o Brasil substituiu a estratégia da anexação do território pela influência política, procurando garantir que os governantes uruguaios fossem sempre leais aos seus interesses. O Paraguai, sob a ditadura de Solano López, tinha idêntica estratégia. O partido uruguaio *colorado* era apoiado pelo Brasil, e o *blanco* pelo Paraguai.

O estopim do conflito platino foi a intervenção militar brasileira na guerra civil uruguaia, que se mostrou decisiva para a vitória dos colorados em fevereiro de 1865. López havia advertido que a intervenção seria recebida como ameaça à segurança paraguaia e respondeu invadindo o Mato Grosso, capturando o navio que transportava o novo governador da província e o fazendo prisioneiro. Em seguida, cometeu o erro de mandar as suas tropas ao Uruguai atravessando o território argentino de Corrientes. Não teve sucesso em convencer o presidente Bartolomé Mitre de que a sua briga era somente com o Brasil e que a intenção do Paraguai não era invadir a Argentina. Até podia ser verdade naquele momento, mas o acirramento na rivalidade argentino-paraguaia se mostrava inevitável a médio prazo, diante da desestabilização na região promovida pela robusta política armamentista de López. A Tríplice

Aliança formou-se em resposta às pretensões de expansão territorial do ditador paraguaio.

Naquela época, o Brasil era o país com a armada mais bem equipada da América do Sul, a única integrada por modernos encouraçados a vapor. E, com esses navios, estava obtendo sucesso no bloqueio fluvial imposto ao inimigo. Privado do acesso ao mar, o Paraguai ficou totalmente excluído do comércio internacional. O bloqueio no Rio Paraná pela armada brasileira, na altura de Corrientes, havia também criado condições favoráveis para a recuperação dos territórios invadidos por López ao sul da fronteira paraguaia. Em junho de 1865, o Paraguai tentou romper o bloqueio e capturar os navios brasileiros, mas fracassou e perdeu o melhor de sua frota naval na Batalha do Riachuelo.

A Argentina, que disputava a liderança regional com o Brasil, queria que todos os navios brasileiros em operação na bacia do Prata fossem enviados rio acima para invadir Assunção. Mas os comandos da armada e do exército brasileiros não concordavam com o plano porque, para o implementar, seria necessário ultrapassar a inexpugnável fortaleza de Humaitá, um complexo defensivo paraguaio estrategicamente implantado próximo à foz do rio Paraguai. Entre os desafios, era preciso ultrapassar as correntes instaladas em um trecho estreito do rio (200 metros), resistir aos bombardeios vindos das duas margens e driblar os "torpedos", uns artefatos explosivos flutuantes contra os quais não tinham defesa nem mesmo os modernos encouraçados da armada brasileira. Se o ataque a Humaitá pelo rio desse certo, acreditava-se que a guerra seria abreviada e a Tríplice Aliança sairia vitoriosa graças à supremacia naval brasileira; e, se desse errado, a Argentina ganharia com o enfraquecimento do poder de fogo do país rival (Doratioto, 2002:301-308). Foi somente depois de Caxias avançar sobre Humaitá por terra que os navios brasileiros finalmente passaram pela temida fortificação, em fevereiro de 1868.

Os adiamentos do Dia D pelos Estados Unidos e a insistência argentina no plano de precipitação do ataque a Humaitá pela armada brasileira são dois exemplos das tensões inerentes às alianças formadas por países que se posicionam no mesmo lado de uma guerra. Os aliados sem dúvida querem contar uns com os outros para derrotarem o inimigo comum, mas se também tiverem a chance de sair do confronto bélico mais poderosos do que entraram, em relação aos seus parceiros ocasionais, tentarão aproveitá-la.

Alianças na sustentação do poder

Não há poder sem alianças a sustentá-lo. Mesmo o mais totalitário dos ditadores só é poderoso porque tem ao seu lado apoiadores, com os quais precisa forçosamente dividir uma parcela do poder. Esses apoiadores seniores, por sua vez, fazem as suas próprias alianças entre eles, dividindo-se em duas ou mais facções de apoio. A segmentação dos seniores é outro ingrediente necessário à sustentação do poder do ditador, por reservar-lhe o papel de árbitro das disputas entre as facções. O ditador hábil saberá contemplar com equidade os diversos apoiadores seniores nessas disputas, de modo a não fortalecer, tampouco enfraquecer, em demasia nenhum deles.

Essas tramas de alianças no topo se replicam nos níveis inferiores da estrutura de poder – o grande ditador está sempre cercado de pequenos ditadores. Além das alianças com parte dos apoiadores seniores, cada um deles deve construir alianças também com apoiadores juniores. Estes, que almejam ascender na hierarquia da estrutura de poder, recebem a sua modesta parcela na esfera detida pelo sênior, dividem-se em subfacções em torno dele e igualmente precisam construir alianças no nível mais baixo, construindo uma base de apoiadores aspirantes. A ditadura é sempre uma estrutura piramidal, com o grande ditador no cume e camadas sobrepostas de ditadores menores (seniores, juniores e aspirantes).

Além das alianças horizontais (entre apoiadores de mesmo nível hierárquico) e verticais (entre apoiadores de hierarquias diferentes), da distribuição razoavelmente equitativa de parcelas de poder e das divisões dos aliados em facções para criar a demanda por arbitramento das disputas, há mais um ingrediente invariavelmente

CONTINUIDADE

visível nas estruturas do poder: a acirrada competição entre os aliados. Essa competição é facilmente perceptível nas disputas entre os apoiadores que ambicionam se tornar o grande ditador. Mas aqui está uma das sutilezas do tema: também os aliados que não alimentam esta ambição precisam competir o tempo todo pelo poder, criando, desfazendo e recriando alianças incessantemente. Não há outro modo de defender qualquer porção, maior ou menor, de poderes ditatoriais.

Lênin pertence ao seleto grupo dos ditadores que morreram em suas casas e poderosos. Não foi morto por uma turba enfurecida como Mussolini, não foi deposto como Idi Amin Dada, não foi preso como Pol Pot, não foi executado como Saddam Hussein, não se suicidou como Hitler. O grande artífice da Revolução Russa faleceu em sua cama, em janeiro de 1924, por complicações decorrentes do terceiro acidente vascular cerebral sofrido no intervalo de menos de dois anos. Embora a acelerada fragilização de sua saúde naturalmente o tinha afastado dos embates políticos diretos, Lênin conseguiu exercer o poder até o fim da vida.

Na antevéspera do Natal de 1922, chamou as secretárias e começou a ditar notas sobre dois assuntos. O primeiro, a respeito do qual ninguém prestou muita atenção, estava relacionado a alterações na composição dos órgãos de comando do partido. Lênin propunha a ampliação da representação popular, mas o fez em termos vagos. O segundo assunto das notas consistiu na brevíssima avaliação dos membros do Comitê Central. Ele sabia que o seu sucessor seria um deles.

Essas notas, conhecidas como o "testamento político de Lênin", é um primor do jogo de poder de divisão dos aliados em facções, para que uns se joguem contra os outros e anseiem pela arbitragem do líder. De cada um dos mais importantes membros do Comitê Central avaliados (Trotsky, Stálin, Zinoviev, Kamenev e Bukharin), Lênin apontou uma qualidade e pelo menos um defeito: disse de Trotsky, por exemplo, que tinha notáveis talentos, mas era excessivamente autoconfiante e entusiasta das questões puramente administrativas; de Stálin, que havia concentrado poder ilimitado, mas não o sabia usar com o devido cuidado; e do jovem Bukharin, que se revelara um valioso e importante teórico do partido, apesar do grave deslize escolástico de seu pensamento não inteiramente marxista. Um dos biógrafos do primeiro ditador soviético destaca a espantosa hipocrisia do testamento, em que os possíveis sucessores recebem críticas das quais o próprio Lênin não escaparia ileso (heterodoxia na doutrina, apego às minúcias administrativas, superotimismo revolucionário e rudeza com os aliados) (Service, 2000:521). Mas quaisquer que fossem os rumos da luta pelo poder após a sua morte, Lênin estaria presente nela por meio daquelas notas dúbias, redigidas para causar impacto e gerar polêmicas (a começar pela discussão sobre a autenticidade delas). Talvez ele se considerasse insubstituível e não conseguia ver, ao redor, ninguém com as qualidades exigidas para levar a diante a sua grandiosa obra revolucionária.

Na luta pelo poder seguinte ao falecimento de Lênin, Trotsky e Stálin foram os primeiros a se engalfinharem. Trotsky acreditava que, entre um ucraniano requintado (era como se via) e um georgiano rude (seu adversário), as inexoráveis leis da história só poderiam favorecer ao primeiro. Confiante na certeza científica da vitória, dedicou-se a escrever uma enxurrada de cartas, artigos de jornal e livros; produziu uma infinidade de textos extensos, agressivos, mal-humorados e pouco lidos (ou mesmo não lidos). Esses escritos não tiveram outras utilidades senão o febril exercício do narcisismo e a formação de uma legião de inimigos no partido. Mais de uma vez, em um incompreensível gesto de extrema estupidez política e cega arrogância, Trotsky abriu ostensivamente uns frívolos romances franceses para ler durante as reuniões do Politburo.

Até a morte de Lênin, o cargo mais poderoso do partido comunista era o de presidente, incontestavelmente ocupado por ele. Quando Stálin foi escolhido para Secretário-Geral, em 1922, essa função não tinha importância. Ele foi encarregado de pôr fim à notória desorganização do partido. Stálin fez tão bem o trabalho que transformou o cargo de Secretário-Geral no mais importante da estrutura partidária (e, em decorrência, do governo), em uma estranha redefinição de hierarquias que perdurou até o fim da experiência soviética. Nas mãos dele, as tarefas aparentemente burocráticas da Secretaria-Geral se tornaram o poderoso instrumento de criação e manutenção de uma extensa e capilarizada rede de apoios em todo o país. Stálin era organizado e tinha pulso forte, características indispensáveis para a missão recebida. As suas falas e seus discursos eram grosseiros, mas primavam pela clareza das ideias, traços que auxiliavam na construção das redes de apoio sustentadas nos diversos níveis do partido e do governo. Ele sempre desdenhava da sofisticação ensaiada e da erudição afetada, tão caras ao trotskismo. É verdade que Stálin também precisava escrever com alguma frequência nos veículos oficiais do partido (*Pravda* e *Bolshevik*), porque fazia parte do processo de ascensão na hierarquia soviética legitimar-se como um teórico marxista; mas escreveu relativamente pouco (Volkogonov, 1985, 1:117). Em suma, enquanto Trotsky escrevia textos hiperbólicos e raivosos, Stálin costurava alianças.

A inabilidade de Trotsky em fazer aliados no jogo de poder fica ainda mais evidente quando se recorda que ele tinha sido o criador do Exército Vermelho e ainda era o seu comandante quando Lênin morreu. Em tese, estar no cargo supremo da força armada soviética poderia ter dado a Trotsky uma substancial vantagem no embate com Stálin. Mas, para isso, teria sido necessário escrever bem menos e conversar muito mais com os generais e militares de alta patente (Service, 2009:424-425).

Em 1924, Trotsky se isolou ao desenterrar, em artigos de jornal, algumas antigas críticas sobre a conduta hesitante de Kamenev (seu cunhado) e Zinoviev, nas vésperas da Revolução. Empurrou-os com isso para os braços de Stálin. Em 1925, Stálin e Bukharin, que eram naquele tempo aliados tão próximos a ponto de se falar em duunvirato, tinham conseguido dominar o Politburo e o Comitê Central e excluíram Kamenev e Zinoviev desses órgãos. Em 1926, Kamenev, Zinoviev e Trotsky se aliaram na "Oposição Unificada", mas era tarde demais. Em dezembro de 1927, os três foram expulsos do partido e a precária aliança deles se desfez. Em 1928, Stálin exilou Trotsky. Em 1929, Bukharin foi expurgado por Stálin dos cargos importantes no partido, alegadamente em razão de divergências sobre a política econômica. Nos anos seguintes, Stálin continuou se fortalecendo e, em 1940, todos os demais camaradas que Lênin considerava os seus possíveis sucessores, e tinham sido citados e avaliados nas famosas notas testamentárias, estavam mortos por ordem do agora todo poderoso Secretário-Geral: Kamenev, Zinoviev, Bukharin e Piatakov (outro jovem membro do Comitê Central em 1922) foram executados em decorrência da condenação nos infames processos de Moscou, enquanto Trotsky foi assassinado no México pelo serviço secreto stalinista.

Stálin é outro ditador que morreu em casa e poderoso. Não descuidou, no entanto, de cotidianamente promover as alianças indispensáveis à sua condição de ditador. Como acontece em todas as ditaduras, os bastidores são testemunhas de oscilações na extensão do poder, do tensionamento nas alianças feitas, desfeitas e refeitas e nas configurações caleidoscópicas das facções. Stálin foi acometido por uma depressão severa e paralisante quando Hitler rasgou o tratado de não agressão e invadiu a União Soviética em 1941 – Stálin receou ser deposto e responsabilizado pela invasão, provavelmente executado, porque havia negado a autorização para a organização da linha de defesa preventiva, na fronteira com a Alemanha, pela qual haviam implorado os comandantes militares soviéticos alguns meses antes (Volkogonov, 1985, 2:410-430).

Alianças e democracia

Iniciei a reflexão sobre a sustentação do poder em alianças pelos ditadores apenas para afastar a falsa impressão de que um homem verdadeiramente poderoso poderia prescindir de aliados. Mas preciso acrescentar que, nas democracias, as tramas de alianças na sustentação do poder não são essencialmente diferentes das ditaduras. Um presidente que não se dedique à cotidiana tarefa de coser, esgarçar e recoser alianças, dentro e fora do governo, será politicamente fraco: se não possuir aliados de peso no Poder Legislativo, corre até mesmo o risco de ser impedido. Os ministros de Estado precisam dedicar parte de seu tempo e energias a monitorar as tentativas de sabotagem destinadas a destituí-lo do cargo: em geral, é insuficiente contar apenas com a confiança do Presidente. Na estrutura do governo, há sempre diversas sobreposições de competências burocráticas, para a divisão do poder: no Brasil, por exemplo, predomina o modelo de separação entre ministério do planejamento e ministério da fazenda, para que o presidente tenha a palavra final sobre as questões econômicas mais importantes.

Em suma, também nas democracias, a estrutura de poder pressupõe camadas hierarquizadas de apoios, apoiadores divididos em facções e competição permanente. A diferença com as ditaduras diz respeito à alternância nas posições de poder. Nas democracias, as eleições periódicas permitem que a alternância seja feita sem violência, porque quem perde uma eleição tem a chance de disputar novamente o poder na seguinte. Nas ditaduras, não havendo a perspectiva de disputa periódica do poder, as alternâncias tendem a ser violentas, com a frequente eliminação física dos adversários.

Aliança e cooperação

A fragilidade e tensão inerentes às alianças ficam mais visíveis no macrocontexto das guerras e estruturas de poder, ditatoriais ou democráticas. Por isso, abandonei temporariamente o foco no microcontextual. Retomo-o agora, apontando para as empresas, universidades, partidos políticos, igrejas e demais agrupamentos humanos, em que também são frágeis e tensos os vínculos entre aliados. As alianças que interessarão, a partir de agora, são apenas as feitas, desfeitas e refeitas com o objetivo de enfrentar conflitos endógenos. São especificamente essas alianças que impulsionaram o comportamento adaptativo do qual evoluiu o empoderamento dos mais fracos na espécie humana.

Não devem ser chamados de alianças outros vínculos de cooperação, sem as marcas do cálculo tático e da temporariedade. As hienas de um bando que coordenam as suas ações em uma caçada ou defendem juntas o território contra coespecíficos estão cooperando umas com as outras, em vista de objetivos convergentes; também a proteção dispensada aos filhotes pelas mães, em espécies de mamíferos e aves por exemplo, pode ser vista como uma forma de cooperação; por sua vez, a divisão de tarefas nas espécies eussociais pode ser estudada como comportamento cooperativo – contudo, em casos como esses, em que o vínculo de cooperação tem estabilidade, convém distingui-lo das alianças. Como se percebe, o meu conceito de alianças difere do usualmente empregado pela antropologia e etologia. Nesses saberes, a aliança é um determinante natural e social que se expressa em ligações entre humanos de espécie tão variada como os grupos, clãs, vínculos de maternidade etc. (cf. Lévi-Strauss, 1968:67-71).

Para a conjectura do direito como estratégia evolucionista, as alianças são por definição táticas e temporárias. Criam-se em torno da convergência momentânea entre os interesses dos aliados, que sempre é parcial e pressupõe níveis diferenciados de divergência latente. Desestabilizam-se e desaparecem, quando a convergência é suplantada pela divergência. Ressurgem, iguais ou alteradas, de acordo com as circunstâncias. É preciso ficar constantemente atento e cultivar a flexibilidade.

As alianças com os mais fracos também são táticas e provisórias, como as demais. E tudo indica que elas propiciam vantagens adaptativas para a espécie, representando um passo adiante em relação às demais formas de cooperação.

O aparecimento de comportamentos que configuram alianças do mais forte com o mais fraco no enfrentamento de conflitos endógenos é o embrião de uma especial estratégia evolutiva. Ela é uma estratégia astuta. Antes, pelo que sabemos até agora, a evolução era impulsionada apenas com base no tratamento dos conflitos beneficiando sempre o mais forte. A espécie que investia boa parte da energia de seus coletivos no maior fortalecimento dos indivíduos mais fortalecidos tinha uma grande vantagem na luta pela sobrevivência. As alianças do mais forte com o mais fraco são uma estratégia em que se invertem as bases dessa impulsão – parte da energia agregada dos grupos é direcionada ao favorecimento dos indivíduos mais fracos e isso, contraintuitivamente, traz vantagens para a preservação da espécie maiores que as do tratamento dos conflitos endógenos sempre pela lei do mais forte.

As vantagens adaptativas são cumulativas e se consolidam ao longo de várias gerações. Qualquer estratégia evolucionista, por outro lado, depende de um mecanismo de transmissão geracional. Normalmente, associa-se a transmissibilidade para as gerações subsequentes à configuração genética: se algo é transmitido aos descendentes, haveria sempre um gene responsável pelo feito. Em razão dessa associação, a admissão da existência de um "gene das alianças com os mais fracos" poderia parecer a alguns uma conclusão pertinente; longe disso, porém. A vantagem adaptativa das alianças com o mais fraco foi transmitida por ensino-aprendizado, ao longo de gerações do LCA, o último ancestral comum de humanos e grandes primatas. Em algum momento, os humanos se diversificaram por sua própria ramificação evolutiva e, também por ensino-aprendizado, passaram a transmitir às novas gerações a estratégia do empoderamento do mais fraco.

O gene e o ambiente

A centralidade conferida aos genes pela biologia, quando trata a hereditariedade e a evolução, resultou das primeiras pesquisas sobre a estrutura fisiológica responsável pela transmissão de caracteres à descendência. Os pesquisadores descobriram que a função era cumprida pelos cromossomos, aquela estrutura replicada em cada uma das células do organismo. O cromossomo pode ser descrito *grosso modo* como uma cadeia de DNA envolvida por proteínas. Isto é, há sobre os genes do DNA o revestimento *epigenético* das proteínas. (O prefixo de origem grega *epi* denota "em cima", como em "epiderme" identificando a camada superficial da pele.)

Ao gerar a célula reprodutiva (gameta: óvulo ou espermatozoide), o organismo cumpre duas tarefas: divide a cadeia do DNA em dois para alojar cada metade em uma célula reprodutiva e remove as proteínas. A segunda tarefa é chamada "reprogramação".

Acreditava-se, inicialmente, que a reprogramação era completa, isto é, que a gametogênese removia todo o revestimento de proteínas em torno do DNA, deixando os genes inteiramente limpos de qualquer outro componente bioquímico. Em outros termos, os biólogos pensavam que os pais só transmitiam os seus genes à descendência, e não as proteínas epigenéticas. Embalados nessa crença quando estudavam hereditariedade e evolução, não tinham nenhum interesse em levar em consideração qualquer outra estrutura bioquímica dos cromossomos além dos genes.

As células do fígado e as células do cérebro têm o mesmo DNA, mas o fígado é diferente do cérebro por conta da variedade das proteínas dos cromossomos e do modo como elas interagem com os genes – ativando alguns e deixando outros inativos (a maioria, aliás). A mesma configuração genética permite que células se especializem em funções diferentes em razão da programação desempenhada pela estrutura epigenética, isto é, pelas moléculas que envolvem o DNA. Em outros termos, essas moléculas alteram a *expressão* dos genes sem mudarem a sua sequência.

O mecanismo de variação da expressão genética era já bem conhecido, mas por se presumir que a reprogramação na gametogênese era total, não se via nenhuma importância na estrutura epigenética para a transmissão de caracteres à descendência. Descobriu-se, porém, que a reprogramação não limpa completamente o revestimento epigenético das células reprodutivas. Os pais transmitem à descendência também uma parte da influência que os seus genes sofreram do ambiente. Um experimento social tem reforçado essa conclusão: no final da Segunda Guerra, os alemães resistiram firmemente ao avanço dos aliados na região nordeste da Holanda, enquanto capitulavam no restante da Europa. No excepcionalmente rigoroso inverno de 1944-1945, os moradores dessa região passaram por privações alimentares extraordinárias, bem maiores que os holandeses residentes nas demais áreas do país. Na verdade, houve uma severíssima fome em uma parte muito bem

CONTINUIDADE

delimitada do território holandês e, por isso, consegue-se hoje identificar quem são os descendentes das vítimas desse dramático episódio de guerra. Pelos registros, o percentual de obesos entre os netos dos que passaram fome naquele fatídico inverno é maior do que no restante da população holandesa. As defesas orgânicas produzidas nos corpos dos avós no enfrentamento da fome foram repassadas aos filhos e por estes aos netos, por meio da estrutura epigenética não reprogramada na gametogênese. Os filhos e, em seguida, os netos receberam parte dos apêndices proteicos do DNA dos avós em que ficou impressa a experiência traumática da fome.

A epigenética é o ramo da biologia responsável pelo estudo da transmissão transgeracional (isto é, por ao menos duas gerações) dos caracteres genotípicos e fenotípicos determinados pelo ambiente, e não pelo DNA. Ela tem pesquisado, por exemplo, a ligação entre a qualidade dos cuidados maternos recebidos na primeira infância e as doenças que o indivíduo desenvolve ao longo da vida. Experimentos com macacos rhesus mostram que a maternidade não é uma tarefa que todas as fêmeas desempenham com a mesma habilidade, em cumprimento de uma programação genética inata. Ao contrário, a maternidade é aprendida. A macaca que não recebe os devidos cuidados maternos na primeira infância (por exemplo, por ter sido criada como animal doméstico pelo caçador que matou a mãe dela) simplesmente não consegue ser uma boa mãe. Ela transmitirá a herança epigenética recebida, perpetuando um círculo vicioso (Francis, 2011).

Sabe-se hoje que alterações epigenéticas podem produzir efeitos de longo prazo, isto é, que se prolongam até mesmo para além do tempo de vida dos indivíduos nos quais ocorreram. Tal como as mutações genéticas, elas são também aleatórias. A boa notícia é que as alterações epigenéticas, por serem ambientais, podem ser revertidas, ao contrário das mutações genéticas. Em suma, o ambiente influencia na hereditariedade de modo muito mais acentuado do que os biólogos consideravam antes do surgimento da epigenética. Percebe-se, ademais, que o processo da evolução não está centralizado nos genes, da maneira como o descrevia a síntese moderna.

Diante dos achados da epigenética, o estudo da transmissão de caracteres hereditários precisou ampliar o foco para além dos genes. Algumas abordagens, porém, continuaram insistindo que a transmissão dos caracteres alocados na capa epigenética ainda era feita por um veículo biológico, no qual estaria contida toda a programação do organismo (Monod, 1970:125/244). Era mais um esforço de relativização da ação do ambiente na evolução.

Sobreveio, então, a biologia evolutiva do desenvolvimento e tudo foi repensado.

Ontogênese e filogênese

Com a síntese moderna (Cap. 3), a evolução passou a ser o fundamento da biologia e os biólogos se dividiram em duas especialidades. De um lado, havia os ocupados com as variações na espécie ao longo do tempo, olhando para a adaptação e seleção natural. De outro lado, os que estudavam as mudanças no organismo em sua forma presente, o "crescimento" dos indivíduos, o seu desenvolvimento.

O departamento da biologia encarregado da evolução denomina-se *filogenia* e o dedicado ao desenvolvimento, *ontogenia*. Os estudiosos desses dois sub-ramos da biologia, como é comum nas especializações, não viam muita necessidade de dialogarem. O processo filogenético era compreendido sem maior atenção ao crescimento dos indivíduos e o processo ontogenético podia ser estudado abstraindo a trajetória da espécie. Enquanto a filogenia foca nas *diferenças* entre indivíduos e espécies, procurando rastrear os rumos da evolução, a ontogenia busca as *semelhanças* entre os seres vivos, para compreender o que haveria de comum nas transformações que acontecem desde o início (fecundação, germinação etc.) (Caponi, 2018:286-290).

Nessa busca das semelhanças, alguns estudiosos da ontogenia tomam a teoria dos sistemas por referência e operam com a categoria conceitual de "sistemas desenvolventes" (*developmental systems*). Esses sistemas são as células, tecidos, órgãos, organismos etc. no que há de comum em seus processos de transformações durante o ciclo de vida. A teoria dos sistemas me parece reducionista e diversionista, mas extremamente útil como instrumento didático. Por isso, vou empregar essa categoria conceitual sistemas desenvolventes para prosseguir.

O surgimento da biologia evolutiva do desenvolvimento (ou simplesmente *evo-devo*), de um lado, forçou o diálogo entre os dois sub-ramos do conhecimento biológico e, de outro, acrescentou uma camada ao desafio do balanceamento entre genes e ambiente.

Antes do evo-devo, a filogenia se encarregava de identificar as causas *distais* (remotas, antigas, resultantes da evolução) enquanto à ontogenia cabia apontar as causas *proximais* do organismo estudado. A evolução da espécie estava, por assim dizer, na raiz do desenvolvimento de seus indivíduos. A evo-devo alterou a equação. A seleção natural, até então vista como a causa remota, filogenética, dos sistemas desenvolventes passa a ser o *resultado* dos processos ontogenéticos. Afinal, antes de uma característica fenotípica desaguar na seleção natural como variação adaptada da espécie, ela precisou inserir-se de modo eficaz no desenvolvimento dos indivíduos. Qualquer traço fenotípico só enfrenta desafios filogenéticos se já venceu antes os ontogenéticos. Em suma, se considerarmos "controle" o estudo das causas distais, podemos dizer que, antes da biologia evolutiva do desenvolvimento, a filogenia controlava a ontogenia; a partir dela, a ontogenia passou a controlar a filogenia.

A evo-devo subverteu a teoria da recapitulação. Essa teoria é sintetizada na fórmula de que "a ontologia recapitula a filogenia". Sua base empírica foi a constatação de que o embrião humano, em seu desenvolvimento uterino, passa por fases em que se manifestam alguns traços dos animais de que descendemos (fendas brânquias de um peixe ancestral, cauda de um réptil ou macaco etc.). Concebida pelo zoólogo evolucionista Haeckel no final do século XIX, a teoria se tornou influente na biologia e foi a base para propostas eugênicas de algumas formas de determinismo biológico (Gould, 1981:111-121). Para a biologia evolutiva do desenvolvimento, esta base empírica revelaria, na verdade, a filogenia recapitulando a ontologia.

A seleção natural, para a evo-devo, é o resultado da interação entre muitos sistemas desenvolventes ao tempo em que eles estão se desenvolvendo a si próprios em meio a limitações e contingências (Oyama, 1985:155). É o efeito cumulativo da interação de ontogênese e filogênese, e não a causa do processo interativo. O modo como os indivíduos se desenvolvem está na raiz da evolução da espécie. Em outros termos, o desenvolvimento consiste na sucessão de "estados" de diferenciação e especialização das células do organismo (algumas se tornarão as células do fígado, outras do pulmão etc.). Essa sucessão de estados celulares percorrida pela ontogênese de um indivíduo "precisa ser lembrada e passada aos descendentes" (Jablonka-Lamb, 2020:50/90) e constitui, dessa maneira, parte do repertório filogenético da espécie.

Antes do evo-devo, balancear genótipo e ambiente era basicamente encontrar o limite entre os dois, isto é, listar as características fenotípicas determinadas pela configuração genética e a das moldadas pelo meio ambiente. O desafio às vezes era contornado pela noção de gene como programação, afirmando-se que o ambiente só moldaria o indivíduo estritamente dentro das possibilidades determinadas por sua herança genética. Em outros termos, o balanceamento era feito estabelecendo uma hierarquia que dava proeminência à configuração genética.

Cada vez mais, porém, surgiam evidências de que os genes só ganham relevância fenotípica em determinado ambiente e vice--versa (como nos lembra o exemplo dos fenilcetonúricos). A partir delas, o balanceamento ganhou um significado completamente diferente. O desafio deixou de ser a segregação de características fenotípicas segundo as causas e passou a ser a interação destas. Genótipo e ambiente são interagentes (*interactants*) do fenótipo, deslocando--se o foco da discussão da biologia para o processo dessa interação. Suprime-se, com isso, qualquer hierarquia entre eles e se descarta a possibilidade de o gene ou qualquer outro veículo biológico conter toda a programação do desenvolvimento do organismo.

A biologia evolutiva do desenvolvimento não substitui a biologia do desenvolvimento, que continua se ocupando das transformações ontogenéticas (como o embrião se torna bebê, como o bebê se torna criança etc.). A evo-devo olha para os impactos dessas transformações na evolução, isto é, cuida delas como causa distal da filogenia.

O desenvolvimento da ossatura

O esqueleto humano é um exemplo que pode ajudar a compreender o questionamento da evo-devo ao pressuposto genecêntrico da síntese moderna, que acomoda a programação completa do desenvolvimento dos organismos em sua configuração genética.

A ossatura possui características diversas no homem e na mulher. Cada indivíduo desenvolverá a pélvis em larguras diferentes de acordo com o sexo e esta característica depende apenas dos genes. Isso é verdade, mas diz respeito a apenas uma das muitas variáveis presentes na formação do esqueleto; variáveis que interagem de modo incongruente ao que se poderia explicar como uma programação integral contida nos genes.

Para nos ajudar, vou chamar os gêmeos monozigotos separados na infância. Eles têm, por definição, a mesma genética, mas as diferenças nas respectivas interações ambientais darão a cada um uma estrutura óssea própria. Aquele que tomou mais sol assimilou mais vitamina D e, assim, absorveu mais cálcio; quem fez mais musculação e atentou à postura protegeu melhor o esqueleto; o gêmeo que enriqueceu a alimentação com proteínas, verduras e legumes tem ossos mais fortes que o irmão com dieta composta de frituras e industrializados etc. A idêntica configuração genética, como se vê, acaba sendo um pequeno detalhe na ontogênese dos irmãos. Dela podemos extrair conclusões muito limitadas, como a de que nenhum desses gêmeos, por serem homens, poderia ter a pélvis na largura de um esqueleto feminino.

Em outros termos, o enfoque genecêntrico explica pouco, quase nada. É um reducionismo que não consegue dar conta da complexidade do objeto. E se é insuficiente para a compreensão do que se passa no campo da biologia, é evidente que não conseguirá explicar o ainda mais complexo objeto das relações sociais. A sociobiologia, uma concepção fundamentalmente genecêntrica, é inviável, porque não possui aquela verossimilhança mínima, necessária para justificar qualquer gasto de tempo, energia e demais recursos da investigação acadêmica.

A síntese estendida da teoria da evolução

O genecentrismo da síntese moderna começou a ser questionada na biologia, a partir dos anos 1980. No final dos anos 2010, com o apoio de pesquisadores de áreas contíguas (genética, epigenética, ecologia e "ciências" sociais), alguns biólogos propuseram uma nova síntese para a teoria da evolução e a batizaram de "síntese estendida" (*extended evolucionaty synthesis* – EES). Da mesma forma que a biologia evolutiva do desenvolvimento (Caponi, 2018:284-285), a síntese estendida não se pretende um novo paradigma kuhniano destinado a substituir a síntese moderna. O objetivo é mais bem descrito como o de repensar o papel dos genes na evolução, que continua importante, mas deixa de ser o elemento desencadeador e diretor do processo evolutivo e passa a ser o seguidor de variações surgidas no processo de desenvolvimento do indivíduo (cf. Pigliucci-Müller, 2010:14).

A EES está centrada na *plasticidade fenotípica*, isto é, na variação em traços dos organismos provocada diretamente pelo ambiente, a reprogramação do genoma em resposta às pressões ambientais. Observa que indivíduos com o mesmo genótipo podem desenvolver fenótipos diferentes de algum modo associados às diferenças nos ambientes a que estão expostos. O conceito se refere, por exemplo, às variações no tamanho e forma das asas de alguns insetos em decorrência da temperatura ou da alimentação, às diferenças em plantas da mesma espécie crescendo na sombra ou no escuro, aos efeitos do condicionamento físico por treino muscular etc. (Santos, 2015:35). Para a abordagem tradicional, a plasticidade fenotípica seria um mero *resultado* da evolução ou talvez um ruído; enquanto para a EES, a mudança fenotípica em resposta à pressão do ambiente é também a *causa* da evolução, como o primeiro passo de uma adaptação evolutiva que somente implicará a reconfiguração genotípica após se mostrar vantajosa ao longo de algumas ou muitas gerações (Laland *et al.*, 2014).

Em resumo, na EES, a evolução acontece em quatro momentos apontados por Mary Jane West-Eberhardt. No primeiro, ocorre uma mutação genética em um ou vários indivíduos ou uma mudança no ambiente afetando uma população (*input*). Em seguida, a plasticidade fenotípica gera um novo fenótipo (acomodação fenotípica). No terceiro momento, verifica-se a difusão do novo fenótipo, que será lenta se o *input* tiver sido uma mutação genética, ou rápida se tiver sido uma mudança no ambiente. Por fim, se o novo fenótipo se mostrar vantajoso, no contexto da seleção natural, ele irá provocar uma alteração genômica (acomodação genética) (Santos, 2015:38).

Os biólogos que resistem à nova síntese da evolução afirmam que a moderna nunca negou um papel ao fator ambiental na configuração fenotípica dos indivíduos. Para esses "apaixonados adeptos da síntese moderna", a variação epigenética é apenas mais uma via de transmissão de caracteres e, portanto, seria perfeitamente acomodada na teoria estabelecida e não justificaria nenhuma expansão (cf. Jablonka-Lamb, 2020:38-41/90). Na verdade, não entenderam o impacto da evo-devo e da EES no desafio do balanceamento entre genótipo e ambiente. Parecem tratar a discussão como mais uma revisão das listagens de características, resumida no transporte para a lista do ambiente de alguns fenótipos da lista dos genes, quando na verdade o que está em pauta é rasgar as duas listas.

Ambiente sociocultural

O ambiente não é o espaço indistinto de todos os seres vivos que o "ocupam". Cada organismo constrói o seu próprio ambiente.

Como interagente ontogenético e filogenético, o ambiente não pode ser entendido como referência a tudo (matéria inorgânica ou orgânica, símbolos, cooperações etc.) que se encontra ao redor de um organismo. Uma conceituação intuitiva como esta não seria útil. A identificação do ambiente é feita a partir das necessidades e atividades do organismo em que se presta atenção. No exemplo de Richard Lewontin: os galhos secos do jardim fazem parte do ambiente das aves que o utilizam na construção de ninhos (*phoebe*), mas as pedras no mesmo jardim, não; para as aves que usam as pedras como ferramentas de quebrar as conchas dos caracóis de que se alimentam (*thrush*), elas fazem parte do ambiente, no qual não se incluem as palhas secas; os buracos nos troncos das árvores daquele mesmo espaço não fazem parte do ambiente dessas duas espécies, mas compõem o das aves que os utilizam como ninhos (*woodpecker*), para as quais, por sua vez, palha e pedra são indiferentes (Lewontin-Rose-Kamin, 1984:274). É em função do organismo que se define o ambiente como um dos interagentes de seu desenvolvimento e da evolução da sua espécie. Quando a abordagem acrescenta variáveis ecológicas às ontogenéticas e filogenéticas, ela se apresenta como uma biologia evolutiva e ecológica do desenvolvimento (*eco-evo-devo*).

Os humanos estamos, como todos os seres vivos, sujeitos ao influxo da interação de genótipo e ambiente, tanto no desenvolvimento como indivíduos (ontogênese), quanto na evolução como espécie (filogênese). No ambiente dos organismos humanos há o âmbito de transmissão de características por ensino do experiente e aprendizado do inexperiente, ao qual chamamos de cultura. No ambiente de diversos outros animais, também há esse âmbito. Como todos os demais âmbitos, a cultura só faz parte do ambiente da nossa espécie por atender às nossas necessidades e repercutir as nossas atividades. Entre as informações culturalmente transmitidas de geração a geração encontram-se as relativas a como deve ser o tratamento dos conflitos endógenos pelo coletivo. Essa transmissão nada tem de especial, considerando-se os processos de desenvolvimento e evolução dos humanos; insere-se neles como qualquer outro âmbito do nosso ambiente que interage ontofilogeneticamente.

Eva Jablonka e Marion Lamb identificam, no contexto da EES, quatro "sistemas de herança" nos humanos: (i) sistema genético, em que a herança se transmite pela replicação de sequências de ácido nucleico (geralmente, o DNA), eventualmente mudada, deletada, amplificada, degradada etc.; (ii) sistema epigenético celular, em que os resultados de certos processos, desde as ativações e desativações de genes pelo ácido ribonucleico (RNA) até o maior cuidado parental, são transferidos à descendência na forma de um "estado de atividade dos genes" ou da "estrutura das proteínas e outros componentes celulares"; (iii) sistema comportamental, responsável pela transmissão de comportamentos não mediatizados por símbolos, como os aprendidos por observação; e (iv) sistema simbólico, em que o veículo da transmissão são signos como os da linguagem, que permite a transmissão da herança cultural. Todos os sistemas de herança impulsionadores da evolução operam nos quadrantes da ontogenia e da ecologia, de modo que por eles também se transmitem à descendência os ambientes. Os microbiomas, por exemplo, são ambientes herdados pela descendência dos hospedeiros.

Na EES, em vista da diversidade dos sistemas de herança, as variações não são todas produtos do acaso (*blind*), como na síntese moderna (Jablonka-Lamb, 2020:21-30 e 57-58/90). Pela educação, por exemplo, transmitem-se informações moldadas por um direcionamento intencional. Os nossos ancestrais caçadores-coletores ensinavam os filhos como caçarem e distinguirem frutos comestíveis dos venenosos com o nítido objetivo de lhes repassar as conclusões das experiências que haviam amealhado.

Os sistemas de herança compartilham certas características (maior ou menor fidelidade na transmissão, veículos de variações limitadas ou ilimitadas etc.) e ora colaboram uns com os outros, ora atuam isolados etc. – a interação é altamente complexa e ainda será mais bem pesquisada. Por enquanto, o que se pode dizer a respeito do direito, como sistema de tratamento dos conflitos endógenos, é que ele se transmite como estratégia evolutiva da espécie humana pelo sistema de herança simbólico. Um sistema que, entre outras características, promove a transmissão não somente vertical (pai para filho), como também horizontal (entre indivíduos da mesma geração) e oblíqua (entre indivíduos de diferentes gerações sem vínculo de descendência biológica).

"Ambiente" é um conceito larguíssimo, abrangente de todos os fatores interagentes no fenótipo dos seres vivos não transmitidos por herança genética. Abarca um objeto extremamente vasto, composto não apenas de elementos externos, como também os internos aos organismos: desde as proteínas do revestimento epigenético até as interações sociais, passando pela nutrição, características geográficas e climáticas do local de nascimento, crescimento e moradia, apego materno etc. Não há, no atual estágio do conhecimento, absolutamente nenhuma pista de que as moléculas orgânicas ligadas aos genes nas células do corpo humano, o grau de apego materno ou a maior ou menor fertilidade do solo tenham desempenhado alguma função direta no surgimento do direito. Não se pode descartar, de princípio, essas hipóteses de interação, mas, por enquanto, na discussão do direito como estratégia evolutiva da espécie humana, faz sentido focarmos o ambiente transmitido pelo sistema simbólico de herança. Para compreender o surgimento dessa estratégia, o ambiente da interação ontofilogenética a atentar pode ser designada de sociocultural.

Em várias espécies de animais se observam os pais transmitindo à prole informações elementares de sobrevivência, isto é, a transmissão geracional do ambiente sociocultural. Na espécie humana, dispomos de instrumentos bastante complexos (linguagem sintática, escolarização, rituais, mitos, arte etc.) que permitem o trânsito intergeracional de informações dessa natureza. O direito é uma vantagem adaptativa transmissível pelos instrumentos sofisticados do ambiente sociocultural dos humanos. É ingrediente do nicho evolutivo ocupado pelos humanos. Se a integração da antropologia com a teoria estendida da evolução ainda engatinha (Fuentes, 2016), a conjectura pode dar uma contribuição para as aproximar (Cap. 10).

5. Eugenia

Você pode pular a leitura deste capítulo sem perder o fio da meada do argumento em torno da conjectura. Todavia, recomendo que o leia em cinco situações: (i) se quiser conhecer a minha reflexão sobre a finalidade da evolução; (ii) se for interessado na discussão sobre darwinismo e eugenia; (iii) se estiver curioso sobre a questão do racismo de Darwin; (iv) se, a despeito das minhas críticas à sociobiologia feitas no capítulo anterior, ainda estiver desconfiado da viabilidade da hipótese da continuidade sem os vieses ideológicos colonialistas ou neoliberais; ou (v) se ficou curioso sobre a descontinuidade do darwinismo social a que me referi anteriormente (Cap. 2).

Antes, falei do biologismo contemporâneo da sociobiologia (Cap. 3). Neste, a minha atenção se volta ao primeiro biologismo, o "darwinismo social" dos fins do século XIX e início do XX. Os dois são essencialmente iguais em seus enviesamentos (Lewontin-Rose-Kamin, 1984:242-243), embora o darwinismo social reflita mais a ideologia da colonialidade e a sociobiologia, a do neoliberalismo.

A finalidade da evolução

O terceiro desafio da teoria da evolução que interessa à conjectura está relacionado à existência ou não de uma finalidade no processo evolutivo. Os seres vivos evoluem por alguma razão última ou apenas acontece de eles evoluírem? O objetivo da evolução seria a autorreplicação dos genes, o aparelhamento mais vantajoso dos indivíduos e a sobrevivência das espécies? Pelas afirmações de que "os genes lutam contra os alelos para permanecerem nos cromossomos na geração seguinte", "os indivíduos que administram melhor o ganho e o gasto energético derrotam os mais fracos e conseguem transmitir com maior frequência a sua vantajosa herança genética" e "as espécies competem pela sobrevivência", atribui-se necessariamente um sentido à evolução?

Esse desafio versa sobre uma discussão incômoda porque, em alguma medida, aproxima a teoria da evolução ao criacionismo fundamentalista. Se admitem uma finalidade na evolução, os evolucionistas não estão posicionados exatamente no extremo oposto dos defensores de um projeto divino. Darwinistas e criacionistas concordariam sobre a existência de um objetivo para os seres vivos e para a espécie humana, embora divergindo na identificação dele.

Dizer "a evolução não tem nenhuma finalidade, mas ela tem uma lei natural que lhe dá um curso invariável" foi a saída de Darwin para o desafio. Mas isso é um jogo de palavras que diferencia expressões de um único substrato semântico: seguir um curso necessário é dirigir-se a um ponto determinado, um fim. Os criacionistas acreditam que esse ponto final foi assinalado por um ato intencional de Deus, ao passo que os evolucionistas pensam nele como o efeito de uma lei biológica. Os dois, em essência, admitem uma finalidade, orientação, sentido, direção para os seres vivos.

Para extremar de verdade a sua diferença com as abordagens religiosas, a teoria da evolução deveria negar a existência de qualquer finalidade no processo evolutivo, mas, ao fazê-lo, admitiria que o acaso governa sempre as variações, heranças, adaptações e seleções. O acaso, porém, é uma possibilidade que, por razões diversas, nem evolucionistas nem criacionistas podem conceder.

No contexto do desafio da finalidade, a teoria da evolução tem se expressado do seguinte modo: o órgão x surgiu no organismo y para cumprir a função w, garantindo o objetivo z, mas não haveria nada de finalístico nisso e tudo teria acontecido sem nenhum objetivo último. Em outros termos, as mutações genéticas não acontecem *para que* o gene se autorreplique mais, o indivíduo economize mais energia e a espécie tenha mais presença no planeta. As mutações nos genes simplesmente desencadeiam tais efeitos em alguns poucos momentos. Na maioria das vezes, desencadeiam os efeitos contrários, gerando características fenotípicas desvantajosas não repassadas à geração seguinte, desaparecidas em poucas gerações, ou mesmo inteiramente inócuas para a evolução.

Ernst Mayr afirma a inexistência de finalidade na evolução, explorando os sentidos possíveis para a noção de teleologia e destacando o de "processo teleonômicos". Em síntese, para ele, o que enganosamente se poderia tomar por uma finalidade seria, na verdade, *metas* programadas geneticamente. Ele afirma que os programas contidos nos genes são resultantes da seleção natural. Foram depurados ao longo do processo de eliminação dos indivíduos menos adaptados ao meio ambiente. Quando acionados, os programas contidos nos genes gerariam os indivíduos mais fortes, em razão das heranças naturalmente selecionadas que carregam. A geração de tais indivíduos seria a meta do programa genético evolutivamente construído.

Com a noção de processo teleonômico e as suas metas programadas pelos genes, Mayr pretende ter afastado qualquer sugestão de finalidade na evolução. O ser vivo, reitera, distingue-se do inanimado por estar sujeito a causalidades duais: à física, à qual a matéria inanimada também se submete, e ao programa genético, que é exclusivo da matéria orgânica (2004:65-75). Os genes de um pavão macho programa um sistema nervoso, que controlará os movimentos de exibição para a fêmea, como a fascinante abertura do grande leque de penas e isso seria tudo.

A fórmula teleonômica, contudo, não deu conta da progressão ao infinito. Os movimentos de exibição do pavão macho à fêmea não são um fim em si mesmo. Eles se destinariam a ganhar pontos na seleção sexual. Essa seria a meta programada pelos genes da ave? Mas ter uma performance que atraia a preferência da fêmea também não é um fim em si mesmo. O objetivo é otimizar o sucesso reprodutivo. Seria esta então a meta da programação genética? Ainda aqui, não estamos em um fim em si mesmo, porque o sucesso reprodutivo é o meio de replicar os genes nas gerações vindouras. Digamos, no final, que a meta programada geneticamente é essa replicação. Sempre se poderia indagar qual o sentido da replicação e o sentido do sentido etc. progredindo ao infinito. Não há como admitir-se uma única finalidade (ou meta, ou objetivo, ou direção, ou função...) sem desencadear essa progressão absurda.

Como diz Susan Oyama acerca dos estudiosos (*students*) da natureza, embora poucos deles "acreditam em evolução intencional, ela é, ainda assim, vista como instiladora de intencionalidades e propósitos em seus produtos" (1985:14). O desconforto com o desafio da finalidade acaba cercando a teoria da evolução de uma profusão de analogias e metáforas, na vã tentativa de evitar o inevitável: falar em cumprimento de funções, realização de metas, execução de programações genéticas etc. sem sugerir uma finalidade última da evolução (cf. Oyama, 1985:30).

Finalidades e acaso

Os evolucionistas estão diante do impasse de optar entre progressão infinita ou acaso. Pouquíssimos são como Jacques Monod, que admite o acaso por premissa fundamental da evolução e dela não se afasta (1970:133-151/244). A maioria é como Mayr que, ao construir o conceito de teleonomia, tenta rejeitar as duas alternativas, o próprio impasse. Predomina entre os pesquisadores a fé de que a evolução não se orienta a nenhuma finalidade última, tampouco é fruto do acaso.

Deixemos um pouco de lado os cientistas. Para qualquer pessoa, são imediatas duas associações: de um lado, entre a determinação finalística que exclui a possibilidade do acaso (ou a mitiga como uma circunstância ocasional) e, de outro, entre a inexistência de finalidade e o império do acaso. Se há uma finalidade, pensam os leigos, o acaso não existe ou é um pontual e insignificante desvio de rota; e se não há finalidade, estamos condenados ao caos do fortuito. O desafio da teoria da evolução tem sido desfazer essas associações leigas e encontrar uma maneira de afirmar a inexistência tanto de finalidade quanto dos acasos.

A associação entre finalidade e inexistência de acaso está descartada para a teoria da evolução em sua diferenciação fundamental com o criacionismo e outras teleologias místicas. Ao rejeitarem uma intencionalidade sobrenatural, divina, os darwinistas se afastam da primeira associação que, afirmando a finalidade intencional, exclui os acasos.

Já a associação entre inexistência de finalidade e império do acaso, ela descarta por outras motivações.

A razão mais intuitiva relaciona-se à visceral angústia humana diante do assustador descontrole dos acasos. É uma angústia universal: se o indígena está sem sorte na caça, isso não seria pelo simples fortuito de não ter cruzado os seus caminhos com os das presas nos últimos dias, mas, conforme explica a si e aos outros, porque teria sido enfeitiçado ou os animais não o estariam escolhendo como predador. Os evolucionistas, em sua maioria, expressam a angústia ancestral igualmente temendo o acaso e procurando, por todos os meios, se safar dele. Um desses meios, aliás bastante empregado também pelos leigos, é simplesmente negar o acaso apegando-se a uma crença. No caso, à fé na existência de teleonomias não teleológicas, ou seja, de finalidades sem progressões infinitas.

A segunda razão não é existencial, mas diz respeito à afirmação da biologia evolucionista como ciência. Admitir que tudo acontece por acaso é a pura negação do espírito científico. A inquietação do cientista, a sua motivação básica, é encontrar regularidades onde aparentemente elas não existiriam. Disso depende, lembre-se, o seu sustento.

Na síntese moderna, os evolucionistas admitem o acaso produzindo variações genéticas nas substituições de genes por alelos nos *loci* dos cromossomos. Acontecem, embora incomuns. Mas o acaso desaparece na sequência. Se o alelo gera uma característica vantajosa no indivíduo, propiciando que ele se adapte melhor ao meio, ela tenderá a se reproduzir ao longo de gerações e se tornar dominante em um tempo significativo sob o ponto de vista evolutivo de acordo com uma lei biológica. Em outros termos, se, no plano dos genes, operaria o acaso, no do indivíduo ou da espécie, atuariam as leis da evolução. As adaptações fenotípicas e a seleção natural do mais forte são, para a teoria da evolução, os efeitos necessários de causas conhecidas.

Desse modo, o acaso fica contido na primeira etapa da seleção natural, a das variações. Na segunda, em que se eliminam os genes dos indivíduos menos fortes nas gerações subsequentes, nada aconteceria por acaso, mas seria resultante do menor sucesso reprodutivo deles (Mayr, 2004:108 e 129). A seleção natural torna-se, assim, a redentora lei causal, que nos livra do acaso.

Esta é, como já vimos, a síntese moderna da teoria da evolução. Na síntese estendida, a seleção natural não é mais a lei causal da evolução e, sim, o resultado do desenvolvimento dos organismos. Deixando isso para depois, destaco que a causalidade da segunda etapa da seleção natural não está assim tão evidenciada. Raciocina-se que os machos poderem copular com o maior número de fêmeas, a poliginia, seria a estratégia mais adequada para qualquer espécie garantir o sucesso reprodutivo dos genes portados pelos seus indivíduos mais fortes. A poliginia, desse modo, seria o efeito necessário da lei biológica da seleção natural. Essa conclusão, no entanto, simplesmente não é científica porque não está sujeita a falseamento (Cap. 7). A segunda etapa da seleção natural não é o antídoto contra os acasos da primeira, restando, portanto, a hipótese de a evolução acontecer pelo mero acaso da sucessão de mutações ocasionais e incontroláveis nos genótipos dos organismos que, vez por outra e igualmente por acaso, geram características fenotípicas que lhes proporcionam maior economia de energia e contribuem para a sobrevivência da espécie a que pertencem tais organismos. Mas, quando isso acontece, não foi para concretizar nenhum objetivo, nem mesmo o de cumprimento das metas previamente programadas nos genes.

Não há finalidades últimas e tudo é puro fortuito. Os evolucionistas, no entanto, continuam renitentes.

Darwin e a finalidade da evolução

Em *A origem das espécies* (OE), Darwin não menciona, nem indiretamente, uma finalidade orientando a estabilização da transmissão de caracteres adquiridos à descendência. Não está, no entanto, nem um pouco propenso a aceitar a hipótese dos acasos (1859:93-94 e 129). Ele se colocava na posição de um cientista neutro, que apenas observava e registrava fatos para depois entender as conexões entre eles. A finalidade da evolução não era uma questão para o Darwin do OE. Mas é preciso atentar a um detalhe importante: os humanos não são personagens neste livro. Da evolução deles (isto é, da nossa) Darwin trata em outro trabalho, escrito dez anos depois: *A descendência do homem e seleção sexual* (DH).

Para o Darwin do DH, os humanos não passam mais por nenhuma variação física, como ainda acontece com os outros animais. Eles evoluem mentalmente, isto é, ficando não apenas mais inteligentes como sobretudo mais criteriosos no cumprimento de deveres morais. Darwin acreditava que inteligência e moralidade seriam para os humanos o que as variações físicas adaptativas eram para os outros animais. Uma pessoa mais inteligente e moralmente escrupulosa teria vantagens sobre a menos inteligente e imoral e acabaria, por conta disso, sobrevivendo mais e deixando maior descendência. Do mesmo modo, uma tribo com maior quantidade de indivíduos inteligentes e leais venceria as guerras contra a tribo inimiga composta de indivíduos sem tanta inteligência e desleais; e essas vitórias assegurariam a predominância da maior inteligência e moralidade nas gerações vindouras da espécie (Darwin, 1871:113).

Desse modo, quando os humanos se tornam personagens da evolução darwiniana, revela-se o seu sentido, sua orientação, sua direção: o aprimoramento intelectual e moral da mais superior das espécies. É uma finalidade sem intencionalidade, mas, ainda assim, finalidade, o resultado último para o qual o processo converge.

Darwin acreditava que, enquanto houvesse imensas porções de terras para serem cultivadas, os humanos fracos e as raças inferiores se multiplicariam; mas quando a reserva de terras aráveis se esgotasse, teria início a luta realmente severa pela sobrevivência entre os humanos, oportunidade em que a seleção natural levaria inevitavelmente à sobrevivência dos mais fortes. Para ele, quando for cumprida a finalidade última da evolução e as raças humanas superiores se afirmarem e as inferiores perecerem, a virtude moral da contenção prevaleceria como instinto sobre os impulsos da tentação. O humano darwiniano completamente evoluído é um ser racional que tudo compreende ao redor e, mais que isso, um instintivo cumpridor de seus deveres.

Entenda-se bem. Para Darwin, a evolução não é um processo *para* gerar o ser humano instintivamente moral. Mas ela é um processo que, em função da seleção natural, inevitavelmente desembocará no aparecimento desse ser totalmente evoluído. A evolução darwiniana nunca teve intencionalidade, mas foi desde sempre um algoritmo, algo que determina que o resultado certamente acontecerá quando acionadas as suas premissas (cf. Dennett, 1995:63 e 71/697). A evolução pela seleção natural do mais forte é, para ele, uma lei biológica, que permite à ciência predizer o que vai acontecer com alto grau de certeza. Assim como um físico, ao ver alguém ameaçar soltar no ar um copo de cristal, irá fazer uma previsão 100% certeira de que o objeto se espatifará no chão, o biólogo, vendo como as espécies vêm evoluindo, poderia prever com igual nível de certeza que o humano plenamente racional e instintivamente moral irá surgir da seleção natural dos mais fortes.

Tim Ingold considera o Darwin do DH completamente diferente do Darwin do OE no tratamento da questão da teleologia (1986:74-78). Não penso assim, porém, porque, no conjunto da obra, Darwin orienta a evolução a determinada direção. Em OE ele pode apenas ter sido mais cauteloso que no DH. Se os humanos estão no mais elevado grau da escala da evolução e a sua inteligência e moralidade continuarão evoluindo até a perfeição, então toda a cadeia evolutiva, mesmo antes do aparecimento do *Homo sapiens*, eram etapas preparatórias. Tudo que aconteceu, para o Darwin do OE *e* DH, criou as condições naturais para o ansiado surgimento da espécie humana, à qual caberia levar o processo ao seu estágio mais elevado, final. Quando os peixes deixaram a água e começaram a se transformar em animais terráqueos, isso teria sido uma pequeníssima etapa a cumprir para que, mais a diante, um ser vivo pudesse ser dotar de racionalidade plena e moralidade instintiva.

Darwinismo social

"Darwinismo social" é uma expressão pejorativa, empregada em debates político-acadêmicos, inaugurando ou concluindo argumentos *ad hominem*. Não há uma definição assente para esse conceito vagamente epistemológico. Aqui, defino darwinismo social como a transposição, para a sociedade, do mantra básico da síntese moderna do evolucionismo: a sobrevivência do mais forte, o seu natural favorecimento nos conflitos intraespecíficos, para a espécie contar com indivíduos mais bem preparados no enfrentamento de conflitos interespecíficos, e a geração de maior descendência por eles.

Essa transposição é feita pelo darwinismo social tanto no plano dos indivíduos como no dos coletivos, agregados conceitualmente pelos mais variados critérios (raças, nações, culturas etc.). No primeiro caso, a premissa da sobrevivência do indivíduo mais forte naturaliza a desigualdade e o seu progressivo aumento: por força da lei natural da evolução, os ricos ficariam cada vez mais ricos e os pobres cada vez mais pobres até desaparecerem por completo. No segundo, é o domínio de raízes colonialistas que se naturaliza: as potências europeias, até a Segunda Guerra Mundial, e os Estados Unidos, depois dela, teriam legitimidade para desempenharem o papel de guardiões da ordem internacional porque a notória superioridade militar e econômica indicaria que se encontravam bem mais adiantados na escala evolutiva da espécie humana.

O darwinismo social aparenta ser uma das abordagens que exploram a hipótese da continuidade. A civilização e a cultura não são vistas como frutos da excepcionalidade humana, mas como episódios da demorada evolução das espécies. Veremos à diante, contudo, que não é bem assim.

Um dos pensadores de referência no darwinismo social é Francis Galton, primo de Darwin. Ele procurou empregar métodos científicos (coleta de dados, mensurações estatísticas etc.) na tentativa de demonstrar que as raças evoluem de acordo com a teoria darwiniana, isto é, pelo predomínio da mais forte na competição entre elas, como efeito de uma seleção natural. Sua preocupação com o rigor da ciência era tamanha que se dedicou à construção de uma máquina de medição do refinamento, um dos índices de superioridade racial que havia concebido. Foi ele que criou a expressão "eugenia" para sintetizar um conjunto de medidas destinadas a acelerar o ritmo do processo evolutivo da sociedade (Galton, 1907).

Galton tinha por indiscutível a enorme variedade de aptidões dos indivíduos e de características das raças da espécie humana. Também não discutia que nessa extraordinária variedade, as aptidões e características eram hierarquizáveis. Havia indivíduos mais inteligentes, mais criativos e mais refinados em determinadas raças, as quais se tornavam, por isso, superiores às demais. O terceiro pressuposto do argumento de Galton era o da hereditariedade das aptidões, tanto as reverenciadas, como inteligência e criatividade, como as repudiadas, como a propensão para o crime. Partindo desses axiomas, antevia a seleção natural levando ao predomínio da raça superior e à extinção das inferiores.

As estatísticas demográficas da Inglaterra, porém, mostravam que os indivíduos das raças superiores estavam se reproduzindo menos que os das inferiores. Em vez de constatar que isso falseava diretamente as suas premissas, considerou urgente a adoção de medidas destinadas a reverter a tendência demográfica e acomodar as coisas às suas conclusões. Preocupavam-no três características da raça superior, que estariam retardando a predominância dela por seleção natural: a maior delicadeza da constituição, a menor fertilidade e certa indiferença com o sexo. Galton considerava que tais características seriam observáveis nitidamente também entre cães e cavalos, razão pela qual a seleção artificial empreendida pelos humanos nessas espécies de animais domesticados teve de lidar com elas.

Galton faz, então, uma exortação à humanidade, convocando-a a cumprir o elevado papel que lhe estava reservado no grande processo de evolução das espécies. Como as leis da evolução já teriam comprovado que, no futuro, a raça superior predominaria sobre a inferior, seria indiscutivelmente racional que se apressasse o processo evolutivo por meio da seleção artificial dos humanos. A eugenia de Galton consistia em identificar as raças e linhagens mais fortes e estimular a reprodução de seus indivíduos.

O cientista, considera Galton, não devia se impressionar com os poucos indivíduos excepcionais que as raças inferiores ocasionalmente geram, porque eles teriam aptidões iguais às dos indivíduos médios da raça superior. Tampouco devia apostar na educação dos membros das raças inferiores como alternativa à eugenia, porque estudos com gêmeos teriam demonstrado a intransponibilidade das barreiras erguidas pela herança biológica.

É impossível apartar o darwinismo social da eugenia. Se os mesmos resultados que a seleção natural certamente produziria ao longo de um processo doloroso e lento poderiam ser obtidos pela seleção artificial, o mais racional a fazer, aos olhos de qualquer darwinista, seria antecipá-los por medidas que adiantassem o predomínio da raça superior sobre as inferiores. Uma das medidas propugnadas pela eugenia galtoniana era o estímulo ao casamento precoce das mulheres da raça superior.

Para sermos justos com Galton, ele tinha em mente medidas eugênicas que poderiam ser consideradas "brandas", quando comparadas com as que viriam a ser adotadas em breve futuro. Eram menos agressivas até mesmo que a proposta pelo primo Darwin, que advogava a criação de obstáculos ao casamento de pessoas física ou mentalmente fracas. Mas Galton foi quem abriu a caixa de Pandora da eugenia, da qual saíram a esterilização e o aborto forçados, os branqueamentos e o genocídio.

CONFLITO

Da eugenia galtoniana ao Holocausto

A eugenia é um despropósito em qualquer hipótese, ainda que limitada às medidas de menor potencial agressivo imaginadas por Galton. A premissa da superioridade e inferioridade racial é falsa e ideologicamente comprometida com a naturalização da desigualdade. Ademais, para se substituir a pretensa seleção natural pela artificial, é inevitável que algumas pessoas reivindiquem de antemão a condição de superioras, para poderem legitimar-se na "função" de identificar as linhagens e raças cuja descendência precisa ser estimulada. Com quem se achando superior definindo quem seria inferior, o resultado que teoricamente só adviria de um extenso processo natural já acabaria sendo artificialmente imposto desde o início. Nunca se saberia, portanto, se a seleção artificial assim empreendida teria acelerado a evolução pela seleção natural idealmente vantajosa ou, ao contrário, gerado um estado inteiramente distorcido e, portanto, menos vantajoso ou mesmo desvantajoso para a espécie. Era necessário nutrir a inabalável convicção da própria superioridade para não conseguir enxergar esta grotesca falácia lógica da eugenia.

A inconsistência lógica é o menor dos problemas da eugenia. Ela representa um enorme perigo em vista de seu incontornável potencial destrutivo. Como se justifica pela pretensa racionalidade da aceleração e controle do processo dito evolutivo, são vistas como pertinentes quaisquer medidas que o poderiam acelerar ainda mais. Se o objetivo de adiantar a predominância numérica da descendência da raça superior legitimaria medidas eugênicas como o estímulo ao casamento precoce das jovens dessa raça, por que, indagam-se os eugenistas, ele também não legitimaria outras providências de igual potencialidade (aceleração da seleção natural), como, por exemplo, a esterilização dos indivíduos das raças inferiores?

Raciocínios semelhantes a esses, perversamente congruentes com os pressupostos e objetivos da eugenia, foram empregados por sociopatas como Hitler e as lideranças nazistas na implementação da matança em massa de judeus durante a Segunda Guerra.

É óbvio que o racismo evolucionista nazista não se originou diretamente de Darwin, tampouco adotou a teoria da evolução como a sua única fonte. Mas é visível que os dois conceitos fundamentais do darwinismo social – predomínio da raça superior na luta pela sobrevivência e a eugenia como método da seleção artificial de humanos – coincidem com concepções centrais da ideologia nazista.

Na verdade, embora o nazismo não se apresentasse publicamente como ideologia evolucionista e flertasse com a excepcionalidade humana de raízes cristãs (a hipótese do Gênesis), nos bastidores, a ideologia professava o evolucionismo de recorte racial. Acreditava que os arianos ou nórdicos seriam uma raça superior porque apenas os seus indivíduos mais fortes haviam conseguido sobreviver às extremas condições climáticas da Glaciação. O material de propaganda destinada aos membros da SS e aos militares tratava a evolução como ingrediente importante do nazismo. Além disso, o evolucionismo era aceito pelo próprio Hitler, por seu Ministro da Educação e por proeminentes biólogos, antropólogos e eugenistas nazistas (Weikart, 2022:14/228).

Por outro lado, o darwinismo social – embora nem sempre com esse rótulo – estava disseminado na ciência alemã desde o fim do século XIX. Para o influente biólogo darwinista Ernst Haeckel, as raças humanas, que quantificava em dez, corresponderiam a diferentes espécies de animais. Ele defendia que a vida de um humano de raça inferior (seus exemplos eram os ameríndios, negros africanos e aborígenes australianos) valia tanto quanto a de um macaco antropoide ou mesmo de um cão. Em ambientes acadêmicos em que tais ideias eram largamente aceitas, associar o darwinismo social aos objetivos do estado nacional-socialista em plena guerra deve ter fornecido, aos cientistas convocados para executar a "solução final", argumentos que eles estariam bastante propensos a levar em conta.

Em suma, a ideia de que a morte de todos os indivíduos da "raça" judia exponenciaria a velocidade do processo evolutivo era certamente consistente com a ideologia do nazismo. Se não se encontram muitos panfletos nazistas com a explicitação dessa visão, isso pode ser creditado, de um lado, à tentativa de se empreender em segredo o extermínio dos judeus e, de outro, à tática de evitar atritos desnecessários e desgastantes com os cristãos da base de apoio hitlerista. De um modo ou de outro, os nazistas não hesitariam em adotar e aprimorar a receita recomendada pelos delírios eugenistas ínsitos ao darwinismo social: da eugenia galtoniana ao Holocausto, como se vê, é um pequeno passo.

É verdade que, se estivesse vivo na época, Galton muito provavelmente teria desaprovado o Holocausto promovido pelos alemães; e o faria não apenas por ser inglês. Em um argumento em defesa da eugenia, ele ressaltara que a extinção de uma raça não se faria nunca pelo assassínio de seus membros. O fim das raças inferiores seria, ao contrário, obtido pelo controle das descendências, visando à predominância das linhagens da raça superior. Esse resultado, claro, demandaria uma longa sucessão de muitas gerações. Darwin arriscou-se a estimar o tempo da evolução da humanidade à supremacia da "raça superior à dos atuais caucasianos", afirmando que ele seria medido em séculos. Quer dizer, não ultrapassaria um milênio (Darwin, 1871:135), os mesmos mil anos que a propaganda nazista projetava para a existência do Terceiro Reich. Ora, é um prazo demasiado extenso para um projeto cujo objetivo seria a aceleração do advento de algo presumivelmente vantajoso para a espécie humana. Por isso, além de não se dissociar da eugenia, o darwinismo social também não se dissocia da esterilização e aborto forçados, imigrações de branqueamento, genocídio e outros meios de "melhoria da espécie".

Anoto, enfim, que a eugenia, embora tenha se expressado de modo extremo no Holocausto, não foi um desvio episódico na trajetória da civilização, acontecido na primeira metade dos anos 1940 em uma ensandecida Alemanha e já superado. Antes da Segunda Guerra, a eugenia era uma disciplina de crescente prestígio em várias universidades e havia institutos de pesquisa eugênica na Inglaterra, Suécia, Suíça, Rússia, Alemanha, Noruega e Estados Unidos (Waal, 2013:22). Ainda hoje, as bases, meios e objetivos do darwinismo social, com maior ou menor explicitação, não somente aparecem nas ideias vociferadas pelos movimentos neonazistas e antissemitas, como também se disfarçam nas entrelinhas de planejamentos familiares gentrificados.

Darwin, um antiescravagista racista

Darwin, como a maioria dos ingleses letrados da segunda metade do século XIX, era declaradamente antiescravagista. Nas vezes em que o *Beagle* aportou no Brasil ou em outros países de economia escravocrata, ele testemunhou os cruéis castigos infligidos a escravizados e, diante deles, escreveu cartas indignadas à família e fez encolerizadas anotações em seu diário de viagem. No entanto, a sua teoria, ao demonstrar a ancestralidade comum a todos os seres vivos, é tida por alguns biógrafos generosos como o poderoso argumento que teria liquidado de vez a justificativa para dispensar aos escravizados tratamento semelhante ao dado aos animais de carga (Desmond-Moore, 2008:16).

Mas, apesar de indiscutível a posição de Darwin contrariamente à escravidão, de sua contida indignação e bastante discreta militância pró-abolicionista, não se pode concluir que fosse também antirracista. O racismo, ao contrário, é um dos ingredientes de sua teoria sobre a evolução da espécie humana.

Na obra darwiniana, "raça" é um conceito bastante impreciso. É usado tanto como sinônimo de etnias, como de povos ou nações. Nela, se fala em raça "europeia" e "caucasiana", ecoando as associações da época entre o critério taxonômico pretensamente biológico e o domínio colonial. Há também pelo menos uma passagem, em que mitiga a necessidade de distinguir raça de espécie. Certa vez, enfim, Darwin disse preferir qualificar as raças como "subespécies" da espécie humana (1871:537). Nessa imprecisão, contudo, não se pode apontar nada de especial. A divisão da humanidade em diferentes raças sempre foi um tanto obscura (cf. Boas, 1938:19-28). O conceito de raças precisa ser impreciso para ter a flexibilidade necessária ao cumprimento das funções políticas, ideológicas e eugenistas para as quais foi concebido.

Darwin hierarquizava as raças humanas sem nenhum pudor, distinguindo-as em superiores (ou civilizadas) e inferiores (ou selvagens). E nunca é difícil saber de quem está falando: ao projetar o futuro luminoso da humanidade, atribuiu o feito a uma raça "mais civilizada que os atuais caucasianos", pondo no ápice da nossa evolução as raças que seriam descendentes dos povos originariamente assentados no Cáucaso, a cordilheira que divide a Europa da Ásia. E, em plena consonância com a teoria da evolução, considerava que certamente as raças superiores sobreviveriam e as inferiores se extinguiriam em razão da seleção natural dos mais fortes.

Quando compara humanos (ele diz "homens") com outros animais (diz "animais inferiores") no contexto da escala evolutiva, Darwin reforça a hierarquização das raças, manifestando uma vez mais o racismo ínsito à sua teoria. De degrau em degrau, vai empurrando as raças inferiores escada abaixo. Ao destacar a enorme capacidade mental do homem, compara as aptidões de "selvagens bem atrasados" e as dos "símios mais organizados", situando assim algumas raças humanas em um degrau evolutivo entre os animais inferiores e as raças civilizadas (1871:29). Em seguida, coloca as raças inferiores no mesmo nível dos animais: ao refletir sobre o senso moral, afirma que abandonar os feridos e moribundos é conduta natural nos animais, tanto quanto entre "índios norte-americanos e nativos de Fidji"; ao estudar a capacidade de imitação, identifica-a nos "macacos" e nos "selvagens mais primitivos" (1871:56 e 110). E, por fim, tratando do senso estético, contrapõe a "música horrível" da maioria dos selvagens à "altamente desenvolvida" pelos pássaros canoros, empurrando as raças inferiores para um patamar abaixo dos animais (1871:49). Não há hipótese para ele em que, na comparação com os "animais inferiores", as raças humanas pudessem estar todas em pé de igualdade.

De qualquer modo, o argumento científico que, na visão de alguns biógrafos, teria sido a grande contribuição de Darwin para o movimento abolicionista, a rigor, não aproximou uma raça humana da outra mais do que aproximava qualquer uma delas dos animais não humanos ou mesmo das plantas. A prova da ancestralidade comum não conseguiria sepultar de vez a justificativa para os maus tratos dos escravizados (isto é, a de que negros e brancos não pertenceriam à mesma espécie) por dizer respeito a todos os seres vivos. Os animais de carga continuaram a ser chicoteados mesmo após Darwin mostrar que possuímos ancestrais comuns. Não era, portanto, decididamente um argumento que pudesse acrescentar muita coisa ao dito cristão "somos todos filhos de Deus", em que tinham fé os padres que batizavam os escravizados antes do embarque do navio negreiro.

O antiescravismo de Darwin, assim, não se fundamentava em nenhuma condenação da submissão de um ser humano por outro. Em algumas passagens de seus escritos, aliás, ele parece contrariado menos com a escravização em si e mais com graus exacerbados de violência no tratamento do escravizado. O racismo se manifesta também quando Darwin qualifica o genocídio indígena na Argentina como útil ao desenvolvimento econômico do país (Desmond-Moore, 2008:215-216). Diante disso, portanto, é claramente insuficiente para preservá-lo da acusação de racista a única frase lançada no DH, em que menciona ter conhecido uma pessoa negra muito inteligente – que, a propósito, ele sequer nomeia ou identifica. Biógrafos especulam se seria o vizinho que ensinou empalhamento de animais ao jovem Charles (Desmond-Moore, 2008:45-46).

A ideologia do supremacismo branco estava em linha com a lei de sobrevivência do mais forte. Lei esta que Darwin não via razões para considerar inoperante nas relações entre os humanos, da mesma forma que governaria o mundo dos outros animais. O criador da teoria da evolução era, portanto, um abolicionista racista.

Abolicionista racista

Um leitor branco pode estranhar: antiescravagista *e* racista? É possível ser abolicionista e racista ao mesmo tempo? Mas os leitores negros, se forem brasileiros principalmente, não estranham nada: sabem bem como abolicionismo e racismo não se excluem porque vivem em um país sem trabalho escravizado e que talvez não conseguisse ser mais racista. Eles têm liberdade para flanar em um *shopping center* nas tardes de domingo, embora sempre seguidos de perto pelos seguranças.

Antirracismo não é gêmeo do horror à escravidão. O brasileiro branco pode ser genuinamente contrário à escravização e deplorar o passado escravagista de seu país e, ao mesmo tempo, comportar-se como um ser de raça superior, merecedor dos privilégios que lhe atribuem os seus merecimentos. Posicionar-se como contundente opositor da escravização deve até mesmo apaziguar levemente o seu racismo estrutural.

Rui Barbosa é outro personagem histórico ferrenhamente antiescravagista e ao mesmo tempo racista. Seu fervor abolicionista percebe-se pelos discursos "luzias" (os liberais do Império) contra a recorrência, nas argumentações "saquaremas" (os conservadores), de que a escravidão no Brasil não seria cruel com os escravizados. E o seu racismo é notável na decisão de apagamento histórico, que adotou como Ministro da Fazenda, ao determinar a incineração dos registros fiscais e alfandegários sobre o tráfico negreiro (Coelho, 2022:80-81). Os admiradores de Rui Barbosa sempre respondem à acusação de racismo apontando para a militância abolicionista do jurista (Lacombe-Silva-Barbosa, 1988). Não é um bom argumento, exatamente porque antiescravagismo não é sinônimo de antirracismo.

O racismo, na verdade, é legado da escravidão de recorte racial, que existiu na história apenas a partir da invasão das Américas pelos europeus. Antes, ninguém era passível de escravização apenas por ser de determinada raça. Escravizavam-se os devedores inadimplentes, os inimigos vencidos no campo de batalha, os órfãos desprotegidos.

Os europeus exterminaram os ameríndios e escravizaram os africanos para poderem explorar economicamente as Américas. A exploração das colônias não se conseguiria fazer com trabalhadores livres, nem com escravizados locais. De um lado, as poucas experiências feitas com o trabalho assalariado fracassaram (Williams, 1944:31-34). Afinal, a terra era tanta que o empregado com liberdade para pedir demissão certamente o faria, caminharia alguns metros e tomaria posse de uma área sem dono, que passaria a cultivar com os familiares. Realizaria o mesmo trabalho estafante, mas agora em exclusivo benefício próprio e não de um fazendeiro empregador. A escravização, ademais, se ajustava à concentração da grande propriedade latifundiária nas mãos de poucos senhores de engenho, porque o escravizado não podia nunca se tornar proprietário (Cunha, 1985:78). De outro lado, o ameríndio estava em seu país e, fugindo, tinha para onde ir: encontrava abrigo junto ao próprio povo ou a povos amigos. A solução europeia foi ir à África atiçar a ampliação da oferta de gente com um fluxo de demanda capaz de gerar um mercado. O objetivo era arrancar o escravizado de seu país, levá-lo à força para o outro lado do Atlântico, cortar violentamente as raízes dele, privá-lo ao máximo das referências culturais e identidade. A exploração econômica colonialista dependia, enfim, do aprisionamento dos africanos escravizados a um ambiente hostil, estranho e distante, do qual não havia retorno possível e a fuga era uma empreitada insana.

Foi a invasão colonialista das Américas que criou o mercado de gente na África. Antes, as escravizações de africanos aconteciam tal como nos demais recantos do planeta em que humanos escravizaram humanos; isto é, o escravizado era em geral o vencido em uma guerra ou em disputas paroquiais, que o vencedor decidiu não matar para poder explorar o trabalho dele. À medida que os europeus demandavam escravizados, os africanos passaram a empreender guerras visando especificamente à captura de gente para atender à demanda por escravos. Depois, dispensaram a guerra e passaram a capturar desafetos, desconhecidos ou mesmo conhecidos e até familiares. A motivação de quem escravizava deixou de ser explorar para si mesmo a força de trabalho do capturado (ou, no máximo, negociar com um dos poucos chefes em condições de pagar o preço do escravizado) e passou a ser a obtenção de mercadorias valorizadas por estrangeiros endinheirados. Não foram os africanos que identificaram uma oportunidade de negócio e passaram a oferecer os seus escravizados aos europeus. O mercado surgiu e se estruturou em virtude exclusivamente da demanda constante e crescente, por parte dos colonizadores, por força de trabalho escravizada e expatriada.

Desse modo, o mercado de gente africana foi criado pelos europeus para possibilitar a exploração econômica das Américas e demais colônias (o modelo foi também adotado na Oceania, alguns séculos após) que associou, pela primeira vez na história, a escravização a uma raça em particular; e deu origem ao racismo estrutural.

Seleção sexual

O inquieto Darwin não conseguia encaixar as peças das raças humanas na teoria da evolução por seleção natural. As diferenças entre os indivíduos de cada raça, como a cor da pele, eram muito pequenas; e, mais que isto, não denotavam nenhuma vantagem ou desvantagem para fins de adaptação às pressões do ambiente. Lidar com essas diferenças, para identificar qual variação racial teria aparelhado a espécie humana de modo mais vantajoso no contexto da seleção natural, representava um desafio intransponível, como Darwin admitiu (1871:165). A variação racial era um enigma para a teoria da evolução.

O Darwin maduro já havia relativizado o papel da seleção natural na evolução. Passou a considerá-la o meio mais importante, mas não o único, a impulsionar o processo evolutivo. A transmissão de características em razão do uso ou desuso de uma estrutura orgânica, a influência do ambiente e a seleção sexual foram apontadas como outras maneiras de modificação das espécies. Para desvendar o enigma das raças, ele as tratou como resultados da seleção sexual (Darwin, 1871:166).

Pela seleção sexual, os comportamentos de cada sexo relativamente à reprodução são diferentes para propiciarem a identificação dos coespecíficos dotados da configuração genética mais bem preparada para a concretização do objetivo da evolução. Para Darwin, os machos competem pela preferência das fêmeas por meio de estruturas ou comportamentos que revelam a superioridade de

EUGENIA

seus genes: danças de cortejar, construções de ninhos exóticos, exibição da força de chifres avantajados, exuberância de plumagens, cantorias etc. Os melhores machos são, então, selecionados pelas fêmeas, com as quais vão acasalar e fazer descendência. O exemplo teimoso é o pavão: o macho carrega uma cauda enorme e vistosa que, apesar de dificultar a defesa diante de predadores, cumpre a função de exibir às fêmeas a perspectiva de uma boa descendência (Darwin, 1859:105-106; 1871:169). É um exemplo-clichê absurdamente infeliz: como a mesma exuberante cauda que fragiliza o pavão como presa poderia servir à pavoa de índice de boa genética para a sobrevivência dos descendentes?

Vários experimentos etnológicos se dedicaram a confirmar a conjectura da seleção sexual. Se o macho mais forte tem maior descendência que o fraco, parece lógico que isso beneficiaria a espécie. Mas o que é lógico nem sempre é verdadeiro. Observações mais acuradas em estudos de campo têm mostrado que a hierarquia do macho alfa, entre os primatas, "só aparece tão bem e só se mostra tão estável" quando provocadas e mantidas ativamente pelos pesquisadores em determinadas condições artificiais (com isolamento em duplas, privação de comida etc.). Estudos de campo com babuínos mostram "contraintuitivamente" que os machos de maior grau de agressividade não são os mais escolhidos pelas fêmeas (Despret, 2012:105-107).

Quando adotada na tentativa de compreensão de comportamentos humanos, a seleção sexual naturaliza os estereótipos de gênero. Galton, que não se cansava de ressaltar a extrema variedade de aptidões nos indivíduos, se contradiz em uma simplificação grosseira ao propor uma explicação para "os caprichos das mulheres". A lógica da explicação é a da seleção sexual: para ele, as mulheres são caprichosas porque precisam estimular a competição entre os homens por sua preferência; se acaso se entregassem ao primeiro a cortejá-la (a imagem é de Galton), frustrariam a competição masculina e inviabilizariam a seleção por critérios evolutivos do mais apto a gerar descendentes fortes (Galton, 1907:58/264).

Darwin explica a formação das raças humanas a partir das preferências das humanas fêmeas por humanos machos com determinadas características externas de importância nenhuma para a preservação da espécie, como a cor da pele, por exemplo. A explicação é o primor da circularidade: os indivíduos de cada raça possuem padrões próprios de avaliação da vantagem sexual dos possíveis parceiros; por isso, a seleção sexual leva à predominância de caracteres diferentes de acordo com os padrões de cada raça. Quer dizer, o argumento não se decide quanto ao que veio primeiro, se teriam sido os padrões de avaliação ou as diferenças raciais.

Seleção natural adversa

Alguns evolucionistas ficam intrigados: se a seleção natural resulta a sobrevivência dos mais fortes e a eliminação dos mais fracos, por que razão isso não estaria visível na espécie humana? Ficam intrigados porque identificam os mais fortes com aqueles que se encontram nos estratos de renda mais altos, os ricos. Ficam intrigados porque acreditam que, na sociedade burguesa não estamental, fundada na igualdade de oportunidades, os ricos são os indivíduos superiores por terem sido selecionados pelos duros testes da meritocracia. Ficam intrigados, enfim, porque veem aumentar a descendência dos indivíduos que, pela métrica da renda, seriam os inferiores, os pobres, em descompasso com o sucesso reprodutivo dos mais fortes que a seleção natural deveria favorecer.

Para Darwin, a explicação era malthusiana: enquanto houvesse grandes extensões de terras cultiváveis ainda inexploradas, não se iniciaria a verdadeira competição pela sobrevivência. O argumento não convenceu a ninguém, nem mesmo aos demais evolucionistas. Afinal, para que a verdadeira competição por alimentos não tivesse ainda começado, seria necessário que todo mundo, principalmente os pobres inferiores, estivessem hoje se alimentando adequadamente, com acesso cotidiano a uma dieta diversificada e nutritiva. Obviamente essa premissa não está posta.

Para Galton, a explicação estava no maior refinamento dos indivíduos superiores. Seriam pessoas tão embriagadas de prazeres intelectuais, artísticos e culturais que lhes faltariam tempo e apetite para o sexo. Essa explicação igualmente não convenceu ninguém. Galton não percebeu, mas havia nela uma contradição insuperável. A característica fenotípica do refinamento enfraquece, ao invés de fortalecer, os indivíduos que seriam os superiores precisamente na questão essencial da seleção natural, que é o sucesso reprodutivo. Se um indivíduo não transmite à descendência as características mais adaptativas, a evolução não acontece. Quer dizer, os refinados ricos não eram tão superiores assim.

Atualmente, os evolucionistas intrigados explicam por meio da "seleção natural adversa" o que classificam como incongruente sucesso reprodutivo dos pobres. Em síntese culpam a inclusão de minorias e a redução de desigualdades (Estado de Bem-estar Social, ações afirmativas, programas de transferência de renda etc.) pela imaginada inversão do sinal da evolução, uma lastimável involução.

Nesse diapasão, eles torcem o nariz para uma das mais precárias medidas de atenuação das desigualdades, o princípio jurídico da capacidade contributiva. Por esse fundamento da tributação, os impostos devem ser mais altos para os contribuintes de maior renda: quem pode pagar mais, paga *proporcionalmente* mais. As alíquotas progressivas do Imposto de Renda são um bom exemplo de aplicação desse princípio. Trata-se de uma implicação lógica, jurídica e moral do conceito de que todos são iguais perante a lei, em razão do qual os desiguais devem ser tratados desigualmente, na medida em que se desigualam. Você encontra essas considerações em qualquer manual de direito tributário.

Alguns evolucionistas não se conformam com esse princípio da tributação. Na verdade, a discussão sobre a imposição de tributos de acordo com a capacidade do contribuinte remonta ao início da Idade Moderna, quando a República Florentina começou a cobrar impostos progressivos, isto é, calculados por alíquotas que se elevam em função de patamares na base de cálculo. Sempre os contribuintes mais abastados se queixavam da progressão e os teóricos a serviço deles, como esclarece Aliomar Baleeiro, "profetizavam males terríveis: ruína das famílias, colapso da economia, êxodo de capitais, demagogia, convulsões sociais etc." (1955:205).

Passado meio milênio, há evolucionistas argumentando na mesma linha catastrófica. Mayr, por exemplo, considera que o princípio da capacidade contributiva desestimula a procriação dos mais ricos. O desconto no Imposto de Renda relativo aos gastos com a educação dos filhos não poderia ser, para ele, em valor fixo. É fixo, ressalto, em decorrência do princípio da capacidade contributiva, ou seja, para que os ricos contribuam proporcionalmente mais que os pobres. Mayr gostaria de um desconto ilimitado e proporcional ao efetivamente desembolsado pelo pai, para que os abonados fossem estimulados a ter tantos filhos quanto os despossuídos.

Esse argumento também não convence nem mesmo os demais evolucionistas. Para que fosse pertinente, seria necessário que o ambiente não tivesse absolutamente nenhuma ação na configuração fenotípica dos indivíduos. A premissa de Mayr só pode ser a de que, não fosse o princípio tributário da capacidade contributiva, os "genes formadores de pessoas ricas" se transmitiriam com maior frequência às futuras gerações da espécie e automaticamente aumentaria o percentual de ricos na população. Desconsiderar o fator ambiental na filogenia de modo assim tão inconsistente é um passo que pouquíssimos evolucionistas se sentem atualmente confortáveis em dar. A seleção natural adversa é, na verdade, um novo nome para a eugenia (cf. Haddad, 2022:29-31).

Vieses ideológicos não permitem aos evolucionistas perceber o disparate da ideia de que o inevitável favorecimento do mais forte pela evolução acabaria conduzindo a humanidade a um estágio em que só existiriam indivíduos fortes, porque os fracos haviam se extinguido. Não veem que as sociedades desiguais reservam para cada rico necessariamente um batalhão de pobres (quanto mais desigualdade, maior o contingente). Se a evolução vai extinguir os indivíduos mais pobres, extinguirá igualmente os mais ricos. Quem fala em seleção natural adversa não percebeu o despropósito de medir a evolução pelo sucesso reprodutivo dos humanos ricos.

Darwin e o darwinismo social

Darwin foi o primeiro darwinista social. Para ele, a seleção sexual teria ramificado os humanos em raças, que passaram a competir umas com as outras. Dessa competição, a raça humana mais forte sairia vencedora, porque não haveria como escaparmos da lei biológica da evolução por variação, herança, adaptação e seleção natural.

A associação entre Darwin e o darwinismo social, contudo, tem sido discretamente apagada. Para poupar Darwin do darwinismo social, Waal, por exemplo, reduz a ideologia supremacista à mera negativa da moralidade entre os animais, que seriam egoístas porque resultaram de um processo egoísta (2013:41). O primatólogo parece evocar a ideia de Darwin de que o humano inteiramente evoluído seria institivamente moral, isto é, faria o certo e evitaria o errado de modo espontâneo, agindo por um impulso assemelhado aos reflexos condicionados predominante nos outros animais. Nesse modo *light* de definir darwinismo social (abstraindo completamente a superioridade da raça caucasiana), realmente Darwin não entraria para o clube dos eugenistas. Pode ser que ele, como bom inglês, também não aplaudisse o Holocausto de iniciativa germânica, se tivesse vivido para o testemunhar, mas ele certamente é um dos sócios fundadores do clube, porque defendia medidas explicitamente eugenistas, como a criação de obstáculos para o casamento das pessoas com fraqueza física ou mental (1871:115).

A tentativa de dissociar o nome do seu criador da ideologia de supremacia racial via eugenia se compreende como estratégia de defesa da teoria da evolução, em face do ataque cotidiano e implacável de religiosos fundamentalistas cristãos. Na formação, ampliação e manutenção de alianças com setores progressistas da sociedade, no enfrentamento ao ferrenho embate com os criacionistas, os evolucionistas não têm nenhum interesse em ligar Darwin ao darwinismo social.

A história da edulcoração de "pai da teoria da evolução" tem um capítulo curioso. Durante muitos anos, os visitantes do museu de história natural da Academia de Ciências da Califórnia foram recebidos com uma citação atribuída a Darwin: "As espécies que sobrevivem não são as espécies mais fortes, nem as mais inteligentes, e sim aquelas que se adaptam melhor às mudanças." A citação, largamente disseminada e repetida, procura transmitir o que seria a essência da teoria da evolução, adoçando-a com a desqualificação da força como o vetor da supremacia das espécies sobreviventes (e da inteligência como o móvel da evolução especificamente humana).

A citação, no entanto, é falsa. Darwin nunca disse que a seleção natural levaria à sobrevivência da espécie mais adaptável às mudanças. Concedia, no máximo, substituir a característica do "mais forte" pela do "mais apto" (por influência de Spencer); mas não há registro de que tenha alguma vez rejeitado essas formulações em favor da "maior capacidade de adaptação às mudanças" como a característica decisiva do sucesso na seleção natural.

Em 2009, o projeto *Darwin Correspondence* da Universidade de Cambridge promoveu um concurso sobre a origem da falsa citação. O vencedor foi o filogeneticista Nicholas Matzke. Ele encontrou a primeira atribuição a Darwin da identificação da capacidade de adaptação às mudanças como a característica decisiva da seleção natural em um artigo do teórico da administração de empresas Leon Megginson, publicado em 1963. Não há propriamente uma transcrição de Darwin nesse artigo e, sim, uma paráfrase, como ressaltou Matzke. Em algum momento, no entanto, entre as várias reproduções da informação de Megginson, alguém acrescentou as aspas e a falsa citação se disseminou, com grande sucesso reprodutivo, pelos eventos motivacionais, livros de autoajuda, literatura de consumo rápido e pelo menos um pórtico de museu.

A notável propagação da falsa citação deve ter contribuído para a tentativa de dissociar o nome de Darwin do darwinismo social e da eugenia. Hoje, a frase ainda recepciona os visitantes do museu californiano, mas foi discretamente suprimida a identificação do autor.

O grande filósofo de Darwin

No panteão dos grandes pensadores que queriam construir uma ciência da sociedade rigorosa e eficientemente preditiva deve ser reservado um lugar para Spencer. É um dos seriamente engajados no grande projeto da modernidade. Ele trabalhou com afinco a analogia entre a sociedade e os organismos vivos.

Para Spencer, assim como qualquer animal é a agregação a partir de uma infinidade de seres vivos (células e outros microrganismos), também a sociedade pode ser vista como um agregado orgânico (a partir da reunião de pessoas, cada uma um ser vivo). Impulsionadas por sua vitalidade, organismos individuais crescem agregando células e outras unidades vitais, das quais surgem estruturas que perdem vida enquanto ganham especialização (as unhas, por exemplo, são unidades não vitais constituídas e constantemente substituídas ao longo do crescimento de um ser humano). Do mesmo modo, as sociedades crescem agregando pessoas, que são as suas unidades vitais e às quais, ao longo do crescimento, se juntam animais e plantas domesticadas. Em seu crescimento, por outro lado, as sociedades podem vir elas próprias agregarem-se a outras, formando então superorganismos vivos. A evolução dos organismos, para Spencer, se faz simultaneamente por integração (agregação de unidades) e por diferenciação (a cada etapa da agregação, diferenças entre as unidades se manifestam ou se acentuam). A homogeneidade da agregação diminuta, tanto na composição orgânica individual como na social, torna-se heterogeneidade ao longo do crescimento do organismo.

Pense nas células reprodutoras recém-unidas na formação do embrião humano como homogêneas, simples e indiferenciadas; e nas células do fígado, pulmão, cérebro etc. do adulto como heterogêneas, complexas e diferenciadas. Crescer é evoluir, é ir da homogeneidade à heterogeneidade. Esse processo explicaria a evolução dos seres vivos e das sociedades.

Valendo-se de extenso conhecimento de biologia, Spencer esmiuçou demoradamente o paralelo entre seres vivos e sociedades, dedicando-lhe grande parte do primeiro volume de seu monumental *Os princípios de sociologia*. O exaustivo e erudito exame se destinou à demonstração da viabilidade do projeto de importação do rigor das ciências naturais para o estudo das sociedades de humanos, diante de tantas similaridades entre os dois objetos, sob o ponto de vista orgânico e a despeito de ocasionais diferenças. Subitamente, porém, Spencer abandona a analogia, dizendo que a função dela era igual à dos andaimes na construção de um prédio, necessariamente desmontados quando a obra atinge certo estágio (Spencer, 1895). A sociedade como um organismo vivo era uma gigantesca metáfora e não uma afirmação literal.

Darwin se referia a Spencer como "o nosso grande filósofo" (1871:72). Eles nutriam mútua e autêntica admiração; e estavam de pleno acordo a respeito de temas como as vantagens dos mais aptos sobre os menos aptos na luta pela sobrevivência e a superioridade de determinadas raças. São convergências que, no entanto, nada tinham de especial. A maioria dos ingleses letrados contemporâneos aos dois grandes cientistas acreditava nas mesmas premissas.

Os dois pensadores, porém, não concordavam em tudo. Discordavam, aliás, sobre a evolução, talvez o ponto mais importante de suas contribuições teóricas. Spencer descrevia a evolução impulsionada pela transição da homogeneidade à heterogeneidade. Para ele, a noção de favorecimento do mais forte não era o essencial. Por sua sugestão, Darwin substituiu a referência à força pela aptidão. Por sua vez, Darwin sempre pareceu um tanto hesitante com a noção de evolução e não se entusiasmava com o conceito, provavelmente por ceticismo em relação à noção de progresso. Apesar disso, ele passou à história como o criador do evolucionismo, eclipsando Spencer.

E há mais: Spencer não ficou com o título de criador da teoria da evolução e, além disso, recebeu injustamente a alcunha de "pai do darwinismo social". Não se encontram na obra spenceriana sugestões de medidas eugenistas destinadas a acelerar o processo evolutivo. Um Spencer eugenista, aliás, soaria um bocado contraditório porque a transição da homogeneidade para a heterogeneidade é um vetor da evolução de caráter estrutural e bem mais complexo que o favorecimento do mais forte.

Falseamento da seleção natural darwinista

Darwin e os demais evolucionistas não atentaram para os fatos do fluir biológico-histórico que evidenciam o empoderamento do mais fraco no tratamento dos conflitos endógenos. Levaram em conta apenas os conflitos exógenos (dos quais a guerra é a manifestação de maior magnitude) e as muitas desigualdades entre os humanos sustentadas na força e violência. Esse viés pode ser explicado provavelmente porque, embora o empoderamento do mais fraco tenha se iniciado há milênios, foi somente a partir do século XX que ele vem se acelerando. Hoje, o empoderamento não pode mais ser ignorado. Os dados que o evidenciam mostram a espécie humana paulatinamente neutralizando, nos conflitos endógenos, a prevalência do interesse do mais forte e se afastando do estado pré-jurídico. Essa neutralização é muito mais lenta do que seria satisfatório para certos valores contemporâneos da espécie, como a tolerância com o diferente, a busca pela igualdade material, pela liberdade nos costumes etc. Ela representa, por outro ângulo, uma nítida inversão de sinais, um tanto inédita no processo evolutivo.

A própria teoria da evolução por variação, herança, adaptação e seleção natural não foi falseada até o momento. Ademais, evidências que a corroboram surgem continuamente, em diversos campos do conhecimento. A síntese estendida, como veremos, está desarmando a armadilha genecêntrica. O que o empoderamento dos mais fracos falseia não é a teoria da evolução, mas o reducionismo biologista, a invariável seleção natural darwiniana do mais forte, os mantras do evolucionismo da primeira síntese. Desenvolvemos a peculiar estratégia do direito a partir de comportamentos um tanto inusitados no reino animal; comportamentos que herdamos por ensino-aprendizado do nosso ancestral comum com os grandes primatas. Essa espécie, de que ainda não conhecemos vestígios arqueológicos, foi a primeira a deixar de apostar todas as suas fichas evolucionárias no favorecimento dos indivíduos mais fortes. E o fez por meio de alianças envolvendo os mais fracos.

Discuti as ideologias do famoso naturalista para contextualizar as conclusões equivocadas a que ele chegou ao refletir sob a premissa da continuidade. Mas a verdade é que a hipótese da continuidade acaba sendo descartada por Darwin. Ao apresentar as suas sugestões de medidas eugênicas destinadas a acelerar artificialmente o que via como o resultado inevitável da seleção natural, ele descontinua o que parecia ser contínuo. A eugenia só pode ser entendida como a descontinuação do fluir biológico-histórico, o degrau a partir do qual a humanidade passaria a controlar a própria evolução. Em suma, um animal completamente autodomesticado. É uma ruptura paradoxal, inconciliável com a hipótese continuidade da qual Darwin havia partido.

O darwinismo social, afirmando-se como uma ciência capaz de pôr a sociedade em ordem, antecipando artificialmente o favorecimento e prevalência dos mais fortes, acaba se revelando uma formulação a mais em torno da hipótese da descontinuidade. Em suma, mais uma das iniciativas frustradas do grande projeto da modernidade de reorganizar a sociedade de modo científico.

6. Jogos

Neste capítulo, aprofundo críticas ao reducionismo biologista, ocupando-me do modo como a sociobiologia trata a cooperação em termos de sucesso reprodutivo. É um capítulo que, de certo modo, quebra a fluência da argumentação em torno da conjectura, porque, visando completar uma crítica iniciada, vê-se demorando na teoria dos jogos e se enveredando para a discussão do estatuto epistemológico dos modelos matemáticos. Saltarão repentinamente números, tabelas e novas temáticas e o leitor não avisado poderia pensar que pegou o livro errado da estante.

Se você quiser continuar focado na conjectura pode pular este capítulo. Recomendo, porém, a sua leitura em três situações: (i) se tiver interesse na teoria dos jogos e seu objetivo de nortear decisões estratégicas; (ii) se o debate sobre o estatuto epistemológico dos modelos na matemática o instigar; ou (iii) se ainda não estiver inteiramente convencido da impertinência da sociobiologia.

Sacrifícios e cooperação

No reducionismo biologista, há dois incômodos provocados pela tese do egoísmo como o grande impulsionador da evolução dos seres humanos: os sacrifícios em benefício de outra pessoa e a cooperação.

O incômodo do sacrifício em benefício alheio vai da esmola lançada ao pedinte à perda da própria vida quando se socorre alguém em situação de perigo extremo. De um modo geral, os biologistas acomodam o egoísmo na *retribuição* a um benefício já desfrutado ou esperado no futuro. Ajudamos hoje somente porque temos a expectativa de sermos ajudados no futuro, em condições de alguma maneira equivalentes. Se ajudamos uma pessoa que depois nos nega ajuda, nossa atitude será a de não a ajudar mais, porque não houve retribuição e o beneficiário do sacrifício feito se revelou um sujeito não confiável. Por meio da reciprocidade, o egoísmo retorna ao foco para explicar o sacrifício feito em benefício alheio.

Há uma situação em que o apelo à reciprocidade não é necessário. O sacrifício em benefício de outra pessoa é mais bem acomodado na seleção de parentesco, isto é, quando sacrificado e beneficiado são parentes. Aqui, não há expectativa de reciprocidade e o prejuízo do sacrificado não tem importância porque a ação aparentemente incongruente estaria, na verdade, contribuindo para a replicação dos genes que os dois compartilham.

De um modo ou de outro, para o reducionismo biologista, a ajuda dispensada a outra pessoa, com sacrifícios insignificantes ou extremos, nunca se caracteriza como um gesto desinteressado: ou ajudamos para sermos ajudados no futuro (quando retribuímos estamos, na verdade, ajudando para continuarmos a ser vistos como pessoas confiáveis e, portanto, dignas de novas ajudas no futuro) ou para garantir a replicabilidade de pelo menos uma parte dos nossos genes.

Há reducionistas, porém, que não se convencem da tese da reciprocidade entre não parentes, porque sempre há o risco de o ajudado simplesmente não retribuir quando ocorrer de o altruísta originário precisar de socorro. Parte deles credita, então, o incômodo do sacrifício em favor de beneficiado não parente à conta dos enigmas darwinianos: o altruísmo seria um comportamento irracional sob o ponto de vista do gene egoísta. Outros simplesmente negam que exista algo que se possa chamar de altruísmo: em um raciocínio circular em que o egoísmo é premissa e conclusão, acusam o altruísta de hipocrisia. Arranhe um altruísta, dizem, e verão sangrar um hipócrita – a frase é de Michael Ghiselin.

Já a cooperação incomoda o reducionismo biologista porque, em uma infinidade de situações, todos nós agimos contra a vontade para podermos dar conta de algo básico, isto é, conviver com outros tantos seres presumivelmente egoístas que estão agindo também muitas vezes contra a vontade. Temos que esperar a nossa vez nas filas e nos cruzamentos coordenados por semáforos, precisamos obedecer ao limite de velocidade e às mãos de direção, somos obrigados a cumprir os contratos e respeitar a propriedade alheia... em suma, a opção de não colaborar é incompatível com o atendimento de nossas necessidades mais básicas. Para conseguirmos comer, morar, trabalhar, descansar etc. é imperativo que coordenemos as nossas decisões e condutas com as de outras pessoas. Sem cooperação, simplesmente não vivemos. Mas se somos todos egoístas, como se explica essa cooperação tão necessária, cotidiana, intensa e difundida? A acomodação é feita por meio da pretensa revelação do cálculo por trás do cumprimento das regras de convivência: o que parece colaboração seria, na verdade, a confluência de ações adotadas somente para se evitarem consequências indesejadas (multa de trânsito, perda de bens em um processo judicial, prisão etc.). A consciência, como afirma Richard Alexander, seria a voz interior que mostra até onde podemos satisfazer os nossos interesses egoístas sem corrermos riscos intoleráveis (*apud* Boehm, 2012:30/418).

A cooperação é, então, encaixada na evolução por um complicado (e falho) modelo matemático que demonstraria a maior replicação de estratégias cooperativas (*nice strategies*), quando elas competem com as não cooperativas. Por esse modelo matemático, convencem-se os sociobiólogos que teria ficado provado o sucesso reprodutivo da cooperação na seleção natural. Não haveria nenhuma incongruência entre o egoísmo e a colaboração porque a *naturalidade* dos comportamentos colaborativos teria sido já matematicamente demonstrada. Veremos que esse modelo nada prova, exceto que determinada estratégia se mostra a mais eficaz para pontuar em um jogo específico, que aliás ninguém joga.

Um jogo que ninguém joga

As regras do jogo que ninguém joga (JNJ) são simples: dois jogadores; cada um recebe duas cartas, uma azul e a outra, vermelha; os jogadores escolhem uma das cartas e a descartam ao mesmo tempo. A pontuação também não é complexa: se as duas cartas são azuis, cada jogador recebe 3 pontos; se são vermelhas, cada um recebe 1 ponto; e se são de cores diferentes, o jogador que descartou a vermelha recebe 5 pontos e o que abriu a azul, não pontua.

No quadro a seguir estão os quatro resultados possíveis: no quadrante norte-oeste, os dois jogadores ganham 3 pontos; em sul-leste, ganham 1 ponto; em norte-leste, o jogador 1, que descartou a vermelha, ganha 5 pontos, enquanto o jogador 2, por ter descartado a azul, não pontua; em sul-oeste, o inverso:

Tabela 1 – Pontuação do Jogo que ninguém joga

		Jogador 1	
		Azul	Vermelha
Jogador 2	Azul	3 3	0 5
	Vermelha	5 0	1 1

Embora seja um jogo que ninguém joga, as estratégias a partir dessas regras foram e têm sido objeto de estudos bastante sofisticados. Por meio deles, sabe-se que, dispondo-se os jogadores a fazer uma única jogada, a melhor estratégia é descartar a carta vermelha, porque o jogador ganhará 1 ou 5 pontos, mas não correrá o risco de deixar de pontuar. Mas se forem várias jogadas (até os jogadores se cansarem, digamos), a estratégia mais adequada é começar descartando a azul e, em seguida, fazer exatamente a mesma jogada do adversário (descartar azul, se ele descartou azul na jogada anterior; e descartar vermelha, se ele havia descartado vermelha na jogada anterior).

Para a nossa futura reflexão, é importante ressaltar desde logo que o jogo seria rigorosamente igual se invertêssemos a pontuação das cartas, atribuindo 3 pontos para a hipótese de os dois jogadores descartarem a vermelha, 1 ponto para cada se houve o descarte simultâneo das azuis e, quando não coincidentes as cartas abertas a cada jogada, 5 pontos para quem descartou azul e 0 para quem abriu a carta vermelha. As estratégias também seriam, naturalmente, invertidas: sendo uma só jogada, a mais indicada seria descartar a azul; e, no caso de sequência indeterminada de jogadas, deveria se iniciar descartando a vermelha e, a cada descarte seguinte, imitar o lance feito pelo outro jogador no imediatamente anterior.

Conceito de jogos

Ludwig Wittgenstein, filósofo incontornável do século XX, desenvolveu sucessivamente dois diferentes sistemas filosóficos. Entre o primeiro e o segundo Wittgenstein, a discordância de maiores implicações diz respeito aos *significados* das palavras em contraposição aos *usos* da linguagem. No primeiro sistema, as palavras são figurações do respectivo referencial semântico (algo como a palavra "casa" significa o objeto "casa") e tendem a certa rigidez conceitual. Pode-se dizer de um modo muito simplificado que cada palavra "substitui" o respectivo objeto. Se não for possível usar a linguagem desse modo, aliás, é melhor se calar – afirma o peremptório Wittgenstein ao fim do *Tractatus logico-philosophicus*, a obra do primeiro sistema.

Já em seu segundo sistema filosófico, a questão da significação perde relevância. Mais importante que discutir se as palavras designam objetos, ou como fariam isso, cabe atentar aos vários *usos* da linguagem. Ela é usada não somente para designar coisas, mas também para dar ordens, fazer indagações etc. Wittgenstein questiona sobretudo a inflexibilidade dos conceitos. Em *Investigações filosóficas*, a obra do segundo sistema, as reflexões rígidas e formais do *Tractatus* cedem lugar aos maleáveis jogos de linguagem. Wittgenstein, na verdade, escreve sobre os jogos de linguagem fazendo um jogo de linguagem: se recusa a definir o que exatamente seria isso que ele chama de jogo de linguagem.

Assim é até mesmo porque o segundo Wittgenstein considera "jogos" indefinível. Ele não admite nenhum elemento comum a tudo aquilo que é chamado por esta expressão – "jogos de tabuleiro, de cartas, de bolas, torneios esportivos etc." (1945:42). O "lúdico" não se encontra nos que são jogados profissionalmente, a "competição" não há nos que se jogam individualmente como as paciências, o "ganhar e perder" não vemos nos brinquedos de roda, alguns dependem exclusivamente de "sorte" (dados), outros de "habilidade" (xadrez) e muitos jogos são definidos por diferentes graus daquela e desta (pôquer). Entre todos os jogos há, então, aquela semelhança que se pode identificar em um grupo de pessoas ligadas por vínculo de parentesco. Elas possuem "estatura, traços fisionômicos, cor dos olhos, andar, temperamento etc." de tal modo assemelhados que permitem ser reconhecidas como membros de uma mesma família (Wittgenstein, 1945:43). Cada um dos jogos é aparentado dos demais porque todos apresentam semelhanças que permitem identificá-los como partes de uma *família*. Para ele, igual impossibilidade de identificação de um elemento comum a permitir uma definição mais precisa também seria encontrável em "linguagem" e "número" por exemplo. Assim, associar todos os objetos referidos por "jogos" a uma família wittgensteiniana seria o máximo de precisão possível, com a qual deveríamos nos contentar.

Johan Huizinga, por sua vez, não vê dificuldade em definir o jogo como entretenimento. Para ele, aliás, o jogo não é redutível a funções biológicas ou sociológicas, como proporcionar relaxamento muscular e psíquico ou conter ânimo belicoso na preservação do tecido social. No plano formal, Huizinga considera o jogo uma atividade livre, conscientemente desprovida de seriedade, capaz de absorver o jogador de modo intenso e total, praticada sem intuito econômico e de acordo com uma ordem e suas regras, entre as quais as que fixam limites espaciais e temporais (1938:19 a 26 e 34/346). A dificuldade de alocar o entretenimento no núcleo conceitual de jogos, contudo, é a exclusão dos jogados por profissionais, com intuito de ganho financeiro. Trata-se de um universo de grande importância econômica e cultural na atualidade e que não pode ser apartado.

Talvez na noção de "simulação de conflito" se encontre o elemento comum a todos os jogos, que possibilite a sua conceituação (cf. Zimmerman, 2023). A simulação do conflito pode ser, por exemplo, a de abstração de um dos sujeitos conflitantes, como nos jogos individuais; ou simula-se a ausência do conflito, como nos cooperativos brinquedos de roda; ou ainda a reprodução simulada dos muitos vai-e-vem da vida, em que se alternam sorte e azar, justiças e injustiças, alegrias e tristezas, a nos lembrar os acasos e a nossa impotência.

A simulação dos conflitos por meio de jogos exala a confortável sensação de controle sobre os comportamentos, criando balizas simbólicas que evitam, por exemplo, a sua extrapolação para a violência; um controle possibilitado pelo conjunto de regras próprias a cada um dos jogos, e às quais os jogadores precisam obedecer, sob pena de simplesmente não haver jogo. Se qualquer um dos enxadristas move o bispo em linha paralela às bordas do tabuleiro, deixou imediatamente de acontecer um jogo de xadrez.

Atendendo às regras, os jogadores simulam uma situação em que ninguém se comporta de modo imprevisível, desviante ou irracional, embora estejam todos em declarada disputa pela vitória. Projeta-se o modelo ideal de tratamento dos conflitos, como que suspendendo a realidade por algum tempo. O jogador abandona o jogo ao perceber qualquer trapaça na conduta do outro ou, se o jogo é arbitrado, quando o juiz erra ao deixá-la impune. Nos jogos arbitrados, aliás, o erro do juiz torna mais fidedigna ainda a simulação dos conflitos reais, com a reprodução das injustiças que, de tempos em tempos, a grande maioria de nós inevitavelmente amarga.

A simulação de conflitos proporcionada pelos jogos cumpre, assim, funções pedagógicas, psicológicas e sociais: ensina como lidar com as disputas, aparelha celebrações e decepções em nossa psique e pode absorver as violências latentes nas situações conflituosas reais.

A teoria dos jogos

A teoria dos jogos propõe modelos matemáticos para o estudo das interações estratégicas. Tais modelos pretendem-se úteis à compreensão das decisões a tomar nas mais variadas situações de interação social; isto é, naquelas hipóteses em que um decididor se beneficia se levar em conta, da forma correta, a decisão do outro decididor com o qual está interagindo, e este a daquele. A finalidade da teoria dos jogos está ligada à orientação de decisões como a do administrador de empresa relativamente à sua inserção em um mercado competitivo, do comandante militar às vésperas de uma batalha, do advogado na costura de um acordo em prol do cliente ou na estruturação de uma demanda judicial etc.

Os propagadores da teoria dos jogos afirmam que ela entrega resultados nesses e em outros campos de interação estratégica. Alguns consideram que a teoria permite a direta identificação da melhor decisão a se tomar em cada caso; outros são menos ambiciosos e a veem como um instrumento destinado ao treino dos decididores (ou, mais propriamente, dos economistas profissionais que irão auxiliá-los).

Pelo menos no campo jurídico, isso é completamente falso. A teoria dos jogos não tem nenhuma importância para o estudioso ou profissional do direito. Não faltam esforços visando demonstrar a utilidade dessa formalização matemática para a compreensão das estratégias que já se conhecem na doutrina jurídica ou por experiência profissional, mas são todos enfadonhamente infrutíferos.

O pressuposto da teoria dos jogos é a de que a vida simula jogos. Sem partir dessa pressuposição, não haveria racionalidade nenhuma no emprego de modelos de formalização matemática relativos a estratégias de alguns jogos para orientar decisões no contexto de situações reais de interação social, em que a ação de cada um afeta e é afetada pela do outro ou dos demais. A concorrência econômica, a batalha e a demanda judicial precisam ser entendidas como verdadeiros jogos jogados pelas empresas atuantes no mesmo segmento da economia, pelos exércitos de países em guerra ou pelos advogados das partes litigantes, para que faça algum sentido a utilização da teoria dos jogos na identificação das melhores estratégias ou no adequado treino dos decididores. Esse pressuposto, porém, é errado: ele está de ponta cabeça, porque, se há simulação, são os jogos que simulam a vida e não o contrário.

Não há dúvidas de que a expressão "jogo" serve convenientemente de metáfora para lidarmos com os conflitos surgidos nas situações reais, porque há várias semelhanças ilustrativas possíveis. Mas ver os conflitos como jogos ou ver os jogos como conflitos são dois movimentos diferentes no uso da figura de linguagem. A teoria dos jogos se envereda pelo primeiro movimento, no qual os conflitos são vistos como uma espécie de jogo, isto é, presumindo que se joga mesmo quando não se está jogando xadrez, cartas, futebol etc. O movimento correto a percorrer, contudo, é o outro, em que o conflito é o gênero do qual o jogo é uma espécie, vale dizer, entre os conflitos vivenciados estão os criados para fins de simular situações reais com peças e tabuleiro, baralho, bola etc., genericamente conhecidos por jogos.

A teoria dos jogos foi usada pela sociobiologia e pela biologia evolucionista para tentar se livrar do incômodo das condutas cooperativas. Como o reducionismo biologista do gene egoísta poderia explicar a cooperação?

Um curioso experimento conduzido pelo cientista político Robert Axelrod concluiu, a partir de certa aplicação da teoria dos jogos, que a cooperação pode surgir espontaneamente em um mundo de egoístas, independentemente da existência de uma autoridade. Cooperar, em outros termos, seria uma eficiente estratégia evolucionista, sendo a eficiência medida aqui pela régua do sucesso reprodutivo das estratégias de cooperação quando competem com as não cooperativas. Nesse famoso experimento, a aplicação da teoria dos jogos empregada foi o dilema do prisioneiro.

O dilema do prisioneiro

O dilema do prisioneiro é certamente o jogo mais conhecido entre as aplicações da teoria dos jogos. Para Axelrod, ele foi elaborado pelos matemáticos Merrill Meeks Flood e Melvin Dresher e, em seguida, formalizado por Albert William Tucker em aulas do curso de psicologia de Standford, nos anos 1950 (1984:203).

De acordo com a aplicação, dois integrantes de uma quadrilha de criminosos foram presos, mas a autoridade (em algumas versões, o delegado de polícia; em outras, o promotor público) possui provas que considera suficientes para a condenação deles apenas por um crime de menor gravidade, sendo que praticaram também outros crimes mais graves. A autoridade propõe, então, a cada um deles em separado o seguinte acordo: se você delatar o comparsa, ele será condenado a três anos de cadeia e você será imediatamente libertado; se preferir ficar em silêncio e for delatado pelo comparsa, ele sai livre e você é condenado a três anos; se os dois ficarem em silêncio, serão condenados a um ano; e, enfim, se os dois delatarem, pegarão cada um dois anos de prisão. Os prisioneiros não podem conversar sobre a decisão que irão tomar.

Em sua formulação matemática, as alternativas de decisões de cada prisioneiro são as da tabela seguinte, em que a hipótese de os dois jogadores optarem por não delatar está no quadrante norte-oeste (condenação de um ano); a de os dois jogadores decidirem delatar, no sul-leste (condenação de dois anos); e aquelas em que um deles escolhe delatar (e sai imediatamente livre) e o outro prefere ficar em silêncio (e recebe a condenação de três anos) se encontram nos quadrantes norte-leste e no sul-oeste.

Tabela 2 – Pontuação do Dilema do Prisioneiro

| | | Prisioneiro 2 ||
		Silêncio	Delação
Prisioneiro 1	Silêncio	-1 \ -1	-3 \ 0
	Delação	0 \ -3	-2 \ -2

O dilema do prisioneiro em sua versão original era jogado em uma única jogada. E, nesse o caso, a estratégia dominante é igual para os dois jogadores e consiste em aceitar o acordo com a autoridade, delatando o comparsa. "Estratégia dominante" é o termo técnico da teoria dos jogos para aquela estratégia que se mostra a mais vantajosa, considerando-se apenas as alternativas de determinado jogador e, portanto, independentemente da decisão que será adotada pelo outro.

Na Tabela 2, pode-se conferir que tanto o prisioneiro 1 como o 2, não tendo como saber o que o outro fará, deve preferir delatar o comparsa, porque 0>-1 (primeira coluna para o prisioneiro 1 e primeira linha para o prisioneiro 2) e -2>-3 (segunda coluna para o prisioneiro 1 e segunda linha para o prisioneiro 2).

O dilema do prisioneiro não tem pé nem cabeça.

Em primeiro lugar, não é mais benéfica à sociedade (nem ao eficaz combate ao crime organizado) a condenação de somente um dos prisioneiros pelo crime mais grave, à custa da libertação do outro, que incorreu exatamente no mesmo ilícito. É por isso bastante implausível que a autoridade propusesse o acordo que fundamenta o jogo. Não faz nenhum sentido que a autoridade visse qualquer vantagem em tratar diferentemente o cenário de condenar os dois (à pena menor de dois anos) ou somente um dos prisioneiros (à pena maior de três anos). O suposto benefício da acusação visando a imposição de pena mais severa a um criminoso estaria totalmente neutralizado pela liberdade do outro, que cometera igual delito. Se a acusação não prosperasse e o juiz absolvesse o delatado, nem ele nem o delator responderiam pelo crime menos grave. Não faz sentido.

Contudo, exatamente porque o objetivo é ter ganhos no combate ao crime organizado, os acordos de delação são normalmente oferecidos a um prisioneiro para que a autoridade consiga provas que levem à acusação de dois ou mais comparsas ou pelo menos de um delinquente de maior hierarquia. É esse o cálculo: a autoridade só vai se dar ao trabalho de negociar com um júnior se puder obter provas contra dois ou mais juniores ou contra o sênior. Soltar um membro de escala inferior na quadrilha apenas para poder ser mais rigoroso com outro criminoso, também de escala inferior, não compensa o tempo e a energia dispendidos na tentativa de negociação da delação e, de qualquer modo, a sociedade não é beneficiada de nenhuma maneira. Se ambos os prisioneiros são seniores, o cálculo é idêntico, não compensando negociar com um deles para dar-lhes o valiosíssimo prêmio da liberdade apenas com vistas à obtenção de provas que podem levar à condenação mais rigorosa do outro, sendo irrelevante para a autoridade qual dos dois fica preso e qual é liberado. Tanto faz, para ela, quem sofrerá a maior pena, desde que um deles a sofra – isso é, aliás, inadmissível em um Estado Democrático de Direito. Uma autoridade que proponha o acordo do dilema do prisioneiro deveria ser afastada e responsabilizada.

Na verdade, a menos que haja uma hierarquia entre esses criminosos seniores na quadrilha e as negociações sejam feitas com o menos importante deles, optar pela condenação mais rigorosa de um em troca da liberdade do outro, quando os dois cometeram crimes de igual gravidade, simplesmente é desproposiado, tanto sob o ponto de vista dos interesses da sociedade em relação ao combate ao crime organizado, como o do emprego racional do tempo e da energia do funcionário público investido na autoridade de barganhar penas com prisioneiros.

Por fim, a autoridade até pode propor esse acordo um tanto esdrúxulo, mas ela só tem poderes efetivos para decidir a libertação do delator (ainda assim, o acordo ficaria sujeito em alguns países, como no Brasil, à homologação judicial). Os demais cenários retratam unicamente as expectativas que a autoridade nutre quanto à condenação dos prisioneiros, que compete ao juiz. De acordo com a avaliação que faz das provas que tem em mãos, a autoridade *confia* que conseguirá pelo menos a condenação dos dois prisioneiros à pena de um ano, pelos crimes menos graves, na hipótese de não haver acordo, ou mesmo à pena de dois anos, pelos mais graves, se os dois delatam. Mas muita coisa pode acontecer: os dois casos podem ser distribuídos a um juiz garantista, que não se convence com as provas apresentadas e inocenta os prisioneiros, cada um deles pode ser julgado por um juiz diferente, com tendências ideológicas e critérios técnicos distintos, pode ocorrer a prescrição do crime antes da condenação, a delação premiada pode ser anulada por algum vício etc. Esses cenários eventualmente não são levados em conta pela autoridade ao propor o acordo, tampouco pelos prisioneiros para resolverem o dilema, mas revelam os limites do modelo matemático em face da riqueza das questões jurídicas. Reforça a percepção de insuficiência (ou impertinência) da teoria dos jogos na compreensão da complexa realidade tratada por tais questões.

Nesse rol de inconsistência do dilema dos prisioneiros, não é preciso lembrar que, em uma situação real, os criminosos levariam mais em conta a muito provável reação negativa da quadrilha ao ato de delatar um companheiro. Ganhar a liberdade pode significar o risco de execução sumária. Quer dizer, atribuir um valor mais elevado à liberdade proporcionada pelas autoridades em troca da delação é equivocado se ela custar a vida do prisioneiro delator, tão logo ponha os pés na rua.

Equilíbrio de Nash e Ótimo de Pareto

Se você retornar à Tabela 2 e sublinhar as pontuações correspondentes às estratégias dominantes de cada um dos prisioneiros, encontrará as duas simultaneamente sublinhadas somente no quadrante sul-leste. Essa situação é chamada de "Equilíbrio de Nash", por ser aquela em que nenhum dos jogadores poderia adotar uma estratégia melhor, tendo em vista as informações que possui (na verdade, a falta de informação sobre como decidirá o outro). A designação é homenagem ao matemático John Forbes Nash Jr., que formulou o conceito.

Tabela 3 – Equilíbrio de Nash

		Prisioneiro 2			
		Silêncio		Delação	
Prisioneiro 1	Silêncio	-1	-1	-3	0
	Delação	0	-3	-2	-2

A qualificação de uma combinação de estratégias como Equilíbrio de Nash não significa, porém, que ela seja também a mais eficiente. Veja que se os dois prisioneiros, ao invés de terem optado por delatar (quadrante sul-leste), tivessem recusado a proposta da autoridade e permanecido em silêncio (quadrante norte-oeste), os dois estariam em melhor situação, porque -1>-2 (cumprir a pena de um ano é melhor que cumprir a de dois). Mas como nenhum deles tem conhecimento da decisão do outro, cada um precisa direcionar a sua escolha em função das melhores alternativas entre as que estão ao seu alcance. Apenas se os prisioneiros pudessem se comunicar e coordenar as decisões, teriam como negociar a solução mais eficiente.

Em outros termos, se os dois jogadores decidem o que se mostra mais interessante para eles diante das possibilidades de jogada do outro (isto é, desconhecendo qual será a sua escolha), eles alcançam o Equilíbrio de Nash (quadrante sul-leste da Tabela 3); mas se encontram em uma situação menos vantajosa do que poderiam estar, ou seja, não terão tomado a decisão mais eficiente.

"Eficiência" foi definida por Pareto como a situação em que o sujeito não pode melhorar a sua condição sem prejudicar a de outro ou outros. A situação que atende a essa premissa é chamada de "Ótimo de Pareto" (1909, 2:15). Se compararmos as quatro combinações de decisões dos prisioneiros, veremos que a mais eficiência consiste em permanecerem ambos os prisioneiros em silêncio (quadrante norte-oeste da Tabela 3).

Ficando em silêncio os dois, cada prisioneiro recebe a pena de um ano de cadeia. Se compararmos essa pena com a liberdade imediata, constataremos a existência de uma hipotética condição melhor, mas que beneficia um deles somente, aquele que delatasse o comparsa silencioso (quadrante sul-oeste para o prisioneiro 1; quadrante norte-leste para o prisioneiro 2). Mas, embora um dos prisioneiros melhore a sua condição nessa situação, ela não corresponde à mais eficiente, isto é, ao Ótimo de Pareto, porque a melhora de um dos prisioneiros é feita necessariamente à custa da piora da condição do outro.

Se compararmos, por fim, o quadrante que abriga o silêncio dos dois prisioneiros (norte-oeste) com a hipótese de ambos delatarem (sul-leste), será ainda mais perceptível a menor eficiência desta última situação. Os dois piorariam de situação, ao serem apenados a dois e não mais a um ano de cadeia. Como se vê, o Equilíbrio de Nash (sul-leste) não corresponde necessariamente ao Ótimo de Pareto (norte-oeste).

Os torneios de estratégias

Axelrod, na segunda metade dos anos 1970, testemunhava a vasta utilização do dilema do prisioneiro pela psicologia social e em temas tão variados como política de elaboração do orçamento público, concorrência entre oligopólios, ação coletiva e barganha parlamentar. Mas ele destacava que, na extensa bibliografia em que se tomava esse dilema por modelo, ninguém havia ainda estudado como jogar bem o jogo. Preocupava-se em descobrir qual seria a melhor estratégia para os dois prisioneiros, se o jogo não ficasse restrito a uma única jogada. Já se viu que, na versão original do dilema, os prisioneiros têm uma chance apenas para decidir e a melhor estratégia é delatar (Equilíbrio de Nash). Entretanto, Axelrod constatava que não haviam sido exploradas ainda as estratégias passíveis de utilização no jogo do dilema do prisioneiro iterado, isto é, jogado em mais de uma jogada.

Para enfrentar a questão, Axelrod pensou em um torneio de computador entre as possíveis estratégias. Estruturou o torneio atribuindo o valor "cooperação" (*cooperate*) para a hipótese em que o prisioneiro decide não delatar e o valor "deserção" (*defect*) para aquela em que delata. Em vez de trabalhar com as quantificações negativas (um ano de prisão como -1), adotou a noção de "pagamentos" com as seguintes quantificações: se os dois colaboram, 3 pontos para cada; se os dois desertam, 1 ponto para cada; e se um colabora e o outro deserta, o primeiro ("simplório") ganha 0 ponto e o segundo, 5 pontos. A tabela da pontuação do dilema do prisioneiro iterado definida por Axelrod é a seguinte:

Tabela 4 – Pontuação do dilema do prisioneiro iterado definida por Axelrod

		Prisioneiro 2	
		Coopera	Deserta
Prisioneiro 1	Coopera	3 \ 3	0 \ 5
	Deserta	5 \ 0	1 \ 1

Axelrod convidou, então, vários teóricos profissionais do jogo a criarem uma estratégia para participar do torneio. Recebeu 14 respostas, de pesquisadores atuantes de cinco diferentes áreas do conhecimento (psicologia, economia, ciência política, matemática e sociologia). Cada estratégia competiu com todas as outras, duas a duas; competiu também consigo mesma e com a estratégia das jogadas aleatórias. Cada competição teve 200 jogadas e foi repetida cinco vezes, para a obtenção de resultados estáveis.

JOGOS

A estratégia *olho por olho* (*tit-for-tat*) foi a vencedora do torneio. A estratégia apresentada por Anatol Rapoport, psicólogo ucraniano pertencente aos quadros da Universidade de Toronto, era a mais simples de todas as apresentadas. Consistia em cooperar na primeira jogada e, a partir da segunda, simplesmente imitar a jogada do oponente (cooperar sempre que, na jogada imediatamente anterior, o outro jogador cooperou e desertar sempre que ele desertou).

A pontuação máxima ao longo das duzentas jogadas de cada competição era mil pontos (se a estratégia conseguisse pontuar 5 em cada uma), e a mínima era duzentos pontos (se a estratégia conseguisse pontuar apenas 1 por jogada). Como a colaboração mútua é premiada com três pontos por rodada, um bom desempenho para uma estratégia foi calculado por Axelrod em seiscentos pontos por competição. A pontuação média da *olho por olho* no torneio foi 504.

Analisando os resultados do torneio, Axelrod concluiu que, entre as 14 competidoras, as oito que obtiveram a pontuação mais elevada (as estratégias "robustas") tinham "surpreendentemente" uma característica em comum: nunca eram a primeira a desertar. Chamou-as de "estratégias gentis" (*nice strategies*). A robustez das estratégias gentis ficou mais evidente quando se comparou a pontuação média da que teve menor sucesso (472) com a da estratégia "torpe" (isto é, a primeira a desertar) de melhor desempenho (401). Outra característica das melhores estratégias revelada pelos resultados do torneio era voltar a cooperar quando o competidor desertor retornava à estratégia de cooperação. Axelrod chamou a característica de "perdão". As estratégias que perdoam (*forgiving strategies*) mostravam robustez tão significativa quanto as gentis. A estratégia menos clemente (*unforgiving*) foi, aliás, a que obteve menor pontuação entre as gentis – era a *Friedman*, que iniciava como a *olho por olho* e passava a optar sempre pela deserção a partir da jogada seguinte àquela em que o oponente desertava pela primeira vez.

Avaliando as estratégias mais bem colocadas, Axelrod conclui que se tivessem sido estruturadas de modo ainda mais gentil e clemente teriam alcançado pontuação superior. Até mesmo as estratégias que ele próprio adotara como exemplos para orientar os interessados em participar do torneio tinham apresentado melhor desempenho em um "torneio preliminar" exatamente em razão dessas características.

Para sofisticar o experimento, Axelrod organizou um segundo torneio. Dessa vez, além de convidar especialistas, publicou anúncios em revistas dirigidas ao público interessado em computadores pessoais. Franqueou a todos os resultados do primeiro torneio e o relatório com as suas conclusões, de modo que os estrategistas pudessem aprender com os sucessos e fracassos das que haviam competido no primeiro torneio. Além disso, a quantidade de jogadas deixou de ser fixa (200) e passou a depender de um fator probabilístico, para que nenhum dos participantes pudesse saber de antemão quantas oportunidades teria para cooperar ou desertar.

Participaram do segundo torneio 62 estratégias, incluindo a apresentada por uma criança de 10 anos. Novamente, as estratégias gentis foram as que apresentaram melhor desempenho e a *olho por olho* de Rapoport venceu o segundo torneio também.

Arbitrariedade relativa das quantificações

Quem cria um modelo matemático escolhe as quantificações de modo relativamente arbitrário. Na verdade, não é feita nenhuma medição no mundo físico para se encontrarem as quantificações empregadas no modelo. A arbitrariedade só não é completa porque os números escolhidos precisam "fazer sentido". Eles devem ser congruentes com a narrativa por trás do modelo. Quando se conta a história de uma autoridade tentando convencer dois prisioneiros a fazer a delação, portanto, só é necessário que os quatro possíveis cenários sejam quantitativamente valorados de modo coerente e proporcional. Atendida essa condição, quaisquer números podem ser escolhidos.

Axelrod, note-se, não empregou os mesmos valores do dilema do prisioneiro "original" e fez as seguintes substituições:

Tabela 5 – Comparação das Tabelas 2 e 4

Pontuação do dilema do prisioneiro	
Original (Tabela 2)	Axelrod (Tabela 4)
0 (liberdade)	5
-1 (um ano de prisão)	3
-2 (dois anos)	1
-3 (três anos)	0

A substituição da valoração quantitativa não altera substancialmente o modelo matemático. Embora Axelrod não tenha explicitado (em *A evolução da cooperação*) as razões pelas quais preferiu pontuar as jogadas por valores representados em números naturais, essa escolha pode ter sido feita, por exemplo, para facilitar a execução das competições pelo computador. Para os modelos matemáticos, não há nenhum problema em alterar as quantificações, desde que observada uma graduação que faça sentido. Para ser coerente com a narrativa do dilema do prisioneiro, deve-se, por exemplo, pontuar a situação em norte-oeste com o maior valor (Ótimo de Pareto), a do sul-leste com o menor (Equilíbrio de Nash) e as dos outros dois quadrantes com um valor intermediário. Refiro-me, é bom ressaltar, à pontuação da "situação", que é a soma das pontuações dadas às respectivas "decisões" de delatar ou silenciar.

O terceiro torneio de Axelrod

Dawkins foi um dos pesquisadores convidados para participar do segundo torneio. Ele não apresentou nenhuma estratégia, mas propôs a realização de um terceiro torneio para avaliar a estabilização da evolução, isto é, a replicabilidade das estratégias. Sendo a seleção natural a competição entre os genes e seus alelos, o dilema do prisioneiro poderia servir como modelo matemático para testar a hipótese da estabilização como resultado das aptidões inclusivas. Uma estratégia robusta (*robust*) teria ainda mais robustez caso ela não apenas se saísse melhor nas competições, mas também acabasse eliminando as outras estratégias ao longo do torneio. Dawkins sugeriu que Axelrod entrasse em contato com Hamilton para organizarem o novo experimento. Os dois trabalhavam em departamentos diferentes da mesma universidade (Michigan), mas não se conheciam (Dawkins, 1976:276-278).

Axelrod e Hamilton utilizaram as estratégias que haviam participado do segundo torneio e introduziram o conceito de "geração". Na primeira geração, todas participaram em igualdade de condições, mas em vez de as vitoriosas receberem mais pontos, o sucesso era premiado com descendentes (*offspring*) idênticos na segunda geração, e assim sucessivamente. Na geração 150, as estratégias torpes (não gentis) não tinham mais descendentes, exceto uma que sobreviveu até a milésima geração. Depois disso, a cada geração repetiam-se os percentuais entre as descendências das estratégias gentis em competição, com predominância da *olho por olho*. Interpretou-se esta invariância nos percentuais como a estabilização na evolução, após uma significativa sucessão de genes e alelos colaborando ou desertando na ocupação dos cromossomos. E concluiu-se, então, a partir dos resultados do terceiro torneio de computador entre as estratégias do jogo do dilema do prisioneiro repetido, que a cooperação pode ser o resultado da seleção natural, mesmo entre indivíduos aparelhados por seus genes para serem egoístas.

Tal conclusão, no entanto, é inconsistente. A despeito do gigantesco arsenal empregado, a partir da mobilização de renomados pesquisadores de várias partes do mundo e dispêndio de elevados recursos destinados à ciência, trata-se de uma gigantesca falácia não formal conhecida como *petição de princípio*. A conclusão já estava contida inteiramente na premissa.

Petição de princípio

A petição de princípio (*petitio principii*) é uma falácia lógica um tanto capciosa. Isso porque em todo argumento solidamente lógico, uma ou mais premissas verdadeiras sustentam uma conclusão verdadeira. Na petição de princípio, há uma premissa e uma conclusão que até podem ser verdadeiras, mas a primeira não sustenta a segunda porque as duas são idênticas. Sua formalização é *Se A, então A*. Quer dizer, nessa falácia, a despeito de ser uma premissa verdadeira, ela não *prova* a veracidade da conclusão (Copi, 1953:84). Claro que, na petição de princípio, normalmente não se constroem premissa e conclusão com as mesmas palavras, porque isso tornaria a falácia evidente. Ninguém se convenceria de que "Shakespeare é o maior dramaturgo de todos os tempos" somente porque "o maior dramaturgo de todos os tempos é Shakespeare". As petições de princípios são disfarçadas em paráfrases, sinônimos, triangulação por meio de premissas redundantes e outros expedientes falaciosos. A petição de princípio tem visível força retórica (Perelman, 1977:42), mas é condenada pela lógica como erro de demonstração desde Aristóteles (1992:283-288).

No dilema do prisioneiro iterado, a petição de princípio se esconde na pontuação, isto é, na valoração quantitativa, que sugere introduzir no argumento premissas com certeza matemática. Mas, prestando-se a devida atenção, percebe-se que a conclusão ("após mil rodadas, a cooperação predomina de modo estável") é apenas uma repetição da premissa ("a cooperação mútua vale mais, na pontuação, que as demais decisões"). No ponto de partida do argumento encontra-se a mesma valoração apresentada como resultado, comprometendo a solidez lógica do raciocínio.

A corrosão da lógica do argumento pela falácia da petição de princípio se revela com mais nitidez ainda quando, uma vez invertidas as pontuações da premissa ("a deserção mútua vale mais, na pontuação, que as demais decisões"), chega-se à conclusão igualmente invertida ("após mil rodadas, a estratégia de deserção predomina de modo estável").

O experimento de Axelrod é uma petição de princípio porque, desde o início, já se tinha atribuído o maior valor à cooperação mútua. Como se verá em seguida, há uma valoração qualitativa que precede e baliza a quantitativa, a comprometer a aplicação útil da teoria dos jogos fora da matemática. Mas, ficando por enquanto somente na valoração quantitativa, percebe-se que foram desde o início atribuídos 6 pontos para a cooperação mútua, que está no quadrante norte-oeste (3 + 3), enquanto às situações em que um coopera e o outro deserta, retratadas nos quadrantes norte-leste e sul-oeste (0 + 5 ou 5 + 0), atribuíram-se 5 pontos e à hipótese de deserção mútua, encontrada no quadrante sul-leste, foram dados 2 pontos (1 + 1).

A atribuição de valor quantitativamente maior à cooperação mútua só poderia levar à predominância de estratégias cooperativas, caracterizadas pela gentileza e pelo perdão. Percebe-se isso retomando o JNJ, isto é, o jogo que ninguém joga, acima descrito. De acordo com as regras desse jogo, quando os dois jogadores descartam simultaneamente as cartas azuis, cada um ganha 3 pontos, perfazendo a situação o total de 6 pontos (quadrante norte-oeste ou Ótimo de Pareto); se descartam as vermelhas, 1 ponto para cada, isto é, 2 pontos para a situação (quadrante sul-leste ou Equilíbrio de Nash); e se cada jogador descarta uma carta de cor diferente, quem abriu a vermelha recebe 5 pontos, e o outro não pontua, o que implica valorar as duas situações com 5 pontos (quadrantes norte-leste e sul-oeste).

Podem ser sobrepostas as duas tabelas, a do jogo que ninguém joga (JNJ) da Tabela 1 e a do dilema do prisioneiro de acordo com a pontuação de Axelrod (DPA) da Tabela 4, indicando-se a pontuação dada à situação pela soma dos pontos de cada jogador/prisioneiro:

Tabela 6 – Sobreposição JNJ e DPA

		Jogador/Prisioneiro 2	
		Azul/ Coopera	Vermelha/ Deserta
Jogador/ Prisioneiro 1	Azul/Coopera	3 + 3 = 6	0 + 5 = 5
	Vermelha/Deserta	5 + 0 = 5	1 + 1 = 2

Essa sobreposição possibilita ver com facilidade que há duas possíveis jogadas convergentes (quando os jogadores/prisioneiros tomam a mesma decisão), que são as dos quadrantes norte-oeste e sul-leste. A sobreposição nos permite constatar, também, que o responsável por definir as regras de pontuação atribui maior valor a uma das jogadas convergentes do que à outra. É a jogada convergente do quadrante norte-oeste a considerada digna de maior pontuação: no JNJ, o descarte simultâneo de cartas azuis; no DPA, a cooperação mútua. Na escala de valores de quem fixa as regras do jogo, à outra jogada convergente, a do quadrante sul-leste, é reservada uma pontuação bem inferior; a menor possível, na verdade. No JNJ, eu defini que a situação do descarte simultâneo de cartas vermelhas vale apenas 1 + 1 = 2 pontos; enquanto Axelrod definiu, no DPA, que a situação da deserção mútua também merece essa mesma pontuação mínima.

Em termos mais rigorosos, a pontuação do jogo define o Equilíbrio de Nash e o Ótimo de Pareto. Assim, quem define a pontuação, já define necessariamente o quadrante em que se encontrará o Ótimo de Pareto, abrigando-o em norte-oeste ou em sul-leste, de acordo com a sua vontade. E, em consequência, define também de antemão o resultado do dilema do prisioneiro iterado: será sempre a predominância estável do que ele próprio definiu como Ótimo de Pareto, após cerca de mil jogadas, se pelo menos um dos jogadores empregar a estratégia de iniciar o jogo pela decisão Ótimo de Pareto e, a partir da segunda jogada, copiar a decisão imediatamente anterior do oponente.

Quando se joga com cartas coloridas

Quando se joga com cartas de diferentes cores, pode-se subtrair totalmente qualquer significado da jogada. No jogo que ninguém joga, azul e vermelho não têm nenhum significado. São apenas cartas coloridas.

Mas, na sobreposição das tabelas na forma acima, descartar a carta azul ganha o significado de cooperar e descartar a vermelha, o de desertar. Ora, exatamente em razão da inexistência de qualquer significado apriorístico do descarte de carta com determinada cor, não acontece nenhuma mudança no JNJ se for invertida a pontuação das cartas para se valorizar mais a situação de descarte simultâneo das vermelhas (3 + 3 =6) que as demais (o descarte simultâneo das azuis por 1 + 1 = 2 e o das cartas de cores diferentes por 5 + 0 + 5 ou por 0 + 5 = 5).

Tabela 7 – Pontuação do JNJ invertido

		Jogador 2	
		Vermelha	Azul
Jogador 1	Vermelha	3 \ 3	0 \ 5
	Azul	5 \ 0	1 \ 1

Fazendo a nova sobreposição do JNJ, agora em sua versão invertida (Tabela 7), com a tabela do DPA (Tabela 4), obtém-se:

Tabela 8 – Sobreposição do JNJ invertido e do DPA

		Jogador/Prisioneiro 2	
		Vermelha/Coopera	Azul/Deserta
Jogador/Prisioneiro 1	Vermelha/Coopera	3 + 3 = 6	0 + 5 = 5
	Azul/Deserta	5 + 0 = 5	1 + 1 = 2

Já se percebe, com base nesses exercícios de comparação e sobreposição, que, se a pessoa responsável pela definição das regras de pontuação do jogo decidisse valorar mais a situação de deserção mútua do que a de cooperação mútua, acomodando a primeira em norte-oeste (melhor dizendo, no quadrante do Ótimo de Pareto) e a segunda em sul-leste (no Equilíbrio de Nash), ela chegaria às conclusões opostas à de Axelrod. Se promovesse torneios de estratégia a partir dessa pontuação invertida, a vencedora seria a *olho por olho invertida*, isto é, a que deserda na primeira jogada e, a partir da segunda, imita o oponente. Se promovesse o torneio premiando o desempenho da estratégia com descendência, em vez de pontos, a conclusão seria a de que a não cooperação surge naturalmente, mesmo quando os agentes envolvidos na seleção natural são todos altruístas.

Em suma, quando as regras de valoração no dilema do prisioneiro dão prioridade à cooperação mútua, é a cooperação que prevalecerá em uma competição de estratégias; mas se elas atribuíssem o maior valor à deserção mútua, seria a deserção que venceria a competição. É matemático. E é uma petição de princípio, com a conclusão quantitativa apenas reproduzindo a premissa qualitativa adotada.

O dilema do restaurante

No jogo denominado "dilema do restaurante", por exemplo, 10 colegas de trabalho combinaram um almoço de fim de ano. Estipularam que a conta será dividida igualmente entre todos, pagando cada um 10% do valor total, independentemente do que consumirem. No cardápio do restaurante, alguns pratos são muito mais caros que outros.

Se a pontuação for feita no pressuposto de que a estratégia "pedir o prato mais barato" vale *menos* que "pedir o prato mais caro", porque os que adotaram a primeira irão pagar mais, na divisão da conta, do que o preço do prato consumido e os que adotaram a segunda estratégia pagarão menos do que o preço do prato que consumirem, o Equilíbrio de Nash será todos escolherem os pratos mais caros do cardápio (Fernandez, 2021:197-198/282).

Mas, se a pontuação for feita no pressuposto de que a estratégia "pedir o prato mais barato" vale *mais* que "pedir o prato mais caro", porque os que adotarem a primeira ficarão felizes em presentearem os amigos (ao pagarem mais do que o preço do prato que consumiram), enquanto os que adotarem a segunda ficarão com culpa por terem explorado os colegas de escritório (ao comerem um prato cujo preço superava o percentual da conta que pagaram), o Equilíbrio de Nash será o oposto, isto é, a situação em que todos pedem os pratos mais baratos do cardápio.

De qualquer modo, será pela avaliação *qualitativa* do que realmente conta em uma confraternização de fim de ano que se definirá a avaliação *quantitativa* das duas estratégias possíveis. No final, portanto, o que interessa é unicamente a avaliação qualitativa, porque os números da quantitativa são arbitrariamente escolhidos pelo criador do jogo, que só precisa se preocupar em atribuir valores maiores às estratégias que reputa mais valiosas: no dilema do restaurante, comer pratos caros pagando apenas parte do preço ou confraternizar com os amigos, dando-lhes presentes. (Para que o dilema do restaurante faça sentido, é necessário sobretudo que nem todos adotem o comportamento avaliado como o melhor, porque, do contrário, ou ninguém conseguirá comer mais pagando menos ou ninguém conseguirá presentear os amigos.)

O nome do jogo

Incorporar o dilema do prisioneiro a qualquer argumento acerca de decisões estratégicas no campo das humanidades não faz sentido, porque a pontuação das quatro combinações de decisões já é a definição do resultado. Mas podemos generalizar um pouco mais a advertência, porque outros elementos da organização do jogo, além da pontuação, também predefinem o resultado, ajudando a expor a falácia da petição de princípio.

Uma clara demonstração de que, além da quantificação dos pontos, outros elementos da organização do jogo podem ser manipulados para produzir determinado resultado vemos em uma experiência neurológica sobre os efeitos inconscientes da linguagem, em que os voluntários jogadores do "Jogo de Wall Street" tendiam a ser menos cooperativos do que os do "Jogo Comunitário", embora aquele e este fossem apenas rótulos diferentes para o dilema do prisioneiro (Sapolsky, 2018: 95).

Valoração qualitativa e valoração quantitativa

A teoria dos jogos não tem aplicação nas humanidades porque a valoração quantitativa reproduz rigorosamente a valoração qualitativa das mesmas variáveis de acordo com a escala de valores de quem define as regras do jogo.

Os criadores do jogo do dilema dos prisioneiros, desde o início, atribuíram maior valor à situação em que os dois decidem não fazer o acordo com a autoridade (-1 -1 = -2). Quando os dois prisioneiros concordam em fazer o acordo, a pontuação atribuída é inferior (-2 -2 = -4), assim como nas hipóteses em que apenas um deles concorda em fazer a delação premiada (0 - 3 = -3 ou -3 + 0 = -3). Lembre-se de que menos dois é maior que menos três, que é maior que menos quatro (-2 > -3 > -4). Para os criadores desse dilema, a liberdade vale mais que a lealdade (0 > -1), a lealdade vale mais que a deslealdade também entre os criminosos (1 > 2) e seria valioso (aparentemente, para a sociedade) poder condenar com mais rigor um prisioneiro, ainda que a custas de conceder liberdade ao outro, apesar de terem cometido o mesmo crime (0 > -3). Essa é a hierarquia de valores da pessoa que escolheu a pontuação do dilema do prisioneiro. E não somente dela, mas também de todos que se valem do dilema para finalidades argumentativas, seja o discurso científico ou não. A cada ideologia corresponde determinada hierarquização dos valores (Cap. 1). Por isso, a pontuação no dilema do prisioneiro e nas demais aplicações da teoria dos jogos é sempre reflexo direto dos valores nutridos pelo aplicador, da ideologia dele.

Como se percebe, a agregação de números relativamente arbitrários a determinado argumento (valoração quantitativa) é uma inescapável redundância, por simplesmente reproduzir a ideologia que o orienta. À redundância da valoração quantitativa segue-se sua completa inutilidade. Pode-se perfeitamente raciocinar sobre as variáveis de qualquer interação estratégica empregando exclusivamente o repertório das humanidades e dispensando-se as quantificações matemáticas. Com isso concordam grandes pensadores da teoria dos jogos – para John von Newman e Oskar Morgenstern, "meras asserções matemáticas não são realmente melhores que as mesmas asserções em forma literária" (Newman-Morgenstern, 1943:5). Também deve concordar o psicólogo Steven Pinker, porque se vale do jogo "dilema do pacifista", que criou espelhado no dilema do prisioneiro, para "oferecer uma segunda maneira de apresentar as ideias que [tentou] explicar com palavras" – ele se refere ao favorecimento da redução da violência ao longo da trajetória humana por cinco eventos: surgimento do Estado, comércio gentil, feminização, expansão do círculo de simpatia e o respeito racional aos interesses alheios (2011:903-920).

O que explicaria, então, o fascínio hipnotizante exercido pela teoria dos jogos em muitos economistas e juristas? A resposta deve ser pesquisada na epistemologia. Quando o pesquisador da área de humanas se vale da teoria dos jogos, os seus argumentos ideológicos ganham uma aparência de rigor científico, graças unicamente à introdução das valorações quantitativas e tabelas. Disfarça-se, desse modo, a ideologia do pesquisador (isto é, a hierarquização que confere a seus valores). O manto de cientificidade oculta a existência de diversas hierarquizações de valores disseminadas na sociedade, partindo do falso pressuposto de que cada estratégia teria um valor intrínseco independente das ideologias.

O dilema do prisioneiro, em suma, não é um jogo neutro, assim como todos os demais modelos operados pela teoria dos jogos. O modelo matemático é construído para a finalidade de reforçar o argumento, mas, graças à cientificidade e precisão magicamente sugeridas pelos números e tabelas, fica subentendido que ele também cumpriu outra função: a de comprovação da tese abrigada no argumento. Por ser uma falácia da petição de princípio, a teoria dos jogos deve ser banida das humanidades. Ela não apenas é redundante e inútil, mas sobretudo perniciosa, ao propalar que determinada escala de valores seria "cientificamente" mais correta que as demais.

A presunção de racionalidade da teoria dos jogos

Newman publicou o primeiro estudo sobre teoria dos jogos em 1928. O seu objetivo era criar um modelo matemático para orientar decisões a serem tomadas em jogos no sentido próprio da expressão, mas que pudesse ser igualmente empregado na solução de "problemas econômicos e sociais". A oportunidade para explorar a segunda hipótese surgiu no início dos anos 1940, em associação com o Morgenstern. Juntos, o matemático e o economista estudaram a aplicação da teoria dos jogos em questões de natureza econômica, no contexto da abordagem da escola austríaca, uma vertente originária do neoliberalismo. A parceria dos dois pesquisadores de Princeton resultou na publicação, em 1943, do *Teoria dos jogos e comportamento econômico*, o marco inicial da aplicação do modelo matemático na compreensão de questões comportamentais.

Estamos tão acostumados com o emprego da matemática pelos economistas que nos parece que a economia já nasceu permeada de fórmulas, tabelas e cálculos. Mas, na verdade, não foi assim – economistas usando intensamente a matemática como método é algo recente. Atribuem a Hayek, laureado com o Nobel de Economia em 1974, a condenação do uso da matemática pelos macroeconomistas como a "coisa mais próxima da prática da magia" (1988:136). De qualquer modo, nos anos 1940, os economistas ainda não tinham construído o consenso em torno dessa questão metodológica e, por isso, Newman e Morgenstern iniciam o livro justificando a utilização de modelos matemáticos na compreensão de questões econômicas.

CONFLITO

Newman e Morgenstern deixaram claro que a teoria dos jogos ainda não tinha condições de oferecer qualquer predição, isto é, antecipar quem seria o vencedor de determinado jogo ou como um problema econômico e social seria efetivamente resolvido. Recorrem constantemente ao paralelo com a física (que consideram uma ciência bem mais evoluída que a economia) para argumentar que a teoria dos jogos era bastante incipiente e essencialmente estática, isto é, um modelo matemático de aplicação econômica que precisaria ser aprimorado no futuro. Quando a teoria do calor foi criada, dizem, as quantificações eram imprecisas, mas foram progressivamente se aperfeiçoando. As pessoas, obviamente, sempre sentiram calor e o mediram de modo subjetivo. Newman e Morgenstern tinham a esperança de que a teoria dos jogos percorreria igual trajetória, com o constante aprimoramento das quantificações das variáveis. Enquanto isso, os jogadores continuariam tomando as suas decisões nos jogos de modo subjetivo.

Uma das questões iniciais abordadas pelos dois pesquisadores foi a comensurabilidade das utilidades, isto é, como quantificar os possíveis resultados dos jogos para delinear as decisões racionais em vista do objetivo de maximização de utilidades (ou de lucros, no caso de empresários). O maior problema por eles identificado era o decisor não ter clareza sobre as próprias preferências entre as alternativas de decisão à sua frente, ruído que chamaram de "informação incompleta". Resolveram-no construindo um modelo em que se presume que todos os jogadores são sempre racionais e estão completamente informados. Seus seguidores sofisticaram a fórmula: presume-se que pessoas agem *como se* fossem racionais e *como se* tivessem sempre clareza sobre as suas preferências: tivessem, em suma, sempre a "informação completa" para tomar a decisão.

Contudo, a falta de clareza do decisor sobre as próprias preferências é o menor dos obstáculos à comensurabilidade das utilidades. O verdadeiro problema se encontra na arbitrariedade e na impossibilidade de arbitragem das preferências, que Newman e Morgenstern tentam contornar apelando a um presumível "indivíduo comum".

O foco das principais críticas à teoria dos jogos tem sido a presunção da plena racionalidade dos jogadores. Que aptidão preditiva teria um modelo matemático com tal presunção na antecipação de ações humanas que visivelmente nem sempre são racionais? Essa crítica, por exemplo, foi feita em 1964, vinte anos após a publicação do livro de Newman e Morgenstern, em um simpósio organizado pela Otan sobre as aplicações militares da teoria dos jogos (Morgenstern, 1964) e é ainda hoje reiterada (Syll, 2018:46-48). Os admiradores da teoria dos jogos costumam defendê-la, diante das críticas à presunção de plena racionalidade dos jogadores, propondo distinguir a "verdade exterior" da "verdade interior". Se a teoria dos jogos eventualmente não atende ao critério da verdade exterior (compatibilidade com a realidade do "mundo físico"), ela certamente atenderia ao da verdade interior (compatibilidade entre seus pressupostos e conclusões).

A minha crítica da petição de princípio não tem a presunção de racionalidade como alvo e põe em questão a veracidade *interna* da teoria dos jogos. Como a avaliação qualitativa predefine a quantificação da pontuação dos jogos, quem estabelece as regras já determina o resultado por antecipação. Não é necessário nem jogar. Newman e Morgenstern não perceberam a petição de princípio, ou não se ocuparam dela. Parecem presumir que o indivíduo comum poderia servir de régua para a apropriada medição da racionalidade da avaliação qualitativa; para eles, comer à custa dos amigos seria sempre mais racional que presenteá-los na confraternização de fim de ano, ser desleal com o comparsa, se você não tiver mais nenhuma outra chance para ser leal, seria sempre mais racional etc., porque assim pensaria o indivíduo comum. Como mostra a crítica da petição de princípio, esse sujeito imaginário e o modo como o aplicador do modelo imagina que ele hierarquiza os valores definem simultaneamente regras e resultados na teoria dos jogos.

Modelos e fábulas

Ariel Rubinstein é um premiado economista israelense estudioso das decisões estratégicas em situações interativas, o mesmo objeto da teoria dos jogos, mas com foco nos limites da racionalidade. Ele informa que tradicionalmente os economistas se dividem em dois grupos quanto à utilidade dos modelos econômicos. De um lado, alguns consideram que os modelos fornecem descrições objetivas da realidade e, por isso, podem se desincumbir satisfatoriamente da função preditiva, permitindo antecipar as condutas das pessoas. Quando falha nessa função, o modelo deve ser aperfeiçoado, com o acréscimo de detalhes que ainda não tinham sido considerados. De outro lado, há os que tomam os modelos econômicos por meros exercícios intelectuais destinados ao treinamento dos economistas. Do mesmo modo que combates simulados treinam os soldados para a guerra, os modelos econômicos teriam a função de aguçar a percepção dos profissionais da economia. Especialistas em teoria dos jogos estariam, por exemplo, mais bem preparados que os demais profissionais para auxiliar, de um lado, a agência de telefonia a organizar um leilão de frequência no espectro eletromagnético de ondas de rádio, e, de outro, as empresas de comunicações interessadas em participar da disputa.

Diante dessas duas concepções acerca da utilidade dos modelos econômicos, Rubinstein propõe uma terceira. Eles cumpririam função semelhante à das fábulas. Na famosa *A roupa nova do imperador*, Andersen conta que dois charlatões venderam ao soberano roupas magníficas feitas com um tecido especialíssimo, que somente as pessoas inteligentes eram capazes de enxergar. Ninguém admitia que o imperador estava nu, nem ele próprio, por receio de passar por parvo, até se ouvir o alerta ingênuo de uma criança. Os fabulistas querem transmitir lições de moral aos leitores por meio de narrativas como essas, que transitam entre o fantasioso e o real. Os personagens, incluindo animais falantes, vivem em mundos imaginários plenamente ajustáveis aos propósitos da lição. As fábulas são essencialmente imaginárias, mas possuem pontos de contato com a realidade. E são precisamente esses pontos de contato que nos ajudam a ter compreensões diferentes do mundo que habitamos. De modo semelhante, os modelos econômicos são criações fantasiosas, que simplificam a realidade desconsiderando tudo o que poderia tornar o raciocínio mais complexo ou difícil: em vez de animais falantes, surgem indivíduos plenamente racionais, por exemplo. E exatamente em razão da autorização que têm para fantasiar, os modelos fornecem instrumentos aos economistas que lhes permitem, ao abandonarem o plano ideal e retornarem ao mundo real, conferir maior precisão aos conceitos, avaliar premissas, conferir conclusões e estimular *insights*. Os modelos são verdadeiras *fábulas econômicas* (cf. Rubinstein, 2012:16, 34-37).

Os modelos econômicos ilustram raciocínios. São recursos à disposição de reforços argumentativos. As quantificações definidas pelo expositor do argumento precisam fazer sentido, mas são tão arbitrárias quanto as personagens e as situações mais ou menos fantasiosas escolhidas pelo fabulista com o objetivo específico de transmitir determinada lição de moral. Desse modo, provar qualquer tese sobre a evolução da cooperação a partir do dilema do prisioneiro é tão inconsistente como provar que todas as pessoas sempre receiam a reputação de parvas porque um imperador, certa vez, desfilou sem roupas. Apesar do que sugerem números, cálculos e tabelas, os modelos matemáticos não provam nada além da matemática.

A analogia com as fábulas aplica-se inteiramente ao emprego de quaisquer modelos matemáticos pelos estudiosos das humanidades. Por isso, Axelrod se equivocou ao dar por provada a evolução da cooperação por um modelo matemático que é, por definição, meramente assertivo e foi criado para auxiliar a exposição e a compreensão de argumentos sociais e econômicos. O objetivo de seus afamados torneios não foi simplesmente agregar à sustentação de determinada tese evolucionista certo encadeamento de enunciados expressos por variáveis quantitativas, a partir do desempenho das estratégias competidoras e do resultado de suas combinações. Ele não usou o dilema do prisioneiro para reforçar, com números que fazem sentido, o argumento favorável a determinada tese sobre a evolução da cooperação. A intenção original de Axelrod era investigar as melhores estratégias para jogar o dilema do prisioneiro e ele acabou encontrando, *para sua surpresa*, o que entendeu ser a comprovação matemática de que, ao longo de muitas gerações e independentemente de qualquer autoridade, a cooperação passou a predominar entre os humanos, a despeito de sua natureza egoísta. Certamente, ele exigiu demais do dilema do prisioneiro.

7. Etologias

Para discutir a conjectura do direito como estratégia evolucionista, é inevitável enfrentar certas questões epistemológicas. A evolução é estudada por uma ciência, a biologia, enquanto a origem do direito é questão tratada por conhecimentos de outro estatuto epistemológico, não científico, pertencentes ao grande campo das humanidades. A conjectura aqui aventada deve ser testada pelo método científico ou submetida à interpretação disciplinada das humanidades? Ou ela deve tanto ser corroborada por testes da biologia como substanciada no contexto dos repertórios da teoria do direito e da antropologia? Para combinar esses dois objetos – evolução de um lado, direito de outro –, é indispensável a explicitação de determinados conceitos da teoria do conhecimento (epistemologia).

Mas se você não estiver interessado em epistemologia, pode pular este capítulo também e seguir direto para os próximos, em que a conjectura areja a teoria jurídica e a antropologia.

Questões epistemológicas inevitáveis

A contextualização da origem do direito na evolução dos humanos é uma questão científica ou das humanidades? Aventa uma conjectura para ser testada cientificamente ou para ser investigada pelas humanidades? A conjectura pode ser falseada por meio de experimentos naturais ou experiências laboratoriais ou é o caso de demonstrar a sua verossimilhança pela metodologia própria aos saberes das humanidades?

Ciência é definida como o conhecimento falseável, isto é, que pode ser posto à prova, desafiado, escrutinado, checado por determinados procedimentos. São dois os procedimentos de falseamento dos enunciados científicos: de um lado, o experimento natural, que consiste na observação sistemática pelos cientistas de um objeto diretamente na natureza (migração de aves, derretimento de geleira, metamorfose de insetos e anfíbios etc.); de outro, as experiências laboratoriais, em que se observam os resultados de testes controlados a que o objeto é submetido em um ambiente artificial (aceleração de partículas, eficácia de um medicamento, modificação genética etc.). Os dois procedimentos de falseamento têm uma característica comum, que é a replicabilidade. É imprescindível que todo experimento natural e toda experiência laboratorial feitos por um cientista possam ser repetidos por outro, para possibilitar a conferência das conclusões alcançadas pelo primeiro.

Se um enunciado não pode ser submetido a falseamento por pelo menos um desses procedimentos (experimento natural ou experiência laboratorial), ele não é científico. A afirmação de que Deus criou um casal do qual toda a humanidade é descendente não é científica simplesmente porque ninguém pode falseá-la. Não há como submeter essa afirmação aos procedimentos de falseamento. Já a de que humanos e chimpanzés evoluíram de um ancestral comum é uma afirmação científica por ser possível confrontá-la com os resultados de experimentos naturais e experiências laboratoriais, tais como os achados arqueológicos e o sequenciamento genômico.

Note que a classificação de um enunciado como científico por meio de sua falseabilidade não depende do resultado do procedimento de falseamento. São enunciados científicos mesmo aqueles que foram falseados. Em outros termos, os enunciados falseáveis podem ser falsos ou verdadeiros: será falso o que *já* foi falseado, e verdadeiro, o que *ainda não* foi. A verdade científica é sempre relativa, porque nunca se descarta a possibilidade de um dia alguém demonstrar a sua falsidade (Popper, 1945:427/755).

O que ciência e humanidades têm em comum é o rigor com que tratam as conjecturas que as inquietam. Tanto o cientista como o estudioso das humanidades assumiram o compromisso (consigo mesmo, com mais ninguém) de cercar as suas inquietudes de especial seriedade. Os dois se sentem responsáveis por configurá-las em perguntas precisas e só propor respostas a investigar que sejam congruentes com os respectivos repertórios, conceitos e métodos de trabalho. À estrita observância desse protocolo chama-se rigor acadêmico. Ciência e humanidades, em suma, são conhecimentos rigorosos, embora seja diferente o que cada uma delas entende por tratamento rigoroso: enquanto na ciência sustenta-se a veracidade ou a falsidade de afirmações sobre o mundo físico, nas humanidades interpretam-se fatos dotados de sentido e intencionalidade no contexto de um repertório de verossimilhanças.

As humanidades não conseguem ser uma ciência pelo critério da falseabilidade. Os enunciados que compõem o vasto conhecimento da história, antropologia, psicologia, sociologia, ética etc. não são minimamente falseáveis. Não há observação direta do objeto tampouco qualquer teste em ambiente controlado passíveis de replicação que sejam minimamente aptos a refutar os enunciados das humanidades. Por esta mesma razão, eles também não são corroboráveis. Se um historiador afirma, por exemplo, que entre os legados das guerras napoleônicas está a disseminação do ideal burguês de sociedade, tal afirmação não é verdadeira nem falsa, por não poder ser falseada por observação empírica; ela é, contudo, mais ou menos verossímil ou talvez inverossímil, no contexto do repertório compartilhado pelos historiadores.

"Humanidades" e "ciências humanas" são sinônimos. Eu prefiro a primeira designação exatamente para realçar que se trata de um saber não científico.

Estruturas e comportamentos

A biologia evolucionista atribui às estruturas orgânicas funções que poderiam ser explicadas como chances melhoradas de êxito na autorreplicabilidade do gene, meios de otimização da energia do indivíduo ou estratégias de preservação da espécie dependendo da unidade da evolução ao qual direciona o foco. Desde o início, porém, a teoria da evolução se deparou com órgãos inúteis, como os mamilos dos mamíferos machos. Conjecturou, então, que eles tiveram função em algum ancestral, que foi perdida por desuso ao longo da evolução. Chamou-os de órgãos rudimentares ou vestigiais e deu-se por satisfeita, preservando, assim, a chave de atribuição de sentido funcional às estruturas. Também desde o início, imaginou-se que hábitos conscientes se tornariam progressivamente instintivos e como tais seriam transmitidos à descendência (Darwin, 1872:41).

Enquanto tratam apenas de estrutura, as ciências biológicas se deparam com as próprias questões, nutridas por debates entre os cientistas especializados. A inquietação analítica, porém, agita os espíritos: se a transformação da bexiga natatória dos peixes em órgão respiratório dos répteis tem uma explicação bastante convincente no contexto da teoria da evolução, por que não se conseguiria explicar o infanticídio entre os chimpanzés, a poliandria entre os suricatos e outros comportamentos também por essa mesma abordagem?

A teoria da evolução não se contém, no entanto, no estudo dos comportamentos dos animais não humanos. Se todos os seres vivos estão imersos no mesmo processo natural de evolução, não há razões para deixar de fora os humanos. Aliás, os nossos comportamentos estão na pauta da teoria da evolução desde o início. Darwin acreditava que a seleção natural levaria, um dia, ao aprimoramento do nosso autocontrole a ponto de tornar instintivo o cumprimento dos deveres morais (1871:66, 71, 74 e 111).

Ao alargar, porém, o seu campo com o objetivo de identificar as funções evolucionárias também nos comportamentos dos humanos, a biologia extrapola para um tema tradicionalmente estudado por outras áreas do conhecimento acadêmico, os diversos saberes das humanidades. Quer fazer mais bonito que elas, assegurando a predição científica onde as humanidades não conseguem projetar antecipações confiáveis.

Ao tratar os comportamentos dos animais em associação com a teoria da evolução como vinha tratando as estruturas dos organismos vivos, a biologia inaugurou um novo campo de conhecimento. Em 1951, a expressão "etologia" foi empregada por Nikolaas Tinbergen no sentido de estudo do comportamento dos animais não humanos. E já nos anos 1960, a etologia incluiu em seu objeto o comportamento dos humanos sob a perspectiva evolucionária. Na sequência, surgiram as pesquisas definidas como próprias da psicologia evolucionista ou da sociobiologia.

"Ciência do comportamento" é, na verdade, resquício do infrutífero projeto da modernidade de dominar cientificamente a sociedade tal como se havia obtido o domínio da natureza. Mas há algo de novo no ar. Antes, as tentativas de explicar diferenças entre os humanos (de gênero, classe, raça, culturas etc.) partindo de uma teoria da evolução – como a de Spencer, por exemplo – traduziam-se em renovadas iniciativas de estudos das humanidades de busca do rigor e predição das ciências naturais. Ou seja, eram tentativas inseridas naquele grande projeto de reorganizar e controlar cientificamente a sociedade. No surgimento da psicologia evolucionista e da sociobiologia, contudo, testemunhamos os próprios cientistas alargando os limites de seus objetos de conhecimento para incluir os comportamentos nos estudos científicos. Ambicionam obter sucesso onde as humanidades falharam espetacularmente.

Como veremos, a ciência do comportamento é uma empreitada frustrada.

As bases epistemológicas da etologia

Lorenz é um dos fundadores da etologia. O biólogo austríaco ficou conhecido do público da divulgação científica em razão das experiências com estampagem (*imprinting*), que proporcionaram várias fotografias pretensamente engraçadas, em que ele é seguido por gansinhos em fila que o tomam por sua mãe gansa. Nessa espécie, o animalzinho identifica a mãe pela resposta ao primeiro piado que emite tão logo rompa o ovo. Também é próprio da espécie seguir a mãe durante a infância, para assimilar a receita básica de sobrevivência. Estampagem é a designação que Lorenz deu para esse tipo de aquisição de conhecimento. Tenho pena dos gansinhos que ele ludibriou para alavancar a sua projeção midiática. As fotografias são deprimentes.

Até meados dos anos 1940, Lorenz era um eugenista militante do partido nazista. Lamentava que alemães e ingleses, as duas raças superiores em sua visão de mundo, estivessem travando uma guerra que poderia beneficiar apenas as raças inferiores da humanidade. Com a derrota da Alemanha hitlerista, teve de se esmerar no contorcionismo retórico para continuar relevante na ciência, como vários outros pesquisadores que tinham perdido a aposta na Segunda Guerra. Em 1973, quando os seus inimigos acadêmicos diretos (os behavioristas) tentaram minar a indicação dele para o Prêmio Nobel lembrando o seu passado pouco dignificante, Lorenz respondeu que os seus artigos sobre a eugenia eram, na verdade, um alerta aos nazistas sobre os graves efeitos nefastos da ignominiosa prática, mas não tinham sido compreendidos pelos facínoras. Foi convincente e ganhou o Nobel de Fisiologia ou Medicina daquele ano.

Focando no que interessa aqui: na "Parte Um" do seu prestigiado *Os fundamentos da etologia*, Lorenz trata de questões epistemológicas (1981:35-58). Inicia pondo em questão o postulado de Popper de que toda a ciência seria necessariamente reducionista. A física, admite Lorenz, se desenvolve por meio de "reducionismos generalizantes". Essa expressão um tanto paradoxal significa que os físicos, para formularem uma lei, pesquisam determinado sistema específico em busca de explicações para o que acontece no sistema mais abrangente do qual ele faz parte. Estuda, por exemplo, o movimento dos planetas em torno do Sol para formular leis aplicáveis a um conjunto bem mais amplo do recorte físico, isto é, as relativas à atração gravitacional dos corpos. O método científico é, assim, uma redução (olhar para um sistema mais específico) que leva a uma generalização (entender o sistema mais abrangente).

Lorenz não concorda que a biologia se desenvolva como a física, porque os organismos vivos não são explicáveis por redução a processos de ordem exclusivamente físico-química. O aparecimento da vida é, para ele, uma barreira histórica ao reducionismo generalizante nos moldes da física. Em outros termos, o físico atualmente consegue identificar com precisão a cadeia de causalidades que liga qualquer fato de seu objeto presente ao *Big Bang*. As mesmas leis que operam hoje vêm operando rigorosamente do mesmo modo nos 13,8 bilhões de anos de existência do Universo. Já a vida observada em um minúsculo planeta de um pequeno sistema solar de uma das centenas de bilhões de galáxias segue leis que não operavam antes do seu aparecimento há cerca de 3 bilhões de anos. A lei da evolução por seleção natural do mais forte, por exemplo, só consegue explicar o que se observa no planeta Terra nesse "pequeno" período.

Até aqui, pode-se concordar com Lorenz. A sua reflexão epistemológica sobre os fundamentos da etologia, porém, se envereda por rumos menos convincentes ao assinalar mais uma diferença entre física e biologia, que estaria associada à barreira histórica do reducionismo generalizante. Os biólogos, segundo Lorenz, "são forçados" a questionar sobre o propósito de variações nos organismos vivos. Esta é uma preocupação inexistente na física, que nunca investiga os objetivos dos processos físico-químicos – um físico não pesquisa, por exemplo, qual seria a finalidade da força da gravidade, mas apenas constata as relações de causa e efeito que ela explica.

Lorenz, em suma, diz que os biólogos, ao contrário dos físicos, sempre fazem a pergunta *"para quê?"*: investigam, sob o ponto de vista da evolução, qual é a serventia do pulmão, do apêndice, da divisão celular, da monogamia etc. Ao responder a essa pergunta, o biólogo explicaria a função de estruturas orgânicas e de comportamentos dos animais no contexto da evolução: o pulmão serviu para o animal evoluir do meio aquático para o terrestre, o apêndice no humano é um órgão que perdeu a função em algum momento da evolução, a divisão celular possibilitou a reprodução sexuada e a monogamia é um enigma darwiniano porque a sua função não parece congruente com a seleção sexual etc.

Mas, nesse ponto da argumentação, Lorenz se embaralha todo. A experiência de contorcionista retórico não o ajuda quando precisa conciliar a investigação funcional de órgãos e comportamentos no contexto evolucionário com a afirmação de inexistência de qualquer propósito na evolução. Apesar de admitir que a evolução ocorre "somente de acordo com os princípios do acaso cego", Lorenz chega à conclusão paradoxal de que as estruturas e os comportamentos de um animal teriam finalidades na seleção natural, expressas pelas suas funções biológicas. A Lorenz não escapou o paradoxo: quando o biólogo pergunta *"para que um gato tem unhas afiadas, pontudas, curvas e retráteis?"* e responde *"para agarrar camundongos"*, ele não está nunca raciocinando em termos de uma "orientação a um objetivo inerente do Universo e da evolução orgânica", porque procura apenas identificar qual a função valiosa à sobrevivência que aparelhou os gatos com unhas desse formato (1981:51).

Para contornar o paradoxo, Lorenz se socorre daquela distinção entre teleonomia e teleologia de Mayr (2004). Quando quer se referir à função de uma estrutura orgânica ou de um comportamento no contexto da evolução, Lorenz fala em "objetivo ou sentido teleonômico"; para a investigação mística da finalidade última da evolução, reserva as noções de "objetivo ou sentido teleológico".

Lorenz não reduz a biologia a uma pesquisa de finalidades sem nenhuma atenção às causalidades. Para ele, a compreensão do objetivo depende da compreensão da causa (1981:58). Constrói, para tentar esclarecer o seu raciocínio, uma parábola que pode ser sintetizada assim: o objetivo do motorista, ao dirigir o seu automóvel, é chegar ao destino; se acontecer um problema no veículo, o motorista perceberá a completa indiferença do destino para o solucionar; quer dizer, se não pensar em termos causais para consertar o veículo, o motorista não atingirá o seu objetivo de prosseguir a viagem até onde pretendia chegar (1981:56-57). No final, ao qualificar a biologia como teleonômica em seu obscuro argumento, Lorenz parece tomá-la como um conhecimento associado de causas e finalidades, enquanto a física se ocupa apenas de causas. Desse modo, Lorenz optou por inserir a evolução em uma progressão ao infinito em vez de uma regressão ao infinito (Cap. 1).

Regressão ao infinito e progressão ao infinito

O Deus de Aristóteles é imóvel. Não criou nada, não interfere nos assuntos mundanos, não conhece sequer o mundo, não julgará ninguém. Ele é o primeiro motor, que promove a transformação primordial das potências da matéria em atos. A partir disso, os atos se tornam potências e estas, novos atos, que serão na sequência atualizados em outras potências etc. Os seres se moverão sem precisar mais de Deus, que permanecerá imóvel, um pensamento autocontemplativo. Até mesmo para transformar as primeiras potências em ato, ele mesmo não se moveu. Se tivesse se movido para dar esse impulso, Deus não seria um ato puro, mas a realização de uma potência, o que pressuporia um ato precedente. É necessário um motor que mova sem ser movido para interromper a cadeia regressiva ato-potência, dar-lhe um início, afastar o absurdo do infinito.

Assim como Aristóteles precisou imobilizar Deus, qualquer investigador de relações de causalidades não escapa de interromper a regressão ao infinito com um efeito sem causa. Os astrônomos conseguem identificar coerentemente a cadeia de causalidades que remonta ao *Big Bang*, mas não se perguntam o que teria causado o próprio *Big Bang*. Não precisam da resposta a essa pergunta para conseguir estudar o seu objeto astronômico.

A biologia também poderia ter sido epistemologicamente fundada à semelhança da astronomia, isto é, como uma pura investigação de relações causais, interrompendo-se a regressão ao infinito com o surgimento da vida no planeta Terra. O biólogo pesquisaria os efeitos da seleção natural dos mais fortes considerando a evolução como a causa distal de todas as estruturas orgânicas e comportamentos dos animais. Afirmaria que a seleção natural causou a transformação da bexiga natatória do peixe no órgão respiratório dos primeiros animais terrestres, é a causa da inutilidade dos órgãos residuais, aparelhou os gatos com unhas afiadas, pontudas, curvas e retráteis e assim por diante. E, enfim, não se preocuparia com a causa da própria vida, interrompendo assim a regressão ao infinito. Mas a biologia tem preferido seguir na linha de Lorenz e vem estruturando a etologia com foco na função das estruturas e dos comportamentos dos animais.

Se o objetivo de tal distanciamento da biologia em relação à física foi evitar a regressão ao infinito, ou ter de a interromper com a identificação de um aristotélico efeito sem causa, a solução teleonômica não ajuda muito. Isso porque ela forçosamente substitui a regressão ao infinito da causalidade por uma progressão ao infinito da finalidade. Assim como sempre cabe a pergunta "e o que causou essa causa?", também cabe "e qual é a finalidade dessa finalidade?".

Não é possível dissociar-se função de finalidade: se a função do neurotransmissor é transferir informação do axônio de um neurônio para o dendrito de outro, a sua finalidade (ou razão de existir) é propiciar que a informação atravesse a sinapse entre essas duas células neurais. A identidade entre função e finalidade é tanta que você pode inverter a frase sem perda de sentido: se a função do neurotransmissor é viabilizar a travessia da informação pela sinapse que separa células neurais, a sua finalidade é transferir a informação do axônio de um neurônio para o dendrito de outro.

Desse modo, depois da resposta do biólogo de que as unhas afiadas, pontudas, curvas e retráteis dos gatos servem para agarrar camundongos, sempre se poderia perguntar "para que os gatos precisam agarrar camundongos?". Se ele responder "para comê-los", pode-se replicar "para que os gatos precisam comer camundongos?". Se o biólogo disser "para ter energia", cabe perguntar "para que os gatos precisam ter energia?", e assim por diante. Se a regressão ao infinito da investigação das causas precisa ser interrompida por um efeito sem causa, a progressão ao infinito da pesquisa da função também precisa ser interrompida, dessa vez por algo desprovido de finalidade – isto é, pela resposta "porque sim" (Lorenz, 1981:56).

Lorenz acredita que somente os místicos teleológicos usam o contundente "porque sim" para encerrar abruptamente a pesquisa das finalidades. Ele lança nessa categoria até mesmo os seus adversários behavioristas, afirmando que para eles as causas não fariam diferença. Mas, na verdade, também a teleonomia tem o seu próprio "porque sim". Também a etologia se depara com o imperativo racional de interromper a progressão ao infinito.

Como vimos, os crentes interrompem com Deus tanto a regressão como a progressão ao infinito: Ele criou o ovo primordial explodido no *Big Bang* e orientou o sentido de tudo o que existe. É a crença no *design* inteligente. A questão, no final, parece toda contida na definição arbitrária e não arbitrável do ponto de preferência de cada um para interromper a cadeia com um absoluto. Alguns preferem um Criador, com maiúscula, ou um agente criador desprovido de intencionalidades enquanto outros optam por um peremptório recorte no objeto científico. A progressão finalística de Lorenz pode ser mais elástica que a de um fundamentalista religioso, no sentido de que o etologista concorda em suscitar e responder alguns "para quê?", mas somente até chegar a vez da pergunta "para que os seres vivos evoluem?", à qual só pode responder com o cortante "porque sim". Já um fundamentalista religioso tem sempre apenas uma resposta para qualquer indagação acerca da finalidade de um órgão ou comportamento animal, com a qual aborta desde o início a progressão: "porque Deus quis".

Está tudo errado com a epistemologia de Lorenz! As leis da biologia, em especial a da evolução por seleção natural, não operavam antes do surgimento da vida no nosso planeta. Dessa constatação, entretanto, decididamente não cabe concluir que a etologia deva investigar os propósitos dos órgãos e comportamentos dos animais no contexto da evolução. Para evitar esse salto lógico, a etologia deveria levar às últimas consequências o acaso. O pulmão, o apêndice, a divisão celular, a monogamia etc. podem ou não ter resultado da seleção natural dos mais fortes e, assim, não serem explicáveis pela identificação da função específica que teriam presumivelmente cumprido no processo evolutivo.

Mas, lembre-se, aceitar o acaso espalhado dessa maneira nos fatos biológicos não é uma opção para os cientistas, pelas várias dificuldades que cria no plano existencial (todos temos medo do acaso, porque é assustadoramente imprevisível, incontrolável, frustrante e desnorteador), operacional (o cientista prova a existência de regularidades, de invariâncias, onde ninguém as identificaria sem ele e nada tem a dizer sobre as irregularidades do acaso) e no plano muito concreto da subsistência (se ele admitir, desde o início, não ser possível alcançar resultados rigorosos e confiáveis em determinada investigação por conta do acaso, não conseguirá financiamento, público ou privado, para a realizar).

Não se curvando à progressão ao infinito nem aceitando o império do acaso, os etologistas criam uma comodidade conceitual para os socorrer: os enigmas darwinianos. O infanticídio cometido por leões é incongruente com o objetivo de preservação da espécie, assim como a poliandria dos macacos-de-gibraltar não se coaduna com a finalidade de os machos fazerem de tudo para otimizar a reprodução dos próprios genes. Esses e outros fatos são classificados como enigmáticos sob a perspectiva darwiniana em razão de tais incongruências (Alcock, 2009:393). Na verdade, os etologistas se intrigam com esses mistérios porque estão comprometidos com uma atribuição de sentido, algo como evolui-se *para que* os genes se repliquem, *para que* os indivíduos mais fortes sobrevivam ou *para que* as espécies mais aptas se perpetuem. Se não atribuíssem sentido à evolução, nenhum comportamento animal sugeriria um enigma.

Os fatos que não se acomodam no sentido atribuído à evolução deixariam de ser enigmáticos se os etologistas não tivessem apego à teleonomia. Como reconhecer o acaso em um objeto é renunciar à possibilidade de o controlar cientificamente, a etologia deve se perguntar se não seria um ramo das humanidades, ou seja, o conhecimento verossímil do comportamento animal.

Duas obsessões

Uma obsessão da etologia tem sido listar vantagens adaptativas. O raciocínio do etologista normalmente vai de trás para frente no argumento da evolução.

De acordo com a síntese moderna, mutações genéticas acontecem aleatoriamente e uma muito pequena porcentagem delas leva a novas características fenotípicas que se mostram mais vantajosas para a adaptação dos indivíduos ao ambiente; em consequência, esses indivíduos são mais fortes para vencerem a luta pela sobrevivência e, por isso, geram descendentes com a mesma característica vantajosa em maior número do que os coespecíficos desprovidos dela. A etologia tem ido de frente para trás, em um raciocínio em marcha a ré porque estrutura suas explicações assim: se uma característica existe largamente disseminada na espécie, então ela corresponde a um traço vitorioso na seleção natural, vale dizer, é uma indiscutível vantagem adaptativa; se não tivesse ampliado utilmente a força de um indivíduo, em algum momento no passado, não teria vencido a seleção natural nem teria sido repassada às gerações subsequentes; nessas teria predominado outra característica, mais vantajosa que ela. Por raciocínios desse tipo, a etologia acaba se entendendo como o conhecimento das listas das vantagens adaptativas associáveis a cada característica fenotípica, estrutural ou comportamental.

Esse modo de raciocinar leva a equívocos.

Em primeiro lugar, porque a evolução está em curso. Uma característica fenotípica pode estar largamente disseminada na espécie e, ainda assim, não ser a mais vantajosa para ela simplesmente porque ainda não houve tempo suficiente para uma mutação genética já acontecida tornar-se predominante.

Além disso, há características que, malgrado espalhadas pela espécie, são em tudo irrelevantes para a seleção natural, como a variação de cores entre as galinhas. Não há nenhuma indicação de que a variedade de cores dessas aves cumpriria alguma função evolutiva. Desse modo, outras características de outras espécies podem também ser irrelevantes para a evolução. Quer dizer, a etologia sempre corre o risco de se pôr à caça de algo que não existe.

A terceira razão para os equívocos é a enorme variedade de características entre as espécies, a mostrar que diferentes traços fenotípicos podem ser igualmente classificáveis como adaptações vantajosas. Os etologistas acabam listando as vantagens adaptativas de uma característica e as da característica oposta sem conseguirem apontar qual das duas é a mais vantajosa pelo mesmo raciocínio em marcha a ré. Comparando-se, por exemplo, as estratégias reprodutivas r (ocupação de nichos ecológicos vazios, com muitos filhotes a cada ninhada e sem cuidados parentais) e K (competição por nichos ocupados, com poucos filhotes a cada ninhada e com cuidados parentais), não conseguem concluir se uma seria mais vantajosa que a outra.

E, no final das contas, qualquer característica pode ser largamente disseminada na espécie por mero acaso, e não como o resultado de uma lei natural de seleção do mais forte.

Outra obsessão da etologia ronda a confirmação de os animais serem instrumentos de replicação de genes. Trata-se do sexo e dos comportamentos sexuais explicados inteiramente pela competição por descendência, pela incansável busca de sucesso reprodutivo. Não se atenta à possibilidade de sexo por puro prazer. Mesmo entre os bonobos, que fazem muito sexo, a intensa atividade sexual é explicada como a estruturação de hierarquias sociais e códigos de poder (Waal, 2005:32). Fazer sexo por prazer parece mais um candidato à excepcionalidade humana.

Seguramente, quando os humanos fazem sexo, o único objetivo que têm em mente, na quase totalidade das vezes, é desfrutar de momentos prazerosos. Em realmente muito pouquíssimas oportunidades, os parceiros em atividade sexual querem replicar os seus genes. A gravidez não desejada é um problema individual e social de enormes consequências por ser, na verdade, o resultado de efeitos colaterais do prazer buscado pelo intercurso sexual.

Um aspecto risível da obsessão da etologia pelo sucesso reprodutivo é a classificação da homossexualidade como enigma darwiniano. Os pesquisadores indagam: se somos autômatos replicadores de genes, como explicar as diferentes orientações sexuais? (Pinker, 2011:605-606). Medido pelas quantidades de vezes em que é praticado visando à reprodução ou somente ao prazer, o sexo é uma atividade essencialmente lúdica e não reprodutiva. São incomparáveis as quantificações, tamanha a diferença a maior da frequência do sexo puramente prazeroso. A obsessão dos etologistas pela tese do sucesso reprodutivo é cômica exatamente por reduzir a atividade sexual ao seu aspecto menos relevante.

É passada a hora de deixar o sucesso reprodutivo de lado e tomar o prazer como o objetivo autônomo do sexo. A pavoa se sente atraída por aquele pavão que acabou de abrir exuberante a cauda, e não pelo outro que a abrira anteriormente, porque a gratifica mais como estímulo sexual e não porque estaria em curso uma seleção sexual.

A evolução explica tudo?

Os etologistas têm a tentação de explicar todos os comportamentos animais a partir da evolução darwiniana. Quando pensam, por exemplo, porque seria tão disseminada a crença em Deus, põem-se à cata de vantagens adaptativas que explicariam como o comportamento de professar uma religião já não teria sido extinto pela seleção natural, apesar de só consumir energias. Não as acham, mas insistem: talvez a crença em Deus seja um "subproduto irracional de uma vantagem adaptativa" e por aí vão (Dawkins, 2006). Excluem a possibilidade de que a maioria das pessoas tem medo visceral do acaso e da morte e o modo psicológico mais fácil de lidar com a paúra é a negação. A crença em Deus atenderia ao anseio apaziguador por alguém poderoso no controle de tudo e pela oportunidade para merecer uma vida eterna e feliz. Explicações não evolucionárias tão verossímeis como esta sequer são consideradas.

Se a evolução explica tudo é uma questão intrincada para a biologia. Na primeira edição de *A origem das espécies*, Darwin propôs uma teoria com nítido viés de totalidade, que pretendia explicar todas as estruturas orgânicas dos seres vivos de qualquer espécie pela seleção natural dos mais fortes. Na quinta edição de seu livro mais famoso e em *A descendência do homem e a seleção sexual*, de 1871, penitenciou-se e, reconhecendo a pertinência de certa crítica, admitiu que diversas estruturas não são explicáveis pela seleção natural (1871:104-105).

Pode-se compreender o polegar opositor e a postura ereta como vantagens adaptativas porque são estruturas que nos permitiram caçar com lanças e, assim, matar animais à distância, sem depender do confronto físico direto. Vários outros órgãos podem ser contextualizados de modo semelhante. Mas nem tudo no nosso organismo se mostra claramente como uma vantagem adaptativa. Há, de um lado, os órgãos inúteis como o apêndice; de outro, estruturas prejudiciais no contexto evolutivo, ou pelo menos não otimizadas devidamente, como a necessidade de dormir durante cerca de um terço do dia, um tempo demasiado longo em que ficávamos indefesos diante de vários predadores. Os evolucionistas dirão que o apêndice é uma estrutura rudimentar, isto é, resíduo de órgão que tinha utilidade em ancestrais; e que o tempo de sono exigido para o bom funcionamento do cérebro é mais que compensado pelos ganhos que esse órgão proporcionou no nosso processo evolutivo.

Essas afirmações são convincentes, não há dúvida; mas seriam falseáveis? Lembre-se de que a falseabilidade do enunciado é condição para a sua qualificação como científica. Como ter certeza de que a utilidade demonstrada de um órgão como vantagem adaptativa realmente resultou da evolução, se esta também produz órgãos inúteis como o apêndice? Como saber se todas as adaptações que se estabilizam são vantajosas se a evolução também gera órgãos de complexa relação custo-benefício, como o cérebro?

Admitir que nem todas as estruturas orgânicas se explicam como vantagem adaptativa torna a questão ainda mais complexa, por introduzir a necessidade de se distinguirem cientificamente as explicáveis em termos evolucionistas das inexplicáveis. Pense-se em duas espécies nas quais os indivíduos podem ter cores diferentes: a galinha e o cão selvagem. Para Lorenz, é teleonomicamente irrelevante se a galinha é branca, marrom ou pintada, porque essa variação de cores não cumpre nenhuma função na evolução; já a coloração variável do cão selvagem teria o significado teleonômico de permitir o reconhecimento de cada indivíduo, mesmo a distância, nas caçadas que os coespecíficos empreendem em conjunto (1981:51).

Contudo, o critério para distinguir o teleonomicamente relevante do irrelevante é arbitrário: se o biólogo encontra uma explicação que faz sentido no repertório da teoria da evolução, o fato é classificado como relevante para a teoria da evolução; se não a encontra, é relegado à irrelevância. A arbitrariedade impede o falseamento tanto da afirmação de que a variação de cores da galinha não cumpre nenhuma função evolucionária, como a de que a mesma característica no cão selvagem cumpre uma função evolucionária.

Outra dificuldade de tratamento científico de determinados enunciados da biologia evolucionista se verifica na diferenciação entre adaptação homóloga ou convergente. Homologia existe quando duas ou mais espécies possuem características coincidentes e podem ser associadas, com alto grau de probabilidade, a um ancestral comum; já a convergência é a coincidência de características entre espécies que não possuem um ancestral comum. É certo que todos os seres vivos se originaram de um único ancestral, mas não é dele que se está falando. Interessa, para essa classificação, a ascendência mais próxima (proximal) e não a mais distante (distal).

Assim, percorrendo-se as muitas ramificações da árvore da evolução, vamos encontrar galhos finos (um para cada espécie) que se uniram a um dos galhos mais grossos (o ancestral comum). As características coincidentes entre essas espécies são homólogas, porque se considera que foram herdadas desse ancestral. Trata-se, então, de adaptação homóloga. Mas há também a situação em que espécies sem um ancestral comum proximal apresentam características coincidentes. Nesse caso, diz-se que a adaptação é convergente: o macaco bugio, o saruê e o cavalo-marinho possuem caudas preênseis, mas não têm ascendente comum.

Pois bem, se certa característica fenotípica pode ser encontrada em duas ou mais espécies que não descenderam de um mesmo ancestral, nunca se pode ter certeza de que as características coincidentes de espécies de igual ancestralidade proximal herdaram-nas do ancestral. Aliás, os etologistas mais prudentes ressalvam que a homologia da adaptação só pode ser afirmada em termos de probabilidade, admitindo em alguma medida a impossibilidade de falseamento.

São, assim, três questões que pelo menos dificultam o falseamento das afirmações da biologia evolucionista relativamente às estruturas dos organismos vivos: inutilidade ou custo de certos órgãos, a arbitrariedade na distinção entre as características fenotípicas explicáveis como adaptações evolutivas e as não explicáveis como tais e, por fim, a adaptação convergente impedindo a certeza da hereditariedade das características da homóloga.

Admita-se que a importância dessas questões em relação à cientificidade dos enunciados da biologia pertinentes à estrutura dos organismos vivos pode ser relativizada porque a biologia genômica tem fornecido substanciais reforços à evolutiva, a partir da comparação dos genomas mapeados. Mas isso funciona na pesquisa das estruturas. Quando se gira o foco para os comportamentos dos animais, o âmbito específico da etologia, a impossibilidade de falseamento não se pode mais relativizar.

Poliginia ou não poliginia, eis a questão

A impossibilidade de falseamento dos enunciados etológicos é visível no estudo dos sistemas de acasalamento. Pela teoria da seleção sexual, os machos lutam para transmitir a sua herança genética para a maior quantidade de descendentes e, em razão dessa luta, as fêmeas conseguem selecionar o melhor par para se acasalar, isto é, aquele com melhores condições de contribuir para a transmissão da herança genética para a maior quantidade de descendentes.

A poliginia é o sistema de acasalamento plenamente ajustado à teoria da seleção sexual. Os machos mais fortes são selecionados por várias fêmeas. Como os mais fracos não têm oportunidade de acasalar, a poliginia, por esse raciocínio, asseguraria que apenas a herança genética dos mais fortes fosse transmitida às novas gerações. O benefício para a espécie parece, assim, mais que evidente.

O fato, porém, é que nem todas as espécies adotam esse sistema de acasalamento supostamente ideal para a seleção sexual. Há espécies em que macho e fêmea formam pares monogâmicos igualmente dedicados aos cuidados parentais e há aquelas em que as fêmeas acasalam com vários machos, podendo manter tanto relações instáveis como estáveis com os seus parceiros.

Diante da variedade de formas de acasalamento, a etologia, empregando o peculiar raciocínio em marcha a ré, a etologia lista as vantagens adaptativas não somente da poliginia, mas também da não poliginia, isto é, da monogamia e da poliandria. Ela vê a monogamia como um intrigante enigma darwiniano, mas que deve trazer vantagens adaptativas nas poucas espécies que a adotam, tais como a prevenção de novas inseminações da fêmea por outro macho ou a divisão dos cuidados parentais entre o macho e a fêmea (malgrado haja o compartilhamento desses cuidados também em algumas espécies poligínicas). A poliandria, por sua vez, traria vantagens como o aumento das chances de procriar, maior variação genética, concurso de machos cuidando da prole ou da segurança do ninho e redução do risco de infanticídio (Alcock, 2009:380-404).

Como ficamos, então? A poliginia é o resultado de uma vantagem adaptativa, mas a não poliginia também. Em suma, qualquer sistema de acasalamento é uma vantagem adaptativa. Ora, se qualquer sistema é vantajoso, então nenhum deles é. Vantagem decorre sempre de uma avaliação relacional entre duas ou mais variáveis, atribuindo-se a uma ou a algumas o valor positivo (é vantajosa) com a necessária contrapartida de atribuição às demais do valor negativo (não é vantajosa). Atribuir vantagens a todas as variáveis é formular enunciados não passíveis de falseamento.

A infalseabilidade só não é percebida pelo seu ocultamento atrás de discursos sexistas, em que a poliginia se mostra *mais* vantajosa que a também vantajosa (porém, *menos*) não poliginia simplesmente porque, por alguma razão impenetrável, a transmissão da herança genética dos machos seria mais importante para a adaptação evolutiva que a transmissão da herança genética das fêmeas.

Etologia é um saber das humanidades

Alguém pode achar ridiculamente contraditório considerar o estudo dos animais *não humanos* um departamento das *humanidades*.

O tema é sensível porque diz respeito diretamente à excepcionalidade humana. Alguns pesquisadores são zelosos guardiões do nosso isolamento no patamar mais elevado da escada evolucionária, ao qual teríamos ascendido pela passagem estreita da categoria filosófica da transcendência. Nos anos 1970, o antropólogo Leslie White criticava o elegante e conciso conceito do colega Radcliffe-Brown ("cultura é o que pode ser ensinado e aprendido"), dizendo que ele abria a porta para "admitir espécies não humanas". Para White, os humanos seriam os únicos animais capazes de simbologizar, isto é, criar, definir e atribuir a coisas e acontecimentos *significados não sensoriais*. Os símbolos dos animais são, para ele, apenas *sinais sensoriais*. White conceitua cultura a partir dessa capacidade única de simbologização e apresenta duas objeções ao conceito Radcliffe-Brown. Pela primeira, precisaríamos de outra categoria para a cultura criada por simbologização, e não lhe ocorre nenhuma (talvez lhe tenha escapado a alternativa "cultura por simbologização"); pela segunda objeção, o conceito dificultaria a definição das fronteiras entre psicologia e antropologia, o que, admitimos, não é algo assim tão preocupante (White-Dillingham, 1972:49). A fragilidade das objeções revela a dificuldade de continuar sustentando a tese da excepcionalidade humana, quando se avolumam evidências em contrário em várias áreas do saber. Animais têm cultura, sejam humanos ou não, porque ensinam e aprendem.

A divisão entre etologia e humanidades pressupõe que somente a primeira poderia ser científica, porque o comportamento dos animais não humanos seriam testáveis em observações *in loco* e experiências de laboratórios por estarem sujeitos a leis biológicas não aplicáveis aos humanos. Em outros termos, essa categorização epistemológica pressupõe os humanos como excepcionais. Afastada, porém, a excepcionalidade humana, perde sentido dividir o estudo dos comportamentos entre dois compartimentos, humanidades e etologia. Se não há como conhecer cientificamente o comportamento dos humanos, por não serem falseáveis as conjecturas a respeito, pelo mesmo motivo também não haveria como conhecer pela ciência o dos animais.

A etologia reúne conjecturas não falseáveis. No seu raciocínio em marcha a ré, qualquer comportamento frequente só pode ser compreendido como o resultado do sucesso reprodutivo dos indivíduos que, de algum modo, portam-no em seus genes. Essa premissa, no entanto, não é verossímil, tampouco testável.

Confronte-se a eussocialidade, hipótese em que os descendentes são cuidados por quem não está necessariamente transmitindo os seus genes, com a poliginia, modelo em que o macho procura espalhar a sua herança genética fecundando a maior quantidade de fêmeas possível, muitas vezes sem participar dos cuidados parentais. Wilson considera que a eussocialidade obteve um grande "sucesso ecológico", exemplificando com números impressionantes: as formigas e cupins eussociais são mais de metade da totalidade dos insetos do planeta, mas correspondem a menos de vinte mil espécies, quantidade insignificante diante das milhões de outras espécies conhecidas de insetos que não são eussociais (2014:14).

No entanto, a eussocialidade corresponderia a comportamentos mais adaptativos que os associáveis à poliginia porque a quantidade de indivíduos de espécies eussociais é vertiginosamente mais elevada e tão desproposital quanto classificar o comportamento de batizar os filhos em igrejas cristãs como mais adaptativo que o de acender velas em templos budistas, tendo em vista haver mais de 2 bilhões de humanos adeptos do cristianismo e menos de 400 milhões professando o budismo. Não há nenhum sentido em falar em maior sucesso reprodutivo dos cristãos, diante da transmissão das características comportamentais típicas da sua religião a um número maior de descendentes, comparativamente à descendência dos budistas (cf. Lewontin-Rose-Kamin, 1984:255).

Durante muito tempo, os animais não humanos foram entendidos, na cosmovisão de enraizamento europeu, como seres mais ou menos autômatos, movidos por forças puramente instintivas, que aprendiam basicamente por instinto ou imitação etc. Reconhecia-se a "humilhante condição" de pertencermos todos ao mesmo grande "reino" dos animais, mas preservada a nossa excepcionalidade pela compreensão dos outros animais como seres desprovidos de atributos especiais como alma, pensamentos, espiritualidade, amor etc. Por critérios variados, dividiam-se os animais em duas categorias de hierarquia bem definida: a dos "não humanos, necessariamente inferior a nós, e a dos humanos" (cf. Descartes, 1637:67-70; Buffon, 1778:431-495; Condillac, 1755:113; Le Roy, 1768:170 e 223-224).

A zoologia tem provado que não se sustenta essa concepção dos animais como seres mecânicos, quase maquinais. A despeito disso, porém, ainda hoje há resistência à ideia de individualidade. Muitos acreditam por exemplo que a "raça" do cachorro determina modelos rígidos de temperamento, que os episódios traumáticos da vida não têm importância na modelagem do modo de ser de cada bicho, que não existiria algo assim como personalidades altamente variáveis animando as peculiaridades dos indivíduos não humanos, que eles não possuiriam necessidades únicas, idiossincrasias, vontades e visões diferentes do mundo etc. Ainda hoje, em suma, na cosmovisão europeia, os animais são muito distintos de nós, são seres desprovidos de individualidade e agência. Ainda ecoa a imagem poderosa da hipótese do Gênesis, de que os humanos são a imagem e semelhança de Deus e os demais animais foram criados para nos servir.

O isolamento dos humanos não é universal. Em outras cosmovisões, uma segregação fundamental entre nós e os demais animais não faz nenhum sentido. No perspectivismo ameríndio, já se viu, alguns animais têm a mesma agência que os humanos; são, em outros termos, tão humanos como nós, com pontos de vista e subjetividades idênticas às nossas (Viveiros de Castro, 2002:324-325). Só verá, assim, na inclusão da etologia no grande ramo das humanidades uma risível contradição quem ainda estiver prisioneiro da crença na excepcionalidade humana. A admissão do estudo dos comportamentos dos animais não humanos como ramo das humanidades, sem estranhamento com a designação dessa categoria de saberes, é a decolonização de uma discussão epistemológica. É, ademais, o único modo de abordar a questão no contexto da continuidade sem biologismos que a conjectura constrói.

Em suma, em resposta às inevitáveis questões epistemológicas, os comportamentos de animais humanos e não humanos não são passíveis de conhecimento científico. A intencionalidade, a personalidade individual, as circunstâncias e outros ingredientes essenciais dos comportamentos frustram qualquer possibilidade de falseamento das inúmeras conjecturas que podemos suscitar. O seu estudo cabe, por isso, aos diversos ramos das humanidades, como a psicologia, sociologia, antropologia, direito, história etc. A etologia deve ser acrescida à lista desses saberes.

Não há invariâncias e causalidades nos comportamentos dos animais, humanos ou não. É inviável, assim, uma ciência do comportamento; e a conjectura do direito como estratégia evolucionista é matéria das humanidades.

Com essas afirmações, em que está toda a minha convicção sobre o tema, eu poderia encerrar o capítulo. Mas ocorre-me algo mais a dizer: ainda que houvesse tais invariâncias e causalidades nos comportamentos humanos, seria melhor não as conhecer cientificamente. Isso porque a ciência resulta sempre em um saber de alto poder preditivo com a função de orientar as decisões de intervenção em certo objeto. Se, um dia, o comportamento dos animais puder ser previsto com rigor científico, ele poderá ser antevisto com elevado grau de certeza, o que permitirá que seja controlado e manipulado. O conhecimento científico dos comportamentos, se fosse factível, nos colocaria na antessala da eugenia. Desse modo, mesmo que houvesse invariâncias e causalidades nos comportamentos, elas precisariam permanecer desconhecidas para que os cientistas eugenistas não pudessem ter mais qualquer chance.

8. Ordens

Filas... As filas são os exemplos dados pelos juristas que consideram o direito uma ordem natural. A tese deles é a de que a sociedade baseada no cumprimento de normas racionais seria algo espontâneo da espécie humana. Argumentam que, quando algumas pessoas percebem que não poderá ser simultâneo o acesso delas ao bem, serviço ou comodidade que procuram, sempre se posicionam de modo natural em ordem de chegada. As pessoas que fazem fila no cinema, no laboratório, no posto de abastecimento etc. não se conhecem e, em geral, nem ao menos precisam se comunicar verbalmente para que a ordem natural da fila se estabeleça. Alguns teóricos apontam para esse exemplo como evidência de que ordens surgem espontaneamente do convívio humano e o direito seria uma delas (cf. Grossi, 2006:24).

Muitas vezes vivenciei essa espontaneidade, mas houve ocasiões em que precisei disputar o meu lugar às cotoveladas. A fila não surgiu naturalmente antes de se abrirem as portas da igreja em Veneza em que fôramos assistir à apresentação de *As quatro estações*, de Vivaldi, executada por um quarteto de musicistas muito jovens. Também não surgiu espontaneamente entre os turistas que aguardavam a abertura da única bilheteria do Kremlin em que se vendiam ingressos para a visita ao tesouro dos czares. Nada remotamente parecido com uma fila eu consegui notar na plataforma lotada de uma estação de metrô em Nova York na hora do *rush*.

Tenho essas lembranças e talvez recupere uma ou duas a mais, se me esforçar. Mas certamente há multidões que enfrentam dificuldades bem piores que essas, e com menos tônus e altura; e as enfrentam todos os dias, mais de uma vez por dia. Há, com certeza, lugares em que as filas surgem realmente de modo espontâneo (no Japão presenciei esse fenômeno), mas não se pode universalizar a experiência, tampouco generalizá-la como prova de que as ordens sociais seriam expressões da natureza humana. E, ainda que as muitas filas espontâneas pudessem provar a existência de ordens naturais, não se poderia concluir que o direito seria uma delas. A auto-organização de um grupo de pessoas desconhecidas de acordo com a ordem de chegada diante de um guichê ou bilheteria é algo muito simples e momentâneo. Não serve de parâmetro para compreendermos a complexa ordem jurídica contemporânea.

Os teóricos que conceituam o direito como ordem natural são os jusnaturalistas. O direito natural já foi objeto de reflexão neste livro, quando discuti a sua adesão à hipótese da descontinuidade, apesar da aparente filiação à da continuidade (Cap. 2). Eles partem de uma premissa falsa, a de que existiria uma ordem social de conformação jurídica. Veem ordem onde existe apenas a tentativa de ordenação.

Ordem e ordenação

Para Henri Bergson, não há desordem (1934:141). Para onde quer que olhemos, veremos apenas ordem. Diferentes ordens. O que chamamos de desordem, de ausência de ordem, seria, para ele, a presença de uma ordem que não nos agrada. Um homem ferido, sobrevivente do terremoto que matou familiares e amigos, destruiu a casa de todos, trouxe doenças e fome... esse homem desesperançado não pode, na concepção bergsoniana, chamar de desordem o desalentado cenário ao seu redor. Deveria perceber que apenas não lhe apetece a ordem gerada pelo sismo. Um conceito de ordem como o de Bergson é imprestável à vítima da catástrofe natural.

Não se presta também à compreensão do entorno, mesmo quando a terra não treme. Afinal, se tudo é ordem, nada é ordem. A rigor, Bergson esticou ao máximo o sentido da palavra a ponto de o romper e ela não significar mais nada. Se conceituo o direito como ordem natural, mas tudo na natureza é ordem, então não conceituei nada.

Ordem, em uma definição útil à teoria do direito, é uma possível característica de um coletivo. (Não há ordem de um só indivíduo, por certo.) Trata-se de um fato social constatável: existe uma ordem quando é atendida a maioria das expectativas dos indivíduos, relativamente aos comportamentos dos demais que pertencem ao mesmo coletivo. As ordens assim conceituadas são resultantes dos valores vivenciados pelas pessoas, isto é, de suas condutas norteadas pelo que consideram correto fazer. Não interessa o que propagam, mas somente o que fazem. Esses valores não são homogêneos dentro do coletivo, mas se hierarquizam por séries variadas. Eles moldam a ordem social, a sociedade. Não são as normas jurídicas que a modelam.

Ordem é diferente de ordenação.

A ordenação é uma configuração lógica. Na ordenação da causalidade, fatos são racionalmente associados como causa e efeito. É uma descrição do que se entende por necessário. Relembro o exemplo: a lei da gravidade descreve que os corpos se atraem na razão direta de suas massas etc. Na ordenação da imputação, por sua vez, *pretende-se* conferir aos comportamentos dos membros de um coletivo uma configuração racional. O objetivo é direcioná-los, visando à modelagem da sociedade por meio da imputação de sanções aos comportamentos indesejados. Não é evidentemente uma configuração descritiva. Ela se traduz em enunciados em forma de comandos pelos quais se busca pôr ordem na vida social.

O leitor certamente já deparou com as expressões "ordem da causalidade" e "ordem da imputação" e pode perceber que a substituição por "ordenação da causalidade" e "ordenação da imputação" não é trivial. A ordem existe ou não no entorno, enquanto a ordenação é a configuração dele feita pelos humanos de acordo com a cosmovisão em que foram educados.

Terceiro excluído

A ordenação é uma configuração mais ou menos lógica do entorno. Quando ordena a matéria inorgânica configura um mundo de causalidades; quando ordena os humanos em coletividades, configura um mundo de normas.

Tanto a ordenação da causalidade como a da imputação (Cap. 1) são instrumentos para os humanos se relacionarem com o entorno que dividem em natural e social. Eles não funcionam sem a divisão do entorno nessas duas dimensões, natureza de um lado, sociedade de outro. As ordenações da causalidade e da imputação são coerentes com a cosmovisão europeia, se é que não se confundem com ela. Em outras cosmovisões, a ordenação é diferente e não há necessariamente a separação do plano das causas-e-efeitos e o das normas.

Como a segmentação do entorno em dois mundos, cujo encontro às vezes se procura promover, as ordenações da causalidade e da imputação são construtos que se pretendem lógicos. Nem todas as ordenações são necessariamente lógicas, mas a lógica é uma característica das ordenações congruentes com a cosmovisão europeia, se é que também não se confunde com ela.

Para o raciocínio ser lógico, ele precisa atender a determinados princípios, entre os quais o do *terceiro excluído* (Copi, 1953:257--258). Segundo esse princípio lógico, há somente duas alternativas possíveis: uma coisa ou existe ou não existe. Está definitivamente excluída, para a lógica, qualquer outra possibilidade, como "existir *e* não existir" ou "*nem* existir, *nem* não existir".

Na ordenação da causalidade, o princípio do terceiro excluído ordena o entorno natural estabelecendo, por exemplo, que "um corpo não pode ocupar dois lugares no espaço ao mesmo tempo". Ou o corpo está aqui ou não está aqui, porque está em outro lugar – não existe nenhuma terceira situação possível para o raciocínio lógico.

Por sua vez, na ordenação da imputação, o princípio do terceiro excluído ordena o entorno social definindo que "qualquer conduta ou é sancionada com a consequência prevista em norma jurídica ou não" – matar alguém é uma conduta sancionada (com a privação da liberdade), enquanto espreguiçar-se, não.

Todas as hipóteses de regramento de condutas se encaixam nesse esquema binário do terceiro excluído: ou há sanção legal para uma conduta (e, então, ela é proibida, sendo obrigatória a sua abstenção) ou não há sanção legal para ela (e a conduta, então, é permitida). De um lado, quando a lei impõe uma sanção a determinado comportamento, ela o está proibindo e simultaneamente obrigando a ação oposta (a norma "é proibido fumar, sob pena de multa" é idêntica à norma "é obrigatório abster-se de fumar, sob pena de multa"); de outro lado, a conduta é permitida sempre que a lei não a sanciona de forma expressa (a norma "é permitido estacionar o veículo nessa vaga" é igual a "estacionar o veículo nessa vaga não é sancionado") ou implícita ("ninguém será obrigado a fazer ou deixar de fazer alguma coisa senão em virtude de lei", diz o inciso I do art. 5º da Constituição) (cf. Kelsen, 1960:88-92).

Pois bem. A desordem na ordem acaba com ela, como um terremoto; mas a desordem na ordenação, não, embora tumultue a placidez do terceiro excluído.

No microcosmo das partículas subatômicas, os físicos se deparam com fatos contraintuitivos, que não conseguem explicar pela ordenação da causalidade até agora erguida: um mesmo fóton de luz projeta-se por dois canais diferentes ao mesmo tempo (sobreposição quântica), como se algo estivesse vivo e simultaneamente morto (o gato de Schrödinger). É um insólito desafio à ordenação do entorno natural exatamente por não se encaixar no raciocínio lógico fundado no terceiro excluído.

No microcontexto do tratamento dos conflitos de interesses endógenos, os juristas se deparam com decisões judiciais que tumultuam o terceiro excluído, isto é, com condutas que a lei sanciona com uma punição sendo julgadas como se fossem permitidas por determinado juiz e as não sancionadas pela lei sendo penalizadas por outro. Ou o Poder Legislativo fez uma lei e o Judiciário deve aplicá-la ou ele não fez lei nenhuma e, então, o Judiciário não pode atuar como legislador – não há terceira possibilidade. Pelo menos não deveria haver. O ativismo judiciário é o terceiro que deveria estar excluído para que a ordenação da imputação conservasse a sua estrutura lógica.

Ordenações e suas desordens, como se percebe, são valores de uma configuração racional e não dados da realidade.

Apesar das suas desordens, a ordenação da causalidade tem sido muito eficiente na condução das intervenções que os humanos fazem no entorno natural – invenção de vacinas, aviões, telefones celulares etc. A ordenação segmentada do entorno pode ser uma das chaves para a amplitude e eficácia do conhecimento científico, porque, de acordo com Lewontin, os cientistas são refratários a "modelos holísticos" que consideram obstruções à "compreensão prática dos fenômenos naturais" (1998:66).

Por outro lado, é visível que a ordenação da imputação não entrega resultados – novos homicidas e devedores inadimplentes surgem todos os dias. Essa disparidade entre a eficiência da ordenação da causalidade e da imputação suscita a questão da efetiva capacidade humana de pôr ordem na sociedade. Ela mostra que essa capacidade não existe e que ordenar a sociedade via imputações de sanções a determinadas condutas e por um aparato judiciário-policial é uma pretensão infundada e arrogante, uma ilusão.

Rejeitar a capacidade de a ordenação da imputação organizar a sociedade não significa, porém, que esta seja caótica ou desorganizada. Existe uma organização, uma modelagem, uma ordem. Ela é visível e incontestável quando se cumpre a generalidade das expectativas sobre as condutas alheias. Mas não é um resultado do direito, da ordem jurídica, da definição *in abstracto* de padrões ideais de comportamentos para serem obedecidos *in concreto*, espontaneamente ou após a corretiva punição. A ordem existe, mas não em decorrência de normas jurídicas, da ordenação da imputação ou de qualquer construto lógico.

Positivismo jurídico

O exemplo das filas não tem sido convincente na tentativa de afirmar o direito contemporâneo como uma ordem natural. As teorias do direito natural estão atualmente bastante desprestigiadas.

O direito atualmente é conceituado pela maioria dos teóricos como norma. Na verdade, a teoria jurídica não apenas parte desse pressuposto ("Direito é norma"), sem submetê-lo a qualquer crítica ou justificação, como nem ao menos considera necessário ou útil explicitar que o adota. Tomando o pressuposto como um verdadeiro axioma, a maioria dos juristas não se dá ao trabalho de elucidar as razões pelas quais não leva em conta nenhuma outra possibilidade de conceituar o direito. Muito provavelmente, uma reflexão como esta lhe parece totalmente desnecessária em vista da suposta obviedade da definição do direito a partir de normas. O conceito de direito para a maioria dos juristas é simplesmente o realce das especificidades das normas que o compõem.

Uma das mais importantes obras de filosofia do direito do século XX foi escrita por H. L. A. Hart e se chama justamente *O conceito de direito*. Com exceção do *Teoria Pura do Direito* de Kelsen, talvez seja a obra com a qual mais filósofos jurídicos consideram necessário dialogar, desde a sua primeira edição de 1961. Em seu livro, Hart toma como já dado que o direito é um conjunto de normas positivadas. Ele não questiona a impossibilidade ou impertinência de se conceituar o direito sem conferir centralidade às normas estatais. Assume o axioma "Direito é norma" e, portanto, qualquer que seja o conceito do direito, ele dirá respeito apenas à *natureza* das normas jurídicas. Para ele, como para a filosofia do direito em geral, qualquer investigação ou problematização do conceito de direito versa apenas sobre as características das normas jurídicas que as diferenciam das demais (normas morais, de etiqueta etc.). Por isso, não é minimamente posta em questão por

Hart a normatividade positivada (isto é, um ordenamento de normas produzidas pelas autoridades e órgãos competentes) como a essência do direito.

Em termos gerais, Hart define o direito como a união de espécies diferentes de normas. De um lado, as primárias, que exigem das pessoas a prática ou a abstenção de certos atos (que o devedor pague o credor; que ninguém furte os bens alheios etc.); de outro, as normas secundárias, que estabelecem as condições pelas quais uma nova norma primária pode ser criada, uma existente pode ser alterada ou suprimida ou, enfim, determinam as formas de aplicação das normas primárias e o respectivo controle. As normas secundárias são normas de reconhecimento (modificação e julgamento) das primárias. O direito surge, para Hart, quando as normas secundárias passam a ser produzidas pelas sociedades mais complexas. Há ainda uma terceira espécie de norma, a de reconhecimento última. Direcionada às normas secundárias de um específico direito, é uma norma reconhecida por quem não está envolvido com a aplicação do direito. Advogados e juízes não se preocupam com a norma de reconhecimento última.

O direito, em Hart, é conceituado como a união de normas, em que as primárias são reconhecidas pelas secundárias e estas pela norma de reconhecimento última. Nem sempre, portanto, existiu direito na visão dele, porque inicialmente as sociedades possuíam apenas as normas de direcionamento das ações das pessoas, as primárias. Essa situação, no entanto, era problemática porque não se conseguia saber com certeza quais normas eram válidas, quais não, como poderiam ser substituídas e por quem deveriam ser aplicadas. As normas secundárias trouxeram respostas a essas incertezas e, quando elas passaram a ser obedecidas, é porque foram assimiladas pela norma de reconhecimento última, surgindo com isso o direito.

A tentativa de antropologia jurídica de Hart projeta, nos tempos imemoriais em que o direito teria se originado, preocupações que só tiram o sono dos teóricos do direito contemporâneos. Não há registro de nenhuma cultura às voltas com as três dificuldades apontadas por Hart que a prodigiosa invenção das normas secundárias teria resolvido. Mas retornemos aos argumentos dele.

Nenhuma autoridade, frisa Hart, estatui a norma de reconhecimento última. A existência dela é *suposta* pelos observadores internos do direito, isto é, pelos advogados, juízes etc. que desenvolvem os seus trabalhos cotidianos sem se preocuparem com a questão; e é *constatada* pelos observadores externos, isto é, por quem confirme que determinada ordem jurídica vem sendo aplicada em termos globais.

Na afirmação sobre a suposição e constatação da norma de reconhecimento última, Hart sintetiza a orientação central de qualquer positivismo na teoria jurídica. O positivismo jurídico não coincide inteiramente com o filosófico. Na filosofia, positivismo está genericamente associado a uma postura epistemológica, pautada na crença da capacidade de os humanos conhecerem a realidade com rigor e na desqualificação de saberes não rigorosos. Já na teoria jurídica, positivismo é a afirmação da viabilidade de se descrever as ordens normativas desconsiderando completamente os valores que verdadeira ou presumivelmente as inspiram. Para o jurista positivista, a legitimação de qualquer ordem jurídica é dada exclusivamente por sua efetividade global. Quer dizer, se o ordenamento jurídico for geralmente obedecido, ele será legítimo mesmo que uma ou outra de suas normas sejam ineficazes. O positivismo sustenta algo como "essa ordem jurídica vale porque é obedecida". Presta-se com essa formulação a legitimar qualquer ordem independente de seu fundamento axiológico. Ordens globalmente obedecidas são legitimadas pelo positivismo, ainda que instituídas por ditaduras, regimes segregacionistas, eugenistas, racistas etc.

Hart até transita por temas que lhe permitiriam ampliar o debate em torno do conceito de direito para além das normas, mas não o faz. Refiro-me a temas como "o que é o direito?" e ao que ele denominou de "ceticismo em relação às normas". No primeiro, Hart polemiza com os conterrâneos Jeremy Bentham e John Austin; no segundo, com o sueco Karl Olivecrona e o dinamarquês Alf Ross.

Na verdade, Hart mostra-se bastante impaciente com a questão "o que é direito?" Estranha que os teóricos se dediquem a essa pergunta e acabem se perdendo ao meio de respostas "diferentes e tão extraordinárias", quando "qualquer homem instruído [é] capaz de identificar [as suas] características marcantes" (1961:3-4). Em seguida, Hart lista as características marcantes do direito para o leigo letrado: as "*normas* que proíbem ou coíbem certos tipos de comportamento sob pena de sanção", as "*normas* [sobre] reparação, de algum modo, àqueles que sofreram certos tipos de danos", as "*normas* que especificam o que fazer para redigir testamentos, contratos ou outros instrumentos jurídicos", os "tribunais que determinam quais são as *normas* aplicáveis" e "um poder legislativo para criar novas *normas*" (1961:4; itálicos acrescidos). Em suma, Hart escreve um livro sobre o conceito de direito começando pela sugestão de desnecessidade (ou enfado, mesmo) das reflexões sobre o tema que não partam da norma como a sua característica marcante (como qualquer leigo letrado conseguiria ver).

As imensas possibilidades abertas pela questão sobre o conceito de direito, mesmo tendo sido proposta por Hart, não foram exploradas por ele. Estava satisfeito em contrapor a sua fórmula de união de regras primárias e secundárias à concepção de direito como ordem coercitiva do soberano defendida por Bentham e Austin. Estes apontavam a coercibilidade como a característica necessária para uma norma ser jurídica. Hart contrapunha que a norma não deixa de ser jurídica quando é obedecida espontaneamente. Apontava também outras incongruências na teoria imperativa: os legisladores também estão sujeitos às normas, e estas nem sempre estatuem uma sanção em caso de descumprimento, incompatibilidade com o direito das democracias modernas etc.

Já os "céticos" em relação à norma são especificamente os teóricos do realismo escandinavo. Hart não está discutindo, assim, o pressuposto axiomático de que direito se define como normas positivadas, mas a visão de um grupo (pequeno) de juristas, com quem costumava alimentar polêmicas. O realismo escandinavo havia chamado a atenção para a importância das decisões judiciais, que muitas vezes não reproduzem com exatidão a letra das leis aprovadas pelos legisladores, na compreensão mais apurada do direito. Os realistas introduziram questões interessantes como a de graus de validade da norma jurídica, substituindo o binário válido-inválido pela mensuração da frequência estatística de cada interpretação (Ross, 1958:44), a do juiz como destinatário das leis (Ross, 1958:32-33) e a das leis como enunciados cuja função seria possibilitar certa predição de como um caso provavelmente será julgado (Ross, 1958:40). Hart estranha "que se tenha duvidado seriamente da afirmação de que as normas ocupam um lugar central em qualquer sistema jurídico" (1961:176). O ceticismo realista, para ele, merecia atenção apenas como "uma teoria sobre a função das normas na decisão judicial" (1961:179), insistindo em continuar não problematizando o axioma "Direito é norma".

Chamar os realistas escandinavos de "céticos" em relação à norma não é nada adequado. As normas estão no centro do direito para eles tanto quanto para Hart. Além disso, os realistas as dividem em normas de conduta e de competência em um esquema muito próximo ao das normas primárias e secundárias do pensador inglês. A diferença consiste no ângulo pelo qual se olham as normas. Os escandinavos as abordam dando menos importância à sua existência como um repertório de ordenamentos legislados e mais à sua eficácia nas decisões dos juízes, a sua efetiva aplicação pelo Poder Judiciário. Na síntese de Ross, uma "norma é direito vigente quando é aplicada na prática dos tribunais" (1958:40). Em outros termos, o positivismo e o realismo escandinavo não são tão distantes como Hart pretendia. Os realistas se consideravam aperfeiçoadores do positivismo e não seus adversários. Olivecrona vaticinou que "uma característica comum a todas as teorias que se consideram adstritas ao positivismo jurídico é sua tendência ao realismo" (1971:13).

Enfim, nada há de estranhável quando um filósofo do direito, em meados do século XX, escreve um livro destinado a tratar do conceito de direito e não o conceitua porque dá desde logo por indisputáveis as premissas da normatividade e positivação. Mais:

desenvolve as suas teses sem achar preciso justificar essas premissas. Os teóricos vêm travando a discussão sobre o conceito de direito restritos ao campo das peculiaridades da norma jurídica (Alexy, 2002; Schauer, 2015). No campo vizinho, em que as normas não são o elemento essencial do conceito, o jogo não começou porque os jogadores ainda não se apresentaram.

Os apegados e os desapegados

Nem todos os teóricos do direito que o definem como ordem normativa são positivistas. Podemos divisar neles duas posturas antagônicas. De um lado, entrincheiram-se aqueles que prestigiam o direito positivo, afirmando que o juiz deve procurar no ordenamento jurídico todas as respostas para bem decidir os casos judiciais de sua responsabilidade. Para eles, o ordenamento jurídico vigente não somente responde a todas as questões como sobretudo dá as respostas corretas sob o único ponto de vista que interessa, o do próprio direito. Mesmo o juiz insatisfeito com as respostas do ordenamento jurídico não pode buscar nenhum elemento externo para decidir o caso conforme as suas convicções pessoais. Chamarei os teóricos com esta postura de *apegados à lei*. Os positivistas se acomodam nessa agrupação.

Do outro lado, encastelam-se os juristas que não celebram o direito positivo como autossuficiente. Defendem que a interpretação das normas jurídicas componentes do ordenamento em vigor não pode ser feita sem amplas considerações sobre a sua finalidade, o contexto histórico em que surgiram e, fundamentalmente, os valores morais em jogo tanto na aprovação delas em abstrato como na aplicação nos casos em julgamento. Chamarei os teóricos dessa agrupação de *desapegados da lei*.

Como o direito é o sistema social de tratamento de conflitos pontuais, ele não pode prescindir da flexibilidade proporcionada pela insuperável contraposição entre os que defendem o apego à lei e os que propugnam pelo desapego. Conflitos semelhantes são mais bem tratados, em um momento, com estrita observância da lei positivada e, noutro, com alguma maleabilidade frente à solução que ela preconiza. Por isso, advogados e juízes precisam ter sempre à mão tanto os argumentos retóricos de apego à lei como os de desapego. Apegados e desapegados são todos imprescindíveis.

Kelsen e Hart são as mais importantes referências do apego à lei; e uma das principais referências do desapego é Ronald Dworkin.

Dworkin foi um aguerrido adversário do positivismo de Hart, contra o qual lançou "um ataque geral" (1977:35). O conceito hartiano de direito como a articulação de normas primárias e secundárias, estas reconhecendo aquelas, e uma norma de reconhecimento última identificada pelo observador externo, pareceu a Dworkin muito precário para se conseguir compreender a centralidade que os princípios estavam ganhando na argumentação jurídica no terço final do século XX. Em casos difíceis, dizia Dworkin, o juiz não aplica as normas primárias e vai se socorrer de padrões mais abrangentes, entre os quais os princípios (1977:127-128).

Como desapegado da lei, Dworkin se volta com veemência contra os apegados positivistas. Em sua linguagem eloquente, ele se propõe a arrancar o "aguilhão semântico", isto é, livrar a teoria jurídica da conceituação positivista do direito, que acredita que ele fornece respostas adequadas a tudo, não distingue os casos corriqueiros dos difíceis e, de modo geral, o trata apenas por seus aspectos admiráveis (1996).

Hart rascunhou uma resposta às duras críticas de Dworkin. Faleceu, porém, antes de a concluir. Revisto por discípulos (Joseph Raz e Penelope Bullock), o texto foi inserido como pós-escrito na segunda edição de *O conceito de direito*, de 1994 (1961:307-356). Nele, Hart afirma que Dworkin simplesmente não compreendera o propósito de formular um conceito de direito exclusivamente descritivo e moralmente neutro. Achava que não haveria, por isso, nem mesmo qualquer conflito significativo entre o seu pensamento e o de seu ácido crítico, cujo propósito era diverso do dele e destinado à avaliação da teoria jurídica e do próprio direito.

Dworkin manteve as críticas ao positivismo de Hart e revidou que o objetivo de uma conceituação neutra não seria sequer viável:

o direito, afirma, não pode ser colhido nem por um conceito criteriológico (como os que permitem definir "solteiro"), nem por um conceito de espécies naturais (que possibilitam a definição de "tigre", por exemplo), mas somente por um conceito interpretativo, em que simultaneamente se delimita e valora o conceituado (2006:199-264 e 316-319). Como conceito interpretativo, o direito é, para ele, a interpretação feita pelos juízes do que os outros juízes anteriores haviam interpretado.

Dworkin pertence àquela tradição da filosofia política estadunidense que discute analítica e exaustivamente as questões morais, listando argumentos, contra-argumentos e contra-contra-argumentos hermeticamente elaborados com ares de rigor lógico, no pressuposto de que as pessoas discerniriam o certo do errado por meio de enfadonhos e insípidos raciocínios cerebrinos e não, como realmente fazem, pelas *emoções* de aprovação ou repulsa despertadas por ações próprias ou alheias. Dworkin não é um positivista jurídico, mas é um moralista positivista, no sentido filosófico de positivismo, porque acredita na factibilidade da pesquisa de uma moralidade universal, construída por razoável consenso em torno de valores fundados naquelas extensas elocubrações cerebrais. Por isso, os leitores que não admitem aquele pressuposto nem compartilham dessa crença temos muito pouco ânimo para os detalhados e tortuosos testes que esse gênero de filosofia política aplica à sucessão inesgotável de argumentos favoráveis e contrários aos juízos de valor. Esse modo de argumentar leva todos a um labirinto, em que cada parte acaba acusando a outra de criticar o que ela não disse (Hart, 1961:320, 321; Dworkin, 2006:319) e ninguém mais se entende.

De qualquer modo, Dworkin está certo em desqualificar a viabilidade de um conceito descritivo e neutro do direito. Quem, na linha do positivismo jurídico, define o direito como o ordenamento positivado de normas aprovadas pelo Poder Legislativo para ser aplicadas pelo Poder Judiciário já está expressando valores. Defende, por exemplo, que o juiz deve aplicar a lei posta pelos legisladores ainda que a considere moralmente incorreta. Já quem define o direito sem o reduzir ao ordenamento positivado não repudia, antes aceita, a liberdade de o juiz calibrar as leis com juízos morais, nos limites do repertório dogmático do direito.

Dworkin é um dos mais influentes teóricos do direito contemporâneo desapegados da lei. Para ele, direito e moral devem constituir um único sistema, para evitar as decisões judiciais que sejam congruentes com o sistema jurídico, mas incongruentes com os princípios do sistema moral. Os positivistas apegados à lei, prestigiando Hart, respondem dizendo que a regra de reconhecimento última não pode incluir as normas morais e outras não jurídicas porque elas deixariam de ter sentido como elemento de identificação do direito. Retornaríamos, alertam, ao tempo em que o direito não havia se especializado da moral (Schauer, 1991).

Instado a definir o direito, Dworkin inicia pelas negativas. Direito não é, para ele, um ordenamento ("catálogo de regras ou princípios"), como é para Hart; não é, ademais, uma trama de competências ("lista de autoridades com seus poderes sobre parte de nossas vidas"), como Kelsen havia descrito o sistema dinâmico da ordem jurídica. Ele confia que o direito é uma atitude transformadora ("contestadora"), construtiva e fraterna orientada "para as pessoas que queremos ser e para a comunidade que pretendemos ter" (1996:488-492). Se Dworkin não é decididamente um positivista apegado à lei, tampouco deixa de ser um teórico do Direito-ordenação.

Teoria do Direito-ordenação

Os juristas que conceituam o direito como ordem normativa, tendo maior ou menor apego às normas, estão de acordo quanto à sua razão de ser, sua finalidade. Para eles, o direito é o sistema social destinado a pôr ordem na sociedade. Assim, não admitem a hipótese de uma ordem natural e consideram que a imputação de sanções a comportamentos indesejados é um modo adequado para instituir uma ordem social.

Estamos todos habituados a ver o direito como o conjunto de normas (Constituição, leis, decretos, resoluções etc.) pelas quais organizaríamos a sociedade. Esse modelo é cotidianamente repetido nos julgamentos como a descrição teórica fiel do direito e, como tal, ensinado aos estudantes nas faculdades de direito e de humanidades (sociologia, antropologia etc.). Principalmente, nele acredita a generalidade das pessoas, confiante de viver em uma sociedade que é organizada do modo determinado pelo ordenamento jurídico.

Na especificação do modelo de descrição do direito para as democracias contemporâneas, o Poder Legislativo e algumas agências do Poder Executivo aprovam um vasto conjunto sistematizado de normas (ordenamento jurídico) com padrões abstratos e gerais a serem observados pelas pessoas em seus comportamentos. Os que não ajustarem as suas condutas a esses padrões são devidamente punidos pelo Poder Judiciário, em processos judiciais nos quais os juízes aplicam as normas em vigor. Pelo modelo ideal do direito, o acatamento dos obedientes e a punição dos desviados garantem que a sociedade acaba com a forma que os legisladores projetaram, de modo racional e democrático, como ideal.

Além disso, estão todos convencidos de que esse modelo não descreve apenas o direito contemporâneo; com ajustes superficiais, ele também forneceria a descrição fiel do que sempre teria sido o direito – o rei fazia as vezes dos legisladores, os éditos dos pretores romanos equivaliam às leis, a ágora da democracia grega ao local da deliberação sobre como todos na cidade-Estado deveriam se comportar etc. Eu denomino esse modelo de "Direito-ordenação", porque a sua concepção fundamental é a de que o direito *põe* ordem na sociedade – uma ordem geral e amplamente confiável, que, se falha, só falha na margem, nas franjas do tecido social (Coelho, 2021:202).

No entanto, para poder servir de descrição fiel do direito de hoje, ontem e de amanhã, o modelo do Direito-ordenação precisaria atender a uma condição essencial: a capacidade dos humanos de moldarem a sociedade de acordo com a própria vontade; em outras palavras, a capacidade de se automodelarem coletivamente, a partir de planos racionais pré-concebidos derivados de um grau consistente de consenso. Como o Direito-ordenação, na verdade, trata apenas dos instrumentos (normas, juízes, polícia etc.) a serem empregados pelos humanos no exercício dessa fantástica capacidade, o modelo só se sustenta presumindo que os humanos são capazes de tal empreendimento. Uma capacidade distal, que teríamos desde há muito tempo.

O Direito-ordenação é extremamente frágil em sua presunção essencial. Quais são os registros históricos, antropológicos e etológicos que nos permitiriam tomar por verossímil essa capacidade inerente dos humanos de se auto-organizarem coletivamente a partir de diretrizes racionais? Na verdade, os registros das tentativas de auto-organização coletiva a partir de planejamento sugerem o contrário, isto é, a incapacidade dos humanos de modelar os comportamentos sociais. O colapso da experiência soviética de planejamento econômico é sem dúvida o registro mais significativo e atual dessa incapacidade.

Muito mais verossímil é a hipótese de que os coletivos de humanos são organizados pelos valores vivenciados por seus membros. As pessoas de cada coletivo não vivenciam todas os mesmos valores, fixos e rígidos, nem são os múltiplos valores conviventes resultados de deliberações conscientes em torno de padrões abstratos, tomadas pelo indivíduo ou pelo coletivo. As pessoas se comportam como se comportam em razão das concepções de certo e errado efetivamente incorporadas (esqueça-se o falado "da boca pra fora"); concepções aprendidas na família, escola, igreja, em círculos de amizade, no trabalho e em todos os lugares em que haja interações mais permanentes. Cada um influencia e é influenciado pelos demais em graus bastante variados de influência. A organização dos coletivos de humanos existe quando as expectativas acerca das condutas alheias estão geralmente atendidas, mas ela é fruto da vivência de valores por seus membros e não de um hipotético planejamento bem-sucedido, estruturado racionalmente pelos homens e traduzido em normas jurídicas.

Que há organização nos coletivos de humanos é inegável (ela é chamada de "tecido social", principalmente quando apresenta graus elevados de complexidade). Também é inegável, porém, a organização dos coletivos de grandes primatas, impalas, leões, abelhas, morcegos e inumeráveis outras espécies. Por que essas organizações seriam apenas a expressão de comportamentos aprendidos e a dos humanos o resultado de um desenho racional? A menos que elejamos a capacidade de auto-organização coletiva a partir de padrões racionais como uma nova candidata à excepcionalidade humana, não podemos aceitar o Direito ordenação como o modelo adequado para a compreensão da ordem social.

O direito não é o sistema social de ordenação, o modo como os humanos organizam os coletivos de que participam. Ele é o sistema social de tratamento dos conflitos. As normas jurídicas não são o padrão ordenador da sociedade, que todo juiz aplica fielmente nos julgamentos que profere. São o padrão orientador do tratamento dos conflitos, que servem de referência geral para as decisões judiciais. A lei, em suma, fornece apenas uma das alternativas para a decisão do juiz, embora retoricamente ele precise dizer que a está invariavelmente aplicando de modo fiel e rigoroso (Coelho, 2021).

Nem sempre o tratamento dos conflitos de interesses foi orientado por normas derivadas de uma decisão, como acontece atualmente e como estamos acostumados a compreender. Na verdade, a orientação decidida por uma autoridade (positivada) para o tratamento dos conflitos de interesses é algo muito recente na história. A positivação das leis e demais normas jurídicas amadureceu há menos de três séculos. Ao discorrer sobre o descontínuo na teoria do direito natural (Cap. 2), fiz referência a dois modos diferentes de legitimação do direito, tradição e positivação. É hora de retomar o tema para prosseguir na reflexão sobre a conjectura do direito como estratégia evolucionista dos humanos.

Tradição e positivação

As normas jurídicas são os padrões de orientação do tratamento dos conflitos endógenos característicos da Idade Contemporânea, Era que testemunhou uma profunda alteração na compreensão e legitimação do direito: a positivação. É muito recente, em termos históricos, a concepção de que os padrões orientadores dos arbitramentos dos conflitos resultam de uma decisão tomada por uma autoridade; que escolheu como a ideal uma entre diversas alternativas de comportamentos, no contexto de um processo de formação racional de consenso. Positivar é isto, é fazer esta escolha.

Antes da positivação, os padrões de orientação do tratamento dos conflitos de interesse eram ecos da tradição imemorial presumivelmente aglutinadora do coletivo. Os encarregados de arbitrarem os conflitos de interesses se orientavam pelos mesmos preceitos que se acreditavam ser empregados desde o surgimento daquele coletivo. Se determinada questão sempre tinha sido resolvida de certa maneira, o melhor a fazer era continuar resolvendo as questões semelhantes da mesma maneira. O padrão não resultava de uma decisão da autoridade. Por isso, ele não podia mudar, mesmo se fosse melhor para todos que certos conflitos passassem a ser resolvidos de modo diferente. Era esse o discurso de legitimação, evidentemente nem sempre refletido nas práticas sociais.

É importante ressaltar que nem toda lei escrita é direito positivado. Os padrões de orientação do tratamento dos conflitos de interesses eram inicialmente conhecidos somente pelos sacerdotes guardiões da tradição. Isso, contudo, concentrava muito poder nas mãos deles e escrever os padrões em suporte de acesso público era um meio de confrontar os sacerdotes em caso de suspeita de manipulação. *Lege* passou a identificar em latim esses registros escritos da tradição, dando origem à palavra *lei*; mas a locução latina provavelmente também está na origem etimológica de *ler*.

Em sua maioria, esses repositórios não eram previsões gerais e abstratas de condutas obrigatórias ou proibidas, mas ordens diretas que, uma vez cumpridas, perdiam a razão de ser. As poucas *leges* abstratas vigiam como preceitos imemoriais que não deviam ser alterados (cf. Kelly, 1992:89). Conhece-se, na verdade, uma única utilização da expressão *ius positivum* em toda a Antiguidade. Além disso, sabe-se que *legem ponere*, no sentido de editar uma lei, surge como expressão jurídica apenas no século VI e que, no século XIII, "direito positivo" era já largamente utilizada pelos juristas europeus no contexto do direito natural (Olivecrona, 1980:15). Assim, toda norma positivada é escrita mas nem toda norma escrita é positivada. Não basta o registro escrito de um padrão de comportamento para se legitimar a sua validade pela positivação.

Por muitos séculos, a lei escrita legitimava-se como o mero registro do padrão observado supostamente desde o início do coletivo no tratamento de conflitos de interesses endógenos. Não se considerava a lei escrita como proveniente de uma decisão da autoridade, que podia redefinir o padrão se entendesse oportuno; ela era a expressão da tradição responsável pela constituição e manutenção do coletivo, algo que não se podia mudar sem colocar em risco a união do grupo (cf. Luhmann, 1972:228).

Na Roma Antiga, os encarregados de decidir os conflitos de interesses deviam reproduzir a mesma solução anteriormente adotada para casos similares. Orientavam-se pelo padrão que vinha se repetindo presumivelmente desde a fundação de Roma, a Cidade Eterna. Durante o domínio da cultura pelo cristianismo ao longo da Idade Média, a tradição a ser observada como padrão de orientação do tratamento dos conflitos endógenos deixou de ser legitimada por um fato aclamado como extraordinário (a fundação de Roma). O padrão era imutável, na verdade, porque expressava a vontade de Deus, os desígnios divinos para as criaturas humanas. Eram padrões definidos, em suma, pela natureza dos humanos, pelo direito natural.

Aos poucos, à medida que a sociedade se tornava mais complexa e o apelo à tradição não respondia mais a todas as questões jurídicas, as ordens das autoridades civis passaram a ser gerais e ter cada vez mais importância. Eram ainda vistas, porém, como complementares ao padrão imutável. Agora, os desígnios divinos não são mais apenas a vontade de Deus, mas o seu plano racional de criação do Universo. Os teóricos passam a distinguir entre o direito natural e o positivo: o direito natural como a expressão do projeto divino, que os humanos conseguem conhecer com o uso da razão, mas não podem alterar; e o direito positivo como a expressão da vontade do rei e variável, portanto, de acordo com as decisões que ele adota. O rei, contudo, somente podia criar normas válidas de direito positivo se não ultrapassasse as balizas do direito natural. Como a vontade do rei não pode contrariar os planos de Deus, o direito positivo devia ser sempre hierarquicamente inferior ao direito natural.

Durante muito tempo, assim, na cultura jurídica europeia conviveram dois direitos. De um lado, o direito natural composto de preceitos imutáveis, imemoriais, supremos e definidos pela natureza dos humanos; de outro, o direito positivo representado por normas complementares, mutáveis, definidas pela vontade do soberano, surgidas pela edição de um documento escrito e sobretudo inválidas se contrariassem o direito natural.

Quando o mundo feudal desapareceu nos escombros da Bastilha, o novo mundo burguês descartou a tradição como fonte de legitimação das leis e ampliou o alcance da positivação. Afinal, era necessário enterrar a velha ordem, suprimir o antigo regime, eliminar os entraves feudais ao livre comércio, abolir os estamentos e seus privilégios de nascença, limitar o poder dos clérigos ao domínio espiritual etc. Reinventar toda a sociedade era a tarefa que os revolucionários se impuseram.

Na reinvenção do mundo que se pretendia radical, acelerada pela Revolução Francesa, não haveria lugar nenhum para a tradição. As leis legítimas não eram mais as que os juristas e moralistas cristãos chancelavam como verdadeiras expressões do plano racional de Deus ou, pelo menos, como as normas humanas compatíveis com ele. As leis passam a ser válidas quando provêm de uma autoridade legitimamente investida de competência política. Essa autoridade, que pode ser um sujeito singular ou uma assembleia, sempre toma uma *decisão*, escolhendo uma entre várias alternativas possíveis; e a toma sem nenhum constrangimento. Nem mesmo o clero, ainda que seja o único intérprete dos desígnios de Deus na Terra, podia constranger os soberanos.

Note-se que o processo de formação do consenso em torno da decisão a tomar, próprio da positivação, não é necessariamente democrático. Monarcas absolutistas e ditadores são titulares da autoridade para positivar o direito, tanto quanto os parlamentos das democracias liberais. O Código Civil dos Franceses, o grande marco da positivação, foi aprovado por um ditador, Napoleão. Ele, aliás, se proclamou imperador pouco tempo depois de aprovar a codificação de que tanto se orgulhava.

Como se discutiu anteriormente, nenhum poder se sustenta sem alianças. Desse modo, os padrões de orientação do tratamento dos conflitos de interesse nas monarquias absolutistas e ditaduras também surgem de processos de formação de consenso, embora restritos aos pequenos círculos de aliados escolhidos pelos monarcas e ditadores.

Positivação e empoderamento dos mais fracos

A transição de um para outro fundamento da legitimação – da tradição (tratar os conflitos do mesmo modo como eles vinham sendo tratado) para a positivação (tratar os conflitos de acordo com uma lei editada pelo soberano) –, é um processo lento, que acompanha, de um lado, a paulatina predominância do padrão escrito sobre o oral e, de outro, a crescente concentração de poder que culminou na formação dos Estados nacionais. Veio ao encontro, enfim, às demandas da burguesia ascendente por maior racionalidade e previsibilidade das normas jurídicas (Ferraz Jr., 1980:49-75).

Na positivação, não somente o padrão orientador do tratamento dos conflitos (a norma jurídica) é uma decisão da autoridade, como também as premissas de validade do padrão assim posto são igualmente frutos da decisão de uma autoridade, normalmente de hierarquia superior (Ferraz Jr., 1980:68). Em outros termos, a noção de padrões postos por decisão de autoridade antecede à positivação. As leis de Dracon e Sólon na Grécia da Antiguidade exemplificam isso, assim como as normas da autoridade civil complementando as do direito natural na Baixa Idade Média. O elemento característico da positivação como fato histórico da Europa do século XIX é a *legitimação* do padrão pela decisão da autoridade, isto é, a possibilidade sempre aberta de mudanças mais ou menos radicais das leis e demais normas jurídicas, presumivelmente com o objetivo de promover o seu aperfeiçoamento (Luhmann, 1972:34 e 229).

A permanente possibilidade de alteração dos padrões legítimos de acordo com padrões também positivados por decisão da autoridade não existia quando o respeito à tradição era o fundamento da legitimidade. Na Roma Clássica, por exemplo, Marco Tulio Cícero ensinava que a lei conformada à natureza dos humanos e amplamente disseminada é eterna e imutável: "nenhuma emenda é permitida, é ilícito revogá-la total ou parcialmente". Nem o Senado nem o comício, prossegue Cícero, podem desobrigar os humanos de observar a lei, assim como a sua compreensão não depende da interpretação de ninguém em particular (*De republica*, 3.22.33). A lei conformada à natureza não se torna lei, insiste, quando é escrita pela primeira vez, mas quando passou a existir. Mas não é qualquer regra ou instituição que corresponde à lei conformada à natureza humana. Para Cícero, uma ordem do tirano não é uma lei (*De legibus*, 1.15.42).

A Idade Média, informa o historiador do direito John Kelly, entendia por lei o "costume imemorial da nação", vale dizer, algo que não foi "feito" por nenhum rei (1992:130). Tomás de Aquino (santo Tomás) ensinava aos seus discípulos de teologia que as leis humanas (baixadas por soberanos) é uma das manifestações da lei divina. Mas o soberano não é livre para expressar a sua vontade nas leis humanas que promulga, devendo antes obedecer à lei divina. A vontade do príncipe dissociada da razão é "iniquidade", e não lei. Esta só existe se estiver racionalmente vocacionada ao bem comum. Para Aquino, quando uma lei humana sem essa racionalidade é obedecida pelos súditos, isso se explicava por ser a ordem também racional. Do mesmo modo, a alteração de uma lei humana promulgada não é decorrência da mudança na vontade do soberano, mas do aperfeiçoamento do conhecimento dos princípios que regem as leis humanas. Estas, reiterava Aquino, em princípio não deviam nunca ser mudadas, a menos em casos excepcionais em que o dano da alteração fosse compensado pelos benefícios ao bem comum (*Summa Theologica*, *Prima Secundae*, questões 90, 91 95 e 97).

Na Idade Média e sua profusão de microestruturas de poder (feudos, burgos, ducados, principados, corporações de ofício, estruturas clericais, universidades etc.), com competências conflitantes e imprecisas, qualquer comando, abstrato ou concreto, era entendido como norma (*lex*) não exatamente em função da autoridade que a editava, mas pelo seu conteúdo. Se quem editou a norma tinha autoridade e quais eram os limites dessa se tornavam questões menos importantes que o sentido do comando, que devia ser congruente com a cosmovisão europeia medieval, isto é, atender ao que se considerava direito natural (Lopes, 2004:75). Nesse ambiente, os juristas responsáveis pela doutrina e pelo ensino do direito se afirmaram como personagens assíduos dos círculos de poder. Competia a eles, enfim, dizer o que era natural no direito (cf. Grossi, 2006:178-186).

Na Idade Moderna, inicia-se a transição e a norma deixa de ser aceita principalmente em razão de sua racionalidade e passa aos poucos a valer por ter sido feita por alguém com autoridade afirmada e reconhecida. Já se entreveem, então, os lineamentos da positivação, começando a teoria jurídica a reservar à vontade do soberano um papel progressivamente central no direito.

Samuel Pufendorf, por exemplo, define a lei como o "decreto pelo qual o superior obriga alguém que lhe está subordinado a acomodar suas ações às orientações nela prescritas". Esse superior de que ele fala não é apenas alguém que, por ser maior ou mais forte, tem meios para castigar quem o desobedecesse e, por isso, incute medo nos súditos. Além dessa condição, ele precisa ter "justos motivos" para constranger a liberdade alheia. Deve, em outros termos, despertar além do medo também a reverência dos súditos (1673:7780). Como se percebe, o direito entendido como o conjunto de normas provenientes da livre decisão de uma autoridade já está em esboço.

É somente um esboço, porém. A vontade do soberano como produtora de direito legítimo não tem como se desvencilhar inteiramente da limitação imposta pelos desígnios divinos. A Igreja, como intérprete desses desígnios, é ainda poderosa. Ela tem o poder de escrutinar as normas baixadas pelos soberanos seculares e o usará com a sua sabedoria milenar. Pufendorf, assim, recua um pouco em seu conceito de direito como vontade do soberano acomodando as normas positivadas em uma posição ainda subsidiária. Dirá que a autoridade civil, ao fazer os seus decretos, apenas complementava o direito emergente da natureza humana. Caberia ao direito positivo, enfim, preencher as lacunas do direito natural. Os súditos, resume, deveriam obedecer às leis civis compatíveis com o direito natural não somente para evitar as sanções nelas previstas, mas principalmente porque a obediência às ordens gerais ou específicas do soberano era um dever natural (Pufendorf, 1673:327-331).

Noções equilibristas como essas, que sintetizam a legitimação do direito pela tradição e limitam os poderes das autoridades de positivar leis, foram aos poucos perdendo força e, com a positivação, desapareceram por completo da ideologia jurídica. E isso representou um extraordinário salto civilizatório na trajetória do direito. Com a positivação, o soberano não é mais um prisioneiro da vontade de Deus ou de seu plano racional, por lhe caber apenas a função (inicialmente) de o explicitar e (posteriormente) o complementar. Ele é, agora, a autoridade investida em competência para baixar livremente as normas que considera úteis ao exercício de seu poder. Está investido nessa competência pela própria ordem jurídica vigente e não por algo que a transcenda. Sem constrangimentos, o soberano pode criar, modificar e extinguir direitos.

Para o aumento do empoderamento do mais fraco no tratamento dos conflitos de endógenos, a substituição da tradição pela positivação correspondeu a um passo de grande significado e importância. Nenhum apelo à veneranda tradição imemorial conseguiria mais servir de justificativa para a manutenção de determinado padrão de orientação do tratamento dos conflitos. A mulher nunca exerceu o direito de voto, mas ela pode passar a exercê-lo assim que a autoridade decidir nesse sentido; o operário nunca tivera direito à limitação da jornada de trabalho, mas ele pode ter esse benefício tão logo a autoridade decida conceder-lhe; o poluidor nunca fora impedido de explorar sua atividade poluidora, até que a autoridade decidiu de modo diverso etc. Com a positivação, nada mais é imutável nas orientações gerais para o tratamento dos conflitos endógenos.

Positivação e prevenção dos conflitos

A positivação se insere no grande projeto da modernidade de reorganizar cientificamente a sociedade. É o Iluminismo projetado no direito. Essa projeção representou um salto civilizatório, por legitimar as mudanças nos padrões de tratamento dos conflitos orientadas a objetivos racionais. Graças a essa legitimação iluminista, afastou-se a tradição para que os padrões pudessem, embora lentamente, ampliar o empoderamento dos mais fracos – isto é, conceder direito de voto às mulheres, dar garantias aos operários e demais trabalhadores, exigir dos empresários medidas de proteção ao meio ambiente etc. O Iluminismo nos legou a arrogante pretensão de que conseguiríamos evitar os conflitos de interesse por meio da ordenação racional da sociedade. Isso, porém, não tem se mostrado factível.

A maior parte das pessoas ainda acredita que a receita para prevenir com eficiência os conflitos sobre a posse de bens móveis seria a lei estabelecer uma pena pesada para o furto e o roubo e os juízes a aplicarem com rigor. No início as cadeias ficariam lotadas, mas os crimes contra o patrimônio cessariam porque os criminosos teriam a certeza de que os seus atos não passariam impunes. O grandioso espetáculo de punições exemplares, crê-se, desestimularia novos roubos a ponto de, no futuro, vermos as cadeias esvaziadas e desativadas e todos respeitando o direito de propriedade uns dos outros.

O ditador Dracon, há mais de 2.600 anos, determinou que os roubos em Atenas fossem punidos com a pena de morte. Não conseguiu pacificar os atenienses e foi deposto. Passou para a história como legislador torpe. O ditador que o sucedeu, Sólon, revogou os disparates draconianos e passou à história como um sábio. Que lição deveríamos extrair dessa antiga experiência histórica? Simples: não conseguimos prevenir os conflitos ameaçando com sanções mais e mais pesadas.

Na verdade, não conseguimos preveni-los por nenhum outro meio. Temos que aprender a conviver com os conflitos, tratando-os (não necessariamente os resolvendo) em sua pontualidade, para que não se exacerbem a ponto de gerar risco de esgarçamento do tecido social. É para isso que serve o direito. Devemos, contudo, investir naquilo que realmente pode transformar as relações sociais e tornar a sociedade cada vez mais justa, que é a disseminação dos valores da tolerância, respeito, diversidade, igualdade etc., com medidas que ampliem o contingente de pessoas que os vivenciam.

Padrões: repetições, medidas e normas

Uma coisa é um padrão de comportamento, a regularidade com que se repete determinada conduta; outra coisa é considerar esse padrão a obediência a uma norma.

"Norma" é palavra polissêmica e, em um de seus significados, é sinônimo de "padrão". Nesse caso, denotam a correspondência a uma medida pré-estabelecida a partir de determinadas regras técnicas (chamadas de "normas-padrão"). Quando a ginecologista diz que o sintoma é "normal" em vista da idade da paciente, o adjetivo "normal", derivado de "norma", é empregado nesse sentido de correspondente a uma medida. A profissional é capaz de antever, com grande margem de certeza, que a maioria das mulheres deixará de ter menstruações entre os 45 e 55 anos. Essa medida (45 a 55 anos) define uma norma, um padrão, para a médica diagnosticar as suas pacientes e afirmar se o sintoma é normal (correspondente à norma) ou anormal (não correspondente). A medida (45 a 55 anos), por sua vez, foi estabelecida por um procedimento que pode ser, ele próprio, também medido, isto é, conferido. Para essa conferência, usa-se também uma medida (de segundo grau, pode-se dizer), que é dada pela norma-padrão tecnicamente estabelecida.

Não é nesse significado de "correspondência a uma medida" que as palavras "padrão" e "norma" foram utilizadas na frase com que iniciei o capítulo. Repito-a e a acentuo, para retomar o raciocínio: *Uma coisa é um padrão de comportamento, a regularidade com que se repete determinada conduta; outra coisa é considerar esse padrão a obediência a uma norma.*

Toda normalidade é definida a partir de repetições. A medicina sabe que a menopausa ocorre entre 45 e 55 anos porque foi isso que constatou observando uma quantidade robusta de repetições antes de adotar uma medida. A repetição da idade das mulheres que pararam de menstruar foi, em outros termos, ressignificada como medida. Mas... a medida é uma camada sobreposta às repetições e não a causa desta.

O primatólogo observa os chimpanzés e constata que um macho forte se comporta como o apaziguador de tensões no bando e copula com uma quantidade de fêmeas maior que os demais. Os pais percebem que o seu bebê normalmente agitado se acalma ao ser estimulado pelos sons de um chocalho. O tutor nota que o cão, após terminar as refeições, vem chamá-lo para conferir o pote vazio e receber afagos, impacientando-se quando há demora. São padrões de comportamento, condutas que se repetem com regularidade. Contudo, dificilmente, creio, alguém dirá que esses comportamentos são reiterados porque chimpanzés, bebês e *pets* estariam obedecendo a normas.

Isso porque a obediência a normas pressupõe a *decisão* de obedecer. O padrão só se reproduz porque o agente decidiu se comportar em consonância com a norma. Ele podia se comportar diferentemente, não reproduzindo o padrão se decidisse desobedecer a norma. A rigor, o padrão derivado de obediência à norma pressupõe *duas* decisões, isto é, a do indivíduo obedecendo ou desobedecendo e uma anterior, de definição em termos ideais das boas condutas. A qualificação de uma repetição de comportamentos como obediência a determinada norma presume, na origem, necessariamente a decisão que proibiu, obrigou ou permitiu certa ação. Presume, em outros termos, que uma ou mais pessoas, em determinado momento do passado, decidiram quais comportamentos conviriam ser adotados pelos membros do coletivo e quais não. Essas duas decisões – de alguém ou de um grupo estabelecendo a norma de conduta e do indivíduo com vontade de lhe obedecer – não parecem de nenhum modo evidentes na repetição de condutas observadas nos chimpanzés, no bebê e no cão.

É hora de desambiguar "padrão". De um lado, a expressão pode ser a menção à sequência repetida de eventos. Sempre que me referi, por exemplo, à *lei do mais forte* como o padrão de tratamento dos conflitos de interesses endógenos no estado pré-jurídico, foi nesse sentido que empreguei a palavra. Há uma frequência que nos permite falar em padrões de comportamento. De outro lado, a expressão é referência à medida definida como normal. É se valendo desse significado que a médica classifica como normal a menopausa em sua paciente de 50 anos. Para prosseguirmos na desambiguação, vou empregar a locução "padrão-repetição" para o primeiro significado e "padrão-medida" para o segundo.

Essa desambiguação permite tornar mais nítida a diferença entre o viés da normatização que impregnou as humanidades e a conjectura do direito como estratégia evolutiva. Ambas admitem uma transição do padrão-repetição ao padrão-medida, mas divergem quanto à sua natureza.

A normatização aborda a transição de uma maneira simplista e esquemática. Por pressupor a organização social como o produto de normas, qualifica os padrões-repetições como normas de direito consuetudinário e os padrões-medidas como normas de direito escrito. Para a normatização, a transição não é de um mundo sem normas para outro com normas, mas de um mundo com normas orais para outro com normas escritas.

Já a abordagem da transição pela conjectura é mais complexa. Trata-se, aqui, de uma ressignificação. Como a conjectura admite sociedades organizadas sem normas, nas quais a organização resulta unicamente do fato de as pessoas agirem como aprenderam a agir, por meio do sistema simbólico de herança ontofilogenética (Cap. 4), para ela os comportamentos que formam os padrões-repetições não são obediências às normas costumeiras. À conjectura não convence o argumento circular de que as repetições provam que normas estão sendo obedecidas e a existência de normas é provada pelas condutas repetidas. Na transição como ressignificação dos padrões-repetições como padrões-medidas, em certo momento o que era simples repetição de condutas passou a ser entendido como a medida para a orientação do tratamento dos conflitos.

No estado pré-jurídico, os humanos já conheciam as alianças entre fortes e fracos, herdadas do LCA, o ancestral comum aos grandes primatas, mas ainda tratavam os seus conflitos endógenos pelo padrão-repetição da lei do mais forte. Em algum momento, os humanos passaram a adotar a estratégia evolutiva do direito e outros padrões-repetições surgem no tratamento dos conflitos endógenos. A partir daí, o mais forte nem sempre vence o mais fraco, porque refreia a agressão temendo a lei de talião ou é, de algum outro modo, sensivelmente desfavorecido por ação do coletivo. Os coletivos continuam a aprimorar o que pode ter lhes proporcionado vantagens adaptativas. O crescente empoderamento dos mais fracos no tratamento dos conflitos endógenos cria coletivos mais coesos e possibilita maior economia de energia dos seus indivíduos. Os fracos não precisam se ocupar tanto em constantemente se proteger dos fortes.

Com o aumento da complexidade das relações sociais, a medida deixou de ser a repetição. O padrão-medida ganhou autonomia. O registro escrito dos meios de tratamento dos conflitos endógenos deve ter reforçado a autonomização. O *corpus* do registro, como a pedra ou o tecido vegetal, contribuiu para a ideia de que o padrão-medida teria uma substância própria. O amadurecimento da autonomia do padrão-medida, em razão da corporificação em objetos escritos, deve ter sugerido aos espíritos mais argutos (Platão, talvez) certo esboço do que viria a ser a lei positivada. Mas ainda continuará por muito tempo, contudo, a legitimação pela tradição: não se considerava uma boa ideia a autoridade revisar os padrões-medidas. A tradição, como se viu, só é inteiramente deixada de lado como critério de legitimação do tratamento dos conflitos de interesse endógenos com a positivação no início do século XIX. O valor disseminado é outro, desde então: não se considera uma boa ideia a autoridade ficar impedido de revisar os padrões-medidas se a alteração for necessária. A positivação conclui a transição por ressignificação dos padrões-repetições para os padrões-medidas.

Em outros termos, na tradição, o padrão-repetição é ressignificado como padrão-medida de um modo inicial e parcial. Ao tomar como referência na solução de um conflito o que supostamente vinha sendo o modo como conflitos similares eram solucionados desde sempre, a repetição ainda não se descarta por completo. Ao contrário, repetir é o objetivo. Somente na positivação é que a ressignificação se completa, ao se deslegitimar a repetição não apenas como uma orientação precária, mas potencialmente negativa em razão de seu conservadorismo.

A completa ressignificação, pela positivação, dos padrões-repetições em padrões-medidas varia segundo a construção da sociedade burguesa seja mais ou menos revolucionária. Na França do fim do século XVIII, em que a revolução foi sangrenta e radical, a positivação e o descrédito da tradição jurídica irrompem ao meio do fervor revolucionário. Todos os traços do passado feudal, com seus entraves estamentais e cleros ociosos, haveriam de ser apagados. Já na Inglaterra, um direito apegado aos precedentes, que valoriza o passado, persistiu por mais de um século (e ainda hoje permanece no imaginário do direito inglês) porque a Revolução Gloriosa do fim do século XVII terminou em um grande rearranjo consensuado entre a burguesia, o rei e os barões.

Na conjectura do direito como estratégia evolucionista, a transição dos padrões-repetições para os padrões-medidas é um processo extenso, iniciado quando os conflitos eram tratados segundo a lógica da tradição (a medida era repetir sempre) e concluído, mais de quatro milênios após, com a positivação (a medida não é mais repetir sempre). É, como se vê, uma transição mais complexa que a presumida pela teoria do direito consuetudinário.

Essa ressignificação, enfatizo, aconteceu no modo e no tempo que acabei de mencionar apenas na Europa. Em outras culturas, o modo ou o tempo da ressignificação podem ser outros. Certamente, são outros nas culturas em que uma ressignificação como a descrita não é congruente com as cosmovisões delas. Nem todos os povos, em suma, ressignificam os padrões-repetições como padrões-medidas.

A circularidade da normatização da sociedade

A ressignificação foi uma acomodação necessária para a cosmovisão europeia. O padrão-repetição precisou ser incluído na ordenação da imputação por não encontrar lugar na cada vez mais especializada ordenação da causalidade. A divisão do entorno em duas ordenações que não se interpenetram, porque o encontro da natureza com a cultura é estressante, empurrou as condutas frequentes para o âmbito da normatividade, do artificial, da ordenação da imputação. A ressignificação deu ao padrão-repetição o seu lugar na cosmovisão europeia, alocando-o como padrão-medida.

As ordenações são construções históricas, no sentido de que não nasceram prontas e acabadas. A distinção entre a ordenação da causalidade e da imputação resultou de um longo processo de maturação. Aquilo que Weber viu como o desencantamento do mundo foi o momento em que a distinção ganhou a nitidez atual. Se Cícero via eternidade e imutabilidade nas leis conformadas com a natureza e amplamente disseminadas, era porque a dualidade de ordenações ainda não estava nítida na Antiguidade. Na Idade Média, Aquino já esboçara os seus delineamentos, distinguindo, de um lado, a razão especulativa, que conclui racionalmente as leis naturais de princípios indemonstráveis e evidentes, e, de outro, a razão prática, que conclui racionalmente as leis humanas também de princípios indemonstráveis e evidentes (*Summa Theologica, Prima Secondae*, q. 91, a. 3).

A ressignificação não foi percebida ou foi apagada por aquele raciocínio circular: as condutas frequentes explicam as normas e as normas explicam as condutas frequentes. Ademais, a própria circularidade precisou também ser paulatinamente apagada até ser toda ocultada pela positivação e desaparecer ao meio do normativismo.

É a mesma circularidade que Oyama aponta no genecentrismo de alguns biólogos (entre os quais, Dawkins), que definem os genes como um programa completo da ontogênese dos organismos. O raciocínio circular existe tanto na hipótese de referência à programação como uma *metáfora* alusiva aos computadores como na veiculada por um argumento *literal*: a biologia genecêntrica conclui a existência da programação a partir da constatação da maior frequência de certos fenótipos e estes, por sua vez, são explicados como execução do programa genético (1985:60 e 72).

Em outros termos, a circularidade atribui certa moda estatística (maior frequência) a um fundamento para, em seguida, a explicar como manifestação do mesmo fundamento. Na circularidade da biologia genecentrada, a moda estatística é o fenótipo largamente verificado em uma população, enquanto o fundamento é a programação genética que a causaria; na circularidade das regras costumeiras, a moda estatística é uma conduta adotada intensivamente no coletivo, enquanto o fundamento é a existência de uma norma sendo obedecida. O argumento circular da biologia genecentrada opera no contexto da ordenação da causalidade, enquanto o das humanidades normativistas, no da imputação.

Pela moda estatística paradoxalmente não se buscam os "frequentes", mas os "invariantes", a matéria bruta do conhecimento positivista. O frequente na vida humana passou a ser visto como invariante formal das sociedades. Mas, como ensinava Bronislaw Malinowski, "o verdadeiro problema não é estudar como a vida humana se submete a regras – ela simplesmente não faz isso; o problema real é como as regras se tornam adaptadas à vida" (1926:87).

CONFLITO

Valores não são normas

Eu sempre perco o fio da meada nas discussões dos moralistas positivistas que submetem a um severo escrutínio lógico os preceitos sobre o certo e errado. Desde logo, não compartilho dos pressupostos adotados por essas discussões, quais sejam a de que existiriam preceitos universais e intrinsecamente certos acerca do que se deve ou não fazer em todas as situações da vida. E que esses preceitos podem ser descobertos e formulados por meio de argumentações racionais aptas a convencer qualquer interlocutor. Entendo que as pessoas decidem o que é certo ou errado fazer, em cada desafio em que essa questão se apresenta, movidas por suas emoções e interesses; e não em decorrência de elocubrações cerebrais exaustivas (que pensam exaurir o objeto e certamente exaurem as forças e ânimo do leitor).

A estrutura desses argumentos de moralidade positivada é mais ou menos assim: fazer *1* é certo por três razões *a*, *b* e *c*. Há quem oponha à razão *a* o contra-argumento *xa1* e *xa2*, partindo da premissa *x*. O contra-argumento *xa1* está equivocado porque não se levou em conta *ya1*. Já o contra-argumento *xa2* é errado porque conflita com *b* e sua premissa *z*. De qualquer forma, *xa1* e *xa2* não atendem ao primado lógico α. Quem incorre nessa falácia, aliás, também não pode se contrapor a *b* arguindo *xb1*, *xb2* e *xb3*. Em relação a *c*... e por aí vai.

Nada disso, porém, passa pela cabeça do funcionário público que vê o colega recebendo um suborno, do *maître* branco que presencia um freguês cometendo injúria racial contra o garçom negro seu subordinado, do transeunte abordado pela criança pedinte de esmola etc. Essas pessoas vão se indignar ou não com a situação que a surpreende e decidirão o que fazer, em primeiro lugar, pela emoção. O funcionário público que não sente nenhuma repulsa em relação ao colega corrupto não se dará ao trabalho de fazer uma denúncia. O *maître* que não se sente solidário com o garçom irá tentar adivinhar as expectativas dos demais clientes que também presenciaram o racismo para sopesar a atitude em que perderia menos. O transeunte profundamente afetado pela aparência maltrapilha da criança dará a esmola, sem nem ao menos se incomodar de o fazer por PIX.

O funcionário público, se denuncia o colega, não o faz por ter valores honestos. A denúncia é o valor dele. O *maître* não se omite por causa de seus valores. A omissão é o seu valor. O transeunte esmola a pobre criança não porque tem bons valores. O esmolar é o valor vivenciado.

Algum raciocínio lógico até pode ser acionado na identificação do certo e do errado mas, primeiro, a pessoa experimentou uma emoção, como indignação, medo, entusiasmo, indiferença etc. Esse raciocínio, porém, estará a léguas de distância do labiríntico dos moralistas positivistas. Não será nunca um escrutínio rigoroso de prós e contras, mas o apego a uma ou outra recomendação de fácil assimilação e certamente à indefectível regra de ouro (fazer ao outro somente o que desejaria que alguém fizesse a você). As pessoas vivenciam o que é certo ou errado com as suas ações fundamentalmente guiadas pelas emoções (medo de ser preso, ou não; alegria com a ação do outro, ou pesar; vergonha do que pensou fazer, ou orgulho; etc.) e por clichês. E é isso que molda a sociedade, e não o direito.

Para Fábio Portela Almeida, as emoções que deflagram reações morais indicariam a existência de uma moralidade inata, a gramática moral. Elas seriam a base biológica para o direito natural (2020:303-304). Para tanto, contudo, as reações precisariam ser universais. O que teria acontecido com o aproveitador que tumultua a cooperação indireta (*free rider*), esse indivíduo que não tem a mesma reação emocional atribuída aos que repudiam indignados o aproveitamento? Ele seria um humano desequipado da característica inata de todos os demais? Como os indivíduos agem com estratégias diferentes diante de cada conflito, acirrando-os ou evitando-os, os valores vivenciados são muito variados. A hipótese da gramática universal aquinhoou a todos com a mesma capacidade de aprender a língua dos cuidadores a partir de um repertório pobre de vocábulos e de estruturas. Não se vê equivalente universalidade no campo das emoções diante de condutas alheias que torne plausível a hipótese da gramática moral.

A afirmação de que a sociedade se molda não pelo direito, mas pelos valores vivenciados por seus indivíduos é congruente com o repúdio ao normativismo. Se os valores forem vistos como normas de conduta decididas pelo coletivo em um passado impossível de precisar, o normativismo terá saído pela porta para reentrar pela janela: apenas se substituiria a decisão instituidora da norma jurídica pela decisão instituidora da norma ética. E se forem vistos como expressões de uma capacidade inata de discernir o certo do errado, o normativismo reentra investido de autoridade biológica.

Os valores moduladores da sociedade são os que se repetem como padrão geral no coletivo. Se apenas um punhado de cidadãos vivenciam valores de supremacia racial, não se pode dizer que o supremacismo molda a sociedade em que aqueles supremacistas vivem. Mas se a maioria vivencia valores de sexismo, a sociedade será machista. Nesse último caso, mesmo a lei proibindo expressamente a discriminação salarial de gênero, homens continuarão ganhando mais que as mulheres no desempenho do mesmo trabalho porque não é o direito que molda a sociedade, e sim os valores vivenciados pelas pessoas. É o que acontece no Brasil, em que a lei proíbe expressamente a discriminação salarial em razão do gênero desde 1943 (CLT, art. 461), mas, de acordo com a Pesquisa Nacional por Amostra de Domicílios Contínua (PNAD), de 2019, as mulheres ganharam em média 77,7% do salário dos homens, pela mesma função.

Mas, enfatizo, do fato de os valores que moldam a sociedade corresponderem sempre a padrões de comportamento não se pode concluir que a repetição se explicaria pela obediência de normas morais. Na irrelevância da vivência dos valores supremacistas por uns poucos desajustados, até seria fácil identificar o conteúdo da norma moral presumida como geralmente obedecida – a valorização da tolerância e da igualdade. Mas na generalizada discriminação salarial sexista, que norma moral estaria sendo obedecida? A de que o trabalho dos homens deve ser tratado como intrínsecamente mais valioso que o das mulheres? Essa norma confirmatória do machismo como conduta moral não existe, nem nos sinuosos argumentos dos moralistas positivistas, tampouco nas falas públicas dos que contratam profissionais mulheres e as discriminam na questão salarial.

Dizemos às nossas crianças, para educá-las, que elas não podem fazer certas coisas porque a vida em sociedade depende de regras e que seria uma enorme confusão se cada um fizesse o que quer. Mas agimos assim hoje, por acreditarmos que a educação correta se faz por meio de argumentos racionais e elucidação dos motivos – não raramente, pais e professores vão além da explicação "devemos obedecer às regras" e se esforçam em detalhar as finalidades da norma sobre a qual dialogam. E agimos assim porque vivemos tempos de positivação e estamos contaminados pelo normativismo. Antigamente, as crianças eram educadas para a convivência em sociedade a partir da introjeção de um único valor, o do respeito aos pais (e, consequentemente, aos pais dos pais etc.). Não havia normas a serem obedecidas, mas pessoas a serem reverenciadas.

Os valores vivenciados não retratam a obediência às normas postas, decididas, resultantes do consenso acerca do que é bom e do que não é. Anteriormente, os valores de modelação dos coletivos retratavam a obediência aos pais, a introjeção do respeito a eles e a repetição do mesmo modo de vida deles; atualmente, retratam as concepções de certo e errado que adotamos em razão não somente dos modelos parentais e familiares, mas também dos fornecidos pelos professores, empregadores, colegas de escola e trabalho, amigos, ídolos, *influencers*, publicidade, promotores culturais etc. A ampliação do número de reverenciados é apenas uma consequência do aumento da complexidade das relações sociais.

9. Normas

Nunca acontece de advogados, juízes e demais profissionais jurídicos se preocuparem com três assuntos: conceito, origem e finalidade do direito. São temas que consideram definitivamente resolvidos; e bem resolvidos.

O conceito de direito resolvera-se pelo axioma "Direito é norma". Um ou outro desses profissionais, se tiver pendor para teorizar, pode se interessar em entender a característica que torna jurídica uma norma (coercibilidade, reconhecimento etc.). Se pesquisar e refletir sobre ela, no entanto, será por puro deleite intelectual. Para os assuntos do cotidiano da profissão, o axioma é mais que suficiente.

A origem do direito, por sua vez, estaria resolvida pela sua suposta perenidade. O direito não teria tido início porque existiria desde o surgimento da primeira das sociedades humanas. Os profissionais jurídicos têm à mão o brocardo *ubi societas, ibi jus* (onde há sociedade, há direito) e todos ficam satisfeitos com a navalhada que corta fora qualquer problematização sobre a origem. Mas a formulação em latim nada diz sobre o que configuraria uma "sociedade" e que sentido dá a "direito". Por isso, quem diz *ubi societas, ibi jus* está dizendo que "onde há uma sociedade como a nossa, há um direito como o nosso".

Em relação à finalidade, a questão é vista como já adequadamente resolvida pela teoria do Direito-ordenação. O direito constituído por normas e existente desde sempre serviria para organizar a sociedade. Ao definir em leis o que as pessoas podem ou devem fazer e estruturar um sistema de punições judiciais aos transgressores, o direito seria o grande molde de formatação das relações sociais.

A crença nessa capacidade organizativa do direito é complementada pelo normativismo, a ideia de que *apenas as normas jurídicas* podem ordenar a sociedade. Se visualizo uma ordem na satisfação generalizada das expectativas das pessoas sobre os comportamentos alheios, isso só poderia ser explicado como obediência a normas, ou seja, como o direito cumprindo a sua finalidade de ordenação da sociedade.

O normativismo é um dos vieses incorporados pelos profissionais jurídicos ao longo de sua formação. Ele não é, no entanto, um enviesamento exclusivo da teoria jurídica. Nos tempos da positivação, crer que as ordens sociais são necessariamente ordens normativas ilude também os moralistas, sociólogos, antropólogos, economistas e filósofos.

Os moralistas raciocinam assim: se são poucos os que deixam os pais idosos sem amparo afetivo, explica-se a conduta da maioria pressupondo a existência de uma norma que obriga os filhos a zelarem pelos pais – uma norma moral aceita e cumprida pela significativa generalidade das pessoas. Os sociólogos tratam as regularidades nas ações sociais como expressões de normas estabilizadoras de expectativas. Antropólogos empregam o conceito de direito consuetudinário no estudo de etnias sem escrita. Economistas olham para as ações de sentido econômico como obediência a regras de uma ordem espontânea. Epistemólogos tratam a ciência como o resultado da obediência a normas de produção de conhecimento rigoroso e confiável, o método científico.

Nas humanidades, como se percebe, a cada comportamento predominante imagina-se a existência de uma norma correspondente sendo majoritariamente obedecida. O normativismo equilibra-se, então, naquele raciocínio circular e falacioso, sobre o qual conversamos antes (Cap. 4), que explica o comportamento frequente como obediência a uma norma e explica a norma pelo fato de a maioria das pessoas ter um comportamento usual. A circularidade invalida a pertinência lógica da ideia de que somente pelo direito, isto é, por um conjunto ordenado de normas, se conseguiria organizar uma sociedade.

O normativismo não se dá por vencido e insiste não haver nenhuma outra explicação para a ordem social: se não há direito escrito, tem de haver um direito oral, costumeiro, consuetudinário.

Um mundo de normas

Em tempos de positivação, a teoria jurídica é fortemente influenciada pela ideia de que vivemos em um "mundo de normas". Essa percepção é, aliás, explicitada exatamente nesses mesmos termos por prestigiados teóricos do direito, como Bobbio por exemplo (1958:3). A teoria jurídica é de tal modo impregnada por essa ideia que reduz o direito a um conjunto de normas, a um ordenamento.

A completa normatização do mundo parece imediatamente confirmada pelo modo usual de compreensão do direito. Tanto entre os teóricos como entre os práticos da área, tanto entre estes como entre os leigos, o direito é visto como o conjunto de leis, decretos, regulamentos e demais normas ao abrigo de uma Constituição, que também é norma. É compreendido por todos como um ordenamento racional e hierarquizado, composto de normas que atendem a uma característica única: são elaboradas em abstrato pelos integrantes de uma das estruturas do Estado (Poder Legislativo) para ser aplicadas a casos concretos pelos membros de outra estrutura (Poder Judiciário). As demais normas que nos cercam, como as morais, de etiqueta, técnicas, litúrgicas, de metodologia do trabalho científico etc. não têm tal origem e finalidade.

É compreensível que a ideia da onipresença das normas seja extensamente predominante na teoria jurídica contemporânea. Afinal, a organização política, nos últimos duzentos ou trezentos anos, tem sido o Estado com as funções de legislar e julgar crescentemente especializadas em estruturas distintas. Em virtude desse modelo de repartição dos poderes estatais, a concepção do mundo como intensamente normatizado mostra-se crível aos viventes do século XXI que pensam sobre o assunto, dentro e fora dos meios acadêmicos.

Mas ela não se contém na contemporaneidade. Está de tal forma arraigada à teoria jurídica que a onipresença das normas contamina o passado e o futuro, como se não houvesse história. Até onde a vista alcança no passado (isto é, desde a invenção da escrita) e até onde vão os horizontes projetados para o futuro, vê-se também apenas um "mundo de normas". Mais que isso, força-se a vista para encontrar algum vestígio da inseparável tríade Estado-lei-juízes: no passado, de modo rudimentar ou embrionário; no futuro, cada vez mais aperfeiçoada e eficiente, nunca substituível. A tripartição dos poderes sistematizada pelos pais fundadores dos Estados Unidos é generalizada como o nutriente fruto de sementes germinadas na Antiguidade e como a solução definitiva, perfeita e acabada, da organização política.

Fixemo-nos na projeção no passado. O senado romano era o colégio dos aristocratas chamado a se pronunciar principalmente em questões práticas como autorizar a formação de exército para empreender determinada conquista, embora fosse também consultado algumas vezes em matérias que atualmente chamaríamos de abstratas como a definição da ordem de vocação hereditária. É inapropriado, contudo, enxergar nessa estrutura de poder um Legislativo em gestação. Ele tinha certo papel de guardião da tradição pretensamente iniciada com a fundação de Roma e o exercia para se opor ao colégio dos plebeus, o comício, quando este se posicionava de modo não inteiramente satisfatório para a aristocracia – o pronunciamento da assembleia popular era então desacreditado como contrário à tradição imemorial de cujo respeito dependia a grandeza de Roma. Mas a tradição era imutável para os romanos, de sorte que o senado tinha o poder de interpretá-la, mas não de a alterar; não estava investido nem mesmo rudimentarmente em poderes legiferantes, de *positivar* leis.

Em suma, a onipresença das normas é ingrediente da explicação apresentada pela teoria jurídica tanto para o direito do presente, como do passado. Mas que exercício mental ela faz para enxergar um "mundo de normas" antes da positivação, reconhecidamente um fato do século XIX? O exercício consiste em tratar as ações humanas sempre como obediência ou desobediência a normas.

Condutas verificáveis em larga escala em um grupo social são qualificadas pela teoria jurídica como obediência a normas; e as que se desviam da frequência, como desobediência. Constatado, por exemplo, que o homicídio é incomum ou raro, caberia afirmar simplesmente que as pessoas não são majoritariamente assassinas; afirma-se, no entanto, que a maioria delas teme a punição da lei e, assim, está cumprindo a norma que proíbe matar; a mesma norma que a minoria dos homicidas descumpre. O viés do habitar um "mundo de normas", traduz qualquer conduta como uma reação positiva (obediência) ou negativa (desobediência) a uma regra geral de conduta estabelecida de algum modo antes dela. Não há ações; somente reações conscientes e livres confirmando ou contrariando o que o grupo havia definido abstratamente como certo ou errado.

A percepção da onipresença das normas reforça o normativismo. Uma boa explicação para vivermos rodeados de normas seria a impossibilidade da vida em sociedade sem elas. As duas ideias se fundem quando a regularidade de uma conduta não sugere nenhuma outra explicação para a teoria jurídica senão a normativa. Quem age conforme aprendido com os pais, cuidadores e demais adultos de seu convívio é visto não como alguém "fazendo o que aprendeu", mas sim como um sujeito "obedecendo a uma das normas" do coletivo.

Para perceber a inconsistência dessa proposição da teoria jurídica, vamos olhar para a primeira das nossas criações culturais, a língua.

CONFLITO

Fala, gramática universal e a gramaticalização

Os gramáticos observam como uma língua é falada e formalizam as regras de seu uso culto. Definem os padrões a partir dos quais serão segregados os letrados dos falantes em geral e que servirá à constante realimentação de preconceitos e chistes com os que não tiveram a oportunidade de educação formal de qualidade. Vida segue e os falantes vão reestruturando a língua com novos modos de se comunicar. Alteram-na a ponto de desprestigiarem algumas normas da língua-padrão. Por isso, de tempos em tempos, os gramáticos precisam atualizar as suas regras, para que elas não fiquem tão distantes da realidade da língua tal como é realmente usada.

O que veio antes: a língua falada ou as regras dos gramáticos? Evidentemente, foi a língua falada. O primeiro gramático não impôs regras de fala aos falantes, mas apenas formalizou o modo como percebia as pessoas se comunicando. E muito provavelmente, ao chancelar nessa formalização como "correta" apenas uma das diversas alternativas de uso da língua que pôde observar, o pioneiro da gramática fixou o parâmetro para os que o seguiram: valorizar os próprios usos e os das pessoas de sua classe social, a elite, e desprezar os demais.

Vimos que, de acordo com a hipótese da biolinguística, nós, os humanos, nascemos com um órgão sem similar nas demais espécies, que nos habilita a entender e construir frases com sentido a partir de um pequeno repertório de palavras e de estruturas. Esse órgão foi chamado por Chomsky de "gramática universal" (2006). Ao aprender a comunicar eficazmente um desejo, a criança se vale da aptidão proporcionada por sua gramática universal. Mas ela estaria, nesse momento, *obedecendo* a regras? Regras que *desobedeceria* quando falava de modo "errado"? Parece-me mais convincente descrever esse precioso momento da primeira infância como o uso do repertório de palavras e estruturas aprendido apenas por ter ouvido os cuidadores falando, isto é, sem qualquer forma de regramento ou outro ingrediente normativista.

O órgão "gramática universal" habilita uma criancinha brasileira a aprender como operar um repertório extremamente pequeno de fonemas (sete vocálicos orais tônicos, cinco vocálicos nasais e 21 consonantais) na construção de milhares e milhares de palavras com as quais consegue expressar uma quantidade infinita de frases inteligíveis para si mesma e para os seus cuidadores, realizando o prodígio da comunicação sintática.

Atente que a capacidade dada a nós por esse extraordinário órgão, a gramática universal, não é a mesma acionada pelos gramáticos na formalização das regras da norma-padrão, a gramaticalização. As primeiras gramáticas da língua portuguesa, por exemplo, surgem em 1530, muito tempo depois do seu emprego tanto na fala como na escrita pelos habitantes da estreita faixa a oeste da península Ibérica que se tornaria o território de Portugal (Galindo, 2022:120).

Para empregar os conceitos fundamentais de Wilhelm von Humboldt, os frutos da gramática universal dizem respeito à *matéria da língua*, enquanto a gramática gramaticalizada está no âmbito da *forma da língua*. Os muitos dissensos entre os linguistas em torno do conceito adequado para categorias como sintagma e sentença (para citarmos apenas dois exemplos) mostram que a matéria da língua não é lógica em si. Os falantes de uma língua se comunicam pelo modo como aprenderam a se comunicar e, desde que se entendam, estão satisfeitos. É na forma da língua que se procura engendrar uma estruturação lógica para a matéria, no afã de aplacar inquietações de viés acadêmico, senão político.

O que é aprendido normalmente em casa na primeira infância? A língua tal como falada pelos pais e cuidadores. E aprende-se, todos sabem, ouvindo e falando. Aos pequenos não se informam as regras gramaticalizadas pelos gramáticos como pressuposto do aprendizado da língua. Quer dizer, os mais vulneráveis que não tiveram oportunidade de educação formal e os privilegiados que tiveram e a desperdiçaram vão falar a língua que aprenderam ouvindo e falando (*performance*). Os que aproveitaram a oportunidade da educação formal vão falar também a língua que aprenderam por esse modo, mas com as pequenas variações em decorrência dos ajustes à norma-padrão – não todos, apenas os que eles tiverem introjetado (*competência*). Na padaria, uns pedirão duzentos gramas de presunto, e outros, duzentas gramas, mas todos serão igualmente atendidos pelo comerciante interessado em vender sua mercadoria.

Meu ponto é que, ao falar, nem vulneráveis nem privilegiados estão *obedecendo* ou *desobedecendo a regras*. Estão apenas se comunicando, tal como aprenderam a se comunicar. Nas raríssimas vezes em que os letrados consideram conveniente empregar a norma-padrão da língua (na redação do currículo para pleitear um emprego, por exemplo), é que se preocuparão em pesquisar dicionários e gramáticos (se não preferirem se valer da redação feita por um programa de inteligência artificial). Talvez somente nesses momentos, em que considera de seu interesse expressar-se formalmente sem erros, é que a maioria das pessoas, em toda a sua vida, usa a língua *obedecendo* a regras. Obedecer e desobedecer são decisões, ou seja, a expressão consciente de uma intenção. Em raríssimas vezes, decidimos obedecer ou optamos por desobedecer a norma-padrão da gramática ao falar ou escrever.

De qualquer modo, todos concordam que as regras são formalizadas pelos gramáticos após muito tempo de emprego perfeitamente eficiente da língua pelos falantes, e não como condição prévia para o seu uso. Ora, isso, que se constata facilmente com a língua se construindo antes do aparecimento dos gramáticos é o que também acontece com qualquer outro comportamento social, em que a norma é sempre uma camada sobreposta e não um alicerce.

Os demais comportamentos dos humanos são como o de falar. Se há condutas que se repetem, as regras são formalizadas posteriormente para ser empregadas apenas nas poucas oportunidades em que têm relevância. Os padrões que se costuma chamar de "normas jurídicas", a rigor, não são obedecidos nem desobedecidos pelas pessoas interagindo em sociedade – apenas nas raras vezes em que há um conflito de interesses, elas são empregadas para orientar o seu tratamento.

Regras implícitas autogeradas?

Há quem distinga, na linguística, regras implícitas e explícitas (por exemplo, Freitag, 2022). No contexto dessa distinção, quando as crianças começam a falar ouvindo os seus cuidadores e constantemente avaliando a eficácia comunicativa das próprias falas (isto é, se os cuidadores estão entendendo ou não a intenção que querem transmitir), elas estariam assimilando *regras*. São as regras implícitas operadas por todos os usuários da língua. Uma parte das crianças, dependendo da educação a que tiver acesso, aprenderá as regras formalizadas pelos gramáticos. Essas são as regras explícitas.

Esse modo de chamar as coisas é enganoso. Ver no aprendizado do uso da língua pela criança a assimilação de regras é pressupor que estas teriam sido estabelecidas explicitamente por ancestrais dos cuidadores dela. A noção de regras assimiladas implicitamente não tem como não pressupor a explicitação delas em um momento fundador da língua, mergulhado no passado imemorial. Transmite-se implicitamente o que um dia foi explicitamente estabelecido não por quaisquer ancestrais dos cuidadores daquela criança; mas especificamente pelos que, no último dia de um longo silêncio, entendendo-se por meios que não conseguimos nem ao menos imaginar, decidiram de modo consensual as regras de uma nova língua e passaram a obedecê-las. A partir daí, os filhinhos dos criadores da língua assimilaram essas regras implicitamente, assim como, no momento oportuno, os seus netinhos, bisnetinhos etc. Isso obviamente não faz sentido.

Distinguir regras implícitas de explícitas é acrescentar ao acontecido duas camadas normativas, ao invés de uma. É ressignificar duas vezes um padrão-repetição como padrão-medida. Não deve ser chamado de regra ou norma o que *aconteceu* como padrão-repetição e ninguém conscientemente *definiu* como padrão-medida. Não se deve fazer isso para evitar as ambiguidades. Qualquer adjetivação a que se recorra para tomar como regras, como norma, o que não poderia ter sido *decidido* por alguém esconde a ambiguidade que é bom evitar; e propaga a contaminação do normativismo.

Normas não jurídicas

Os juristas veem na produção e efetivação das normas jurídicas algo que existe certamente na estruturação racional de métodos de conhecimento e expedição das normas técnicas. Nesses dois casos, visualiza-se a ordem que eles atribuem à ordenação porque há padrões elaborados por autoridades (os especialistas) no contexto de um processo racional de formação de consenso e que são criteriosamente obedecidos pelos destinatários. Há positivação, em suma.

A comunidade científica de determinada especialização cria as regras do método de conhecimento a serem observadas nas pesquisas da área. E essas regras são conscientemente observadas pelos pesquisadores em seus estudos experimentais. As normas técnicas, por sua vez, são editadas, também após um procedimento definido de construção de consenso entre os especialistas, por entidades reconhecidas – no Brasil, é a Associação Brasileira de Normas Técnicas (ABNT). E elas são obedecidas pelos destinatários: o engenheiro responsável pela construção de um edifício com estrutura de concreto em uma cidade brasileira muito provavelmente obedecerá aos parâmetros estabelecidos na norma editada pela ABNT sobre a matéria.

Mas, as regras do método de conhecimento são obedecidas pelos pesquisadores porque é esse o meio de vir a ser reconhecido, pela respectiva comunidade, como um cientista competente; já as normas técnicas são obedecidas pelos destinatários por uma razão mais forte ainda: dessa obediência depende a realidade do efeito desejado: o edifício de estrutura de concreto construído sem respeito à norma técnica correspondente pode simplesmente ruir. Em outros termos, não é a norma metodológica ou técnica em si que põe ordem na pesquisa e na construção do prédio, mas os valores dos pesquisadores e engenheiros. O pesquisador que deseja ser visto como *enfant terrible* desprezará ostensivamente a metodologia e pode acontecer de granjear reconhecimento acadêmico, se for alguém genial; assim como o engenheiro que não dá valor à vida dos futuros moradores do prédio também poderá ignorar a norma técnica e acontecer de a edificação não colapsar.

Igual raciocínio se pode fazer em torno das demais hipóteses de criação e aplicação dos padrões ideais de conduta de natureza não jurídica, isto é, as prescrições morais e as de etiqueta, os protocolos, liturgias e rotinas de trabalho em grupo. Também na produção e efetivação dessas normas não jurídicas, uma autoridade reconhecida (moralista de prestígio, sacerdote, autor de manual de etiqueta, coordenador do trabalho etc.) elabora diretrizes de atuação que *tendem* a ser cumpridas pelos interessados. As pessoas empenhadas em agir com ética obedecerão aos moralistas que admiram. As regras dos rituais religiosos serão cumpridas porque professar uma religião não é outra coisa senão cumprir as liturgias dela. Os preocupados em ser admitidos em um convívio social de índole formal introjetarão os preceitos da etiqueta recomendados pelos entendidos no assunto. Os protocolos do serviço diplomático, dos rituais acadêmicos e demais também serão reproduzidos pelos seus destinatários, não por uma pretensa força normativa que possuiriam, mas simplesmente porque eles têm objetivos, compatíveis com os seus valores, que desejam concretizar.

Essas normas não jurídicas, de qualquer modo, são entendidas dessa maneira por serem produtos de um tempo em que a positivação já está amadurecida. A teoria jurídica não as pode adotar como modelo na compreensão da origem do direito.

Direito consuetudinário?

O normativismo, para se sustentar na projeção ao passado, engendrou o conceito de "direito consuetudinário". Pretende-se que as normas jurídicas já existiam mesmo antes de haver Estado nacional, autoridades soberanas para positivarem leis e juízes funcionários públicos para as aplicar. Onde elas poderiam ser encontradas, no entanto, se certamente não havia repositórios formais e registros escritos? Para responder a esta indagação, a teoria jurídica transforma os comportamentos habituais, os "costumes", em normas não escritas. Se um povo normalmente se comporta de determinada maneira em tais ou quais situações, vê-se nessa constância a expressão do respeito a uma norma não escrita que estaria sendo obedecida desde priscas eras.

Em outros termos, se a maior parte desse povo agia daquele modo notado, então estaria cumprindo uma norma estabelecida pelos seus ancestrais. A teoria jurídica concede que o "estabelecer" não é uma deliberação consensual ou majoritária no contexto de um procedimento formal, mas, sub-reptícia, sugere o enraizamento em uma manifestação de vontade da maioria do coletivo resultante da "soma" de decisões individuais de se comportarem de determinada maneira. Uma vontade bem delimitada, sem a qual não há como se falar em norma jurídica: a de passar a admoestar e progressivamente sancionar quem não se comporta como a maioria.

Atente que, nos rudimentares exercícios mentais da antropologia jurídica em suas origens, os teóricos do direito tomam por cumprimento de normas costumeiras o que *afirmam* ter sido o comportamento habitual de um povo originário. Mas como não é possível nenhuma certeza acerca de como um grupo ancestral de humanos se comportava, por dispormos apenas de achados arqueológicos que fornecem meros indícios indiretos dos comportamentos, a projeção do presente sobre o passado pela teoria jurídica não se resume ao viés do normativismo *in abstracto*. Também na definição do conteúdo das imaginadas normas consuetudinárias, a teoria jurídica vê um direito contemporâneo embrionário. Para entender a realidade de um direito invariavelmente conceituado como norma antes do aparecimento do Estado ou de alguma forma de organização política legiferante, as referências não são buscadas, como seria o mais racional, no que poderia ter sido a cosmovisão dos humanos daqueles tempos longínquos; usam-se, ao contrário, as referências do pensamento jurídico contemporâneo, concebendo-se humanos ancestrais já inteiramente familiarizados com a positivação.

Veja, por exemplo, como Richard Posner inicia a abordagem acerca das "instituições jurídicas das sociedades primitivas": "Suponhamos que haja uma regra que proíba um homem de pegar as batatas-doces de seu vizinho sem a permissão deste. Mesmo assim, ele as pega, ou ao menos é o que alega o vizinho". Conjectura, em seguida, sobre os incentivos racionais que levariam os dois homens em conflito a preferirem buscar a solução arbitrada por um ancião ou sábio à retaliação. Posner havia ressalvado: "por ora, não precisamos nos preocupar com a origem dessa regra" que proíbe o furto de batatas-doces; e, tratando do tema na sequência, cogita de quatro possíveis "fontes", sendo as três primeiras claros reflexos da tripartição dos poderes: a legislação, os decretos do Executivo e as sentenças judiciais. Não havendo Estado, Posner descarta a legislação e os decretos como fonte normativa, mas admite que as sentenças dos árbitros já poderiam servir de precedentes naqueles tempos remotos. Conclui, enfim, que o costume é a fonte dominante do "direito primitivo" (1981:206-209).

Nota-se que Posner está moldando o passado à teoria jurídica contemporânea. Ele fala dos povos originários partindo acriticamente do pressuposto de que teriam a mesma concepção de tratamento dos conflitos endógenos da atualidade. Está convencido, em outros termos, de haver uma única, atemporal e incontornável maneira de os humanos se organizarem para lidar com esses conflitos. Não por coincidência, creio, essa pressuposta maneira imemorial e imutável de tratamento dos conflitos endógenos seria uma versão embrionária da adotada nos últimos dois ou três séculos a partir da Europa. Segundo essa visão, os humanos, desde sempre e para todo o sempre, estabelecem normas abstratas definindo como todos do grupo devem se comportar e, por meio de decisões tomadas por árbitros imparciais, as aplicam punindo os que resistem a obedecê-las.

Comparada às lições dos outros teóricos do direito, nada há de especial na ilação de Posner, exceto o recurso à ponderação de incentivos ainda antes da invenção da escrita – para o modelo dele fazer sentido, o dono das batatas-doces e o vizinho acusado de furto precisam raciocinar como se fossem economistas neoclássicos habitantes de Chicago. Usar na abordagem do passado (as "sociedades primitivas") as lentes contemporâneas (tripartição de poderes, precedentes etc.) não é nada exclusivo deste autor, mas corresponde à forma usual da abordagem da teoria jurídica sobre a origem do direito. Posner e demais teóricos que refletem sobre as origens das "instituições jurídicas" aceitam, sem maiores considerações ou digressões, que ele é e sempre foi a ordenação por meio de normas estabelecidas. A teoria jurídica imita os profissionais da área quando parece sempre satisfeita com a navalha *ubi societas, ibi jus*. Não pesquisa a origem do direito, antes presume e reafirma a suposta universalidade do normativismo. Para a concepção predominante na teoria jurídica, o direito nasce da organização de uma sociedade para fins de reagir à desobediência das normas por ela estabelecida. Nunca é questionada a pressuposição de que os humanos sempre viveram obedecendo ou desobedecendo a normas estabelecidas pelos grupos em que vivem.

O momento fundador do direito consuetudinário

Na TDH, quando os humanos abandonaram as sociedades igualitárias de caçadores-coletores nômades e adotaram as sociedades desigualitárias de agricultores sedentários, a cooperação deixou de ser direta para se tornar indireta. Na reciprocidade direta, *ego* entrega a *alter* e depois recebe algo equivalente de *alter*, enquanto na indireta, cada um contribui para o coletivo e recebe, depois, equivalentes não necessariamente de quem foi o beneficiado por sua contribuição. Surgiram, então, na descrição de Paulo Abrantes, as "condições para que o conflito se disseminasse entre os grupos humanos, agora mais complexos, não igualitários e socialmente hierarquizados, quando comparados aos grupos do Pleistoceno" (2014b:300).

De acordo com Sterelny, nessa paulatina transição, os humanos teriam recontratado o contrato social. Tiveram de recontratar, segundo a visão da TDH, para que os aproveitadores (*free riders* e *greeders*) não atrapalhassem o novo modo de cooperação. Os costumes teriam se tornado normas expressas que eram obedecidas pelos indivíduos interessados em ter uma boa reputação e orgulhosos dessa sua atitude (Sterelny, 2021).

Mas o processo pelo qual a busca de reputação e o orgulho pela obediência se transformam em normas explícitas não é identificado por Sterelny. E é exatamente esse o ponto que precisaria ser elucidado para sairmos do raciocínio circular que conclui a existência das normas da frequência de certa conduta ao mesmo tempo que conclui que a frequência da conduta se deve à obediência às normas. Como teria acontecido a explicitação imaginada por Sterelny?

Uma explicação poderia ser a de uma convenção solene fundadora da sociedade. Os anciões do coletivo, certo dia, se reuniram, discutiram sobre o que é certo e errado para eles e, após muitas ponderações, definiram as regras de conduta que deveriam ser observadas por todos, a partir do dia seguinte. No mesmo encontro, os anciões definiram as punições para as desobediências e quem as aplicaria. Essa explicação não poderia ser mais inverossímil. Ela pressupõe a realização do tal conclave em todos os coletivos em algum momento do passado imemorial, isto é, um momento fundador da sociedade por deliberação dos sábios anciões, algo difícil de admitir.

Sugere-se, então, uma explicação alternativa à da convenção solene: o direito espontâneo. Ela desfruta de enorme prestígio entre os evolucionistas e, de resto, em todas as humanidades no conceito de direito consuetudinário. Costumes teriam sido transformados espontaneamente em normas. Parece ser esta a hipótese de Sterelny para a explicitação das normas demandada pela recontratação do contrato social no Holoceno (Cap. 3). A hipótese do direito espontâneo aparentemente forneceria uma resposta satisfatória para a inverossimilhança do momento fundador da sociedade por deliberação dos sábios anciões. Não se percebe, porém, que a conjectura da espontaneidade também depende de um momento fundador.

Quer dizer, se os sábios anciões não se reuniram para criar racionalmente as normas *ab ovo*, eles precisavam ter se reunido para racionalmente escolherem algumas das condutas frequentes para as qualificar de obediência às normas. A explicitação das normas de que cogita Sterelny só pode ser também um momento fundador da sociedade por deliberação dos sábios anciões. Não escolheram normas e punições a partir do consenso sobre o certo e errado tendo à mão uma tábula rasa, mas as escolheram classificando as ações frequentes a partir dos valores consensuados. Uma escolha tinha necessariamente que ser feita, na explicitação de Sterelny, porque nem tudo que todos faziam com habitualidade foi convertido em norma de conduta impositiva de punições aos desobedientes.

Imaginemos um povo caçador-coletor do início do Holoceno europeu em que são habituais as seguintes condutas: (i) todos evitam pôr a mão diretamente no fogo; (ii) os maridos espancam a mulher sempre que ficam contrariados; (iii) os adultos do sexo masculino mais fortes se organizam para caçarem juntos os animais de grande carcaça; (iv) cada homem entrega uma de suas irmãs para ser esposa de um homem de outro coletivo (um povo sedentário estabelecido nas proximidades das áreas de forrageamento) e o faz para receber depois como esposa uma irmã do compadre; e (v) quando surgem os pelos pubianos no menino (meu exemplo é de povo do hemisfério norte), ele é isolado e passa por rituais de formação do guerreiro e rompimento com o feminino, em que passará por privações e desafios cruéis, mas aprenderá que é superior às meninas.

Ora, nem todos esses comportamentos frequentes se tornaram normas, isto é, algo a ser observado obrigatoriamente sob uma pena coercitiva imposta pelo coletivo. Alguém necessariamente teve de decidir que não haveria punição para quem pusesse a mão no fogo e para os poucos maridos que nunca batessem nas esposas, mas que a falta de colaboração na caça de um adulto do sexo masculino forte seria punida com uma boa surra, que a mulher casada com o próprio irmão seria morta e o menino que não concordasse em se submeter ao rito de iniciação seria tratado, a partir de então, do mesmo modo que as mulheres do coletivo. Como uma discriminação de condutas desse tipo poderia ter sido espontânea?

Uma resposta congruente com a TDH assimilaria a ideia de espontaneidade na punição do aproveitador que frustrasse a expectativa de cooperação na caça. Afinal, é uma conduta em desacordo com a reciprocidade indireta, que demanda a explicitação das normas imaginada por Sterelny. Nesse contexto, não teriam surgido espontaneamente as punições à conduta de pôr a mão no fogo e à de não espancar a esposa por serem indiferentes ao objetivo de assegurar a cooperação. Mas a morte da mulher incestuosa e a punição ao menino que não quer passar pelas agruras do ritual de iniciação da vida adulta não fariam sentido como direito espontâneo por esta explicação da cooperação indireta – aquela, porque diz respeito à reciprocidade direta (a decisão do homem de casar com a irmã, em vez de a trocar por uma esposa, em nada afeta a cooperação reciprocamente indireta); e esta, porque a exclusão de uma força de trabalho é incongruente com a busca dos benefícios da cooperação (objetivamente, um adulto forte pode ajudar na caça, mesmo que não tenha passado pelas torturas da iniciação).

Se o momento fundador da sociedade por deliberação dos sábios anciões é, em suma, inverossímil para a hipótese da convenção solene, ela também é na do direito espontâneo. Decidir quais serão as normas de uma sociedade sem normas ou decidir quais condutas infrequentes passarão a ser punidas se equivalem enquanto processos deliberativos. Admitir o direito consuetudinário não exclui a muito improvável fundação da sociedade por uma escolha racional.

A obediência às normas não deixa vestígios arqueológicos diretos, mas Sterelny considera que a etnografia poderia ajudar (2021:88/182). Talvez não perceba, mas resolver pela etnografia o que a arqueologia não resolve implica em tomar os povos originários contemporâneos por modelos do que a humanidade teria sido há centenas de milhares de anos, presumindo uma bastante questionável linearidade evolucionista na cultura. De qualquer modo, ele faz esta ilação no final das contas para sustentar a tese de que as normas eram transmitidas por meio de rituais e narrativas que chama de "esotéricas". Isso, mais uma vez, não nos diz nada acerca de como as normas teriam sido explicitadas, já que a explicitação obviamente antecedeu à transmissão ritualística.

Resumindo, também pela via da coevolução gene-cultura, projeta-se no passado um direito que só existe há muito pouco tempo. A explicitação de normas costumeiras como algo ancestral (ocorrida na passagem do Pleistoceno para o Holoceno) e universal (ocorrida em todos os coletivos de humanos) não salva a hipótese do direito consuetudinário da circularidade.

As incongruências da categoria, contudo, não são somente lógicas. Como veremos, a hipótese do direito espontâneo não é compatível com a cosmovisão de muitos povos originários (Cap. 10). Graças a essa incompatibilidade, a cultura desses povos pode não ter sido o sistema hereditário de transmissão de um direito espontaneamente normativo. A TDH é mais uma tese que sacrifica a história do direito. E o faz, não vejo outra explicação, para legitimar o direito como ele é hoje e dar a sua quota de contribuição para as ideologias conservadoras.

Direito consuetudinário de povos com escrita

O conceito de direito consuetudinário que a antropologia assimilou da teoria jurídica está diretamente relacionado aos povos sem escrita. A impossibilidade do registro soa uma explicação suficiente para a obediência a normas de cuja existência não há vestígio. Em tempos de positivação, não era crível conjecturar, partindo da falta de registros arqueológicos, que a premissa da obediência às normas pudesse estar errada. A categoria jurídica foi aproveitada pela antropologia apenas para encaixar nessa premissa a suposta obediência a normas nos povos sem escrita. Na teoria jurídica, porém, direito consuetudinário é uma categoria mais ampla.

Todo direito consuetudinário é um conjunto de normas transmitidas de forma oral, mas a oralidade delas nem sempre é uma contingência imposta pela falta da escrita. O direito inglês ainda hoje é lembrado como exemplo de direito consuetudinário, em referência ao *common law* como um repertório de normas de tradição oral surgidas muito tempo depois da invenção da escrita pelos moradores da Ilha da Grã-Bretanha. A fama persiste, mas há tempos não passa de fantasia.

Na Europa feudal, havia uma infinidade de microestruturas políticas de diferentes estatutos. Eram feudos, ducados, republiquetas, burgos etc. que desfrutavam de autonomia na administração dos assuntos locais de seus pequenos territórios, incluindo a administração da justiça. O processo de formação de Estados nacionais do início da Idade Moderna custou obviamente o esvaziamento dos multifacetados poderes locais. Em cada canto, o processo se desdobrou em condições específicas. Na Inglaterra, foi particularmente acirrado o embate entre o poder real empenhado na centralização do poder e os barões ciosos de sua autonomia.

Na luta de centralização política contra os poderes locais, um dos instrumentos do rei inglês consistiu na criação de um corpo de magistrados encarregados da aplicação das leis baixadas ou reconhecidas pela Coroa. A competência da justiça real foi definida em termos um tanto imprecisos, de modo que ela tivesse como se sobrepor às arbitragens e arbitrariedades dos barões *quando fosse o caso*. Os juízes reais decidiam as questões que lhes eram endereçadas orientando-se pelo que foi chamado de direito comum, isto é, comum a todos os ingleses, o *common law*. Com a crescente centralização do poder pelo rei, as jurisdições locais perderam prestígio e, com o tempo, desapareceram. As Cortes Reais deixaram de ser vistas como uma instância jurisdicional supostamente de exceção e se afirmaram como o núcleo do Judiciário inglês. Em 1875, elas foram fundidas a outra estrutura judicial real, a Chancelaria, e o processo judicial foi significativamente simplificado e modernizado.

O *common law* nunca foi um ordenamento legal. Foi, desde o início, a consolidação dos julgamentos proferidos pelos juízes reais. Essa circunstância e a transmissão originariamente oral contribuíram para a disseminação da fama de que o direito inglês seria costumeiro. Tal característica, porém, desapareceu já faz algum tempo. Escrevendo nos anos 1960, o historiador do direito comparado René David, após ressaltar que as reformas do direito inglês são feitas por leis desde o século XIX, concluiu que ele deixou de ser essencialmente jurisprudencial e "atribui hoje uma importância cada vez maior à lei" (1965:11).

De qualquer modo, o direito consuetudinário na Inglaterra, *quando existia*, nunca foi uma tradição oral em razão da falta de escrita. Outras razões devem ter contribuído para a oralidade na origem do *common law*. Como o direito inglês, ao contrário dos demais direitos europeus, não se ensinava em Universidades, a "ignorância dos escribas" (Lopes, 2004:86) impossibilitava preencher todos os quadros da magistratura real com pessoas letradas. Em contrapartida, havia a necessidade de um repertório flexível o suficiente para ser empregado de um jeito onde o poder local estava enfraquecido e de outro onde era ainda forte, contingência que desaconselhava registros escritos das normas do direito comum. São, enfim, situações bem distintas daquelas em que a categoria jurídica do direito consuetudinário se mostra aparentemente útil à antropologia, na explicação do pretendido invariante formal das regras em todas as culturas, incluindo as que não possuem escrita.

Na verdade, "direito consuetudinário" é a categoria que o colonizador embriagado de normativismo submete à sua própria ordenação da imputação a ordenação do colonizado (Moore, 1989:360--361/479). É, em suma, uma expressão da colonialidade (cf. Santos, 1984). Por ela, as diferenças entre os modos de ser das duas culturas jurídicas, a do colonizador e a do colonizado, são grosseiramente reduzidas a uma única: o registro oral ou escrito das normas.

Partindo da premissa normativista de que todos os coletivos se organizam necessariamente por normas, conclui-se que, se elas são transmitidas por meio oral, o direito só podia ser consuetudinário. O conteúdo das normas varia, admite-se, mas essencialmente seria o mesmo direito, em sua estrutura atemporal e universal de ordenação da sociedade. Se a existência do direito como conjunto de normas nunca é questionada, a conclusão só podia ser a de que o povo sem escrita adotara um direito consuetudinário. Com a submissão do colonizado à categoria jurídica colonizadora, apaga--se a complexidade do multiculturalismo e nega-se ao povo originário a expressão de suas especificidades no tratamento dos conflitos endógenos.

As minhas premissas, observações e conclusões em torno do direito consuetudinário têm em mira o atribuído pela teoria jurídica e pela antropologia aos povos sem escrita e não se estendem necessariamente às questões suscitadas pelo *common law*. Da mesma forma, essas premissas, observações e conclusões não são pertinentes a qualquer outro repertório jurídico oral existente em sociedades *com escrita*. Na Tanzânia, por exemplo, de um lado, há tribunais especializados para julgar as causas de família e sucessão envolvendo os adeptos da religião mulçumana, e, de outro, os juízes podem transferir determinadas demandas à decisão de cortes com competência para aplicar o direito consuetudinário, assessoradas por "anciões" (cf. Moore, 1989). A minha crítica à visualização das normas costumeiras na origem do direito de qualquer coletivo não é extensível a ordenamentos jurídicos como o tanzaniano.

O normativismo e a conjectura

Malgrado a obviedade de que os comportamentos padronizados não são, por si só, indicações da existência de normas, essa afirmação é simplesmente ignorada pelo direito, antropologia e sociologia. Os juristas chamam a repetição dos comportamentos de "costumes" e os tomam por obediência ao "direito consuetudinário", um conjunto de normas orais. Os antropólogos incorporam acriticamente a categoria da teoria jurídica. Os sociólogos consideram as expectativas sobre os comportamentos dos outros como manifestação de confiança na obediência a normas sociais. As normas são vistas como generalizações de determinadas expectativas, as que podem ser protegidas contra frustrações, por admitirem a satisfação de modo contrafático (Luhmann, 1972:53-66); mas o raciocínio é também circular aqui: normas são generalização de expectativas normativas; e expectativas normativas são as passíveis de satisfação de modo forçado, isto é, de acordo com as normas.

É assim que as humanidades se contaminam pelo viés do normativismo, afastando qualquer outra explicação para a organização da sociedade além da normatização. Pressupõem, em última análise, que os humanos somos capazes de nos organizarmos enquanto coletivo em torno de definições lógicas consensualmente construídas.

O normativismo expressou-se inicialmente na teoria do contrato social. O contrato social é apenas a melhor explicação que a modernidade concebeu para o surgimento da sociedade organizada (a "sociedade civil"), quando a hipótese do planejamento divino deixou de fazer qualquer sentido para a época que desenhava o racionalismo iluminista. Sintetiza a ideia de que a ordem social é obra humana. Se não aconteceu exatamente de um conjunto de líderes se encontrarem para discutir alternativas ideais de comportamentos e definir consensualmente o certo e o errado, presume a teoria do contrato social que teria acontecido algo parecido a isso – a sociedade se organizaria *como se* tivesse acontecido um contrato social. De uma forma ou de outra, literal ou presumivelmente, a vontade e a razão humana estão no comando.

A conjectura do direito como estratégia evolucionista explica o surgimento da sociedade organizada no curso do fluir biológico-histórico da humanidade descartando quaisquer planejamentos, divino ou humano, como hipótese. Foi um acontecimento da evolução do *Homo sapiens*, sem planos e sem finalidades. Puro acaso.

A concepção da sociedade humana como obra planejada – feita com um sopro de Deus, após um processo consensual de idealização, discussão, aprimoramento e implementação de normas por homens sábios (contrato social) ou por algo semelhante (o *como se* fosse um contrato social) – é descartada pela conjectura, juntamente com o normativismo. Assim como os chimpanzés machos aprendem os benefícios das alianças entre fortes e fracos e as bonobos fêmeas aprendem os benefícios das alianças entre as fracas e esses grandes primatas adotam os comportamentos de empoderamento dos mais fracos correspondentes a tais aprendizados, sem que estejam obedecendo ou desobedecendo a regras de conduta, também os humanos aprendem comportamentos e os reproduzem sem decidirem obedecer ou desobedecer a normas prescritoras do certo e errado.

No fluir biológico-histórico dos humanos, quando transformações no tratamento dos conflitos endógenos passam a descrever a curva ascendente do empoderamento dos mais fracos, acontece algo inédito. Assim como, em um dia, descemos das árvores e, noutro, nos tornamos bípedes, aconteceu, em algum momento subsequente, de nos descobrirmos distribuídos em vastos coletivos que apresentavam uma forma de organização peculiar. Uma forma que a modernidade chamou de "sociedade civil" e reivindicou como obra da poderosa razão e equilibrada vontade dos humanos, mas que foi apenas um episódio fortuito da evolução da espécie.

É simplesmente errado, insisto, concluir da mera constância de ações em determinado coletivo a existência de normas sendo obedecidas. Isso pressupõe a inverossimilhança de uma pretérita decisão daquele coletivo de definir quais condutas são boas e quais são más; ou, na hipótese da explicitação, quais deveriam ser normatizadas e quais permaneceriam ação sem significado jurídico. Se uma ou outra forma de definição era transmitida às gerações vindouras por signos escritos ou por meio oral não muda nada a necessidade de tal pressuposição de difícil aceitação.

Não há lugar na hipótese da continuidade para um momento fundador da sociedade regrada situado no passado imemorial em que o coletivo decidiu quais ações são boas e quais não são para ele. Esse momento excepcional seria a ruptura imaginada pela hipótese da descontinuidade, o contrato social. Ele é incongruente com a conjectura porque assimilá-lo implica acreditar que todos os coletivos de humanos, em algum momento, tiveram a capacidade de se moldar racionalmente por meio de decisões consensuais e depois a perderam.

No contexto da conjectura do direito como estratégia evolucionista, somente se pode admitir que alguns povos reinventaram as suas culturas ressignificando as experiências de tratamento de conflitos endógenos, passando a entendê-las como a expressão de uma organização normativa.

A ressignificação

Olhando para o frequente formamos a nossa expectativa de normal, daquilo que tem elevada probabilidade de se repetir. A temperatura frequente do corpo humano indica o estado normal e o aumento o anormal, que chamamos de febre.

Olhando para o frequente no comportamento dos humanos de determinado coletivo formamos também a expectativa do que provavelmente ele se repetirá, assegurando a normalidade do nosso cotidiano de relações sociais. A normalidade, portanto, é a satisfação da maior quantidade de expectativas nutridas em relação ao comportamento alheio. As condutas que frustram as expectativas gerais sobre os comportamentos no coletivo são vistas como anormais e classificadas, de acordo com a intensidade com que as tumultuam, em categorias que vão desde a quebra de regra de etiqueta até o crime hediondo, do estranho ao imoral, da bizarrice à loucura.

A nossa capacidade de trazer o infrequente para o frequente varia. Somos hoje muito eficientes em baixar a febre, com a grande família dos medicamentos antitérmicos, por exemplo. Mas não temos, de longe, a mesma eficiência quando se trata de assegurar a normalidade do cotidiano das relações sociais, isto é, de substituir os infrequentes incômodos às expectativas de comportamento uns dos outros pelo frequente apaziguador. A modernidade iluminista acreditou que alcançar a eficiência no controle dos comportamentos humanos era uma questão de tempo. Esse otimismo já não mais se sustenta, mas deixou um resquício, o normativismo.

O resquício do otimismo moderno é uma ilusão de poder. Os comportamentos frequentes paulatinamente foram ressignificados como resultados de uma decisão do coletivo, isto é, passaram a ser entendidos como obediência a normas. Essa ressignificação é ilusória ao nos convencer de que podemos organizar racionalmente a sociedade por meio de regramento das condutas ideais e um aparato sancionador.

O que eu designo por ressignificação equivale ao que a antropologia dos símbolos de Roy Wagner chamaria de reinvenção da cultura – não de uma reinvenção ordinária, daquelas que são e precisam ser feitas constantemente, mas de uma "mudança convencional significativa" que altera a distinção entre o inato e o artificial (1975:152). O inato que se poderia associar ao padrão-repetição é reinventado como o artificial associável ao padrão-medida. O controle diferenciante do estranhar aquele que não repete o padrão é reinventado como o controle coletivizante do punir quem desobedece ao normatizado.

Mas como reinvenção da cultura, a ressignificação muda o modo de entendermos um objeto; não muda o próprio objeto. Seríamos, aliás, seres muito diferentes se tivéssemos uma tal capacidade de alterar a substância de tudo o que nos rodeia somente ao dar-lhe um novo significado. Bastaria reclassificar a desigualdade como igualdade e o colapso ambiental como equilíbrio para darmos conta dos principais desafios que temos, como espécie, nesse início do século XXI.

Padrão-repetição é referência ao frequente; e padrão-medida ao estado normal (ou normalidade) sugerido ao nosso entendimento pelo frequente. Em alguns casos, quando o padrão-repetição é interrompido, afastando-se do padrão-medida e ameaçando as nossas expectativas, temos conseguido reverter o estado de anormalidade: tomando antitérmicos desfazemos o estado infrequente da febre e reestabelecemos o frequente da temperatura corporal. Em outros casos, não temos esse sucesso: no Brasil, estima-se que uma mulher é estuprada a cada 8 ou 11 minutos, a despeito da tipificação legal do estupro como crime existir há pelo menos 200 anos. Nós não conseguimos desfazer o infrequente (1 minuto com estupro) e ampliar o frequente (7 a 10 minutos sem estupro) no controle dos comportamentos por meio de leis com a mesma eficiência com que, munidos de antitérmicos, desfazemos o infrequente (com febre) e ampliamos o frequente (sem febre) no controle da temperatura corporal.

Enquanto estivermos iludidos pelo normativismo, continuaremos concentrando as nossas energias no endurecimento das sanções das leis e robustecimento do aparato judiciário-policial. Essas medidas podem ajudar, sem dúvida. Mas não são as decisivas e talvez nem sejam necessárias. O decisivo e necessário é a mudança dos valores vivenciados pela maioria das pessoas.

Ajuda na mudança dos valores a divulgação da notícia de que um conhecido jogador de futebol foi preso por crime de estupro graças ao protocolo de amparo às mulheres adotado em bares e outros locais públicos. Ajuda ao mostrar que o repúdio deixou de ser abstrato e se traduziu em uma ação conjunta de efeitos visíveis. Em outros termos, que os valores anteriormente apenas proclamados se tornaram vivenciados. Não é a ameaça pretensamente dissuasória da punição legal que inibirá novos estupros, mas a percepção do maior empenho do coletivo em proteger as mulheres da violência sexual. A firme disposição da vítima em recusar qualquer acordo de indenização substitutiva do encarceramento do estuprador reforça a eficiência do protocolo, porque mostra solidariedade dela, vítima, com os que se engajaram na rede de proteção das mulheres; e estimula novos engajamentos.

Quando digo que a ordem existe, mas não em decorrência da ordenação, estou atribuindo a existência da ordem aos valores vivenciados pela maioria das pessoas. Não temos a capacidade de pôr ordem na sociedade. A ordenação que configuramos por meio das leis serve apenas de orientação geral para a solução de conflitos de interesses. A sua contribuição para a ordem é secundária. Pense, de um lado, em quantos estupradores já foram encarcerados de acordo com a ordenação, sem que isso reduzisse os estupros; e, de outro, no crescente engajamento das pessoas visando dar eficiência aos protocolos de proteção às mulheres em locais públicos de entretenimento. Essa segunda via, a da disseminação de valores vivenciados, é que irá remodelar a sociedade sexista, contando apenas subsidiariamente com a ordenação legal.

A ressignificação dos padrões-repetições como padrões-medidas está bem documentada na Europa (entendida não como espaço geográfico, mas como centro colonial de legitimação do universal). Foi um processo longo, de Cícero a Kelsen, passando por Aquino, Pufendorf, Montesquieu e os federalistas. Expressou-se como a mudança do critério fundamental de legitimação do direito, da tradição à positivação. A ressignificação só foi possível, ademais, no contexto de uma cosmovisão que biparte o entorno nas ordenações da causalidade e da imputação; e que, além disso, celebra a centralização do poder e considera imprescindível a autoridade.

Em suma, a ressignificação, esta reinvenção da cultura que aconteceu por vias extremamente demoradas e tortuosas, é um fenômeno europeu. Não temos nada documentado a nos permitir a inferência de que a ressignificação também teria acontecido em outros povos. Mesmo assim, a antropologia segue falando em direito consuetudinário dos povos originários como se eles já tivessem também ressignificado padrões-repetições como padrões-medidas ainda antes de qualquer contato com os brancos. Essa hipótese, como se verá, não é verossímil (Cap. 10).

O direito é o pássaro que morreu ontem com a pedra lançada hoje

Exu fez isso: matou um pássaro ontem com a pedra que só lançou hoje. Ele fez porque é Exu, o mobilizador dos antagonismos, contradições e oposições. Exu é quântico.

As abordagens do direito que projetam no passado o que é típico da recente positivação querem um tento semelhante. Tentam matar o passado da organização sem regras com a ordenação normativa lançada hoje. O objetivo da tentativa é diferente ao de Exu. A teoria jurídica quer desmobilizar o antagônico, o contraditório e o oposto. Uma acomodação de rearranjo antiquântico, terceiro excluído. A finalidade é ilusionista: desviar as atenções da perturbação de conflitos iguais sendo tratados de modo desigual para a plácida harmonia de uma ordem – *a* ordem – criada e controlada pelos humanos.

O viés é de legitimação do direito em sua configuração contemporânea. Ao prospectar formas embrionárias de Estado nacional, leis e juízes em todos os tempos e lugares, em uma jus-arqueologia obstinada e viciada, a projeção busca a validação do Direito-ordenação e o seu complementar, o normativismo. Essas abordagens querem nos convencer que, se o direito sempre foi como é, então pode-se razoavelmente supor que continuará para sempre sendo essencialmente como é; que, descontadas algumas mudanças superficiais, o direito como ordenação da sociedade por normas positivadas (ou, vá lá, explicitadas) existiu desde o momento em que os primeiros humanos se agregaram em coletivos, *ubi societas, ibi jus*, e manterá essa sua especial vocação *ad aeternum*.

Como a projeção do presente se direciona ao passado e, por meio dele, também ao futuro, lançar o direito positivado de hoje para matar a organização sem regras de ontem é um intento que nega ao direito a sua história.

10. Antropologias

Se muito poucas pessoas resolvem somente uma pequena porção de suas desavenças à bala, preferindo, na maior parte das vezes, lançar mão de meios não violentos (diálogo, negociações, distanciamento, processo judicial, mediação por amigos comuns etc.) para resolvê-las, como faz a grande maioria, certamente esse quadro pode ser representado ou descrito como o retrato de uma organização, de uma ordem. Se fosse o inverso, ou o interesse recaísse naqueles grotões onde as soluções violentas são mais comuns, a representação e descrição seriam as do caos, da falta de ordem, da ausência de relações sociais estáveis.

A organização no primeiro caso, de infrequência da solução à bala dos conflitos, é visível e inegável. Mas como ela surgiu?

Se a pergunta fosse feita a um aristocrata romano da Antiguidade, a resposta seria a virtude natural revelada pela reta razão. Se a um europeu letrado da Idade Média, a resposta giraria em torno dos desígnios divinos. Se a um xamã, revelaria a beleza de mitos de seu povo. E se a pergunta *"o que nos faz organizados?"* é dirigida a um iluminista moderno ou a um intelectual contemporâneo, a resposta será *"as leis positivadas"*. Nenhuma alternativa parece mais adequada aos tempos em curso, para explicar a organização da sociedade, que a obediência generalizada a normas estabelecidas pelas autoridades do Estado, no exercício de competências atribuídas pelo ordenamento jurídico.

Vimos a circularidade dessa explicação: a maioria se comporta como se comporta por estar obedecendo a uma norma que obriga ou permite esse comportamento, ou proíbe o oposto; e a existência da norma é provada pelo comportamento adotado pela maioria no coletivo. O argumento circular, em que dois enunciados são reciprocamente conclusões um do outro, é uma falácia lógica por carecer de premissas.

Vimos, também, que essa explicação pressupõe uma capacidade dos humanos de se organizarem conforme uma deliberação racional elaborada por consenso. A hipótese, devidamente escrutinada, não se sustenta. Não temos tal capacidade hoje e nada sugere que a tivéssemos no passado.

Alheia à falácia e à inverossimilhança, a antropologia conceitua sociedade em geral pela organização por meio de normas. Na síntese de Viveiros de Castro, "os conteúdos normativos da sociedade humana, sendo realidades institucionais, variam no tempo e no espaço, mas a existência de regras é um invariante formal" (2002:258). Ou, como prefere Radcliffe-Brown, seria um truísmo dizer que as regras (de etiqueta, morais e jurídicas) são parte do mecanismo de existência das relações sociais (1952:198). Em outros termos, os antropólogos entendem que, se há comportamentos sociais denotativos de organização, a única explicação é a normativa. Contaminada pelo normativismo, esclarece em nota de rodapé que se trata de "direito consuetudinário" porque as normas organizadoras de sociedades originárias são transmitidas por tradição oral. E dão-se por satisfeitos.

A conjectura do direito como estratégia evolucionista é essencialmente uma questão antropológica. Mas de uma antropologia por construir após se desvencilhar do normativismo. Malinowski tinha advertido que os antropólogos, "acostumados [...] com procurar uma maquinaria definida da sanção, da administração e da aplicação da lei", lançam-se "à busca de algo análogo na comunidade selvagem e, não encontrando aí quaisquer arranjos semelhantes", concluem "que toda lei é obedecida por esta misteriosa propensão do selvagem para obedecê-la" (1926:19); a advertência, no entanto, não ecoou.

Para prospectar a feição antropológica da conjectura proponho uma agrupação das antropologias. Com lacunas, a agrupação não se pretende uma nova genealogia da disciplina, mas apenas relampejos de uma trajetória úteis à compreensão da conjectura. A agrupação fala inicialmente de uma antropologia linear, que, antes de se pôr a campo, acreditava em estágios da escalada evolutiva da sociedade necessariamente percorridos ou a percorrer por todos os povos. Segue pela antropologia multicultural, nascida do falseamento da evolução linear. Desemboca na antropologia de compromisso, em que o antropólogo não é mais o sujeito cognoscente escrutinando uma etnia, mas um aliado dela.

Antropologia linear

A antropologia nasceu eurocêntrica e linear. Embalada no enviesamento da ideologia colonialista, o antropólogo estudava os povos "selvagens", "primitivos", "exóticos" sempre partindo da premissa de que eram inferiores, estacionados ao pé de uma escada civilizatória que os povos europeus já haviam percorrido com excepcional sucesso. Era linear por pressupor a existência de uma única trajetória de evolução cultural para todas as sociedades constituída de idênticos estágios progressivos. O trabalho dos primeiros antropólogos era identificar tais estágios, reafirmando a superioridade dos europeus.

Antes de prosseguir, explicito uma conveniência. A partir de agora, farei referência aos povos "selvagens", "primitivos" e "exóticos" sempre pela expressão *originários*. Além de corresponder ao conceito correto no contexto da decolonização, é mais conveniente empregá-lo que trespassar o texto de recursos enfadonhos como as hesitantes aspas ou os poluentes advérbios "supostamente", "alegadamente", "presumivelmente" e que tais. É isso; prossigamos.

O evolucionismo sociológico, que encaixa a diversidade cultural em estágios em uma linha de progresso, antecede ao biológico (Lévi-Strauss, 1950:62). Pensadores de tendências variadas, entre os quais Vico, Pascal, Comte e Marx, construíram abordagens evolucionárias da sociedade bem antes do consenso dos biólogos acerca da evolução. Anteriormente à difusão da teoria darwinista, o paralelo entre o social e o biológico era feito realçando o processo de crescimento dos seres vivos. A sociedade era entendida como um organismo que se desenvolvia tal como plantas e animais. Assim, alguns povos estariam na infância e outros já na fase adulta de um mesmo processo de desenvolvimento. E tal como os adultos ensinam e orientam as crianças, cabia aos povos adiantados nesse processo orgânico a tarefa de ensinar e orientar os atrasados.

A antropologia linear admitia assim uma *lei da homologia*. Os antropólogos dessa agrupação acreditavam que as etapas do processo único e universal de desenvolvimento das culturas eram homólogas, isto é, muito semelhantes, idênticas na essência, padronizadas, modelares. Comparavam duas ou mais culturas na decifração desses estágios presumivelmente invariáveis do crescimento orgânico pelos quais todas, de acordo com a lei da homologia, transitavam em algum momento de suas trajetórias.

Para Morgan, por exemplo, eram inegáveis que algumas "porções da família humana têm existido no estado de selvageria, outras no estado de barbárie e ainda outras no estado de civilização". Para ele, era também indubitável que havia a conexão entre essas três diferentes condições "em uma natural e necessária sequência de progresso." Os selvagens acenderiam por três etapas da selvageria, cujos marcos finais Morgan assinalou respectivamente no uso da pesca para subsistência e descoberta do fogo (nível inferior), na invenção do arco e flecha (nível médio) e no aparecimento da cerâmica (nível superior); e os bárbaros pelas três etapas da barbárie, sendo a passagem do nível inferior ao médio marcada, no Hemisfério Leste, pela domesticação dos animais e, no Oeste, pela irrigação no cultivo do milho e em habitações construídas com tijolos de argila e pedras, enquanto a passagem do nível médio para o superior é sinalizada pelo surgimento da siderurgia; a civilização, enfim, inicia-se com o alfabeto fonético e a escrita (Morgan, 1877:4--14/921). Para a antropologia linear, atravessar sequencialmente certos "períodos étnicos" era o *script* invariável da história de toda e qualquer cultura.

A antropologia marxista filia-se à agrupação linear. Friedrich Engels, em *A origem da família, da propriedade privada e do Estado*, de 1884, abraçou as teses de Morgan. Essa obra referencial do pensamento marxiano, além de adotar os mesmos períodos étnicos (três níveis de selvageria e três níveis de barbárie), pretendeu ter estabelecido o sequenciamento mais nítido das formas de família com base em estudos de outros etnólogos. A ideia de família, para Morgan, surge com o fim da completa promiscuidade característica do mais baixo nível do estado selvagem (quando os humanos "mal se distinguem dos outros animais") e evolui sequencialmente por modelos variados (consanguínea, punaluana etc.) até a forma monogâmica, que se estabelece de modo permanente com a civilização (1877:475-477/921).

Engels também partiu da promiscuidade generalizada ("cada mulher pertencia igualmente a todos os homens e cada homem a todas as mulheres") e viu como fator impulsionador da sucessão de diferentes formas de famílias, das "inferiores às superiores", a ampliação nas restrições de relações sexuais. A promiscuidade teria sido substituída pelas famílias "por grupos", em que um conjunto de homens e mulheres podiam ter relações sexuais entre si. Na forma grupal, a primeira restrição proibiu o sexo entre pais e filhos (família consanguínea); a segunda estendeu a vedação ao sexo entre irmãos (família punaluana); a terceira ampliou as proibições para determinados parentes (os filhos das irmãs da mãe e dos irmãos do pai, que serão chamados posteriormente de "primos paralelos"). Com tantas exclusões, ponderava Engels, a forma de casamento por grupos aos poucos se inviabilizou e foi paulatinamente substituída pela monogamia. A forma inicial da família monogâmica teria sido a sindiásmica, em que a mulher era raptada ou adquirida.

Engels afirmava que a monogamia tinha sido uma invenção das mulheres, "pela simples razão, que dispensa outras, de que jamais [passou pela cabeça dos homens] renunciar aos prazeres de um verdadeiro matrimônio por grupos". A tese sexista, contudo, pressuporia que as mulheres teriam considerado o próprio rapto ou venda, para se ligar a um só homem (definição de família sindiásmica), uma condição mais vantajosa para elas que os casamentos grupais. O paradoxo misógino teria acontecido na passagem da selvageria para a barbárie (Engels, 1884:31, 49 50-56).

Os primeiros críticos do evolucionismo foram os difusionistas. Para a hipótese da difusão, as semelhanças entre os modos de vida de povos diferentes seriam explicáveis por migrações e por contatos entre eles para comerciar ou guerrear. A maioria dos difusionistas considerava a existência de diversos pontos originários da difusão cultural, mas havia os que acreditavam em um ponto inicial único, normalmente o Egito. Pode-se também entrever certa linearidade na antropologia erguida sobre a premissa difusionista. Em vez de uma linha se projetando do primeiro ao último degrau de uma escada evolutiva, projetam-se várias linhas a partir do centro ou dos centros difusores em direção aos pontos de destino da difusão. Faça ou não sentido essa agrupação, porém, o fato é que nem evolucionistas nem difusionistas sabiam a rigor do que estavam falando. Franz Boas chamou a atenção para a falta de sustentação empírica das duas vertentes (1920). Os antropólogos estavam, no início do século XX, discutindo o método adequado para a validação acadêmica de seus conhecimentos.

Estudos de campo

Imagine o leitor o misto de excitação e apreensão de Malinowski, em agosto de 1914, sozinho em uma praia tropical de uma pequena ilha no Pacífico: está cercado apenas por seu equipamento e vê o barco que o trouxera afastar-se lentamente no mar até desaparecer da vista. Foi um momento crucial para a antropologia. Ele iniciava a primeira de três estadas no arquipélago das Ilhas Trobriand, que pertence hoje à Papua-Nova Guiné, para empreender um estudo de campo. Era algo novo naqueles tempos.

Os primeiros estudiosos da área que atualmente chamamos de antropologia começaram as suas reflexões a partir dos relatos dos "amadores", isto é, de registros feitos por viajantes aventureiros, comerciantes e missionários de suas impressões sobre os povos originários. Morgan ampliou as fontes do saber antropológico com as respostas a formulários enviados aos funcionários da burocracia colonial no exterior. A prática permitiu certa uniformização dos dados, representando um avanço em relação aos relatos de viagem, mas ainda reunia informações prestadas por leigos. Foi apenas com os estudos de campo que se estruturou um método de pesquisa determinado pela inserção do pesquisador na sociedade estudada (conhecimento da língua local, cultivo de amizades em busca de acolhimento, participação das atividades do dia a dia etc.). Acreditava-se que o refinado preparo teórico e o olhar treinado do acadêmico permitiam a reunião científica de dados objetivos, rigorosos e confiáveis, desprovidos das imprecisões, lacunas e preconceitos dos amadores.

Antes do desalentado Malinowski ver o barco desaparecer no horizonte, os antropólogos já tinham feito observações diretas (Morgan entre os iroqueses, Boas entre os esquimós etc.). O pioneirismo dos estudos de campo, porém, é atribuído a ele por conta do método de "observação participante" empregado no trabalho seminal (e, ainda hoje, influente) acerca de um peculiar sistema de trocas entre povos das Ilhas Trobriand, o *kula*. É certo que, quase dez anos antes, entre 1906 e 1908, Radcliffe-Brown havia realizado um estudo de campo nas Ilhas de Andamã, no golfo de Bengala; mas a honraria do pioneirismo é dada a Malinowski pelo fato de ele não ter demorado a publicar o seu relato em livro, *Argonautas do Pacífico Ocidental* (Castro, 2016:61).

A profusão de estudos de campo logo levou ao descrédito a ideia de linearidade. Algumas sociedades adotavam relações de parentesco matrilineares, outras patrilineares; aqui, a mulher casada residia com a família do marido (patrilocalidade) e ali era o marido que passava a residir com a família da mulher (matrilocalidade); certas culturas eram totêmicas, outras não; nem todas as formas de casamento se encaixavam nos escaninhos de Morgan; nalgumas, o advento da puberdade obrigava ao rito de iniciação, mas não em outras etc. Quanto mais os etnógrafos se lançavam aos estudos de campo, mais as sociedades se mostraram avessas à regra da homologia, apresentando marcas próprias que não se acomodavam na imagem da escada composta de degraus invariáveis, nos quais cada uma delas tinha que escalar a mesma evolução social, econômica e cultural.

O falseamento da linearidade pelos estudos de campo resultou evidentemente de um lento amadurecimento da teoria antropológica. Alguns antropólogos resistiam à perspectiva de inexistência de "camadas de civilizações" sobrepondo-se ao longo da evolução das sociedades humanas mesmo após os estudos de campo já terem dado boas pistas da insustentabilidade da regra da homologia. Para Marcel Mauss, por exemplo, o "regime de dádiva", em que os presentes dados não podem ser recusados e geram a obrigação de retribuir, era uma etapa de transição "de grande parte da humanidade" da fase da "prestação total" (em que o sujeito da obrigação é a família ou o clã) à dos contratos individuais, mercado e moeda (1925:275-276). Nos anos 1970, de um lado, White se empenhava em renovar a antropologia linear, escalonando as culturas pela métrica da tecnologia de captação de energia (White-Dillingham, 1972); de outro, Pierre Clastres acusava o "evolucionismo, velho compadre do etnocentrismo", de permanecer intacto, embora delicadamente dissimulado (1974:32 e 167).

Antropologia multicultural

Ruth Benedict é a antropóloga que escolho para representar a agrupação do multiculturalismo. Em sua visão, os estudos de campo possibilitaram perceber que as semelhanças entre os povos originários, quando existiam, diziam respeito aos tipos de laços culturais. A maioria dos humanos enfrenta as mesmas questões básicas de sobrevivência e interpretação do entorno. Os coletivos têm, por isso, laços culturais para lidar com o início da vida adulta, o sobrenatural, as trocas, os vínculos de parentesco, a caça, a colheita, as doenças, a morte etc. Cada coletivo tem os seus laços culturais mais ou menos diferentes dos demais, mas sobretudo dá a cada um importâncias diferentes (1934:48-49). Nada é mais útil à antropologia, de acordo com Benedict, que os *contrastes* encontrados pelos antropólogos entre povos que compartilham muitos traços (1946:14).

Em relação, por exemplo, ao ingresso na vida adulta: na Austrália, há coletivos em que se adota um rito da puberdade no qual os rapazes devem alcançar a autossuficiência mediante o repúdio ao feminino; já em regiões centrais da América do Norte, é a preparação deles para a guerra o significado do rito; em partes da África Central, nos coletivos em que a beleza da mulher "é quase identificada com a obesidade", as meninas são isoladas em casas de engordar; já em Samoa, não se dá nenhuma importância ritual à adolescência das meninas (Benedict, 1934:31-34); nos Estados Unidos, a adolescência é um período de revolta contra o pai, mas não no Japão (Benedict, 1946:187). Como se vê, diante da mesma questão de como lidar com o irromper da puberdade, os coletivos criam laços culturais distintos, alguns não o marcando com rituais, outros adotando ritos e, entre estes últimos, com significações variadas. Mais que isso, dão pesos diferentes ao laço na integração de suas culturas.

A cultura, prossegue Benedict, não é a simples listagem dos laços culturais de um coletivo. O todo é maior que a soma das partes também aqui. É a integração dos laços culturais que define a cultura de um coletivo. Contam as diferenças na orientação do conjunto e não nas relativas à presença ou ausência de um ou mais traços (1934:181). Somente por meio de estudos de campo o antropólogo conhece essa integração e pode constatar se uma cultura se desintegrou ou se não tem integração ou se sofreu influências de outra cultura. Para Benedict, melhores estudos de campo poderiam dizer se uma cultura está desorientada ou se é a descrição dela que está (1934:184). A antropologia clássica, debruçada sobre relatórios alheios, fechada em seus gabinetes e obcecada pela linearidade só podia mesmo chegar a falsas conclusões. Constrói, na imagem de Benedict, um "Frankenstein" com um olho de Fiji e o outro da Europa, com uma perna da Terra do Fogo e a outra do Taiti e "dedos e artelhos de diferentes regiões" (1034:50).

As culturas deixaram de ser pistas de possíveis linearidades da cultura humana. A diversidade cultural passou a ser a premissa fundamental e o próprio objeto da antropologia em sua agrupação multicultural. De um lado, na explicação das mudanças pelas quais passam as culturas, abandonam-se as noções de evolução e difusão substituindo-as por "transformações"; de outro, reconhece-se a extrema variedade de trajetórias possíveis nas transformações de cada cultura.

Mas, se a antropologia abandonou a linearidade falseada nos estudos de campo, ela conservou no multiculturalismo a sua vocação eurocêntrica original. De um lado, por uma razão de fundo: sendo a humanidade, como insistia Lévi-Strauss, "do tamanho da aldeia", o etnocentrismo seria um viés inevitável e não exclusivamente europeu (1950:60). De outro, por uma questão de método: acreditava-se, como ressaltado por Benedict, em estudos de campo "estritamente objetivos" e conhecer a fundo a língua e as peculiaridades (idiossincrasias, ela diz) de um povo poderia representar obstáculos a essa objetividade (1934:185).

Com o tempo, porém, o distanciamento etnocêntrico e pretensamente científico cedeu lugar ao engajamento crescente dos antropólogos nas causas dos povos originários a que se dedicavam. Os estudos de campo produziram outro efeito notável: os antropólogos tiveram a dimensão e irreversibilidade da perda que representaria para a humanidade o desaparecimento de uma só das culturas dos povos originários e de suas riquezas. Progressivamente afastaram-se do eurocentrismo e tornaram-se solidários com os povos originários aos quais estavam ligados. Alguns passaram a lutar ao lado deles contra o risco de extermínio pelos brancos.

Antropologia de compromisso

Imagine agora o leitor o misto de excitação e apreensão dos moradores de uma pequena ilha no Pacífico ao saberem da presença na praia deles de um branco, deixado lá por um barco que, de tão afastado, já quase não se via no horizonte: era Malinowski e suas bugigangas. Que esperar desse intruso? Quais seriam as suas intenções? Como está sozinho, não parece ser mais um daqueles agressores, que se portam como donos do lugar, derrubam árvores, levam embora pedras, animais e frutos. É mais provável que seja um daqueles pregadores, que não desgrudam de um livro grosso e ficam falando o tempo todo de um salvador crucificado. As circunstâncias levam a crer que o desolado homem branco na praia está mais próximo à mansidão do pregador que da violência do agressor, mas nunca se sabe.

Por isso, os trobriandeses, naquele agosto de 1914, adotaram o "protocolo" que haviam estabelecido para situações como essas. Não reagir à presença do intruso, mas o receber com certa frieza até entenderem melhor os objetivos dele. E, enquanto isso, desfrutar dos presentes, se houver, e sobretudo divertir-se – os brancos e suas bizarrices são sempre motivo para umas boas risadas. Logo perceberam que aquele branco não agia exatamente como o agressor nem como o pregador. Em troca do pouco de tabaco que entregava parecia ter a expectativa de receber conversas (e, depois de algum tempo, poses para fotografias). Ora, pensaram os trobriandeses, se conversas têm valor para esse novo "tipo" de branco, precisamos apenas descobrir o valor justo para entregá-las.

Quando os estudos de campo foram criados, muitos antropólogos alimentaram a esperança de um método rigoroso capaz de assegurar o conhecimento científico objetivo, isento de preconceitos. Eram tempos de positivismo na epistemologia. Acreditavam também que os povos originários não se oporiam à própria objetificação; ou pelo menos concordariam em se tornarem objeto de estudo mediante o pagamento de um preço barato para as agências de fomento científico, como tabaco e machados. Parecia-lhes natural que, tendo acesso a umas poucas utilidades da tecnologia europeia, gente dos povos originários se prontificaria a ser "informante" sobre o próprio costume, vínculos de parentesco, ritos e crenças.

Encontrar o justo valor entre as informações buscadas pelo antropólogo e a contrapartida em benefício do povo originário é, sem nenhuma surpresa, algo complexo para os dois lados. A antropologia mais ética proibia certos itens como contrapartida, assim o dinheiro e as armas; mas os limites nunca ficaram precisos, tampouco foram respeitados sempre com rigor pelos etnógrafos.

Uma pequena amostra da complexidade das contrapartidas revelou-se quando, no início do século XXI, um novo "tipo" de branco passou a frequentar as florestas: os terapeutas alternativos. São brancos que – no rastro das religiões do chá, como o Santo Daime e a União do Vegetal (Cunha, 2004:345-346) – vendem aos seus clientes urbanos experiências de alteração do estado de consciência alegadamente inspiradas por saberes indígenas, a partir do consumo da *ayahuasca*. Certa vez, terapeutas alternativos entraram em contato com algumas lideranças de um povo originário acreano com o objetivo de obter o "selo de origem indígena" para os produtos que comercializavam. Os terapeutas alternativos se comprometeram a remunerar em dinheiro uma associação indígena, no valor de percentual sobre a venda de produtos de efeitos tranquilizantes, nos quais se empregava a secreção do anfíbio *kampô* (a perereca *Phyllomedusa bicolor*, do sudoeste amazônico). Esse acordo, aparentemente justificável como a merecida remuneração da propriedade intelectual dos povos originários, produziu diversas consequências inesperadas e controvertidas. Entre elas, o aparecimento da expectativa de que também os antropólogos começassem a pagar ao informante em dinheiro (Lima, 2014:105). Se é justo que o acesso ao conhecimento xamânico sobre o uso medicinal da secreção do *kampô* seja remunerado em pecúnia, por que não deveria ser assim também no caso de fornecimento dos demais conhecimentos do povo originário (sobre seus ritos, sonhos, relações de parentesco etc.)? Por que não pagar o tempo do indígena empregado em resposta às perguntas repetitivas feitas por um time de jovens pesquisadores do mesmo modo que os brancos pagam pelo tempo dos seus especialistas (médicos, advogados etc.)?

Pensou-se em retribuir o povo originário estudado por meio de projetos financiados pelo Estado ou por ONGs que o beneficiassem coletivamente. São contrapartidas de custo bem mais elevado e sujeitas às amarras da burocracia. Mais que isso, como cada projeto demanda outras *expertises* além da antropologia, a retribuição exige sempre um trabalho interdisciplinar que é, por natureza, emperrado e cheio de equivocações. Em suma, a entrega da contrapartida não dependia exclusivamente do antropólogo nem ficava sob o controle dele. O combinado corria o risco de não ser cumprido.

A superação desses impasses exigia uma moeda única de parte a parte. Essa moeda, descobriu a antropologia de compromisso, é o engajamento. Bruce Albert fala de um indispensável *pacto etnográfico* entre o pesquisador e o povo anfitrião. Por mais grotesco e inofensivo que seja, o antropólogo é emissário do inquietante e nefasto mundo branco. A presença do pesquisador é inicialmente tolerada em razão da mesma precaução com que o povo originário lida com quem não demonstra desde logo intenções hostis. Os indígenas são amáveis, mas atentos. Na medida em que ganham confiança, dedicam-se a transformar o antropólogo de emissário do universo ameaçador em "tradutor benevolente, capaz de fazer ouvir nele sua alteridade e possibilitar alianças". O etnógrafo não está colhendo dados, mas sendo reeducado pelos anfitriões como "um intérprete a serviço de sua causa" (Kopenawa-Albert, 2010:521-522).

O pacto etnográfico está sustentado em três imperativos: o primeiro é "fazer justiça de modo escrupuloso à imaginação conceitual" dos anfitriões; o segundo é "levar em conta com todo rigor o contexto sociopolítico, local e global, com o qual [a sociedade que o recebe] está confrontada"; e o terceiro é "manter o olhar crítico sobre o quadro da pesquisa etnográfica em si" (Kopenawa-Albert, 2010:520).

Na antropologia de compromisso, o povo originário se engaja no estudo do antropólogo *se* o antropólogo se engajar na defesa dos interesses do povo originário. O pesquisador que conheceu de uma cultura indígena o máximo que é possível ser revelado aos estrangeiros deve se tornar o embaixador dessa cultura junto aos brancos e empenhar-se em sua preservação, algo que pressupõe necessariamente a defesa dos indígenas contra o incessante assalto aos seus bens e riquezas, corpóreos e incorpóreos. A antropologia só pode prosperar como compromisso. Isso significa que, no estudo dos povos amazônicos, por exemplo, os antropólogos devem engrossar os contingentes em luta pela demarcação de terras indígenas, somar-se aos que exigem a ação do Estado no atendimento da saúde, promoção da cultura e educação, cerrar fileiras com os que cobram a presença do aparato policial-militar contra a invasão de garimpeiros e madeireiros etc.

Etnocentrismo e eurocentrismo

Imagens poderosas como "a humanidade acaba nas fronteiras da aldeia" (Lévi-Strauss, 1950:60) ou "é preciso outra cultura para conhecer outra cultura" (Sahlins, 2004:13) sintetizam o viés de etnocentrismo ao qual todos os etnógrafos devem ficar atentos.

A antropologia de compromisso é menos eurocêntrica porque dilui a noção de superioridade medida pelo desenvolvimento tecnológico. Ela contribui para o colonizado começar a deslegitimar a Europa como o único centro de arbitramento do universal. A antropologia contemporânea, ao repudiar essas noções, torna-se menos eurocêntrica, mas continua tendo que lidar com o viés do etnocentrismo.

Yanomami, de povo feroz a povo em luta

Nos anos 1960, o antropólogo norte-americano Napoleon Chagnon fez estudos de campo sobre o povo Yanomami, principalmente na Venezuela. Ele adotava práticas que já eram questionadas naquele tempo (e, hoje, são absolutamente condenadas), como identificar os indivíduos recenseados anotando um número sequencial em sua pele com caneta hidrográfica, contratar o trabalho das crianças indígenas para o seu conforto (matar os ratos da casa dele), retribuir amostras do sangue coletado com presentes e remunerar diversos serviços, assim como pagar a informantes e guias com armas de fogo.

A referência teórica de Chagnon era a sociobiologia, da qual se considera uma espécie de precursor (2013:240). Embalado nela, dedicou-se a registrar genealogias e coletar sangue que pudessem corroborar a seleção orientada pelo parentesco e o sucesso reprodutivo dos homens mais violentos. Foi objeto da diversão dos Yanomami, que, ao responderem sério às perguntas do antropólogo, inventavam nomes engraçados e embaralhavam vínculos de parentesco.

Em 1968, Chagnon publicou um livro cujo título alcunhava os Yanomami de "povo feroz". Nele, conclui o que havia tomado por premissa: os guerreiros yanomamis que são mais bem-sucedidos nas incursões violentas às aldeias inimigas geram maior número de descendentes, impulsionando com a violência o processo evolutivo. Em seu viés sociobiológico, Chagnon descreveu as lutas pelas mulheres empreendidas de tempos em tempos entre homens de coletivos diferentes como a busca do sucesso reprodutivo, que ele considerava a chave para a compreensão da organização social dos povos "tribais". Os guerreiros yanomamis com maior número de fêmeas para engravidar, concluiu, aumentavam as chances de replicação de seus "genes da violência" nas gerações subsequentes.

A premissa-conclusão de Chagnon não se sustenta. Nenhuma outra pesquisa confirmou os números dele, tampouco certas distinções entre tipos de guerreiro que seriam feitas pelos Yanomami (Albert, 1989). Ademais, o rapto de mulheres, além de ser uma prática pouco comum na Amazônia (Viveiros de Castro, 2002:151), não costuma ter por objetivo principal o "sucesso reprodutivo": ter uma mulher não é nunca ter apenas uma procriadora (cf. Lévi--Strauss, 1968:77). Na verdade, o que se toma é a *força de trabalho* da indígena – a sua competência como ceramista, por exemplo (Lima, 1950:10). Chagnon via as mulheres indígenas somente como um objeto da ganância sexual dos homens, invisibilizando por completo a trabalhadora.

A despeito de suas inconsistências, o livro do sociobiólogo foi um sucesso de vendas – infelizmente para a antropologia, para os Yanomami em particular e, enfim, para todos os indígenas. Graças à grande popularidade da obra, boa porção do racismo e dos preconceitos contra os povos originários da Amazônia deve ser creditada à grotesca caricatura do povo Yanomami como uma sociedade essencial e naturalmente vocacionada à violência.

Foi contundente a reação dos antropólogos que não aceitavam as práticas e conclusões de Chagnon e principalmente rejeitavam a representação preconceituosa que ele havia engendrado e difundido. A popularização da alcunha de povo feroz representou um enorme perigo para os povos originários, inclusive como justificação para ações violentas. A Associação Brasileira de Antropologia liderou com determinação a incisiva contestação ao trabalho do antropólogo estadunidense.

Chagnon informa que, nas lutas pelas mulheres, os contendores usavam porretes como armas e o alvo das porretadas era as cabeças dos inimigos. As flechas, mortíferas nas guerras de vingança, não eram utilizadas nas incursões de rapto de mulheres por nenhum dos lados. Chagnon qualificou essa luta com porretes de "brutal" (2013:29-30).

Kopenawa confirma que, nas lutas por mulheres, as armas são porretes. Descreve-os como "bordunas compridas, chamadas *anomai*". Se o marido se dispuser a combater, os homens de cada lado usam *anomai* para se baterem alternadamente na cabeça. Kopenawa conclui: "não se vai à guerra por causa disso! Causa muitos sangramentos mas o crânio é duro e a pessoa continua viva. É assim que acabamos com a raiva provocada pelo ciúme, porque a dor é rápida para acalmar os ânimos" (Kopenawa-Albert, 2010:449-450).

Enquanto Chagnon é o infeliz disseminador da caricatura racista dos Yanomami como povo feroz, Kopenawa é o admirável líder da luta dos Yanomami por seus direitos. A brutalidade da luta de porretes por mulheres que o antropólogo relatou é mitigada pela descrição do indígena. E isso é plenamente compreensível para um povo em luta. Não bastassem as invasões dos mineradores, as pressões políticas do agronegócio atrasado, as dificuldades para a demarcação do território e garantia de sua integridade, a precariedade do atendimento à saúde, as tentativas de desformação cultural e demais obstáculos à sua sobrevivência, agência e autonomia, o povo em luta ainda precisou se desvencilhar da pecha de ferocidade congênita que lhe haviam impingido. Kopenawa confessa que teria se "tornado um guerreiro e, tomado pela raiva, teria flechado outros Yanomami por vingança". Conteve-se, porque se o fizesse, "esses forasteiros que cobiçam a floresta dirão que sou mau e não tenho nenhuma sabedoria" (Kopenawa-Albert, 2010:73).

Diante desse quadro, é coerente que a antropologia de compromisso direcione os olhares para outras questões e deixe o exame do tratamento dos conflitos endógenos à espera de novos tempos – quando já tiver se esvanecido a concepção racista de que os indígenas são irrecuperavelmente violentos, condenados à perene selvageria e incivilidade. Nesse interregno, espera-se que a estratégia evolucionista do direito continue acontecendo em todos os coletivos de humanos para que os etnógrafos possam, quando o permitir o pacto etnográfico, investigar o crescimento do empoderamento dos mais fracos no tratamento de conflitos endógenos nos povos originários.

Normativismo na antropologia

Lévi-Strauss ficou intrigado: por que era comum nas sociedades dualistas a proibição de casamento entre primos paralelos, mas permitido e até mesmo incentivado o casamento entre primos cruzados, se a proximidade biológica é idêntica nos dois casos? Sociedades dualistas são as que se organizam em duas metades para variados fins, entre os quais podem se encontrar as definições sobre o incesto, isto é, as vedações de casamento. Primos paralelos são os filhos de irmã da mãe ou de irmão do pai (os genitores dos primos são do mesmo sexo) e cruzados, os filhos de irmão da mãe ou de irmã do pai (genitores de sexos diferentes). Lévi-Strauss resolveu o enigma com base no princípio da reciprocidade, que considerou universal. Para ele, nas sociedades dualistas, a reciprocidade só pode se realizar plenamente quando há um "quarteto fundamental" com proporcionalidade de sexo e parentesco.

Explico. No casamento entre primos regidos por esta regra (proibição entre paralelos e permissão entre cruzados), há sempre quatro pessoas a se levar em conta: os dois noivos e um genitor de cada um deles. Quando casam dois primos cruzados, o quarteto é composto de dois homens e duas mulheres: na geração anterior, um homem e uma mulher irmãos e, na posterior, os primos filhos de cada um deles, também um homem e uma mulher. Esse é o quarteto fundamental que otimiza o princípio da reciprocidade. Especialmente quando os pares são assimétricos (casamento da filha do irmão com o filho da irmã), a estrutura do quarteto seria "melhor" porque, quando o homem se une à prima matrilateral, há sempre, de um lado, um homem credor e um homem devedor e, de outro, uma mulher adquirida e uma mulher cedida. No quarteto correspondente aos primos paralelos não há a mesma quantidade equivalente de sexos, porque os envolvidos ou são três homens (dois genitores e o primo) e uma mulher (a prima) ou são três mulheres (duas genitoras e a prima) e um homem (o primo) (Lévi-Strauss, 1968:481 e 485-486).

Meu interesse em lembrar o enigma e sua decifração orienta-se para o contexto em que Lévi-Strauss os problematizou. Ele partiu do pressuposto de que as instituições humanas só podem ter uma de duas possíveis fontes: "ou de uma origem histórica e irracional, ou de um propósito deliberado, por conseguinte de um cálculo do legislador; em suma, ou de um acontecimento ou de uma intenção" (1968:139).

Constrangido por esse estreito pressuposto, Lévi-Strauss pondera que, em vista da idêntica proximidade biológica dos primos, sejam paralelos ou cruzados, haveria uma aparente irracionalidade em proibir o casamento com aqueles contraposta ao apreço ao casamento com estes. Com a problematização posta em tais termos, o antropólogo presumiu a existência de uma racionalidade universal e objetiva que acuradamente levou o seu estudo sobre as estruturas elementares do parentesco à relação matemática de proporcionalidade do quarteto fundamental envolvido no casamento com a prima matrilinear; uma racionalidade que, para Lévi-Strauss, conduziria qualquer pessoa de qualquer sociedade e época à mesma descoberta etnográfica, uma vez que ela se dispusesse a refletir sobre o tema.

A racionalidade, porém, não reside nos objetos e varia de acordo com os valores vivenciados pelo ser pensante e seus circunstantes. Quer dizer, para qualquer pessoa de uma sociedade dualista, a proibição de casamento restrita aos primos paralelos já faz pleno sentido por si, simplesmente porque foi desse modo que ela foi educada a se relacionar com as demais pessoas de seu coletivo. Não a incomoda em nada a aparente irracionalidade que o antropólogo apontou ao delimitar o enigma; tampouco a entusiasmam as simetrias e as assimetrias tão caras ao pensamento lógico de enraizamento europeu. Mas não é esse o meu ponto.

Quero retornar ao pressuposto da problematização do enigma, que limita a origem das instituições humanas a duas únicas possibilidades: acontecimento histórico irracional ou deliberação racional de um legislador. Lévi-Strauss não o diz expressamente, mas a descoberta da "racionalidade do quarteto fundamental" descarta a hipótese dos fatos históricos irracionais, restando-lhe somente a da deliberação racional de cunho legislativo.

Em outros termos, se adotarmos o mesmo pressuposto binário de Lévi-Strauss acerca das origens das instituições humanas, as inumeráveis sociedades dualistas que prestigiam o casamento entre primos cruzados e condenam a união entre primos paralelos seriam assim porque, em algum momento, alguém propôs ao coletivo tais coordenadas como normas de conduta a ser observada, explicou que apenas por meio delas se alcançaria a plenitude do valor fundamental da reciprocidade, foi levado a sério por outras pessoas e, em seguida a muito debate e argumentação, a maioria decidiu que, *a partir do dia seguinte,* só os primos cruzados poderiam casar, preferencialmente se a noiva for prima matrilinear do noivo. Nos estreitos limites do pressuposto de terceiro excluído em que Lévi-Strauss problematizou o enigma, essa teria sido a história comum a todas as sociedades dualistas.

Chega-se a essa possibilidade levando o pressuposto binário às últimas consequências. Mas ela não é nada verossímil. Mesmo hoje, com o portentoso aparato institucional de leis, juízes, cartórios e polícia, não se conseguiria proibir uma hipótese de casamento por deliberação fundada exclusivamente em cálculo racional distante dos valores nutridos por parcela significativa do coletivo.

É necessário repensar a dicotomia estreita da contextualização lévi-straussiana do enigma e incluir a alternativa de transição entre a "irracionalidade" do acaso histórico e a "racionalidade" da normatização: acontecimentos podem ter sido em algum momento *ressignificados* como resultados de deliberações de um "legislador imemorial", quando na verdade nunca tiveram esta origem. É necessário introduzir no esquema binário natural-artificial a alternativa de padrões-repetições passando a ser vistos como padrões-medidas de um modo tão introjetado que ninguém mais se lembra que um dia foram apenas as condutas mais usuais.

Além da ressignificação dos padrões-repetições em padrões-medidas, a baliza binária natural-artificial em que se colocava Lévi-Strauss também há de ser excluída, como se verá, em razão de sua incompatibilidade com a cosmovisão dos povos originários.

Obediência ou aprendizado?

Em algumas etnias da América do Sul, o caçador não come a caça. A carne é dividida pela esposa dele entre todos do coletivo em porções desiguais de acordo com critérios complexos de parentesco, alianças e retribuições. O caçador mesmo não irá comer parte alguma da dádiva que trouxe à aldeia. Vai se alimentar da caça alheia ou dos frutos colhidos pela mulher naquele dia. Desfrutará da admiração por suas habilidades de caçador, de que tanto dependem os seus, e será celebrado por sua generosidade (Clastres,

1974:108-109). Se for Yanomami, poderá sonhar naquela noite (Limulja, 2022:101-102).

Podemos olhar essa vedação projetando a perspectiva dos brancos normativistas e concluir que existe uma norma de direito consuetudinário proibindo o caçador de comer a própria caça.

Essa conclusão, que se amolda perfeitamente à abordagem tradicional das humanidades, não faria sentido nenhum para os indígenas daquelas etnias. Para eles, quem se alimenta do que caçou perde as habilidades na caça, deixa de ser um caçador competente. Mas essa relação não é de forma nenhuma da ordenação da imputação, mas sim algo que acontece necessariamente, uma necessidade. Não aconteceu de alguém ter posto uma norma a ser obedecida pelo caçador, sob pena de uma sanção aplicada pelo coletivo. A fragilização das competências de caça é uma consequência necessária do ato de digerir a carne do animal que se abateu. As caças passarão a fugir das flechas daquele indígena ao perceberem que ele não é uma pessoa generosa (Kopenawa-Albert, 2010:474).

Os indígenas que observam esse tabu não estão obedecendo a uma regra – isto é, a um padrão que até conseguiriam desobedecer sem maiores consequências, se quisessem e fossem astutos. Ao contrário, estão agindo como precisam agir para continuar sobrevivendo. Não comem a própria caça pela mesma razão que os faz se aproximarem do fogo em noites gélidas. Os estudiosos das humanidades não veem "costume" nenhum nesse frequente esquentar-se do frio porque na cosmovisão deles a conexão entre aproximar-se da fogueira e aquecer o corpo também é um efeito necessário. As humanidades interpretam como norma de direito consuetudinário a vedação do alimentar-se da carne que caçou apenas porque na cosmovisão europeia essa conexão não é ordenada como necessária.

Outros padrões também podem servir aqui de exemplo. Considerar as interdições de incesto, como a que proíbe o casamento de primos paralelos, uma expressão da ordenação da imputação é uma idêntica projeção normativista. Tais interdições são também expressões da necessidade: não foram decididas e impostas pelos ancestrais, mas existem como uma condição de sobrevivência.

Atendê-las é uma necessidade e não uma opção. Primos paralelos que mantêm relações sexuais causam graves infortúnios ao grupo como redução da caça, perda de colheitas, doenças e mortes, pondo em risco a sobrevivência do coletivo. Respeitar a proibição do incesto é tão necessário quanto aquecer-se ao fogo, resguardar-se das chuvas, dormir, alimentar-se, defecar, correr da onça, tomar banho etc.

Na verdade, estritamente não há obediência ao que o observador externo chama de normas costumeiras. Há somente ações aprendidas. Sequer são vivenciados como obediência a normas imputadas aqueles comportamentos frequentes aprendidos como necessários. O caçador não pode comer a própria caça e deve ser generoso porque, senão, nas próximas caçadas os animais perceberão a falta de generosidade dele e necessariamente não se deixarão ser flechados com facilidade.

A obediência é sempre uma opção e nunca uma necessidade. O obediente opta por se amoldar às expectativas do coletivo e poupar-se de repreensões ou punições da mesma forma que o desobediente faz uma opção por modos alternativos de se comportar e se expõe conscientemente às reações do coletivo. Mesmo se tentar disfarçar o desvio de conduta, o transgressor assumirá riscos por sua própria decisão.

Quando o fato é ordenado como necessidade, porém, não existe escapatória: o que há de acontecer acontecerá; somente quando é ordenado como imputação, a opção pela desobediência poderá ser objeto de cálculo. A mesma marca da *intencionalidade* que invariavelmente está presente no ato de decidir uma norma (e positivá-la) também precisa se manifestar na obediência ou desobediência dos destinatários da imputação.

Em suma, é hora de repensar o estatuto antropológico adquirido pelo conceito de "direito consuetudinário". Até mesmo porque uma organização por normas (via ordenação da imputação) na maioria das vezes é incompatível com a cosmovisão dos povos originários. O estatuto antropológico do direito consuetudinário é um equívoco não apenas em razão da circularidade do argumento e implausibilidade da hipótese da perda da capacidade de modelagem racional do coletivo; é um equívoco também por ser incongruente com a cosmovisão de muitos povos originários.

Ordenação da necessidade e agência

A descontinuidade ou continuidade e o encontro das ordenações da causalidade (natureza) e da imputação (cultura) são questões europeias que não fazem sentido em outras cosmovisões. São questões europeias que, ademais, se podem qualificar de recentes: na Grécia arcaica, as três estações do tempo, filhas de Zeus e Têmis, são Equidade, Justiça e Paz e a elas cabe zelar pela harmonização dos equilíbrios tanto no plano social como no natural (cf. Torrano, 1991:62).

Os povos originários tendem a reunir todo o entorno em uma única ordenação. Como ressalta Viveiros de Castro, mais que etnocêntricos, eles são cosmocêntricos e "passariam ao largo do Grande Divisor cartesiano que separou a humanidade da animalidade" (2002:320). Nessa cosmovisão, imergem em uma configuração do entorno bem diferente da ordenação europeia da causalidade ou imputação. Os povos originários ordenam o entorno com base na interação da necessidade e da agência. Concebem uma ordenação que é ao mesmo tempo *necessária*, como a ordenação europeia da causalidade, e *povoada de agentes*, como na ordenação europeia da imputação.

É muito usual, por exemplo, entre os povos originários, a atribuição das doenças mais severas à feitiçaria do inimigo. A morbidade é o efeito necessário da ação do "contrário" que somente a cura xamânica pode impedir. Veem a cura xamânica afastando o feitiço da mesma maneira necessária pela qual a ciência europeia corrobora que o antitérmico afasta a febre. A cura é necessária, mas não é o efeito de uma causa natural e sim de agências. Não há nada de estritamente causal na ordenação da necessidade, porque na cosmovisão desses povos originários tudo é agência: o inimigo que encomendou o feitiço e o xamã que curou apenas acionaram agentes do entorno (espirituais, animais, humanos etc.) que, de um lado, realizaram o feitiço da doença potencialmente fatal e, de outro, o antídoto salvador.

Não estou cogitando, enfatizo, de uma característica cultural universal. Apenas acentuando que essa cosmovisão é muito disseminada entre os povos originários. Com as particularidades de cada cultura, povos na África, como os Azande (Evans-Pritchard, 1937:58), na Ásia, como os trobriandeses (Malinowski, 1922:69) e nas Américas, como os Yanomami (Kopenawa-Albert, 2010:130--131 e 185-186), associam o acometimento de uma doença grave ao feitiço encomendado por inimigo. Estão todos imersos em uma ordenação da necessidade e agência.

De qualquer modo, tentar enquadrar a fórceps a ordenação da necessidade e agência dos povos originários em uma das duas ordenações da cosmovisão europeia, da causalidade ou da imputação, é um disparate; um tolo esforço etnocêntrico, unilateral e totalmente equivocado. A tal intento, no entanto, dedicaram-se certas abordagens de uma antropologia obtusa, como a resenhada por Kelsen em *Natureza e sociedade* (NS).

Kelsen é o principal nome da teoria jurídica do século XX. Toda a filosofia do direito é um diálogo com a sua obra (Coelho, 1995). O jurista mergulhou nos estudos etnográficos inquietado por questões relativas à alma. Divisou com seus estudos duas fases de evolução das religiões. Na primeira, a alma era considerada o sujeito das retribuições (causadoras, por exemplo, de doenças graves em inimigos); enquanto na segunda, a fase das religiões mais evoluídas, a alma se torna objeto de uma retribuição feita por Deus no além-morte. O resultado de doze anos de seus estudos etnológicos foi um portentoso volume de 2 mil páginas datilografadas, publicado com o título *Retribuição e causalidade*. Esse livro foi impresso em 1939, mas só comercializado após o fim da guerra. NS é uma versão resumida do ambicioso trabalho etnológico publicada em inglês em 1943, em Chicago (1947:99-100).

De acordo com a síntese kelseniana, os povos originários não tinham desenvolvido de modo suficiente o pensamento racional para conseguirem estabelecer relações de causa e efeito entre os fatos da natureza. Movidos pelas emoções, eles teriam traduzido tudo como obediências ou desobediências a normas. A ligação entre a doença severa e a feitiçaria acionada por um inimigo foi enquadrada por Kelsen, sem maiores dificuldades, como uma manifestação supersticiosa e incorreta de relação afeta à imputação. Para ele, não tendo o raciocínio desenvolvido a ponto de lhe permitir o pensamento causal, os povos primitivos entendiam tudo como ação humana sujeita às normas por eles adotadas (1973:17-18).

Ele argumenta como se fosse universal a dualidade europeia de ordenações. Esse pressuposto é falso porque, de um lado, há várias cosmovisões com dualidades sem o sentido do binário natureza-cultura, como no taoismo, em que o polo luminoso *yang* e o obscuro *yin* que, embora sejam o princípio da realidade, originam-se de um "não dual" Uno (cf. Jung-Wilhelm, 1971:101-102); e, de outro, em diversas culturas de povos originários há apenas a ordenação da necessidade e agência e a dualidade não encontra lugar onde se consiga acomodar.

Direito consuetudinário é indissociável da ordenação da imputação e sua inerente dualidade. Trata-se de um conceito apressadamente investido de estatuto antropológico apenas pela premissa de que toda sociedade é organizada por normas e pela conclusão de que, não tendo normas escritas, possuiria normas costumeiras. Para quem não separa o entorno em duas ordenações distintas, a ideia de imputação por alguém de normas orais não faz sentido.

Em outros termos, enquanto a cosmovisão europeia se funda em uma ordenação da causalidade *ou* imputação, a dos povos originários se alicerça na ordenação da necessidade *e* agência. As leis (tanto as físicas como as jurídicas) da ordenação da causalidade ou imputação não têm equivalentes na ordenação da necessidade e agência. Do mesmo modo, os tabus da ordenação da necessidade e agência não encontram paralelo na ordenação da causalidade ou imputação.

As sanções ritualísticas, de que falava Radcliffe-Brown (1939:42), são as consequências esperadas pelo coletivo como necessárias em razão do infringimento do tabu e não uma punição imposta pelo mesmo coletivo aos desviantes. O caçador Guayaki não carrega o cesto da mulher porque, se chegar a tocá-lo, sofrerá o *pane* e perderá as habilidades de caça (Clastres, 1974:103). O *pane* é um efeito necessário tanto quanto o aquecimento do corpo de quem se aproxima do fogo à noite; e é tão povoado de agências quanto cabem agentes em uma maldição. O caçador teme a maldição e não alguma sanção imposta pelo coletivo. Se deixará de ser caçador e homem, não é em razão de uma punição por ter descumprido certa norma, mas pelo efeito necessário da infração a um tabu.

Nem mesmo a noção de pecado equivale à de quebra de tabu. O pecador arrependido pode ser perdoado por quem imputou a norma descumprida, Deus; mas o impuro que infringiu o tabu deflagra consequências necessárias que prejudicarão a si mesmo, a outra pessoa (o filho recém-nascido, por exemplo) ou ao próprio coletivo. Há, é certo, a possibilidade de um ritual de purificação vir a ativar agências (de seres espirituais, animais etc.) que tentarão impedir a consequência da infringência ao tabu. Se as agências ativadas pelo ritual de purificação tiverem sucesso, o antídoto assim acionado também terá um efeito necessário; se não tiverem, a consequência do desrespeito ao tabu fatalmente acontecerá. A purificação não é como o perdão, um ato de vontade de quem impôs a pena e decide retirá-la em reconhecimento a arrependimentos ou preces.

Não faz nenhum sentido, em outros termos, dizer que um coletivo teria direito consuetudinário quando qualquer ordenação por normas (imputadas) lhe é inteiramente estranha. Explicar que um povo originário com a cosmovisão construída pela ordenação da necessidade e agência seria uma sociedade organizada por direito consuetudinário é, em outros termos, tratar a questão por um normativismo etnocêntrico, unilateral e equivocado. Considerar que um povo, para o qual a ordenação da imputação não faz sentido, teria se organizado em razão de normas costumeiras é tão descabidamente eurocêntrico quanto chamar de superstições as explicações dadas pela ordenação da necessidade e agência sobre doenças graves como resultados de feitiçaria, apenas por ser algo que a ciência acomoda na ordenação da causalidade.

A Revolução Caraíba

No Manifesto Antropófago, Oswald de Andrade sentencia: "Só não há determinismo onde há o mistério. Mas que temos nós com isso?" (1928:55).

Na primeira frase, está a ordenação da causalidade *ou* imputação; na segunda, ela é desdenhada pela ordenação da necessidade *e* agência.

Normas em uma sociedade contra o Estado?

Além do argumento da circularidade, da inverosimilhança da perda da capacidade organizativa e da incongruência com a ordenação da necessidade e agência, há mais um em desfavor do conceito de direito consuetudinário. Nele, deixaremos provisoriamente o microcontexto da conjuntura para uma incursão no macrocontexto da antropologia política. A categoria conceitual pela qual teóricos do direito e antropólogos apontam para um pretenso conjunto de normas oralmente transmitidas que ordenariam as sociedades sem escrita não é compatível com a resistência, de muitos povos originários, a qualquer arranjo social em que uns poucos do coletivo mandam e todos obedecem. Malgrado a ampla utilização pela teoria jurídica e pela antropologia do conceito de "direito consuetudinário", não há nada passível de ser designado por essa expressão nas "sociedades *contra* o Estado".

Estou me reportando às reflexões de Clastres em torno das sociedades em que não existe Estado, nem nada que faça as vezes dele, por não se aceitar a subordinação do coletivo a qualquer autoridade. Para o antropólogo político, a maioria dos povos originários da América do Sul desconhecem a forma hierárquica de política. Os chefes não têm nenhuma autoridade ou poder sobre as pessoas do seu coletivo. Eles têm os deveres de apaziguar os conflitos, ser generosos ao distribuir seus bens e discursar todas as noites reforçando os valores do seu povo. Os chefes têm apenas a regalia das esposas secundárias, o que facilita um bocado a vida dele, por poder explorar o trabalho de mais mulheres (cf. Lévi-Strauss, 1955:328-338).

Nas sociedades sem Estado, as pessoas só concordam em se submeter ao comando de alguém quando estão momentaneamente envolvidas em uma guerra. E o prestígio granjeado pelo líder vitorioso da expedição guerreira, ou da defesa contra agressões, não o legitima como autoridade em tempos de paz. Esse líder pode até tentar convencer os demais homens do coletivo a se aventurar em novas empreitadas guerreiras para continuar com o poder de mando do qual tem saudade. Mas se o coletivo não tiver interesse em guerrear naquele momento, nada do que ele fizer reestabelecerá a hierarquia existente durante o confronto no qual teve sucesso na liderança.

A rigor, a sociedade *sem* Estado é, para Clastres, uma sociedade *contra* o Estado. O coletivo deliberadamente recusa a hipótese de investir alguém no poder de dar ordens e de obter obediência mediante coação. Ele conjectura que os Tupi-Guarani, ao tempo da invasão europeia, estavam a caminho de se tornar uma sociedade com Estado, mas o processo foi interrompido pela reação dos próprios indígenas (Clastres, 1974).

O conceito de direito consuetudinário é incongruente com a hipótese de sociedades que recusam deliberadamente a obediência a ordens de qualquer autoridade. Normas, orais ou escritas, são sempre comandos (é proibido fazer isso, é obrigatório fazer aquilo...). Nas sociedades contra o Estado, a visceral rejeição a obedecer aos comandos específicos de uma autoridade presente também se manifestaria como resistência à obediência de comandos gerais emanados de autoridades ancestrais. Como essas sociedades não legitimam a coerção contra a desobediência de comandos de uma espécie, as ordens específicas, elas não contam com nenhum aparato coercitivo legítimo que pudesse ser acionado para submeter o coletivo à obediência de comandos de qualquer espécie, incluindo as imaginadas normas abstratas costumeiras.

O direito consuetudinário é uma categoria conceitual que serve apenas à contaminação das humanidades pelo normativismo.

Costumes e normas

Na definição de direito consuetudinário, três elementos são normalmente articulados: um conjunto de normas, sua existência desde tempos imemoriais e transmissão por via oral.

Em relação ao primeiro elemento, admite-se que as normas do direito consuetudinário não foram aprovadas de acordo com o modelo empregado pelos Estados nacionais, mais ou menos autoritários ou democráticos – o que é bastante óbvio. Elas teriam sido "estabelecidas" pelo costume, isto é, independentemente de uma deliberação formal e de proclamação solene. Sugere-se que lentamente as pessoas de um coletivo passaram a se comportar, em sua maioria, de certo modo e em algum momento se deram conta de que o modo como normalmente *estavam* se comportando seria o modo que *deveriam* adotar ao se comportarem. E, a partir de então, passaram a aplicar admoestações naqueles que não se comportavam de acordo com a maioria. E essas admoestações foram progressivamente se tornando sanções para forçar os desviantes a se corrigir.

As normas consuetudinárias, assim, não teriam derivado de um processo formal de deliberação de pessoas legitimadas pelo coletivo para esta tarefa, tal como são estabelecidas as normas no Estado nacional; mas houve sim, nessa descrição do direito consuetudinário, um ponto de inflexão, um momento em que teria sido tomada a decisão de começar a sancionar os que não se comportavam como a maioria, com o duplo objetivo de punir os desviantes e desmotivar novos desvios. Antes desse ponto de inflexão, haveria costume mas não ainda as normas costumeiras.

O segundo ingrediente do conceito de direito consuetudinário é a impossibilidade de se conhecer exatamente o momento em que ocorreu o ponto de inflexão que traduziu costumes em normas.

Na verdade, se há um conjunto de normas às quais os membros de um coletivo têm de obedecer, necessariamente se deve presumir um momento em que pessoas passaram a ser admoestadas e, posteriormente, sancionadas por não atenderem, com suas condutas, às expectativas da maioria do coletivo. Sem esse momento fundacional do direito consuetudinário, não se explica como os costumes observados pela maioria passaram a ser obrigatórios. A impossibilidade de precisar esse fato histórico leva-o às profundezas dos tempos imemoriais.

Por fim, o terceiro ingrediente do conceito é a oralidade. Aqui não há dificuldades. Antes da invenção da escrita, as normas, se existentes, só podiam mesmo ser transmitidas oralmente. Ensina-se que o âmbito jurídico não era nitidamente diferenciado de "elementos de natureza religiosa, mágica, moral e meramente utilitária" (Reale, 1973:143); desse modo, as normas a serem observadas em um coletivo eram ensinadas aos seus membros no mesmo discurso entremeado de crenças, diretrizes das atividades produtivas, preparação para a guerra etc.

A antropologia absorveu o conceito de um modo geral e sem maiores críticas (cf., por todos, Radcliffe-Brown, 1952:218), mas é hora de descartá-lo por quatro razões. A primeira é a circularidade do argumento: explica a existência de normas pela frequência das condutas e explica a frequência das condutas como obediência às normas. A segunda razão é a dificuldade de se admitir que os humanos tiveram a capacidade de organizar-se coletivamente de modo racional e desaprenderam a receita. As outras duas razões consistem em incongruências do conceito de direito consuetudinário com a cosmovisão dos povos originários, ou pelo menos de vários deles: uma regra social cuja obediência é assegurada por sanções do coletivo e a própria noção de autoridade com poder de comando em tempos de paz não fazem sentido nessa cosmovisão.

Atente, contudo, para o fato de que a inconsistência da categoria jurídico-antropológica do direito consuetudinário não implica que os povos originários desconheceriam o direito conceituado como sistema social de tratamento dos conflitos endógenos. Ao contrário, aqueles que tratam os seus conflitos por padrões diferentes da lei do mais forte já haviam superado o estado pré-jurídico em seu fluir biológico-histórico. Será, contudo, necessário aguardar o momento oportuno para a antropologia de compromisso livrar-se do normativismo, desfazer-se da noção de direito consuetudinário e assimilar o conceito de direito centrado no conflito.

Antropologias e a síntese estendida da teoria da evolução

Antes, aventei que a conjectura do direito como estratégia evolutiva pode contribuir para o diálogo entre as antropologias e a síntese estendida da teoria da evolução (Cap. 4). Essa contribuição está fincada inicialmente na percepção de que deflagrar a desmistificação do normativismo pelas humanidades é uma tarefa da teoria jurídica. Os juristas, em razão da crença de que estudamos as leis, teríamos autoridade acadêmica para dar o pontapé inicial na problematização da organização da sociedade por meio de normas racionais.

Além disso, a conjectura contribui para o diálogo das antropologias com a síntese estendida postulando que a cultura de associação dos comportamentos habituais à obediência a normas somente passa a ser transmitida, pelo sistema simbólico de herança, após a ressignificação derivada da mudança do critério de legitimação da tradição para a positivação; e somente é transmitida onde houve a reinvenção cultural pela ressignificação. Antes dela e nos lugares onde não aconteceu a reinvenção, o ambiente sociocultural daquela associação sequer existia para poder ser transmitido às gerações seguintes. Nesses casos, não havia o ingrediente normativista na cultura transmitida pelo sistema de herança simbólico e os comportamentos habituais eram o ambiente sociocultural da cosmovisão do coletivo ensinada pelos cuidadores dos infantes.

11. Conflito

Apesar de vários dos primeiros antropólogos terem sido advogados (Evans-Pritchard, 1972:72), a antropologia e a teoria do direito se distanciaram logo em seguida e naturalmente surgiram equivocações entre os estudiosos dessas áreas, algo nada incomum no mundo acadêmico.

"Antropologia e direito" é um campo do saber que pode ser visto como subárea da antropologia ou do direito, dependendo de o pesquisador ser antropólogo ou jurista. A distinção não é inócua porque as metodologias, objetivos e sobretudo os compromissos de cada saber são diferentes. É ilusório imaginar que antropólogos e juristas se debruçando sobre o mesmo objeto chegariam a idênticas conclusões. Para frisar a diferença denomino por "antropologia do direito" a subárea da antropologia e por "antropologia jurídica" a subárea do direito.

Mas, antes, peço licença para contar uma epopeia kaapor. (O branco precisa pedir licença para um argumento com narrativas de povo originário.) A epopeia foi narrada por Darcy Ribeiro pela perspectiva do protagonista masculino no livro *Uirá sai à procura de Deus* (1974). A minha narrativa terá outra protagonista e outra perspectiva. Será o meu ponto de partida para discutir os diferentes compromissos da antropologia, da antropologia do direito e da antropologia jurídica.

CONFLITO

Katãi quer voltar para casa

Katãi perdeu o primogênito para a gripe. O seu povo, os Kaapor, tinha sido vitimado por mais uma das devastadoras epidemias que, de tempos em tempos, o contato com os brancos espalhava, disseminando doenças pulmonares em corpos indígenas desprotegidos de imunoglobulinas. Era 1939. Pranteava a morte do "filho seu que se fazia rapaz" em silêncio, sozinha em um canto acariciando inconsolada a penugem de *Itsin*, a arara que ganhou filhotinha ainda de presente do marido Uirá, após uma caçada excepcionalmente bem-sucedida. A avezinha era a mais querida dos xerimbabos da casa.

Ela não pôde sofrer o seu luto em paz porque Uirá a chamou para avisar que estava *inãron*. Correu para avisar aos vizinhos. Quando esse estado de ânimo atormenta um guerreiro caapores, todos sabem que devem deixá-lo totalmente sozinho para o desesperado homem poder berrar, flechar os xerimbabos, quebrar potes ou até mesmo pôr abaixo a morada. Quando Uirá sossegasse, Katãi e os vizinhos retornariam, para limpar a sujeira e consertar o que podia ser consertado; não se falaria mais no assunto.

Mesmo depois do isolamento, Uirá continuou amargurado. Estava *apiay*, um estado depressivo mais severo. Até a vitoriosa incursão guerreira contra os inimigos ancestrais, os Guajá, que ele comandou para tentar apaziguar o torpor, distraiu o pesar paterno. Katãi não tinha tempo para a própria dor porque estava cada vez mais apreensiva: como nem a guerra havia apaziguado Uirá, restava-lhe apenas o derradeiro e excepcionalíssimo recurso de sair em busca da morada de Maíra para tentar ser recebido e consolado pelo Criador do mundo. Se o marido decidisse empreender a arriscada viagem dos desesperados, ela teria de o acompanhar levando os filhos, uma menina e um menino crianças de tudo. Katãi chorou muito quando soube que Uirá havia anunciado a decisão de sair em busca de Maíra. Ficou mortificada, mas sabia o seu lugar e não falou de suas dores e angústias nem para o marido nem para ninguém.

CONFLITO

Os Kaapor habitavam as franjas da Floresta Amazônica no Maranhão. A morada de Maíra, toda revestida de espelhos e que somente os indígenas conseguiam ver, ficava para os lados de São Luís. Katãi tinha o coração dividido. Estava orgulhosa de seu corajoso companheiro, que avançava resoluto com o corpo musculoso pintado de preto e vermelho, aparamentado com tornozeleira e pulseira de penas de arara, colar de dentes de onças, brincos adornados com peninhas de colibri e um cocar feito com as plumas amarelas de *iapús*. Estava armado com os seus vistosos arco e flechas. Digno e altivo como convém a um herói a ser recebido por um Deus. Como estava lindo, dizia-se Katãi a si mesma. Mas ela receava o inevitável encontro com os brancos, aquele povo grosseiro, com a sua língua e hábitos incompreensíveis. Só tinha visto alguns deles de longe, quando visitaram a aldeia e conversaram com os guerreiros mais valorosos. Uirá nunca deixou que ela acompanhasse as demais mulheres da aldeia que foram conhecer o posto do SPI, o Serviço de Proteção aos Índios. Katãi não reclamou porque não tinha tanta curiosidade assim. Para ela, os brancos não eram nada confiáveis.

A família partiu para a epopeia atravessando a mata em direção à capital. Ao chegarem ao primeiro povoado, foi recebida como a vanguarda de mais uma expedição indígena hostil. Os locais surraram Uirá covardemente, prenderam-no e o obrigaram a vestir calças. Só o libertaram após se convencerem de que não haveria nenhuma refrega e de que o andarilho era apenas um índio nu meio desorientado. Nos demais vilarejos e cidades, a família recebeu o mesmo tratamento rude.

E chego ao que interessa na narrativa: cansada das privações da jornada e não querendo mais ver o marido submetido a tamanha violência e humilhação, Katãi tomou coragem e, medindo as palavras com extremo cuidado, ponderou que o mais sensato seria retornarem todos à casa. Uirá se enfureceu e a espancou impiedosamente; não satisfeito, surrou também os filhos.

Quando Ribeiro conta a história de Uirá, ele é totalmente solidário com o agressor no episódio do brutal tratamento desse conflito endógeno. Diz que o indígena ficou mais uma vez *inãron*.

(O antropólogo não informa se também as mulheres caapores teriam o direito de extravasar as suas dores com os mesmos arroubos de violência.) Ribeiro na verdade chega a censurar Katãi ao qualificar a lúcida sugestão dela de "a prova mais dura suportada por Uirá", a mais dolorosa de todas as incompreensões experimentadas pelo destemido herói porque manifestada por alguém do seu próprio povo (1974:18-29).

Mas que razão haveria para se ter qualquer dose de tolerância com um indígena que agride a mulher? Katãi certamente ficou bastante ferida e humilhada com o espancamento dela e dos filhos. Não teria sido certamente a primeira surra que o destemperado Uirá lhes destinou.

Ou por que um feminicídio, como o praticado por um Tukuna contra a sua irmã acusada de "incesto clânico" deveria ser de algum modo justificado e admitido? Argumenta-se que esses atos violentos deveriam ser julgados de acordo com a cultura do agente e da vítima. Afirma-se que o feminicídio da Tukuna deve ser relevado porque o feminicida estava unicamente vingando uma grave ofensa aos valores sagrados do seu coletivo (Ribeiro, 1970:180-181). Ora, essa ofensa não foi nada mais que uma mulher tentando vivenciar como lhe apetece a própria sexualidade. Houve tempo em que era socialmente perdoado o marido branco que matava a esposa adúltera. A cultura o perdoava por ter agido em "legítima defesa da honra". Não se processava o homicida ou ele era absolvido pelo Tribunal do Júri. Não faz muito tempo isso no Brasil dos brancos.

Ora, o matador indígena e o branco cometeram crimes que a contemporaneidade deve igualmente condenar a despeito da torpe escusa cultural – não há diferença nenhuma entre incesto clânico e legítima defesa da honra quando se trata de garantir à mulher a plena autonomia sobre o próprio corpo.

Invisibilização dos conflitos endógenos

Os conflitos endógenos não são objeto da atenção das antropologias. Estudam-se em níveis extremos de detalhamento, por exemplo,

CONFLITO

as trocas de mulheres, classificando-as como restrita (reciprocidade direta) ou generalizada (reciprocidade indireta por meio de triangulação ou de outros esquemas mais complexos), mas não se diz uma única palavra sobre se houve casos em que a troca decidida pelos homens não agradou à mulher e como teriam sido tratados esses conflitos. Devem ter existido com frequência insatisfações das mulheres com o destino que lhes era imposto. Se esses conflitos aconteceram, como foram tratados? As inconformadas e rebeldes foram submetidas à vontade dos homens? De que modo? Com que grau de violência física ou psíquica? Há culturas em que é levada em consideração a vontade das mulheres na troca? Em que medida? Haveria correlação entre maiores graus de violência dos companheiros e a existência de "sociedades de mulheres"? Essas questões não são propostas.

Os conflitos endógenos estão invisíveis nas antropologias. Não são considerados nem para serem confirmados visando ao estudo de seu tratamento, nem para serem negados com a sugestão de alguma explicação para a inexistência.

Nos dois anos em que conviveu com os povos de Trobriand, Malinowski viu "brigas e disputas", mas as deve ter tomado como fatos irrelevantes a serem isolados pelo "etnógrafo dedicado a conhecer uma cultura em sua totalidade" (1922:16, 25-26, 28). Não viu nenhuma mulher brutalizada pelo marido (Malinowski, 1927:31), mas ressaltou que o menino trobriandês vai assimilando a sua condição de futuro "senhor de suas irmãs" ao se perceber sucessor do tio materno, ao qual a mãe "reverencia, curvando-se diante dele como uma pessoa comum diante de um chefe" (Malinowski, 1927:39). Essa assimetria devia ser fonte de conflitos invisibilizados. Malinowski considerava que as mulheres eram "extremamente bem tratadas" nas Ilhas Trobriand porque certamente tomou como referência as relações de gênero no Ocidente do início do século XX (1922:45). Especificamente sobre o tratamento de conflitos informou unicamente que as disputas eram "raras" e se expressavam por trocas de censura pública entre os contendores, cada um apoiado por amigos e parentes (*yakala*). Registrou que esse modo de tratamento do conflito endógeno às vezes endurecia os litigantes e não era encerrado por uma decisão de terceira pessoa, sendo incomuns os acordos (Malinowski, 1926:49).

Margareth Mead, por sua vez, presenciou "discussões entre grupo que nunca têm fim", mas também não se ocupou delas como questão etnográfica. Mead mencionou vários incidentes mas nada disse sobre como o coletivo os tratou. Não os considerou, em suma, uma "minúcia da vida organizada" merecedora de atenção (1949:74 e 90). Alguns desses incidentes eram violentos, como no caso do jovem tchambuli, que, irado, lançou uma seta no rosto da esposa (1949:103-104). Demorar-se sobre o tratamento desse conflito teria sido particularmente rico, tendo em vista que ocorreu em uma sociedade em que, segundo Mead, as mulheres "detêm a verdadeira posição de poder" e se unem eficientemente para se defender de agressões de um homem (1935:246 e 259).

Também devem ser creditadas ao apagamento do conflito endógeno na antropologia certas referências a situações conflituosas, que não são expandidas para o tratamento dado pelo coletivo. Benedict, por exemplo, narra situações de conflito entre os Zunhi, como a reivindicação da posse de uma casa e o adultério. Mas, na verdade, são descrições de conflitos endógenos potenciais, lembradas como demonstração da cultura apolínea desse povo ao meio de uma América do Norte predominantemente dionisíaca. São, a rigor, conflitos que não existem (a infidelidade é considerada o primeiro passo do divórcio) ou conflitos que deixam de existir porque um dos lados abandonou o confronto (o marido cessa a infidelidade para continuar tendo as roupas lavadas pela esposa e o vizinho renuncia à reivindicação da casa depois de agir publicamente uma única vez como dono, limpando o quintal) (Benedict, 1934:93-95).

Benedict dá atenção também aos exacerbados conflitos entre os Dobu, uma cultura melanésia particularmente inamistosa, traiçoeira e violenta, em que virtuoso é quem infringe um mal sobre os outros para não o sofrer. Nesse caso, apresenta narrativas de conflitos existentes e que não se extinguiram antes de qualquer tratamento pelo coletivo, como o terrível feitiço *vada*, aplicado em contato pessoal com a vítima e não a distância. Mas não se estende no exame do que poderia ser um tratamento do conflito pelo coletivo (1934:129-130). O apagamento, dessa vez, deve-se à razão de não ser possível nenhum paralelo com o modo europeu de tratar os conflitos, isto é, acionando autoridades, normas e arbitradores. Benedict não explorou o tema em toda a sua extensão porque um possível tratamento pela indiferença do coletivo foi relegado à ausência de "formas de legalidade habituais" (1934:141-142).

A única exceção nesse quadro de apagamentos talvez seja E. E. Evans-Pritchard estudando os Azande. Um zande seriamente doente apela aos oráculos para descobrir o autor da bruxaria que está entre as causas da doença. O objetivo pode ser apenas procurá-lo para pedir o fim da bruxaria. O contrário negará que a encomendou, mas, como não assumiria a autoria mesmo que fosse o responsável, o enfermo entenderá que o seu pedido foi atendido se tiver alguma melhora. A resposta do oráculo pode ser a base para a indenização a ser determinada por um delegado do príncipe (1937:62-70). O sistema todo é uma maneira de tratar conflitos endógenos porque os nomes oferecidos aos oráculos são os de pessoas sobre as quais recai a suspeita da bruxaria. São, portanto, daquelas com quem o embruxado vinha mantendo algum tipo de disputa antes do surgimento da doença (sobre áreas de roça ou de caça, por exemplo).

Pois bem. Por que antropólogos treinados em abordar a cultura em sua totalidade desconsideravam os conflitos endógenos? Talvez em razão desse treino mesmo. Estavam estudando uma ordem, subentendida na totalidade ou mesmo se confundindo com ela. Não tinham porque se ocupar daquilo que representaria enfadonhas perturbações à ordem. Conflitos endógenos são vistos como ingredientes estranhos da totalidade que a etnografia deseja estudar – e, portanto, presume existir. Eles são, na verdade, os momentos em que a ordenação da sociedade revela as suas limitações.

Há, de qualquer modo, várias questões em que o tema dos conflitos endógenos comporta a abordagem antropológica. A relação imanente com a alteridade (Viveiros de Castro, 2002:191) e os seus desdobramentos no sem começo e sem fim das vinganças (Cunha-Viveiros de Castro, 1985) sugerem o modo muito peculiar de lidar com o conflito endógeno a partir do exógeno. Um modo que expressa a única constância na inconstante alma selvagem. A guerra por recursos não é inteiramente desconhecida (Camargo-Villar, 2013:65), mas predomina aquela dissociada de qualquer reivindicação de recursos, motivada apenas pela vingança.

A hipótese de *performance* no conflito exógeno como balizador do tratamento do endógeno suscita questões como: o desempenho nas expedições de vingança leva a prestígios que moldam as hierarquias no dia a dia do coletivo? Se, na expedição destinada à vingança, não se disputam recursos no plano dos conflitos exógenos, não se buscaria por meio dela uma legitimação de hierarquias baseada nos feitos de cada guerreiro? A vingança contra o contrário exógeno não embutiria assim a disputa por recursos no plano dos conflitos endógenos? O tratamento dos conflitos endógenos sobre os recursos escassos não se iniciaria assim por uma etapa prévia, demandada pela cosmovisão da relação imanente com a alteridade, em que o enfrentamento com os contrários decide a futura distribuição dos recursos dentro do coletivo, prevenindo ou mitigando algumas violências internas?

Outras questões se apresentam na sequência a essas indagações: se as expectativas de um guerreiro de vir a ser valorizado em uma nova hierarquização na aldeia em decorrência da vitória na expedição de vingança não são iguais às de outro guerreiro, como se lida com isso? Não seria a colisão de expectativas um conflito endógeno ao qual a alteridade não conseguiu dar tratamento? As constantes fissões das aldeias seriam uma forma de tratamento dos conflitos endógenos entre potenciais lideranças exatamente porque os torna exógenos? São indagações compatíveis com vários registros etnográficos (cf. Souza, 2016:213-215; Rocha, 2012; Camargo-Villar, 2013:243).

Outro exemplo do tratamento dos conflitos endógenos a partir dos exógenos é sugerido na prática de só tentar descobrir traições consultando os adivinhos dos povos inimigos, poupando assim os sábios do próprio coletivo dessa ingrata tarefa.

O suicídio é mais um objeto para as questões do tratamento de conflitos endógenos. Ele pode ser acompanhado da pública acusação do responsável por levar o suicida ao ato extremo. Nesse caso, o suicídio cerimonial visa a constranger não somente o acusado, mas também os parentes que ficam obrigados a vingar o suicida (cf. Malinowski, 1926:60-61). E pode ser potencialmente coletivo por induzir outras pessoas a também se suicidarem por culpa de não terem evitado o primeiro ato extremo: nesses exasperantes momentos os Suruwahas usam o timbó, o veneno que torna a pescaria mais fácil (Azevedo, 2012). Há no suicídio potencialmente coletivo um tratamento catártico dos conflitos endógenos que, embora não possa ser considerado jurídico, serve à contenção do acirramento deles (Coelho, 2021:49-50).

Mais uma hipótese interessante para conjecturar é se a proibição de incesto poderia ser entendida como uma forma preventiva de tratar os conflitos endógenos. Determinadas competições entre homens por uma mulher (pai e filho competindo pela mãe do filho, pai e filho competindo pela irmã do filho) e de mulheres por um homem (mãe e filha competindo pelo pai da filha, mãe e filha competindo pelo irmão da filha) ficam desde logo excluídas quando envolvem parentes (cf. Mead, 1949:259-260). A prevenção de conflitos endógenos fortalece os laços de cooperação próprios às famílias dos quais dependem vários aspectos da vida humana (divisão de tarefas na obtenção de alimentos, apoio nas doenças e dificuldades etc.).

O conflito é a frustração da expectativa em relação ao comportamento alheio. Por isso, estudar o tratamento do conflito não é dizer qual seria o comportamento esperado em uma situação (ou, em linguagem normativista, dizer qual regra seria a presumivelmente adotada no coletivo). É antes pesquisar a reação de outros indivíduos do coletivo àquela situação em que o comportamento esperado não aconteceu. Entender em suma como o coletivo lida com as frustrações de suas expectativas e não a descrição das expectativas codificadas em uma ordem normativa, existente ou presumida – eis a chave do redirecionamento do foco do normativo institucional para o conflito endógeno.

Um novo paradoxo do neolítico?

Entre as premissas da antropologia linear, que Lévi-Strauss chamava de "clássica", encontra-se a concepção de que os povos originários teriam um pensamento pouco desenvolvido, ainda incipiente e limitado. Seria um pensamento mágico ou mítico, inferior ao científico que tinha vicejado na Europa. Se os povos originários reverenciavam o trovão como uma entidade é porque ainda não teriam o intelecto desenvolvido o suficiente para compreendê-lo como uma mera descarga elétrica. A pré-cientificidade do pensamento dos povos originários era uma premissa da linearidade, embora fosse apresentada como conclusão de estudos etnológicos.

Para questionar a recorrência, na antropologia linear, do preconceito de que os povos originários teriam um pensamento pré-científico, Lévi-Strauss falou do "paradoxo do neolítico". Ele apontou para a cerâmica, tecelagem, agricultura e domesticação de animais aparecidas entre 10000 e 4000 AEC e ressaltou a obviedade de que essas atividades não resultaram de um inusitado rompante do pensamento científico que teria, em seguida, regredido e desaparecido para só ressurgir na Europa moderna. Essas atividades, reforça, os humanos passaram a desempenhar com eficiência depois de sucessivas e criteriosas observações e experimentos de tentativas e erros, cujos resultados foram se acumulando ao longo de gerações – em uma palavra, por meio da ciência, do pensamento científico. O paradoxo do neolítico de Lévi-Strauss é o desafio lançado *a posteriori* à antropologia linear para que explicasse o enorme interregno em que os humanos supostamente teriam deixado de lado o pensamento científico (1962a:34-36).

Lévi-Strauss lamenta que os etnógrafos clássicos, sempre que se deparavam com o que lhes pareciam ser classificações confusas e ilógicas de um povo originário, ao invés de se esforçarem para

CONFLITO

compreender a taxonomia, relegavam-na ao escaninho do incompreensível pensamento pré-científico.

Haveria um novo paradoxo do neolítico no apagamento do conflito endógeno? Os etnógrafos não têm o hábito de registrar eventos como o descontentamento e reações das mulheres quando são trocadas, espancamento de esposas, tratamento preferencial dispensado aos meninos, quebra de expectativas de equidade em distribuição da caça, disputa por espaços na moradia coletiva para a acomodação das redes da família, frustração da expectativa do xamã em relação ao pagamento esperado por uma cura. A bibliografia antropológica traz informações econômicas a respeito do tratamento dos conflitos endógenos quando comparadas com as que abastecem os temas geralmente investigados (parentesco, mitos, rituais, conflitos exógenos, filiação linguística etc.).

O que teria acontecido com os conflitos endógenos? Eles são observáveis entre os grandes primatas. Teriam desaparecido entre os humanos com a derivação do seu tronco na evolução? Se desapareceram nos povos originários, por que os conflitos exógenos continuaram a existir entre eles? A subjugação da mulher nos povos indígenas, por surras ou pela "não violenta" exploração de sua força de trabalho, teria começado somente após o contato com os brancos?

Registros etnográficos como o da violenta briga de Pekan e Tele da etnia Huni Kuin desafiam o novo paradoxo do neolítico. Outros homens do coletivo se envolveram em socorro do combalido Tele por considerarem que Pekan não tinha motivos para matá-lo. Surraram Pekan até a morte (Camargo-Villar, 2013:65).

Do mesmo modo que Lévi-Strauss, lamento que os etnógrafos não se preocupem em registrar o tratamento dos conflitos endógenos nos povos que estudam. O apagamento é de tal ordem que nem sequer se preocupam em considerá-los, ainda que fosse para negar explicitamente a sua ocorrência, confirmando uma improvável harmonia plena no seio dos coletivos originários.

Na antropologia linear, os conflitos endógenos não davam pistas da escalada. Aproximavam os povos primitivos dos europeus, na contramão da busca por características que os extremassem. Ver o marido bater na esposa ou o menino receber tratamento privilegiado em relação à irmã não sugeria nenhuma relação social "primitiva", porque não se diferenciava muito da realidade que os antropólogos tomavam como "civilizada".

Na antropologia multicultural, o desinteresse pelos conflitos endógenos pode ser explicado pelo empenho em encontrar *diferenças* entre os povos originários e a sociedade europeia. Lévi-Strauss alerta que os estudiosos inconscientemente querem tornar os estudados "mais diferentes do que o são" (1962b:11). Mais uma vez, a agressão do marido à esposa ou o tratamento privilegiado dos meninos não sugeria nenhuma relação social "primitiva", porque não se diferenciava no essencial da realidade que os etnógrafos tomavam como "civilizada". Não havia nos correspondentes traços culturais compartilhados entre o povo originário e os europeus nenhum *contraste* intrigando o pesquisador.

O interesse com o conflito endógeno ficou represado no âmbito da antropologia linear e da multicultural. Na antropologia de compromisso, o interesse nessa questão precisa aguardar o momento oportuno no contexto do pacto etnográfico.

Antropologia do direito

Mauss chama a atenção para as trocas alegadamente voluntárias, mas essencialmente obrigatórias, praticadas por alguns povos. Ele fala de um "regime da dádiva" enfeixando os princípios que orientam essas trocas nos planos intraétnicos e interétnicos. Antes ilustrei a persistência da antropologia linear lembrando que Mauss descreve o regime de dádiva como a etapa de transição, percorrida pela maioria dos humanos depois da etapa em que os sujeitos das obrigações são a família ou o clã (prestação total) e a caminho da afirmação dos contratos individuais, mercado e moeda (Mauss, 1925:275-276). Mauss chama essas trocas de significado não estritamente comercial de *potlatch*, uma palavra Chinook.

No *potlatch*, sempre que alguém entrega algo para outra pessoa, quem recebe não a pode recusar (a recusa equivaleria a uma declaração de guerra) e ainda precisa retribuir. Mauss o descreve isso como uma "forma de contrato" e considera o *kula* dos trobriandeses uma "espécie de grande *potlatch*" (1925:223). O *kula* é o riquíssimo círculo de trocas cerimoniais de braceletes de concha e colares entre os povos das Ilhas Trobriand que Malinowski descreveu criteriosamente em *Argonautas*. Ao listar "as características essenciais do *kula*", Malinowski não incluiu o contrato ou qualquer congênere jurídico como obrigação, dever ou prestação (1922:75--90). Pode-se dizer que Mauss ordenou na imputação, por meio de conceitos jurídicos, uma expressão cultural que não precisa ser necessariamente ordenada desse modo.

Na verdade, os muitos exemplos recolhidos por Mauss sugerem que o *potlatch* não é vivenciado como um elemento do repertório da ordenação da imputação, mas sim como manifestação da ordenação da necessidade e agência. No "direito maoli", a coisa entregue (*taonga*) tem um poder espiritual (*hau*) que, pelas trocas sucessivas, "quer voltar ao lugar de seu nascimento, ao santuário da floresta e do clã e ao proprietário" (1925:206-207). A garantia de quem entrega a *taonga* de que será retribuído é dada pelo *hau*: após circular por várias mãos, a coisa *necessariamente* retornará por *iniciativa* dela mesma. Não é uma garantia jurídica, no sentido de autorização ao soberano do emprego de medidas coercitivas para tornar efetiva uma norma do coletivo que obriga a restituição. O *potlatch* maoli não está na ordenação da imputação, mas na ordenação da necessidade e agência.

Mauss afirma que o *potlatch* é um "fato social total", isto é, um dos "fenômenos ao mesmo tempo jurídicos, econômicos, religiosos, morfológicos", estéticos etc. Como os demais fatos sociais totais, o *potlatch* pode pôr em ação a totalidade da sociedade e suas instituições, ou grande parte delas. Embora não seja redutível a um fato jurídico, Mauss se ocupa quase que exclusivamente desse aspecto que entrevê no *potlatch*. Para descrevê-lo emprega várias categorias do repertório do direito: contrato, prestações, garantias, sanção, termo, caução, obrigações e deveres. Além disso, compara algumas etnias pela métrica da "pobreza dos conceitos jurídicos" ou lhes atribui uma "linguagem jurídica um tanto pueril" (Mauss, 1925:198, 238, 245, 246, 252, 260 e 324).

Quando os primeiros antropólogos se debruçaram sobre a questão jurídica, consideraram que os povos originários tinham um direito menos evoluído que o europeu e se dedicaram a compará-los em busca da chave para a trajetória única de evolução da humanidade. Mantiveram-se nos quadrantes da ordenação da causalidade ou imputação, sem atentar para a incongruência com o modo como o povo originário ordenava o entorno. A abordagem de Mauss sobre o *potlatch* ilustra esses dois enviesamentos da nascente antropologia do direito: a linearidade (evolucionismo) e o normativismo. Desde o início, a antropologia do direito refletiu o evolucionismo da antropologia geral (Maine, 1861) e foi contaminada pelo normativismo. E esses enviesamentos ainda marcavam a subárea da antropologia nos anos 1960 e 1970, quando Sally Frank Moore empenhou-se em evidenciá-los e criticá-los (1978).

Moore não devia estar muito satisfeita com a perspectiva de uma promissora carreira de advogada em Wall Street. Recém-formada, partiu para a Alemanha assim que surgiu a oportunidade de integrar a equipe de juristas norte-americanos no Tribunal de Nuremberg. Ela nunca mais voltaria a trabalhar em um escritório de advocacia. Ninguém com um mínimo de inquietação acadêmica (e Moore tinha muita) sairia incólume de Nuremberg, o tribunal perante o qual os vencedores da Segunda Guerra acusaram alguns líderes dos vencidos de terem descumprido leis não escritas e estes se defenderam dizendo que haviam cumprido as leis escritas. De volta aos Estados Unidos, Moore foi estudar antropologia na Universidade de Columbia. Interessada na questão dos direitos de propriedade no Peru incaico, ela se decepcionou com o evolucionismo da antropologia do direito com que se deparou. Passou alguns anos na Inglaterra para ter contato com outras perspectivas antropológicas antes de concluir a dissertação em 1957. Iniciou a carreira acadêmica lecionando antropologia na University of Southern

California. Graças a seu envolvimento com o Centro de Estudos Africanos de outra universidade californiana decidiu realizar um estudo de campo na Tanzânia, junto ao povo Chagga, aos pés do Kilimanjaro. Não foi uma escolha norteada exclusivamente por questões acadêmicas. Moore queria engajar-se em uma das questões políticas relevantes do pós-Guerra; o desmantelamento dos impérios coloniais.

A Tanzânia é a união dos reinos Tanganica e Zanzibar. Eles tinham sido inicialmente colônias portuguesas. Em 1880, a recém-unificada Alemanha os ocupou, mas os perdeu para a Inglaterra em 1919 em razão da derrota na Primeira Guerra. Tanganica tornou-se independente em 1961 e Zanzibar em 1963. Os dois reinos se uniram em 1964. Moore acompanhou as mudanças nas regras sobre propriedade intentadas pelos primeiros governantes do novo país sob a bandeira do "socialismo africano" – entre os Chagga, até a descolonização a terra não podia ser negociada e só se transmitia para alguns dos descendentes por critérios ancestrais e complexos (*grosso modo*, o filho mais velho herdava a plantação, o mais novo a casa e os filhos do meio não recebiam nada).

Moore considerava o direito um campo semiautônomo da sociedade e ressaltava as suas constantes transformações. A sua antropologia do direito combate o evolucionismo e relativiza o normativismo.

Ela se opôs ao evolucionismo a partir da noção de direito como "processo", tratando-o como um campo da sociedade em constantes transformações. Transformações que não são inteiramente antecipáveis. Relativiza mas não abandona completamente o normativismo porque, ao privilegiar o estudo das decisões tomadas nas disputas "judiciais" em detrimento das normas positivadas, Moore revela a afiliação ao realismo norte-americano (Chanock, 1978:xiii-xiv). Tal qual o realismo escandinavo (Cap. 8), essa vertente da teoria jurídica amplia o foco do positivismo para as decisões judiciais.

A antropologia do direito inspirada em Moore ensaiou escapar do normativismo por meio da abordagem "processual" atenta ao estudo das disputas; ela foca "mais os interesses que as normas, mais os litigantes que os juízes, mais o poder que a ordem". A alternativa era promissora mas não progrediu, deixando no ar a sensação de uma possível quebra de paradigma na antropologia do direito que afinal não se realizou (cf. Starr-Collier, 1989:10-37/479). Faltou orientar o redirecionamento para o estudo das disputas pelo conceito microcontextual de direito, por sua compreensão como um sistema de tratamento de conflitos pontuais e não de ordenação da sociedade.

No final dos anos 1980, pode-se dizer que já não se viam mais vestígios de linearidade na antropologia do direito, com a abordagem multicultural sugerindo que o seu objeto só poderia ser as transformações experimentadas pelo direito de determinado coletivo. A própria pertinência da antropologia do direito em apartado da antropologia social, porém, era objeto de problematização.

Na antropologia do direito da atualidade predomina a compreensão do direito como conjunto de normas geradas por "discussões, argumentações e negociações empreendidas entre pessoas conscientes". As preocupações atuais dos antropólogos do direito têm sido as assimetrias entre ordens jurídicas conflitantes, a interlegalidade, a modelagem das relações entre os coletivos pelas respectivas concepções jurídicas, a criação de identidades culturais pelas ordens legais etc. O normativismo, vê-se, continua contaminando a antropologia do direito.

Antropologia jurídica

Assim como a filosofia do direito, a história do direito e a sociologia jurídica, a antropologia jurídica é feita por juristas. São conhecimentos, portanto, que de algum modo desembocam na argumentação jurídica e visam ao tratamento dos conflitos. Ser uma divisão do conhecimento jurídico, e não da antropologia, faz toda a diferença.

Não faz mais sentido uma antropologia jurídica como a tradicional, dedicada ao estudo dos direitos consuetudinários de povos sem escrita ou da suposta transição aos direitos solenes; um saber com as próprias ficções, procedimentos e formas de legitimação (cf. Kelly, 1992:429-433). A decolonialidade demanda engajamentos.

A antropologia jurídica tem os seus compromissos que são parcialmente diferentes dos da antropologia e da antropologia do direito. Aos do pacto etnográfico, a antropologia jurídica acrescenta mais um: engajar-se no empoderamento dos mais fracos nos conflitos endógenos.

O compromisso da antropologia jurídica é com as indígenas que podem ser vítimas de feminicídio a pretexto de punição ao sexo incestuoso, com as esposas indígenas espancadas por maridos acuados pela incompreensão e violência dos brancos, com as jovens que não desejam ser trocadas segundo os desejos do irmão da mãe, com as viúvas expostas à apropriação de seus bens pela família do esposo falecido, com as meninas que correm o risco de mutilação genital.

Entre o empoderamento do mais fraco no conflito endógeno e qualquer prática cultural que evoca a lei do mais forte, a antropologia jurídica não pode hesitar em se posicionar ao lado daquela. Deve atentar à questão cultural no plano das estratégias mais eficientes de empoderamento e nunca como um obstáculo intransponível ao seu engajamento ao lado do mais fraco. É sensível ao argumento de que a lei punindo penalmente o crime da mutilação genital feminina não será eficaz sem o envolvimento das lideranças dos coletivos que a praticam, mas não pode admitir a escusa cultural como excludente de ilicitude. Os direitos humanos são inegociáveis.

Régua

Pela conjectura, o direito se origina com o tratamento dos conflitos endógenos segundo padrões diferentes dos da "lei do mais forte". Essa concepção fornece uma métrica para classificarmos os povos, culturas, etnias, sociedades etc. Ela permite a mensuração da distância entre o estado pré-jurídico, em que os conflitos endógenos eram tratados exclusivamente pela lei do mais forte, e o modo como hoje o coletivo os trata.

Classificar as sociedades pela métrica fundada no maior ou menor desenvolvimento tecnológico é darwinismo social e racismo. Mas faz sentido classificá-las pela métrica do distanciamento do estado pré-jurídico da lei do mais forte. As culturas que praticam a mutilação genital feminina estão em situação diferente daquelas que não adotam essa abominável prática de submissão das mulheres; os coletivos em que a viúva com filhos pequenos perde os bens da família para os parentes do marido falecido não estão na mesma medida dessa métrica em relação aos que tornam efetivos os seus direitos de sucessora; os países onde o trabalho infantil é tolerado estão aquém dos que agem para eliminá-lo; as economias em que os trabalhadores e consumidores não são adequadamente protegidos em seus conflitos com os empresários ainda não os empoderaram tanto quanto aquelas que lhes dão alguma proteção jurídica, mais ou menos substancial etc.

A incorporação dessa métrica deve ser congruente com os compromissos de cada área de conhecimento. A antropologia do direito compromissada com o pacto etnográfico não precisa dessa categoria conceitual; mas a antropologia jurídica compromissada também com os direitos humanos e empoderamento dos mais fracos não pode prescindir dela.

Ações afirmativas de direitos humanos e intervenção colonialista

Ações afirmativas não são nunca incongruentes com a preservação dos traços de qualquer cultura não conflitantes com os direitos humanos.

Quando a antropologia foi usada como instrumento de colonização, isto é, como produtora de conhecimento sobre certas etnias visando subsidiar as estratégias de dominação colonial, a sociedade tecnologicamente mais desenvolvida (econômica e militarmente mais potente) intervinha na sociedade subjugada visando aos propósitos da exploração colonialista.

CONFLITO

Nas franjas dessas intervenções viam-se algumas incipientes relativizações da lei do mais forte nos conflitos endógenos: a violência dos chefes em Trobriand foram limitadas após "chegarem as ordens do homem branco" (Malinowski, 1926:68) e as esposas dos príncipes Azande "podiam queixar-se de maus-tratos em um centro administrativo" (Gillies,1976:14). O objetivo principal da intervenção externa não era promover tais relativizações mas valer-se delas para o domínio colonial. A antropologia jurídica hoje deve habilitar-se como instrumento do empoderamento dos mais fracos nos conflitos endógenos para subsidiar a atuação dos governos, lideranças locais e comunitárias, organismos internacionais e não governamentais, empreendida com o objetivo de disseminar o respeito universal e substancial aos direitos humanos.

Há, em suma, três diferenças entre a intervenção colonialista e as ações afirmativas de direitos humanos da antropologia jurídica: (i) a ação afirmativa visa a uma transformação das culturas para que se respeitem os direitos humanos de todos os membros do coletivo; na intervenção colonialista, os pequenos ganhos eram pontuais, incertos e, quando ocorriam, beneficiavam somente algumas pessoas; (ii) o objetivo da ação afirmativa é o empoderamento do mais fraco nos conflitos endógenos, enquanto a intervenção colonialista objetivava o domínio sobre o colonizado e os eventuais ganhos em termos de direitos humanos eram sempre marginais; é improvável que o colonizador protegesse os colonizados mais fracos dos mais fortes se isso pudesse de algum modo prejudicar os interesses do poder colonial; e (iii) as ações afirmativas de direitos humanos junto a qualquer etnia, incluindo as dos povos originários, não transfere a agência das culturas para um centro de legitimação do universal europeu como acontecia na intervenção colonialista.

Será sempre possível conciliar os direitos humanos com o reconhecimento de que cada etnia tem autonomia para decidir que transformações entende plausíveis assimilar em sua cultura, exceto na reprodução de tratamentos de conflitos endógenos que perpetuem a lei do mais forte. Entre os Matis, as mulheres que recusam insistentes assédios sexuais são alcunhadas de *kuë Kurassek*, que significa "vagina sovina" (Arisi, 2012). O apelido, empregado não somente pelos homens frustrados mas também por outras mulheres, é uma evidente pressão social para que elas cedam aos assédios. Pois bem. Os Matis podem e devem ser informados sobre como essa expressão objetifica e desvaloriza a mulher, bem como estimulados a respeitarem a autonomia dela sobre o próprio corpo para abolirem o vexatório deboche do vocabulário e da prática social. Essa esperada mudança de comportamento não implicará nenhuma agressão à cultura da etnia, limitação ou supressão de sua autonomia e agência.

Antes escrevi que bastava atentar para a mudança na situação de mulheres, homossexuais, minorias raciais, étnicas e religiosas, trabalhadores, consumidores etc. em *algumas* sociedades para constatar a realidade do empoderamento dos mais fracos no tratamento dos conflitos endógenos. Ressalvei que esse fato certamente não se consegue notar em *todas* as sociedades (Cap. 3). Reduzir a quantidade de coletivos em que essas mudanças ainda não são visíveis é o único meio de construção de um mundo cada vez menos injusto.

Duas réguas, uma medida?

A régua do distanciamento da lei do mais forte e a régua do desenvolvimento tecnológico não chegariam, afinal, ao mesmo escalonamento das culturas? As duas réguas não acabariam colocando sempre os europeus no topo em razão de uma anterioridade, a da otimização da captação e conservação de energia ou a da defesa dos direitos humanos?

A resposta a essa objeção está na universalização dos direitos humanos. Refiro-me à universalização em termos finalísticos porque evidentemente hoje os direitos humanos não são ainda universais.

A anterioridade europeia na tecnologia não se tornou um traço comum a todos os povos. Em abstrato nada impediria que ela tivesse se tornado universal, embora em concreto seria ilusório imaginar que a universalização da tecnologia europeia pudesse ocorrer no contexto do capitalismo e da exploração colonialista. Já a anterioridade dos europeus nos direitos humanos é diferente. Direitos humanos, por definição, só têm sentido se forem universais. O europeu colonialista não compartilharia a sua tecnologia e supremacia econômica e militar com os povos colonizados; mas precisa compartilhar os direitos humanos com todos. Aliás, os europeus precisam universalizar os direitos humanos começando pela própria Europa para favorecer com ações afirmativas não somente os nacionais em situação de vulnerabilidade como também os refugiados e imigrantes.

Em suma, enquanto a anterioridade europeia na tecnologia era essencialmente não universalizável, a anterioridade nos direitos humanos é fundamentalmente universalizável. Originados na Europa, os direitos humanos pertencem a toda a humanidade.

O conflito no centro das atenções

Waal, o primatólogo que estudou o poder entre os primatas, desabafou: "infelizmente, o modo como as pessoas resolvem conflitos não costuma ser tema de pesquisa" (2005:188). Diante da precariedade de tais estudos foi buscar orientação em Maquiavel, circulando por isso no plano macrocontextual.

Na abordagem microcontextual o conceito de direito está desconectado da positivação. Essa desconexão é imprescindível para compreendermos o direito em toda a sua trajetória e não somente nos últimos séculos da cultura europeia. Direito nesse sentido não é o sistema de ordenação da sociedade por meio de normas (especificamente normas abstratas aprovadas por uma estrutura do Estado para serem aplicadas a casos concretos por outra estrutura) mas o sistema social de tratamento dos conflitos endógenos.

Descartado o novo paradoxo do neolítico, devemos concluir que sempre houve conflitos endógenos entre humanos e que os coletivos contaram com um sistema de tratamento desses conflitos. Esse tratamento, que não necessariamente soluciona o conflito, era orientado no estado pré-jurídico por um único padrão, o da lei do mais forte. Se ninguém se incomodava com o espancamento da mulher pelo homem a ponto de procurar intervir em favor dela, esse conflito era tratado naquele coletivo pelo padrão primitivo. O direito se inicia quando outros padrões de tratamento passam a se manifestar. São padrões em que não prevalece mais a bruta vontade do mais forte ao meio da indiferença do coletivo. São padrões de empoderamento dos mais fracos.

A lei de talião – *olho por olho, dente por dente* – é um desses ancestrais padrões de tratamento dos conflitos endógenos alternativos. Ele empodera o mais fraco porque serve de freio aos impulsos violentos do mais forte, que passa a calcular se vale a pena se impor à força em determinado conflito e correr o risco da retribuição patrocinada ou garantida pelo coletivo. Atualmente o tratamento dos conflitos é orientado por padrões altamente complexos se comparados com a lei de talião, mas eles têm a mesma característica geral de empoderamento do mais fraco. A cada fraco empoderado o coletivo se civiliza mais um pouco porque se distancia do estado pré-jurídico da lei do mais forte. O processo é demorado e contraditório, com avanços e recuos, mas é perfeitamente visível quando se alarga o horizonte a bordo de um conceito de direito desconectado da positivação e libertado do normativismo.

O empoderamento é a comparação de uma situação com ela mesma em sua configuração passada, e não com a respectiva configuração ideal. A ideal serve de norte às demandas sempre necessárias por mais empoderamento mas é a configuração passada que serve à avaliação do quanto se avançou. O mais fraco é empoderado quando melhora a sua condição, ainda que esta seja bastante precária comparativamente à que poderá vir a ser no futuro. Um mundo cada vez mais justo, mesmo quando ainda permanece um tanto injusto, é preferível à inércia frente às injustiças.

Razoáveis e irrazoáveis

Não faz sentido algum pesquisar uma suposta índole essencial dos humanos. A reluzente riqueza de personalidades individuais não é uma característica recente da espécie. Algo assim como uma índole única dos humanos ancestrais, de que seríamos inconscientes herdeiros, é reflexo da hipótese de carência de individualidades nas demais espécies animais. Na cosmovisão europeia, cada animal é visto como uma indistinta réplica de um específico autômato e se acreditava então que os humanos deveriam ter partido de alguma condição semelhante. Esta concepção está cada vez mais desacreditada. Os primatólogos já documentaram chimpanzés com diferentes personalidades – como na disputa pela posição alfa no zoológico holandês protagonizada por Yeroen, Nikkie e Luit (Cap. 4).

É descabido discutir se antes éramos violentos hobbesianos ou pacíficos rousseaunianos. Não há uma determinação genética ou cultural que nos faça seres essencialmente egoístas convivendo com o enigma de uns poucos recalcitrantes altruístas, ou vice-versa. A hipótese de uma índole essencial dos humanos não convence até mesmo se suavizada pelas noções de "tendências" ou "maiorias". Como visto, a síntese estendida da teoria da evolução superou a visão genecêntrica da moderna. As características comportamentais não são determinações puramente genéticas, mas produtos ontofilogenéticos de uma complexa interação dos sistemas de herança epigenético celular, comportamental e simbólico. Mesmo que a maior parte da humanidade tenha a tendência de agir com altruísmo (Bregman, 2020) isso não significa que os humanos sejam essencialmente altruístas.

Na discussão sobre os comportamentos humanos devemos distinguir não índoles essenciais, mas as estratégias adotadas nos conflitos, particularmente nos endógenos. Quando vasculho o tema com base nos tipos "razoáveis" ou "irrazoáveis", não estou meramente substituindo por outras expressões as empregadas pelas conhecidas querelas sobre "pacíficos *versus* violentos" ou "altruístas *versus* egoístas". Ninguém é, por definição e em todas as situações, razoável ou irrazoável, nem mesmo no sentido que empresto a tais conceitos (Coelho, 2021:205-208).

Quando chamo *ego* de razoável porque investe tempo e energia no arrefecimento dos conflitos, procurando sempre se colocar na perspectiva de *alter*, não estou minimamente pretendendo denotar um traço de caráter e sim uma estratégia em contexto conflituoso. Do mesmo modo, ao chamar de irrazoáveis aqueles que investem tempo e energia na exacerbação do conflito, a minha intenção é igualmente realçar uma postura estratégica. Se conjecturo que os razoáveis devem ser mais numerosos que os irrazoáveis, estou na verdade sugerindo que o tecido social depende de estratégias de arrefecimento dos conflitos adotadas em maior quantidade de conflitos que as de exacerbação. Uma pessoa isoladamente considerada pode ter a tendência de ser mais razoável que outra ou vice-versa, mas isso não nos diz absolutamente nada acerca de como efetivamente ela agirá no próximo conflito. Razoáveis, assim, são as estratégias de enfrentamento dos conflitos como jogos de "soma não zero", enquanto irrazoáveis são aquelas em que os conflitos se presumem como jogos de "soma zero".

A cooperação ou o altruísmo só se tornam uma questão quando se pressupõe uma tendência inata ao egoísmo que os humanos teriam trazido das etapas anteriores de sua evolução. Uma vez afastada a pesquisa de uma suposta índole essencial dos humanos, essa questão perde também a sua razão de ser. Na verdade, a querela altruísmo *versus* egoísmo – que permeia a sociobiologia e a teoria da coevolução gene-cultura e que presumivelmente teria sido resolvida pelos torneios de Axelrod (Cap. 6) – versa sobre uma questão diferente do tratamento dos conflitos endógenos.

Mesmo na sociedade humana supercooperativa, continuam existindo conflitos. Cooperar e competir são ações não inteiramente dissociáveis. Além disso, a cooperação não supre a escassez dos recursos, mas apenas proporciona uma apropriação mais eficiente dos disponíveis. As alianças feitas, desfeitas e refeitas na sucessão de conflitos cotidianos são formas de cooperação e não deixam de ser, em qualquer circunstância, táticas sempre frágeis e sustentadas em algum grau de competição entre os aliados.

É um truísmo afirmar que os animais sociais cooperam em algum grau. Se ficassem brigando dia e noite não seriam sociais. Conflitos pressupõem sociabilidade e, portanto, não existem onde não houver também cooperação. Desse modo, a investigação da índole natural dos humanos entre as variáveis altruísta ou egoísta, que norteia o debate da sociobiologia e da coevolução gene-cultura, é inconsistente por definição (não há índoles essenciais) e nada nos pode dizer sobre haver mais ou menos conflitos, intra ou intercoletivos, e como eles são tratados.

Tratamento e solução do conflito

O direito é o tratamento do conflito endógeno, não necessariamente a sua solução. Por isso, o empoderamento dos mais fracos que testemunhamos ao alargar o foco da trajetória humana para muito antes da contemporaneidade não corresponde necessariamente à melhoria da condição deles fora do tratamento dado pelo direito; pelo menos, não imediatamente.

Muitos conflitos de interesses entre humanos ainda são resolvidos pelo padrão da lei do mais forte, e isso não invalida a tese do empoderamento dos mais fracos no tratamento deles. Quem é furtado em um centro urbano de uma democracia contemporânea pode preferir absorver o prejuízo a ir à polícia para dar início ao tratamento pelo direito do conflito de seus interesses com os do criminoso. Preferir suportar o dano ao acionamento da máquina estatal muitas vezes é um cálculo perfeitamente racional, que leva em conta o consumo de tempo e energias e o aumento do risco (se a polícia tiver algum sucesso em sua investigação, a vítima será chamada a fazer a identificação do criminoso; se for instaurada a ação penal, será convocada para incriminar o réu na frente do juiz etc.).

Quando o empoderamento do mais fraco no tratamento do conflito endógeno pelo direito leva, a médio ou longo prazo, à melhoria da condição dele "fora" desse tratamento, isso acontece em decorrência do fator decisivo de modelagem da sociedade: as diversas hierarquizações de valores disseminadas na sociedade. Tratar conflitos endógenos é uma de várias atividades dos humanos que podem repercutir na hierarquização dos valores, ao lado da publicidade, da cultura, da educação e do jornalismo, entre outras.

A alteração das leis é um passo importante no empoderamento dos mais fracos, mas está longe de ser suficiente; e pode até mesmo nem se mostrar necessária. Ela é importante como um dos elementos que podem contribuir para a mudança nos valores vivenciados por número significativo de pessoas. Mas há outras dinâmicas sociais que também contribuem para essa mudança, como a publicidade, a arte e a educação. Somente a alteração legislativa é insuficiente para desencadear o empoderamento dos mais fracos nos conflitos endógenos, se os valores não mudarem *pari passu*.

A insuficiência da alteração legislativa no empoderamento dos mais fracos evidencia-se também nas vezes em que ele decorre de uma nova interpretação dada a leis antigas. A norma jurídica não muda, permanece com o texto rigorosamente idêntico ao de sua edição muitos anos antes, mas uma nova interpretação dela pelo Poder Judiciário é estimulada pelas mudanças nos valores cultivados em sociedade. A introdução do casamento entre pessoas do mesmo sexo no Brasil percorreu esse caminho de reinterpretação da norma positivada (Coelho, 2021:214-227).

O empoderamento dos mais fracos é pautado de tal modo pelas variações nas hierarquias dos valores (ideologia) que pode até mesmo prescindir de alteração do direito positivo. Essenciais são os valores e não as palavras impressas no Diário Oficial.

Os conflitos com "novos" mais fracos

É provável, embora de maneira nenhuma garantido, que os humanos continuem adotando, em sua evolução ao longo do fluir biológico-histórico, a estratégia evolucionista de empoderamento dos mais fracos. Isso sugere que dois "novos fracos" serão especialmente fortalecidos no futuro: os animais não humanos e as futuras gerações.

Não tenho dúvidas de que seremos julgados pelo modo com que tratamos os animais: aos nossos descendentes parecerá tão despropositado submetê-los a trabalho forçado (vacas leiteiras, animais de carga, cães pastores etc.) quanto a nós parece inconcebível a escravidão; criar raças de *pets* visando à geração de seres com estética agradável aos humanos, mas com a saúde precarizada, soará às futuras gerações tão repugnante como a eugenia é para nós; divertir-se com exibições de seres adestrados e esfomeados será incompreensível; entenderão como aviltante expor os bichos a sofrimentos e riscos ou até mesmo sacrificá-los em pesquisas de novos medicamentos e cosméticos etc. (cf. Despret, 2012:262-263; Bradshaw, 2011:334-342; Haraway, 2008:137-138).

Os animais não humanos já têm alguma proteção legal, mas no futuro passarão a desfrutar de estatuto jurídico mais digno. Deixarão de ser "coisas" e passarão à categoria de "sujeitos de direito". A lei e a teoria jurídica precisarão evidentemente renovar-se para abrigarem o novo sujeito; e iniciativas nessa direção já estão em andamento. Por enquanto, atribui-se a humanos a tutoria dos direitos dos animais, mas à medida que a tecnologia consiga traduzir em língua inteligível para nós as vontades e interesses deles manifestados por sons, olhares, modulações faciais e suores, poderemos reconhecer a plena capacidade jurídica dos animais e dispensar os tutores.

Descobrir-se-á, então, algo que os ameríndios sabem há séculos: não há distinção entre humanos e animais em termos de dignidade. Houve tempo, anota Viveiros de Castro sobre o perspectivismo ameríndio, em que a antropologia se dedicava a mostrar que os povos originários eram compostos de seres humanos e não de animais; agora, em vez de provar "que eles são humanos porque se distinguem dos animais", precisa demonstrar quanto falta de humanidade nesse distanciamento. "A concepção social do cosmo (e cósmica da sociedade)" dos povos originários antecipa "lições fundamentais da ecologia, que apenas agora estamos em condições de assimilar". Ser humano, conclui Viveiros de Castro, não é fazer parte de uma espécie do reino animal, mas posicionar-se na sociedade cósmica como mais um dos agentes dotados de ponto de vista (2002:320-323).

O direito ambiental, por sua vez, tem cuidado do outro grupo de "novos fracos", as futuras gerações. Se o *Homo sapiens* conseguir reverter o colapso ambiental a que deu causa e continuar mantendo a estratégia evolucionista do empoderamento do mais fraco, creio que deixaremos de eleger as gerações futuras como destinatários da proteção do direito ambiental. Admitiremos mais um novo sujeito de direito: a Terra.

Tenho falado até aqui do degrau que separa os humanos dos demais animais em virtude da imagem da excepcionalidade humana e da hipótese da descontinuidade. Ele não é, contudo, o único degrau assimilado pela cosmovisão europeia. Antes de os humanos transcenderem do reino animal, ela acredita em outra transcendência, a do surgimento da vida. O primeiro degrau transcendente sinaliza o momento em que a matéria orgânica emergiu da inorgânica e separa o mundo biológico do físico-químico (Kroeber, 1952:76). Mas assim como estamos borrando o degrau que separou os humanos dos demais animais, também borraremos o que separa a vida da matéria inanimada, a despeito da maior resistência.

Quando a NASA começou no início dos anos 1960 a trabalhar em um artefato destinado a pousar em Marte para pesquisar se haveria vida nesse planeta, a agência se deparou com dificuldades de várias ordens. Uma delas era exatamente o que procurar. Afinal, a própria definição de vida era, e ainda é, uma questão cientificamente irresolvida. Parecia evidente que o problema seria resolvido por uma abordagem biológica. Adotou-se então certa definição fisiológica de vida, baseada na produção de dióxido de carbono por metabolismos celulares.

A sonda, depois de pousar em Marte, recolheu amostra da poeira marciana e começou a medir o dióxido de carbono. Os primeiros registros enviados à Terra mostravam um acelerado aumento da produção do dióxido de carbono, o que deve ter surpreendido os cientistas entusiasmados com a rapidez com que a vida nesse planeta se exibia ao mensageiro terráqueo. Logo em seguida, porém, os números estagnaram, começaram a baixar e zeraram, surpreendendo mais uma vez os cientistas. Que tipo de vida instantânea era aquela? Os estudos concluíram que era a vida terráquea mesmo, a dos microrganismos que haviam sido inadvertidamente transportados pelo artefato e tiveram a sua breve experiência como visitantes do Planeta Vermelho (Lewontin, 1998:46-47).

James Lovelock, um químico do projeto da NASA, já havia desconfiado que não fazia sentido pesquisar se haveria em Marte a vida tal como conhecida na Terra. Mas no ambiente pobremente racional da agência espacial, em que intuições e desconfianças não eram levadas a sério – até causar a explosão do ônibus espacial Challenger em 1986 (Kahneman, 2011:234-246) –, ninguém deu ouvidos a Lovelock quando propôs um conceito físico-químico de vida, baseado na redução da entropia. Os biólogos, acostumados a procurarem vida com microscópio, acharam por demais esquisita a ideia de a procurar com telescópio.

O projeto de investigar a vida em Marte foi encerrado, mas Lovelock continuou inquieto com a questão. Nos anos 1970, ele e a bióloga Lyn Margulis concluíram que as composições e reações dos gases na atmosfera da Terra eram únicas. Qualificaram-nas como desequilibradas e sem sentido. Na comparação entre as atmosferas de vários planetas do Sistema Solar, perceberam que só nos demais astros pesquisados, e não na Terra, certas propriedades e misturas dos gases funcionavam de acordo com a teoria. Para eles, a composição química da atmosfera do nosso planeta só se explica por causa da vida. É a vida *no* planeta que faz *o* planeta, que faz a vida *do* planeta. Para a cosmovisão europeia da transcendência da matéria orgânica, o degrau separando o vivo do inanimado, plantas e animais se limitavam a usar os gases da atmosfera sem os alterar. O desequilíbrio de Lovelock-Margulis aponta para uma interação bem mais complexa entre a Terra e a sua biosfera – os seres vivos interferem na composição química da atmosfera e o planeta a ajusta para tornar a vida viável.

A partir dessas constatações, Lovelock formulou a *hipótese de Gaia* que vê o planeta Terra como ser vivo. A despeito de seus honestos esforços de submeter a hipótese aos testes científicos canônicos, houve muita resistência à hipótese geofisiológica (2000). Mas se a estratégia de empoderamento dos mais fracos persistir, Gaia será um sujeito de direito (Latour, 2021:142-143).

Não é nada intangível pensar-se em um portentoso banco de dados administrado por programas de inteligência artificial que sejam os intérpretes dos interesses de Gaia como sujeito de direito. Para ficar em um exemplo pedestre, o programa cruzaria dados como a licença de construção de um novo loteamento expedida por uma prefeitura praiana, os laudos existentes de impactos ambientais do adensamento nos municípios daquela área litorânea e dados pluviométricos na mesma região etc., atualizaria esses dados e, a partir deles, chegaria a uma conclusão sobre o interesse de Gaia a respeito da implantação do projeto imobiliário. Não sendo interessante a Gaia, o programa na sequência ingressaria com a ação judicial pedindo a invalidação do ato de licenciamento. A Prefeitura e os loteadores seriam intimados para se defender, a defensoria pública assumiria o patrocínio dos interesses de Gaia e o processo judicial prosseguiria até o julgamento. Não parece nada de extraordinário. A maior dificuldade, como tem sido no campo da ciência, será abdicar da arraigada noção de emergência da vida a partir do inorgânico como se correspondessem a dois irredutíveis estados da matéria.

É paradoxal pensar Gaia como um "novo" mais fraco a ser empoderado nos conflitos endógenos. Afinal, se não for revertido o colapso ambiental antropogênico, ela sobreviverá e nós não. Pode-se sair do paradoxo acentuando a microcontextualização própria da conjectura para focar nas fragilidades pontuais de Gaia que os humanos, esses parasitas tóxicos, causam. Também aqui se compreenderá o que os povos originários sabem há séculos – a Terra é um ser vivo (cf., por todos, Krenak, 2019).

Consenso ou conflito?

Na teoria do agir comunicativo, Jürgen Habermas deposita todas as esperanças no consenso construído entre pessoas cuja ação comunicativa é orientada ao entendimento na grande rede de comunicação que ele chama de "esfera pública" (*Öffentlichkeit*). As que agem orientadas pelo sucesso (*erfolgsorientiert*) até comparecem à arena, mas Habermas não lhes dá protagonismo. Para ele, mesmo os grandes grupos de interesse não podem usar na esfera pública todas as medidas de pressão de que dispõem (*Sanktionspotentialen*) e têm de convencer interlocutores com um discurso racional (1992:440).

Nesse modelo, todos os que buscam honestamente o consenso são informados, espertos e atentos o suficiente para alijarem os que não estão imbuídos da mesma desprendida predisposição para o entendimento. O conflito não é negado, mas Habermas confia que ele se dissipa, de um lado, pelo consenso na esfera pública e, de outro, pela reflexiva atuação normativa do sistema político. Ele acredita na garantia dada pela aprovação de leis congruentes com a opinião pública qualificada; acredita que é assim pelo menos nas sociedades complexas sob o abrigo de um Estado de direito.

Habermas considera inerente ao direito a tensão entre faticidade e validade. O distanciamento entre a igualdade formal e material seria um exemplo dessa tensão. A mesma fricção entre faticidade e validade se encontraria na tentativa de se chegar a um entendimento sobre qualquer assunto. Ela está bem visível, por exemplo, nos debates acadêmicos, em que pesquisadores tratam da validade de um enunciado sobre os fatos de suas pesquisas. A tensão entre faticidade e validade está presente também nas comunicações cotidianas entre as pessoas (1992:31-32). No contexto da tensão inerente ao direito, o conflito poderia ganhar centralidade, mas acaba ocultado pela assepsia e opacidade da teoria do agir comunicativo.

Ao expandir a teoria do agir comunicativo à compreensão do direito, Habermas inicialmente parece fugir dos quadrantes do Direito-ordenação. De um lado, ele areja o processo de aprovação das leis pelo sistema político com as ações comunicativas na esfera pública e, de outro, problematiza temas como a rigidez da tripartição dos poderes, a captura das instâncias de regulação pelos regulados mais poderosos (*mächtigsten Klienten*), os choques entre o sistema político e a burocracia (*administrativer Macht*) (1992:466, 519 e 528). Apesar dessas vacilações, a teoria do agir comunicativo habermasiana inegavelmente pressupõe a ordem social como resultante de deliberações racionais expressas em normas. E a adesão de Habermas à teoria do Direito-ordenação fica particularmente visível na admoestação que dirige aos juristas alemães: se não conseguirem articular de modo convincente a teoria do direito com a constituição das sociedades complexas, terão de abandonar definitivamente qualquer compreensão normativa do direito; e, nessa segunda alternativa, Habermas adverte, o direito não mais conseguiria converter a fraqueza dos consensos em poder social capaz de neutralizar a violência (1992:471).

A admoestação habermasiana – de resto, extensível aos juristas de qualquer nacionalidade – só faz sentido se presumida a capacidade humana de pôr ordem na sociedade por meio de normas. O consenso alcançado na esfera pública é, em si, fraco e apenas poderia se constituir em um antídoto contra a violência se puder contar com um "poder social". Em um Estado de direito, ele só pode estar fazendo referência à tradução do consenso em norma jurídica, para que seja autorizado o uso legítimo da força estatal na coibição de desobedientes.

Habermas escreveu o livro em que abordou o direito pelas lentes de sua teoria do agir comunicativo (*Faticidade e validade*) nos anos 1990. Ele não tinha naturalmente como antever a extraordinária ampliação da esfera pública com o advento das redes sociais no início do século XXI (o Twitter, por exemplo, é de 2006). Ele via as esferas públicas muito ligadas à presença das pessoas nos mesmos espaços físicos (*anwesenden Publikums*). O pouco de virtualidade que visualizava era o envolvimento à distância, nas discussões da esfera pública, dos leitores, ouvintes e espectadores; vale dizer, pela mediação de jornais, rádio e TV, os meios de comunicação em massa existentes naquela época (1992:437).

A virtualidade da esfera pública expandiu-se enormemente com as redes sociais. Elas não somente ampliaram a esfera pública como a alteraram de modo substancial: o consenso deixou de ser o objetivo (se é que um dia realmente foi) e uma nova sofística tensiona permanentemente o debate em busca do maior acirramento da polarização. Em entrevistas, Habermas tem apontado para os benefícios proporcionados pelas redes sociais, como o diálogo entre pacientes que sofrem a mesma enfermidade, e se mostra esperançoso de que a racionalidade acabará prevalecendo.

A teoria do agir comunicativo não mais ajuda a compreensão da sociedade, da política, dos comportamentos sociais e do direito. Tornou-se um modelo teórico muito distanciado da realidade. O mundo de Habermas, fundado no consenso resultante de um debate honesto e desinteressado, não existe hoje (se é que existiu). Antes das redes sociais, a ingenuidade poderia induzir a crença na predominância na esfera pública de pessoas orientadas pelo entendimento, mesmo no restrito universo dos Estados de direito dos países europeus mais desenvolvidos. Os jornais alemães eram escritos por pessoas com valores e sobretudo com interesses, assim como os responsáveis pelos programas transmitidos por rádio ou TV. Abordagens mais realistas não excluiriam o predomínio nesses meios de comunicação de profissionais orientados pelo sucesso, para usar o conceito de Habermas. As grandes empresas de comunicação daqueles tempos pré-internet, como qualquer outra grande organização capitalista, eram necessariamente um emaranhado de alianças, interna e externamente. No plano interno, os profissionais disputavam a ascensão na carreira, apresentadores competiam pelos melhores espaços editoriais ou horários de transmissão etc.; e no externo, a organização não conseguiria sobreviver à acirrada competição empresarial sem que os seus colaboradores fizessem alianças com os mais variados objetivos: assegurar fontes para os furos jornalísticos, ter a preferência dos anunciantes, obter visibilidade junto aos consumidores etc. Atrás de cada uma dessas alianças, há uma trama de interesses que não se consegue definitivamente manter distância quando o jornal, o rádio ou a TV participa dos debates na esfera pública.

É hora de lidarmos diferentemente com o conflito. Ele tem sido entendido até agora como uma perturbação na ordem social idealizada ou na ordenação jurídica pretendida, quando na verdade é o próprio substrato da convivência social. Invisibilizá-lo, como faz a teoria do agir comunicativo em sua asséptica opacidade, não nos leva a lugar nenhum. Como vimos na discussão sobre as alianças, o consenso é em geral apenas o momentâneo adiamento do conflito aberto.

É possível o conflito sem o consenso, mas não este sem aquele. Só se empenham em negociar um ponto consensual para recíprocas concessões os que estão em conflito. Quando não há nada de conflitante entre duas pessoas, não é de consenso que se trata, mas de inexistência de antagonismos. São situações bem diferentes: o consenso é o resultado de um entendimento alcançado racionalmente, enquanto a ausência de antagonismos é uma harmonia por assim dizer espontânea. Só quando o conflito eclode é que surge também o consenso como a possibilidade de sua superação razoável.

Para estudar cientificamente determinados objetos precisamos de um laboratório totalmente asséptico e isolado. Os vírus, por exemplo. Para estudar o humano cultural, no entanto, um ambiente totalmente asséptico e isolado (como são o tipo weberiano, a estrutura lévi-straussiana, o sistema luhmanniano ou o modelo habermasiano) não nos ajuda. As humanidades perdem muito por conta de seu complexo de inferioridade. É necessário deixar o conflito escapar do laboratório das construções teóricas herméticas para a realidade. Sim, há realidade ao entorno da gente.

Não é bom que o conflito continue invisível. Ele precisa ser levado ao centro das humanidades como ponto de partida para que esses saberes possam dar sua contribuição ao mundo cada vez menos injusto. Enquanto nos reencantamos com a perspectiva de um consenso que permita a prevenção eficaz dos conflitos estamos apostando nossas fichas numa capacidade que não temos: a de reorganizar racionalmente a sociedade. O reencantamento assim direcionado não passa de uma feição tardia e enfraquecida do grande projeto da modernidade.

Se a teoria do agir comunicativo já não nos ajudava a compreender bem o mundo antes das redes sociais, ela é menos útil ainda nos dias de hoje. Se antigamente havia algum empenho pelo consenso na esfera pública, hoje o que vemos é a busca obsessiva pela polarização, o oposto do consenso.

CONFLITO

Vivemos um desafio semelhante ao dos antigos gregos, quando eles precisaram distinguir a retórica da sofística: aquela, um saber ético da verossimilhança, e esta, uma torpe técnica de imposição de premissas e conclusões descompromissadas com qualquer valor de justiça. O desafio é semelhante porque, em contraposição à nova retórica dos anos 1960, os anos 2010 nos trouxeram a nova sofística.

A nova sofística se empenha em uma forma inusitada de tratamento dos conflitos, a sua exacerbação. É a estratégia dos irrazoáveis potencializada ao máximo. Ao fazê-lo, coloca perguntas para as quais as respostas são titubeantes. Temos questões novas e difíceis pela frente: como rechaçar o positivismo iluminista e a sua despropositada crença inabalável na ciência sem alimentar o descrédito do conhecimento científico ao meio de teorias conspiratórias e terraplanismos? Como falar da objetividade científica e vieses ideológicos sem cair em um irresponsável "vale-tudo"? Como preservar o pós-modernismo combatendo o aproveitamento interesseiro das premissas críticas em que ele se assentou? Como reconhecer a relatividade das opiniões sem validar as que sabidamente decorrem de intencional manipulação dos fatos visando à realização de objetivos ilícitos? Como defender a liberdade de ações deletérias que a corroem enquanto cinicamente a enaltecem? Como legitimar tribunas na lógica de *likes* e cancelamentos? É necessário compreender os mecanismos e os objetivos da nova sofística para poder lidar com o mundo da pós-verdade que ela impulsiona.

O meu próximo livro será sobre a nova sofística.

Bibliografia

ABRANTES, Paulo C. [2014a]. Natureza e cultura. *Ciência & Ambiente*, v. 48, jun./jul. 2014. Disponível em: https://cienciaeambiente.com.br/shared-files/1737/?007-021.pdf. Acesso em: 12 maio 2023.

ABRANTES, Paulo C. [2014b]. Conflito e cooperação na evolução humana. *Ciência & Ambiente*, v. 48, jun./jul. 2014. Disponível em: https://cienciaeambiente.com.br/shared-files/1756/?289-301.pdf. Acesso em: 12 maio 2023.

ABRANTES, Paulo C.; ALMEIDA, Fábio Portela [2018]. Evolução humana: a teoria da dupla herança. Em: ABRANTES, Paulo C. (org.). *Filosofia da biologia*. 2. ed. Seropédica: PPGFIL-UFRRJ, 2018, pp. 352-399. [Recurso eletrônico.]

ACKERMAN, Jennifer [2016]. *A inteligência das aves*. Tradução: Reinaldo José Lopes e Tania Lopes. São Paulo: Fósforo, 2022.

ALBERT, Bruce [1989]. Yanomami "violence": inclusive fitness or ethnographer's representation? *Current Anthropology*, v. 30, n. 5, dez. 1989, pp. 637-640.

ALCOCK, John [2009]. *Comportamento animal*: uma abordagem evolutiva. Tradução: Eduardo Bessa Pereira da Silva. Revisão técnica: Regina Helena Ferraz Macedo. 9. ed. Porto Alegre: Artmed, 2011.

ALEXY, Robert [2002]. *Conceito e validade do direito*. Tradução: Gercélia Batista de Oliveira Mendes. São Paulo: WMF Martins Fontes, 2011.

ALMEIDA, Fábio Portela Lopes de [2020]. *Constitution*: the Darwinian evolution of societal structure. Baden-Baden: Nomos, 2020.

ALZOUBI, Mahdi; MASRI, Eyad al; AJLOUNY, Fardous al [2013]. Woman in the Nabataean society. *Mediterranean Archaeology and Archaeometry*, v. 13(1), pp. 153-160, 2013. Disponível em: http://maajournal.com/Issues/2013/Vol13-1/FullTextALZUBI.pdf. Acesso em: 10 maio 2023.

ANDRADE, Oswald de [1928]. *Manifesto antropófago e outros textos*. Organização e coordenação editorial de Jorge Schwartz e Gênese Andrade. São Paulo: Companhia das Letras, 2017.

AQUINO, Tomás de [2020]. *Suma Teológica*. São Paulo: Fonte Editorial, 2020. 5 v.

ARISI, Bárbara Maisonnave [2012]. Vida sexual dos selvagens (nós): indígenas pesquisam a sexualidade dos brancos e da antropóloga. Em: SACCHI, Ângela; GRAMKOW, Márcia Maria (org.). *Gênero e povos indígenas*. Rio de Janeiro e Brasília: Museu do Índio-GIZ-FUNAI, 2012. pp. 50-77.

ARISTÓTELES [1992]. *Organon*. Tradução para o francês de J. Tricot. Paris: Librairie Philosophique J. Vrin, 1992. v. III: *Les Premiers Analytiques*.

AXELROD, Robert [1984]. *A evolução da cooperação*. Tradução: Jusella Santos. São Paulo: Leopardo, 2010.

AZEVEDO, Adriana Maria Huber [2012]. *Pessoas falantes, espíritos cantores, almas-trovões*. Tese (Doutorado) – Universidade de Berna, 12 out. 2012. Disponível em: https://www.academia.edu/44653991/Pessoas_falantes_esp%C3%ADritos_cantores_almas_trov%C3%B5es_Hist%C3%B3ria_sociedade_xamanismo_e_rituais_de_auto_envenenamento_entre_os_Suruwah%C3%A1_da_Amaz%C3%B4nia_ocidental. Acesso em: 3 jun. 2023.

BALEEIRO, Aliomar [1955]. *Uma introdução à ciência das finanças*. 13. ed. rev. Revisão e atualização: Flávio Bauer Novelli. Rio de Janeiro: Forense, 1981.

BENEDICT, Ruth [1934]. *Padrões de cultura*. Tradução: Ricardo A. Rosenbusch. São Paulo: MEDIAfashion-Folha de S. Paulo, 2021.

BENEDICT, Ruth [1946]. *O crisântemo e a espada*: padrões da cultura japonesa. Tradução: Caesar Souza. Petrópolis: Vozes, 2019.

BERGSON, Henri [1934]. *O pensamento e o movente*. Tradução: Franklin Leopoldo e Silva. São Paulo: Victor Civita Editor, 1974. (Coleção Os Pensadores, v. XXXVIII).

BIBLIOGRAFIA

BOAS, Franz [1920]. *Os métodos da etnologia*. Em: BOAS, Franz. *Antropologia cultural*. Tradução e organização: Celso Castro. Rio de Janeiro: Zahar, 2004.

BOAS, Franz [1938]. *A mente do ser humano primitivo*. Tradução: José Carlos Pereira. 2. ed. brasileira. Petrópolis: Vozes, 2011.

BOBBIO, Norberto [1958]. *Teoria della norma giuridica*. Torino: G. Giappichelli, 1958.

BOBBIO, Norberto; MATTEUCCI, Nicola; PASQUINO, Gianfranco [1983]. *Dicionário de política*. Tradução: Carmen C. Varrialle, Gaetano Lo Mônaco, João Ferreira, Luís Guerreiro Pinto Cacais e Renzo Dini. 4. ed. Brasília: EdUnB, 1992.

BOEHM, Christopher [2006]. Interactions of culture and natural selection among Pleistocene hunters. Em: LEVINSON, S.; JAISON, S. (org.). *Evolution and culture*. Cambridge: MIT Press, 2006. pp. 79-103.

BOEHM, Christopher [2012]. *Moral origins:* the evolution of virtue, altruism, and shame. Basic Books. E-book.

BREGMAN, Rutger [2020]. *Humanidade*: uma história otimista do homem. Tradução: Cláudio Carina. São Paulo: Planeta, 2021.

BUFFON [1778]. *História natural*. Organização e tradução: Isabel Coelho Fragelli, Pedro Paulo Pimenta e Ana Carolina Soliva Soria. São Paulo: Editora Unesp, 2020.

CAMARGO, Eliane; VILLAR, Diego (org.) [2013]. *Huni Kuin Hiwepaunibuki*. São Paulo: Edições Sesc, 2013.

CAPONI, Gustavo [2018]. *Aproximação epistemológica à biologia evolutiva do desenvolvimento*. Em: ABRANTES, Paulo C. (org.). *Filosofia da biologia*. 2. ed. Seropédica: PPGFIL-UFRRJ, 2018. pp. 284-302. Recurso eletrônico.

CASTRO, Celso [2016]. *Textos básicos de antropologia*: cem anos de tradição – Boas, Malinowski, Lévi-Strauss e outros. 3. reimpr. Rio de Janeiro: Zahar, 2016.

CASTRO, Ruy [2019]. *Metrópole à beira-mar*. São Paulo: Companhia das Letras, 2019.

CHAGNON, Napoleon A. [2013]. *Nobres selvagens*: minha vida entre duas tribos perigosas – os Ianomamis e os antropólogos. Tradução: Isa Mara Lando. São Paulo: Três Estrelas, 2014.

CHANOCK, Martin [1978]. Introduction. Em: MOORE, Sally Falk. *Law as process*: an anthropological approach. 2. ed. Hamburgo: Lit, 2000.

CHAUI, Marilena [1995]. *Convite à filosofia*. 2. ed. São Paulo: Ática, 1995.

CHEDIAK, Karla [2018]. *Função e explicações funcionais em biologia*. Em: ABRANTES, Paulo C. (org.). *Filosofia da biologia*. 2. ed. Seropédica: PPGFIL-UFRRJ, 2018. pp. 103-121. Recurso eletrônico.

CHURCHILL, Winston S. [1959]. *Memórias da Segunda Guerra Mundial*. Tradução: Vera Ribeiro. 2. ed. Rio de Janeiro: Nova Fronteira, 1995.

CHOMSKY, Noam [2006]. *Linguagem e mente*. Tradução: Roberto Leal Ferreira. São Paulo: Editora Unesp, 2009.

CHOMSKY, Noam [2016]. *Que tipo de criaturas somos nós?* Tradução: Gabriel de Ávila Othero e Luisandro Mendes de Souza. Petrópolis: Vozes, 2018.

CLASTRES, Pierre [1974]. *A sociedade contra o estado*: pesquisa de antropologia política. Tradução Theo Santiago. São Paulo: Ubu, 2020.

COELHO, Fábio Ulhoa [1992]. *Introdução à lógica jurídica*. 9. ed. São Paulo: RT, 2022.

COELHO, Fábio Ulhoa [1995]. *Para entender Kelsen*. 7. ed. São Paulo: RT, 2019.

COELHO, Fábio Ulhoa [2021]. *Biografia não autorizada do direito*. São Paulo: WMF Martins Fontes, 2021.

COELHO, Fábio Ulhoa [2022]. *Os livros podem ser iguais?* São Paulo: WMF Martins Fontes, 2022.

CONDILLAC, Étienne Bonnot de [1768]. Tratado dos animais. Em: CONDILLAC, Étienne Bonnot de; LE ROY, Charles Georges. *A inteligência dos animais*. Tradução e apresentação: Lourenço Fernando Neto e Silva e Dario Galvão. São Paulo: Unesp, 2022.

COPI, Irving M. [1953]. *Introdução à lógica*. Tradução: Álvaro Cabral. 3. ed. em português. São Paulo: Mestre Jou, 1981.

CUNHA, Manuela Carneiro da; VIVEIROS DE CASTRO, Eduardo [1985]. Vingança e temporalidade: os Tupinambá. Em: CUNHA, Manuela Carneiro da. *Cultura com aspas e outros ensaios*. São Paulo: Cosac Naify, 2009. pp. 77-99.

CUNHA, Manuela Carneiro da [1985]. *Negros, estrangeiros*: os escravos libertos e sua volta à África. São Paulo: Companhia das Letras, 2012.

CUNHA, Manuela Carneiro da [1990]. Imagens de índios do Brasil no século XVI. Em: CUNHA, Manuela Carneiro da. *Cultura com aspas e outros ensaios*. São Paulo: Cosac Naify, 2009. pp. 179-200.

BIBLIOGRAFIA

CUNHA, Manuela Carneiro da [2004]. *"Cultura" e cultura: conhecimentos tradicionais e direitos intelectuais*. Em: CUNHA, Manuela Carneiro da. *Cultura com aspas e outros ensaios*. São Paulo: Cosac Naify, 2009. pp. 311-373.

CUNHA, Manuela Carneiro da [2012]. *Índios no Brasil*: história, direitos e cidadania. São Paulo: Claro Enigma, 2012.

DAMÁSIO, António [2018]. *A estranha ordem das coisas*: as origens biológicas dos sentimentos e da cultura. Tradução: Laura Teixeira Motta. São Paulo: Companhia das Letras, 2018.

DENNETT, Daniel [1995]. *Darwin's dangerous idea*: Evolution and the meanings of life. [*S. l.*]: Penguin Science, [20--]. *E-book*.

DESCARTES, René [1637]. *Discurso do método*. Tradução: J. Guinsburg e Bento Prado Jr. São Paulo: Victor Civita Editor, 1973. (Coleção Os Pensadores, v. XV).

DORATIOTO, Francisco Fernando Monteoliva [2002]. *Maldita guerra*: nova história da Guerra do Paraguai. São Paulo: Companhia das Letras, 2002.

DARWIN, Charles [1859]. *A origem das espécies por meio da seleção natural ou a preservação de raças favorecidas na luta pela vida*. Tradução: Daniel Moreira Miranda. Prefácio, revisão técnica e notas: Nélio Bizzo. São Paulo: Edipro, 2018.

DARWIN, Charles [1871]. *A origem do homem e a seleção sexual*. Tradução: Eugênio Amado. Belo Horizonte: Garnier, 2021.

DARWIN, Charles [1872]. *A expressão das emoções no homem e nos animais*. Tradução: Leon de Souza Lobo Garcia. São Paulo: Companhia das Letras, 2009.

DAVID, René [1965]. *O direito inglês*. Tradução: Eduardo Brandão. São Paulo: WMF Martins Fontes, 2020.

DAWKINS, Richard [1976]. *The selfish gene*. 40th anniversary edition. Oxford: Oxford University Press, 2016.

DAWKINS, Richard [2006]. *Deus*: um delírio. Tradução: Fernanda Ravagnani. São Paulo: Companhia das Letras, 2007.

DEFOE, Daniel [1719]. *Robison Crusoé*. Tradução: Leonardo Fróes. São Paulo: Ubu, 2021.

DESMOND, Adrian; MOORE, James [2008]. *A causa sagrada de Darwin*: raça, escravidão e busca pelas origens da humanidade. Tradução: Dinah Azevedo. Rio de Janeiro: Record, 2009.

DESPRET, Vinciane [2012]. *O que diriam os animais?* Tradução: Letícia Mei. Prefácio: Bruno Latour. São Paulo: Ubu, 2021.

DWORKIN, Ronald [1977]. *Levando os direitos a sério*. Tradução: Nelson Boeira. São Paulo: WMF Martins Fontes, 2011.

DWORKIN, Ronald [1999]. *O império do direito*. Tradução: Jefferson Luiz Camargo. Revisão técnica: Gildo Sá Leitão Rios. São Paulo: Martins Fontes Selo Martins, 2014.

DWORKIN, Ronald [2006]. *A justiça de toga*. Tradução: Jefferson Luiz Camargo. Revisão da tradução: Fernando Santos. Revisão técnica: Alonso Reis Freire. São Paulo: WMF Martins Fontes, 2010.

ENGELS, Friedrich [1884]. *A origem da família, da propriedade privada e do Estado*: trabalho relacionado com as investigações de L. H. Morgan. Tradução: Leandro Konder. 4. ed. Rio de Janeiro: Civilização Brasileira, 1978.

EVANS-PRITCHARD, Edward E. [1937]. *Bruxaria, oráculos e magia entre os Azande*. Resumo e introdução: Eva Gillies. Tradução: Eduardo Viveiros de Castro. Rio de Janeiro: Zahar, 2005.

EVANS-PRITCHARD, Edward E. [1972]. *Antropologia social*. Tradução: Ana Maria Bessa. Lisboa: Edições 70, 2013.

FERGUSON, Niall [2003]. *Império*: como os britânicos fizeram o mundo moderno. Tradução: Marcelo Musa Cavallari. São Paulo: Planeta, 2016.

FERNANDEZ, Brena [2021]. *Teoria dos jogos na história, nas estórias e na vida real*: 100 exercícios comentados e resolvidos. 2. ed. Florianópolis: Peregrinas, 2021. E-book.

FERRAZ JR., Tércio Sampaio [1973]. *Direito, retórica e comunicação*: subsídios para uma pragmática do discurso jurídico. 3. ed. São Paulo: Atlas, 2015.

FERRAZ Jr., Tércio Sampaio [1978]. *Teoria da norma jurídica*: ensaio de pragmática da comunicação normativa. 2. ed. Rio de Janeiro: Forense, 1986.

FERRAZ Jr., Tércio Sampaio [1980]. *Função social da dogmática jurídica*. São Paulo: RT, 1980.

FISCHER, Luís Augusto [2022]. *A ideologia modernista*: a Semana de 22 e sua consagração. São Paulo: Todavia, 2022.

FOITZIK, Susanne; FRITSCHE, Olaf [2019]. *Empire of ants*: the hidden worlds and extraordinary lives of Earth's tiny conquerors. Tradução: Ayça Tükoglu. Londres: Gaia, 2021.

BIBLIOGRAFIA

FOUCAULT, Michel [1975]. *Vigiar e punir*: história da violência nas prisões. Tradução: Lígia M. Pondé Vassallo. 4. ed. Petrópolis: Vozes, 1986.

FRANCIS, Richard C. [2011]. *Epigenética*. Tradução: Ivan Weisz Kuck. Revisão técnica: Denise Sasaki. Rio de Janeiro: Zahar, 2015.

FREITAG, Raquel Meister Ko. [2022]. Conflito de regras e dominância de gênero. Em: BARBOSA FILHO, Fábio Ramos; OTHERO, Gabriel de Ávila (org.). *Linguagem "neutra": língua e gênero em debate*. São Paulo: Parábola, 2022. pp. 53-71.

FUENTES, Augustin [2016]. The extended evolutionary synthesis, ethnography, and human niche: toward an Integrated Anthropology. *Current Anthropology*, v. 57(13), pp. S13-S26, jun. 2016.

GALINDO, Caetano W. [2022]. *Latim em pó*: um passeio pela formação do nosso português. São Paulo: Companhia das Letras, 2022.

GALOR, Oded [2022]. *A jornada da humanidade*: as origens da riqueza e da desigualdade. Tradução: Antenor Salvodi Jr. Rio de Janeiro: Intrínseca, 2023.

GALTON, Francis [1907]. *Inquiries into human faculty and its development*. E-book.

GEERTZ, Clifford [1973]. *A intepretação das culturas*. Rio de Janeiro: LTC, 2022.

GLEISER, Marcelo [2010]. *Criação imperfeita*: cosmo, vida e o código oculto da natureza. Rio de Janeiro; São Paulo: Record, 2010.

GILLIES, Eva [1976]. Introdução. Em: EVANS-PRITCHARD, E. E. *Bruxarias, Oráculos e Magia entre os Azande*. Tradução: Eduardo Viveiros de Castro. Rio de Janeiro: Zahar, 2005.

GOODALL, Jane [1988]. *My life with the chimpanzees*. Revised edition. New York: Aladdin, 2002.

GOULD, Stephan Jay [1981]. *A falsa medida do homem*. Tradução: Valter Lellis Siqueira. São Paulo: WMF Martins Fontes, 2018.

GRAEBER, David; WENGROW, David [2021]. *O despertar de tudo*: uma nova história da humanidade. Tradução: Denise Bottmann e Claudio Marcondes. São Paulo: Companhia das Letras, 2022.

GROSSI, Paolo [2006]. *A ordem jurídica medieval*. Tradução: Denise Rossato Agostinetti. Revisão técnica: Ricardo Marcelo Fonseca. São Paulo: WMF Martins Fontes, 2014.

HABERMAS, Jürgen [1981]. *Teoria do agir comunicativo*: racionalidade da ação e racionalização social. Tradução: Paulo Astro Soethe. Revisão técnica: Flávio Beno Siebeneichler. São Paulo: WMF Martins Fontes, 2012. v. 1.

HABERMAS, Jürgen [1992]. *Faktizität und Geltung:* Beiträge zur Diskurstheorie des Rechts und des demokratischen Rechstsstaats. 4. ed. Frankfurt: Suhrkamp, 1994.

HADDAD, Fernando [2022]. *O terceiro excluído:* contribuição para uma antropologia dialética. Rio de Janeiro: Zahar, 2022.

HAYEK, Friedrich A. [1973]. *Law, legislation, and liberty:* a new statement of the liberal principles of justice and political economy – Rules and order. Chicago: University of Chicago Press, 1983. v. 1.

HAYEK, Friedrich A. [1988]. *Os erros fatais do socialismo.* Tradução: Eduardo Levy. Barueri: Faro, 2017.

HARARI, Yuval Noah [2012]. *Sapiens*; uma breve história da humanidade. Tradução: Janaína Marcoantonio. 48. ed. brasileira. Porto Alegre: L&PM, 2019.

HARAWAY, Donna [2008]. *Quando as espécies se encontram.* Tradução: Juliana Fausto. São Paulo: Ubu, 2022.

HART, H. L. A. [1961]. *O conceito de direito.* Tradução: Antônio de Oliveira Sette-Câmara. São Paulo: WMF Martins Fontes, 2009.

HESÍODO [2015]. *Teogonia:* a origem dos deuses. Estudo e tradução: Jaa Torrano. São Paulo: Iluminuras, 2015.

HOBBES, Thomas [1651]. *Leviatã*; ou matéria, forma e poder de um Estado eclesiástico e civil. Tradução: João Paulo Monteiro e Maria Beatriz Nizza da Silva. São Paulo: Editor Victor Civita, 1974. (Coleção Os Pensadores, v. XIV).

HUIZINGA, Johan [1938]. *Homo ludens:* o jogo como elemento da cultura. Tradução: João Paulo Monteiro. São Paulo: Perspectiva, 2019. *E-book.*

INGOLD, Tim [1986]. *Evolução e vida social.* Tradução: Adail Sobral. Petrópolis: Vozes, 2019.

JABLONKA, Eva; LAMB, Marion J. [2020]. *Inheritance Systems and the extended evolutionary synthesis.* New York e outras cidades: Cambridge University Press, 2020. *E-book.*

JUNG, C. G.; WILHELM, R. [1971]. *O segredo da flor de ouro:* um livro de vida chinês. Tradução: Dora Ferreira da Silva e Maria Luíza Appy. Petrópolis: Vozes, 2021.

KAHNEMAN, Daniel [2011]. *Rápido e devagar:* duas formas de pensar. Tradução: Cássio de Arantes Leite. Rio de Janeiro: Objetiva, 2012.

BIBLIOGRAFIA

KELLY, John M. [1992]. *Uma breve história da teoria do direito ocidental*. Tradução: Marylene Pinto Michael. São Paulo: WMF Martins Fontes, 2010.

KELSEN, Hans [1943]. *Sociedade e natureza*: uma investigação sociológica. Tradução: Pedro Davoglio. São Paulo: Contracorrente, 2022.

KELSEN, Hans [1947]. *Autobiografia*. Em: KELSEN, Hans. *Autobiografia de Hans Kelsen*. Tradução: Gabriel Nogueira Dias e José Ignácio Coelho Mendes Neto. Introdução: Mathias Jestaedt. Estudo introdutório: Otavio Luiz Rodrigues Jr. e José Antonio Dias Toffoli. 4. ed. Rio de Janeiro: GEN-Forense Universitária, 2012. pp. 35-109.

KELSEN, Hans [1960]. *Teoria pura do direito*. Tradução: João Baptista Machado. 4. ed. Coimbra: Arménio Amado, Editor, Sucessor, 1979.

KOPENAWA, Davi; ALBERT, Bruce [2010]. *A queda do céu*. Tradução: Beatriz Perrone-Moisés. São Paulo: Companhia das Letras, 2015.

KRAUSE, Johannes; TRAPPE, Thomas [2019]. *A jornada dos nossos genes*: uma história da humanidade e de como as migrações nos tornaram quem somos. Tradução: Maurício Mendes da Costa e Vanessa Rabel. Rio de Janeiro: Sextante, 2022.

KRENAK, Ailton [2019]. *Ideias para adiar o fim do mundo*. 2. ed. São Paulo: Companhia das Letras, 2020.

KROEBER, A. L. [1952]. *A natureza da cultura*. Tradução: Teresa Louro Peres. Lisboa: Edições 70, 1993.

LACOMBE, Américo Jacobina; SILVA, Eduardo; BARBOSA, Francisco de Assis [1988]. *Rui Barbosa e a queima dos arquivos*. Rio de Janeiro: Casa de Rui Barbosa, 1988.

LALAND, Kevin; ULLER, Tobias; FELDMAN, Marc; STERELNY, Kim; MÜLLER, Gerd B.; MOCZEK, Armin; JABLONKA, Eva; ODLING-SMEE, John. [2014]. Does evolutionary theory need a rethink? Yes, urgently. *Nature*, v. 514, pp. 161-164, 9 out. 2014. Disponível em: https://www.nature.com/articles/514161a. Acesso em: 1 jun. 2023.

LATOUR, Bruno [1991]. *Jamais fomos modernos*: ensaio de antropologia simétrica. Tradução: Carlos Irineu da Costa. Revisão técnica: Stelio Marras. São Paulo: Editora 34, 2019.

LATOUR, Bruno [2021]. *Onde estou?* – lições do confinamento para uso dos terrestres. Tradução: Raquel de Azevedo. Revisão técnica: Alyne Costa. Rio de Janeiro: Bazar do Tempo, 2021.

LEPORE, Jill [2018]. *Essas verdades*: a história da formação dos Estados Unidos. Tradução: André Czarnobai e Antenor Savoldi Júnior. Rio de Janeiro: Intrínseca, 2020.

LE ROY, Charles-Georges [1768]. *Sobre a inteligência dos animais*. Em: CONDILLAC, Étienne Bonnot de; LE ROY, Charles Georges. *A inteligência dos animais*. Tradução e apresentação: Lourenço Fernando Neto e Silva e Dario Galvão. São Paulo: Unesp, 2022.

LÉVI-STRAUSS, Claude [1950]. *Raça e história*. Tradução: Inácia Canelas. São Paulo: Victor Civita, 1976. (Coleção Os Pensadores, v. L).

LÉVI-STRAUSS, Claude [1955]. *Tristes trópicos*. Tradução: Rosa Freire D'Aguiar. São Paulo: Companhia das Letras, 1996.

LÉVI-STRAUSS, Claude [1962a]. *O pensamento selvagem*. Tradução: Maria Celeste da Costa e Souza e Almir de Oliveira Aguiar. 2. ed. brasileira. São Paulo: Editora Nacional, 1976.

LÉVI-STRAUSS, Claude [1962b]. *O totemismo hoje*. Tradução: José António Braga Fernandes Dias. Lisboa: Edições 70, [19--].

LÉVI-STRAUSS, Claude [1968]. *As estruturas elementares do parentesco*. francesa. 7. ed. brasileira. Tradução: Mariano Ferreira. 2. ed. Petrópolis: Vozes, 2012.

LEWONTIN, Richard [1998]. *A tripla hélice*: gene-organismo-ambiente. Tradução: Alberto Vasconcelos. Revisão: Pedro Bernardo. Lisboa: Edições 70, 2001.

LEWONTIN, Richard C.; ROSE, Steven; KAMIN, Leon J. [1984]. *Not in our genes*. 2. ed. Chicago: Haymarket Books, 2017.

LIMA, Edilene Coffaci de [2014]. A internacionalização do kampô (via *ayahuasca*): difusão global e efeitos locais. Em: CUNHA, Manuela Carneiro da; CESARINO, Pedro de Niemeyer. *Políticas culturais e povos indígenas*. São Paulo: Unesp, 2016.

LIMA, Pedro E. de [1950]. Os índios Waurá: observações gerais; a cerâmica. *Boletim do Museu Nacional (Antropologia)*, n. 9, pp. 1-25, 1950,

LIMULJA, Hanna [2022]. *O desejo dos outros*: uma etnografia dos sonhos yanomami. São Paulo: Ubu, 2022.

LOPES, José Reinaldo de Lima [2004]. *As palavras e a lei*: Direito, ordem e justiça na história do pensamento jurídico moderno. São Paulo: FGV; Editora 34, 2004.

LOURENÇO, Frederico [2017]. *Bíblia:* apóstolos, epístolas, apocalipse. Tradução do grego, apresentação e notas: Frederico Lourenço. São Paulo: Companhia das Letras, 2018.

LORENZ, Konrad [1981]. *Os fundamentos da etologia*. Tradução: Pedro Mello Cruz e Carlos C. Alberts. São Paulo: Editora da Unesp, 1995.

LOVELOCK, James [2000]. *Gaia*: um novo olhar sobre a Terra. Tradução: Maria Georgina Segurado e Pedro Bernardo. Lisboa: Edições 70, 2020.

LUHMANN, Niklas [1972]. *Sociologia do direito I*. Tradução: Gustavo Bayer. Rio de Janeiro: Edições Tempo Brasileiro, 1983.

MAINE, Henry James Sumner [1861]. *Ancient Law*: its connection to the history of early society. [S. l.: s. n.], [20--]. E-book.

MALINOWSKI, Bronislaw [1922]. *Argonautas do Pacífico Ocidental*: um relato do empreendimento e da aventura dos nativos nos arquipélagos da Nova Guiné Melanésia. Tradução: Anton P. Carr, Lígia Aparecida Cardieri Mendonça e revisão de Eunice Ribeiro Durham. São Paulo: Victor Civita, 1976. (Coleção Os Pensadores, v. XLIII).

MALINOWSKI, Bronislaw [1926]. *Crime e costume na sociedade selvagem*. Tradução: Noéli Correia de Melo Sobrinho. Petrópolis: Vozes, 2015.

MALINOWSKI, Bronislaw [1927]. *Sexo e repressão na sociedade selvagem*. Tradução: Francisco M. Guimarães. Petrópolis: Vozes, 2013.

McKINNON, Susan [2021]. *Genética neoliberal*: uma crítica antropológica da psicologia evolucionista. Tradução: Humberto do Amaral. São Paulo: Ubu, 2021.

MAUSS, Marcel [1925]. Ensaio sobre a dádiva – forma e razão da troca nas sociedades arcaicas. Em: MAUSS, Marcel. *Sociologia e antropologia*. Tradução: Paulo Neves. São Paulo: Ubu, 2017.

MAYR, Ernst [2004]. *Biologia, ciência única*: reflexões sobre a autonomia de uma disciplina científica. Tradução: Marcelo Leite. São Paulo: Companhia das Letras, 2005.

MEAD, Margaret [1935]. *Sexo e temperamento*. Tradução: Rosa Krausz. São Paulo: Perspectiva, 2019.

MEAD, Margaret [1949]. *Macho e fêmea*. Tradução: Margarida Maria Moura e Beatriz Silveira Castro Filgueira. Petrópolis: Vozes, 2020.

MONOD, Jacques [1970]. *Le hasard et la nécessité*: essai sur la philosophie naturelle de la biologie moderne. Paris: Éditions du Seuil, 1970. E-book.

MONTAIGNE, Michel [1580]. *Ensaios*. Tradução: Sérgio Milliet. São Paulo: Victor Civita, 1972. (Coleção Os Pensadores, v. XI).

MOORE, Sally Falk [1978]. *Law as process*: an anthropological approach. 2. ed. Nova introdução: Martin Chanock. Hamburgo: Lit, 2000.

MOORE, Sally Falk [1989]. History and redefinition of custom on Kilimanjaro. Em: STARR, June; COLLIER, Jane (org.). *History and power in the study of law*. Cornell University Press, 1989. pp. 346-375/479. *E-book*.

MORGAN, Lewis Henry [1877]. Ancient Society. Em: MORGAN, Lewis Henry. *The complete works of Lewis Henry Morgan*. Shrine of Knowledge, 2020. *E-book*.

MORGENSTERN, Oskar [1964]. *On some criticisms of Game Theory*. Disponível em: https://www.princeton.edu/~erp/ERParchives/archivepdfs/R8.pdf. Acesso em: 1 jun. 2023.

NEWMAN, Jonh von; MORGENSTERN, Oskar [1943]. *The theory of games and economic behavior*. 3. ed. [*S. l.*]: Interbooks, 1953.

OLIVECRONA, Karl [1971]. *El derecho como hecho:* la estructura del ordenamiento jurídico. Tradução: Luiz López Guerra. Barcelona: Labor, 1980.

OYAMA, Susan [1985]. *The ontogeny of information*. 2. ed. [*S. l.*]: Duke University Press, 2002.

PARETO, Vilfredo [1909]. *Manual de Economia Política*. Tradução: João Guilherme Vargas Neto. São Paulo: Victor Civita Editor, 1984. 2 v.

PĀRŌKUMU, Umusi; KꙬHÍRI, Tõrãmũ [1980]. *Antes o mundo não existia*. Mitologia Desana-Kehíripõrã. Narração: Firmiano Arantes Lana e Luiz Gomes Lana. 3. ed. Rio de Janeiro: Dantes, 2019.

PERELMAN, Chaïm [1977]. *O império retórico:* retórica e argumentação. Tradução: Fernando Trindade e Rui Alexandre Grácio. Porto: Edições Asa, sem data.

PIGLIUCCI, Massino; MÜLLER, Gerd B. (org.) [2010]. *Evolution – the extended synthesis*. Cambridge: The MIT Press, 2010.

PINKER, Steven [2011]. *Os anjos bons da nossa natureza:* por que a violência diminuiu. Tradução: Bernardo Joffily e Laura Teixeira Motta. 4. reimpr. São Paulo: Companhia das Letras, 2013.

POPPER, Karl [1945]. *The open society and its enemies*. Princeton: Princeton University Press, 2020. *E-book*.

POSNER, Richard [1981]. *A economia da justiça*. Tradução: Evandro Ferreira e Silva. Revisão da tradução: Aníbal Mari. São Paulo: WMF Martins Fontes, 2010.

PREMACK, David; WOODRUFF, Guy [1978]. Does the chimpanzee have a theory of mind? *The Behavioral and Brain Sciences*. Cambridge: Cambridge University Press, v. 4, pp. 515-526, 1978.

BIBLIOGRAFIA

PUFENDORF, Samuel [1673]. *Os deveres do homem e do cidadão de acordo com as leis do direito natural.* Tradução: Eduardo Francisco Alves da tradução para o inglês de Andrew Tooke. Rio de Janeiro: Topbooks, 2007.

QUIJANO, Aníbal [2019]. *Ensayos em torno a la colonialidad del poder*: pensamiento crítico y opción descolonial. Compilação: Walter Mignolo. Buenos Aires: Del Signo, 2019.

RADCLIFFE-BROWN, A. R. [1939]. *Taboo.* Reprint. New York: Cambridge University Press, 2014.

RADCLIFFE-BROWN, A. R. [1952]. *Structure and function in primitive Society*: essays and addresses. New York e London: Macmillan Pub. Co., 1952.

REALE, Miguel [1973]. *Lições preliminares de direito.* 9. ed. São Paulo: Saraiva, 1981.

REICHEL-DOLMATOFF, Gerardo [1968]. *Amazonian Cosmos*: the sexual and religious symbolism of the Tukano Indians. Tradução do espanhol para o inglês do autor. Chicago: University of Chicago Press, 1971.

RICHERSON, Peter J.; BOYD, Robert [2005]. *Not by genes alone*; how culture transformed human evolution. Chicago e Londres: University of Chicago Press, 2005.

RIBEIRO, Darcy [1970]. *Os índios e a civilização.* 7. ed. São Paulo: Global, 2017.

RIBEIRO, Darcy [1974]. *Uirá sai à procura de Deus.* 4. ed. São Paulo: Global, 2016.

ROCHA, Cinthia Creatini da [2012]. Agência feminina na sociopolítica Kaingang. Em: SACCHI, Ângela; GRAMKOW, Márcia Maria. *Gênero e povos indígenas.* Rio de Janeiro e Brasília: Museu do Índio-GIZ-FUNAI, 2012, pp. 116-127.

ROSS, Alf [1958]. *Sobre el derecho y la justicia.* Tradução: Genaro R. Carió. 4. ed. argentina. Buenos Aires: Eudeba, 1977.

ROUSSEAU, Jean-Jacques [1755]. *Discurso sobre a origem e os fundamentos da desigualdade entre os homens.* Tradução: Lourdes Santos Machado. São Paulo: Editor Victor Civita, 1973. (Coleção Os Pensadores, v. XXIV).

ROUSSEAU, Jean-Jacques [1757]. *Do contrato social.* Tradução: Lourdes Santos Machado. São Paulo: Editor Victor Civita, 1973. (Coleção Os Pensadores, v. XXIV).

ROVELLI, Carlo [2020]. *O abismo vertiginoso*: um mergulho nas ideias e nos efeitos da física quântica. Tradução: Silvana Cobucci. Rio de Janeiro: Objetiva, 2021.

RUBINSTEIN, Ariel [2012]. *Economic fables*. Cambridge: Open Book Pub., 2012.

SAHLINS, Marshall [2004]. *História e cultura*: apologias a Tucídides. Tradução: Maria Lucia de Oliveira. Consultoria técnica: Celso Castro. Rio de Janeiro: Zahar, 2006.

SAHLINS, Marshall [2018]. *Esperando Foucault, ainda*. Tradução: Marcela Coelho de Souza e Eduardo Viveiros de Castro. São Paulo: Ubu, 2018.

SALGADO, Sebastião [2021]. *Amazônia*. Edição, concepção e realização: Lelia Wanick Salgado. Köln: Taschen, 2021.

SALPOSKY, Robert M. [2018]. *Comporte-se:* a biologia humana em nosso melhor e pior. Tradução: Giovane Salimena e Vanessa Barbara. São Paulo: Companhia das Letras, 2021.

SANTINI, Estela [2018]. Niveles y unidades de selección: el pluralismo y sus desafíos filosóficos. Em: ABRANTES, Paulo C. (org.). *Filosofia da biologia*. 2. ed. Seropédica: PPGFIL-UFRRJ, 2018. pp. 257-283. Recurso eletrônico.

SANTOS, Boaventura de Sousa [1984]. From customary law to popular justice. *Journal of African Law*, 28 (1-2), pp. 90-98, 1984.

SANTOS, Boaventura de Sousa [2020]. *O fim do império cognitivo*: a afirmação das epistemologias do Sul. Belo Horizonte: Autêntica, 2020.

SANTOS, Cintia Graziela [2015]. *Da teoria sintética da evolução à síntese estendida: o papel da plasticidade fenotípica*. Tese (Doutorado) – Faculdade de Filosofia, Ciências e Letras de Ribeirão Preto da Universidade de São Paulo. Ribeirão Preto: USP, 2015.

SCHAUER, Frederick [1991]. *Playing by the rules*: a philosophical examination of rule-based decision-making in law and in life. Oxford: Clarendon, 1991. E-book.

SCHAUER, Frederick [2015]. *A força do direito*. Tradução: André Luiz Freire. Revisão técnica: Celso Fernandes Campilongo e Lucas Fucci Amatto. São Paulo: WMF Martins Fontes, 2022.

SEN, Amartya [2009]. *The idea of justice*. Cambridge, Massachusetts: Harvard University Press, 2009.

SERVICE, Robert [2000]. *Lenin*: a biografia definitiva. Tradução: Eduardo Francisco Alves. Rio de Janeiro: Difel, 2006.

BIBLIOGRAFIA

SERVICE, Robert [2009]. *Trotski*: uma biografia. Tradução: Vera Ribeiro. Rio de Janeiro e São Paulo: Record, 2017.

SHELDRAKE, Merlin [2020]. *A trama da vida:* como os fungos constroem o mundo. Tradução: Gilberto Stam. São Paulo: Ubu, 2021.

SOUZA, Ingrid D. Pedrosa de [2016]. Gente da mata: considerações sobre a história, alteridade e transformação entre os Jamamadi do Médio Purus. Em: SANTOS, Gilton Mendes dos; APARICIO, Miguel (org.). *Redes Awara*: ensaios de etnologia do Médio Purus. Manaus: Edua, 2016. pp. 189-222.

SYLL, Lars Pàlsson [2018]. Why game theory will never be anything but a footnote in the history of social science. *Real-World Economics Review*, n. 83, pp. 45-64, 20 mar. 2018.

SPENCER, Herbert [1895]. *The principles of sociology*, v. 1, 2 e 3. 3. ed. de 1899. E-book.

STARR, June; COLLIER, Jane (org.) [1989]. *History and power in the study of law*. Cornell University Press, 1989. E-book.

STERELNY, Kim [2021]. *The Pleistocene social contract*: culture and cooperation in human evolution. Oxford: Oxford University Press, 2021. E-book.

SVERDRUP-THYGESON, Anne [2018]. *Planeta dos insetos.* Tradução: Leonardo Pinto Silva. São Paulo: Matrix, 2019.

TELLES JUNIOR, Goffredo [1971]. *Direito quântico*: ensaio sobre o fundamento da ordem jurídica. 5. ed. rev. e aum. São Paulo: Max Limonad, 1980.

TORRANO, Jaa [1991]. O mundo como função de musas. Em: HESÍODO. *Teogonia*: a origem dos deuses. 2. ed., 6. tiragem. São Paulo: Iluminuras, 2015.

VERNANT, Jean-Pierre [1965]. *As origens do pensamento grego*. Tradução: Ísis Borges B. da Fonseca. 3. ed. São Paulo: Difel, 1981.

VIVEIROS DE CASTRO, Eduardo [2002]. *A inconstância da alma selvagem*. São Paulo: Ubu, 2020.

VIVEIROS DE CASTRO, Eduardo [2018]. *Metafísicas canibais*. São Paulo: Ubu e n-1, 2018.

VOLKOGONOV, Dimitri [1985]. *Stálin*: triunfo e tragédia. Tradução: Joubert de Oliveira Brízida. Rio de Janeiro: Nova Fronteira, 2004.

WAAL, Frans de [2005]. *Eu, primata*: por que somos como somos. Tradução: Laura Teixeira Motta. São Paulo: Companhia das Letras, 2007.

WAAL, Frans de [2013]. *The bonobo and the atheist*: in search of humanism among the primates. New York: Norton, 2013.
WAAL, Frans de [2016]. *Somos inteligentes o bastante para saber quão inteligentes são os animais?* Tradução: Paulo Geiger. São Paulo: Zahar, 2021.
WAGNER, Roy [1975]. *A invenção da cultura*. Tradução: Marcela Coelho de Souza e Alexandre Morales. São Paulo: Ubu, 2020.
WAGNER, Roy [1986]. *Símbolos que representam a si mesmos*. Tradução: Priscila Santos da Costa. São Paulo: Editora Unesp, 2017.
WILLIAMS, Eric [1944]. *Capitalismo e escravidão*. Tradução: Denise Bottmann. Prefácio à edição brasileira: Rafael de Bivar Marquese. São Paulo: Companhia das Letras, 2012.
WILSON, David Sloan; WILSON, Edward O. [2007]. Rethinking the theoretical foundation of sociobiology. *The Quarterly Review of Biology*. Chicago: The University of Chicago, v. 82, n. 4, pp. 327-348, dez. 2007.
WILSON, Edward O. [2014]. *O sentido da existência humana*. Tradução: Érico Assis. São Paulo: Companhia das Letras, 2018.
WITTGENSTEIN, Ludwig [1921]. *Tratactus logico-philosophicus*. Tradução: Luiz Henrique Lopes dos Santos. 2. ed. São Paulo: Edusp, 1994.
WITTGENSTEIN, Ludwig [1945]. *Investigações filosóficas*. Tradução: José Carlos Bruni. São Paulo: Editor Victor Civita, 1975. (Coleção Os Pensadores, v. XLVI).
WEIKART, Richard [2022]. *Darwinian racism*: how Darwinism influenced Hitler, Nazism and White Nationalism. Seattle: Discovery Institute Press, 2022. *E-book*.
WHITE, Leslie A.; DILLINGHAM, Beth [1972]. *O conceito de cultura*. Tradução: Teresa Dias Carneiro. Rio de Janeiro: Contraponto, 2009.
WULF, Andrea [2015]. *A invenção da natureza*: a vida e as descobertas de Alexander von Humboldt. Tradução Renato Marques. 2. ed. brasileira. São Paulo: Planeta do Brasil, 2019.
ZIMMERMAN, Eric [2023]. A game is not a game without a special kind of conflict. *Aeon*, 6 fev. 2023. Disponível em: https://psyche.co/ideas/a-game-is-not-a-game-without-a-special-kind-of-conflict. Acesso em: 1 jun. 2023.